Wolfgang Reumuth
Otto Winkelmann

Praktische Grammatik der italienischen Sprache

4. Auflage

gottfried egert verlag
1993

Praktische Grammatik der italienischen Sprache

von
Oberstudienrat Wolfgang Reumuth, Liselotte-Gymnasium Mannheim,
Prof. Dr. Otto Winkelmann, Katholische Universität Eichstätt

Die Deutsche Bibliothek - CIP-Einheitsaufnahme

Reumuth, Wolfgang:
Praktische Grammatik der italienischen Sprache / Wolfgang
Reumuth ; Otto Winkelmann. - 4. Aufl. - Wilhelmsfeld :
Egert, 1993
    ISBN 3–926972–11–4
NE: Winkelmann, Otto:

ISBN 3–926972–11–4   4., unveränderte Auflage 1993, 10. - 19. Tsd.
ISBN 3–926972–11–4   3., unveränderte Auflage 1991
ISBN 3–926972–11–4   2., überarbeitete Auflage 1990
(ISBN 3–926972–08–4 Erstausgabe) 1989

ISBN 3–926972–11–4

© gottfried egert verlag, Rainweg 4, D-6916 Wilhelmsfeld, 1993
Alle Rechte vorbehalten
Umschlaggestaltung: Hermann Schüßler
Herstellung: Weber Druck GmbH, Heidelberg
Printed in Germany

Vorwort

Die vorliegende *Praktische Grammatik der italienischen Sprache* ist eine Lern- und Nachschlagegrammatik für deutschsprachige Italienischlernende. Sie wendet sich sowohl an Anfänger als auch an Fortgeschrittene, insbesondere an Schüler der Sekundarstufe II, Teilnehmer von Volkshochschulkursen und Studierende des Faches Italianistik. Die Grammatik ergänzt das im Unterricht verwendete Lehrwerk und bietet gleichzeitig eine zusammenhängende Orientierung über die grammatischen Grundlagen der italienischen Sprache.

Zu allen Grammatikkapiteln werden zahlreiche Beispielsätze geboten, deren Wortmaterial dem Wortschatz der gebräuchlichsten Italienisch-Lehrwerke entspricht. Um Anfänger zur korrekten Betonung anzuleiten, wird bei allen Wörtern und Wortformen, die auf der drittletzten Silbe betont werden, der Vokal der betonten Silbe durch einen untergesetzten Punkt gekennzeichnet. Ebenso wird in den Fällen verfahren, in denen sich Lernende erfahrungsgemäß in der Betonung oft irren. Alle Beispielsätze sind ins Deutsche übersetzt, damit die Lernenden zugleich ihren aktiven Wortschatz erweitern können. Außerdem wird dadurch zu einer kontrastiven Sprachbetrachtung angeregt. Die in den Regeln und Erklärungen verwendete Terminologie entspricht den in der Schule benutzten grammatischen Begriffen. Das umfangreiche und detailliert aufgeschlüsselte Wort- und Sachregister ermöglicht ein schnelles und gezieltes Nachschlagen grammatischer Fragestellungen.

Für die kritische Durchsicht des Werkes, für zahlreiche Anregungen und Verbesserungsvorschläge danken wir Frau dott. Livia Gaudino-Fallegger (Eichstätt), sowie den Herren Prof. Dr. Otto Gsell (Eichstätt), Prof. Dr. Michael Metzeltin (Wien) und Prof. Dr. Edgar Radtke (Heidelberg). Ferner gilt unser Dank all denjenigen Kolleginnen und Kollegen, die durch Rezensionen und Stellungnahmen zur Verbesserung der vorliegenden Grammatik beigetragen haben.

Mannheim und Eichstätt, im Mai 1991

Wolfgang Reumuth
Otto Winkelmann

Inhalt

V

Kapitel 1 Laut und Schrift (Suoni e segni)

Das Alphabet (l'alfabeto)

1. Das italienische Alphabet umfaßt folgende Buchstaben:

a	(a)	*h*	(acca)	*o*	(o)	*v*	(vu/vi)
b	(bi)	*i*	(i)	*p*	(pi)	*w*	(doppia vu/vi)
c	(ci)	*j*	(i lunga)	*q*	(cu)	*x*	(ics)
d	(di)	*k*	(cappa)	*r*	(erre)	*y*	(ipsilon/i greca)
e	(e)	*l*	(elle)	*s*	(esse)	*z*	(zeta)
f	(effe)	*m*	(emme)	*t*	(ti)		
g	(gi)	*n*	(enne)	*u*	(u)		

Anmerkung: In Klammern ist der Name der Buchstaben angegeben; zur Aussprache vgl. § 2.

2. Zur Schreibung des italienischen Wortschatzes werden 21 Buchstaben verwendet. Die Buchstaben *j, k, w, x* und *y* kommen in Fremdwörtern, italienischen Wörtern fremden Ursprungs (z. B. *xilofono* Xylophon, *kitsch* Kitsch) oder Eigennamen (z. B. *Craxi*) vor.

3. Die Buchstaben sind feminin oder (selten) maskulin, mit Ausnahme von *h* und *z*, die nur feminin sind und als einzige eine besondere Pluralform aufweisen (z.B. *una/un bi, un'acca, due esse, due zete*).

4. Beim Buchstabieren, zum Beispiel am Telefon, verwendet man in der Regel bekannte Ortsnamen zur Bezeichnung der einzelnen Buchstaben:

a	*Ancona*	*h*	*hotel/acca*	*o*	*Otranto*	*v*	*Verona/Venezia*
b	*Bologna*	*i*	*Imola*	*p*	*Palermo*	*w*	*doppia vu/vi*
c	*Catania*	*j*	*i lunga*	*q*	*Quarto*	*x*	*ics*
d	*Domodossola*	*k*	*cappa*	*r*	*Roma*	*y*	*ipsilon/i greca*
e	*Empoli*	*l*	*Livorno*	*s*	*Savona*	*z*	*Zara*
f	*Firenze*	*m*	*Milano*	*t*	*Torino*		
g	*Genova*	*n*	*Napoli*	*u*	*Udine*		

Die Aussprache (la pronuncia)

In der folgenden Tabelle wird, von den Buchstaben ausgehend, die italienische Aussprache nach dem Transkriptionssystem der *Association phonétique internationale* (API) angegeben:

1

Buchstabe	Laut	Beispiele
a	[a]	*anima* Seele, *amare* lieben
b	[b]	*bambola* Puppe
c + a/o/u/Konsonant	[k]	*casa* Haus, *cosa* Sache, *cubo* Würfel, *Cristo* Christus
c + e/i	[tʃ]	*cento* hundert, *cinque* fünf
ch (nur vor e/i)	[k]	*Michele* Michael, *chiamare* rufen
ci + Vokal	[tʃ]	*ciao* hallo/tschüs, *ciuco* Esel, *sufficiente* ausreichend, *ciò* dies
d	[d]	*dente* Zahn, *dormire* schlafen
e	[e]	*edera* Efeu, *esca* Köder
e	[ɛ]	*eco* Echo, *ecco* da/sieh
f	[f]	*fame* Hunger, *fare* machen
g + a/o/u/Konsonant	[g]	*gatto* Katze, *godere* genießen, *gusto* Geschmack, *grande* groß
g + e/i	[dʒ]	*gente* Leute, *giro* Rundfahrt
gh (nur vor e/i)	[g]	*ghepardo* Gepard, *ghiro* Siebenschläfer
gi + Vokal	[dʒ]	*giallo* gelb, *giovane* jung
gl + i	[ʎ/ʎʎ]	*gli* ihm, *gigli* Lilien
gli + Vokal	[ʎ/ʎʎ]	*aglio* Knoblauch, *figlia* Tochter, *glielo* es ihm, *pagliuzza* Strohhalm
gn	[ɲ/ɲɲ]	*gnocchi* Teigbällchen, *bagno* Bad, *sogno* Traum
gni + Vokal	[ɲɲ]	*sogniamo* wir träumen, *sogniate* (Konjunktiv Präsens von *sognare* träumen)
h	–	*ho* ich habe
i	[i]	*inno* Hymne, *interessante* interessant
j	[j]	*Ajaccio*, *Jugoslavia* Jugoslawien
j (in Fremdwörtern)	[dʒ]	*jeep*, *jazz*
k (in Fremdwörtern)	[k]	*kayak* Kajak, *kibbùz*
l	[l]	*lungo* lang, *lago* See
m	[m]	*madre* Mutter, *martello* Hammer
n	[n]	*naso* Nase, *notte* Nacht
o	[o]	*attore* Schauspieler, *sapone* Seife
o	[ɔ]	*cuore* Herz, *otto* acht
p	[p]	*pane* Brot, *pazzo* verrückt
qu	[kw]	*quattro* vier, *questo* dieser
r	[r]	*rosso* rot, *rana* Frosch
s	[z]	*sbaglio* Fehler, *sveglia* Wecker, *rosa* Rose
s	[s]	*sole* Sonne, *santo* heilig, *casa* Haus
sc + a/o/u/Konsonant	[sk]	*scarpa* Schuh, *scoiattolo* Eichhörnchen, *scusa* Entschuldigung, *scrittura* Schrift
sch (nur vor e/i)	[sk]	*scherzo* Scherz, *schiavo* Sklave
sc + e/i	[ʃ/ʃʃ]	*scendere* herunterkommen, *scimmia* Affe
sci + Vokal	[ʃ/ʃʃ]	*sciagura* Unglück, *sciopero* Streik, *sciupare* verderben, *lasciare* lassen
t	[t]	*tatto* Takt, *prato* Wiese
u	[u]	*uva* Trauben, *uso* Gebrauch
v	[v]	*valle* Tal, *inverno* Winter

2

Buchstabe	Laut	Beispiele
w (in Fremdwörtern)	[v]/[w]	*wafer* [v] Waffel, *week-end* [w] Wochenende
x	[ks]	*xerocopia* Xerokopie
y (in Fremdwörtern)	[j]	*yoga*, *yoghurt*
z	[dz]	*zero* null, *zoo* Zoo
z	[ts]	*zio* Onkel, *zucchero* Zucker

Anmerkung: [ʎ], [ɲ], [ʃ] werden intervokalisch [ʎʎ], [ɲɲ], [ʃʃ] gesprochen.

Besonderheiten der Aussprache (Grundlage bildet die toskanische Aussprache.)

Die Vokale (le vocali)   3

1. *a* wird stets offen ausgesprochen.

2. *e* in unbetonter Silbe wird immer geschlossen [e] ausgesprochen. Das *e* am Ende italienischer Wörter ist stets kurz, aber im Gegensatz zum Deutschen als deutliches [e] auszusprechen. In betonter Silbe kann *e* offen [ɛ] oder geschlossen [e] sein. Die Gründe für die offene oder geschlossene Aussprache des *e* sind etymologischer oder regionalsprachlicher Natur.

3. *e* wird in folgenden Fällen **offen** [ɛ] ausgesprochen:
   - im Diphthong *ie*, z.B. *pietra* Stein, *pensiero* Gedanke,
   - wenn ein einfacher Vokal folgt, z.B. *assemblea* Versammlung, *ebreo* jüdisch,
   - wenn ein einfacher Konsonant folgt - mit Ausnahme von *g* [g] - auf den zwei Vokale folgen, z.B. *premio* Preis/Belohnung, *serio* ernst,
     aber: *seguo* [e] ich folge,
   - in folgenden Endungen:

-edine	salsedine	Salzigkeit
-ella/-o	sorella	Schwester
	fratello	Bruder
-embre	novembre	November
-enda/-o	faccenda	Angelegenheit
	orrendo	entsetzlich
-enne	perenne	immerwährend
-ennio	biennio	Zeitraum von zwei Jahren
-ense	forense	forensisch/gerichtlich
-ente	patente	Führerschein
-enza	partenza	Abfahrt
-estre	trimestre	Trimester/Vierteljahr
-ette	temette	er fürchtete
-ettero	temettero	sie fürchteten
-etti	temetti	ich fürchtete
-rebbe	temerebbe	er würde fürchten
-rebbero	temerebbero	sie würden fürchten
-rei	temerei	ich würde fürchten

- in Einzelwörtern, wie zum Beispiel:

aperto	offen	*peggio*	schlechter
argento	Silber	*pezzo*	Stück
bene	gut	*presto*	bald/früh
breve	kurz	*resto*	Rest
cento	hundert	*sempre*	immer
certo	sicher	*senso*	Sinn
devo	ich muß	*tempo*	Zeit
festa	Fest	*testa*	Kopf
gesto	Geste	*vecchio*	alt
leggere	lesen	*vento*	Wind
meglio	besser	*verso*	gegen
mezzo	halb	*zero*	null

4. *e* wird **geschlossen** [e] ausgesprochen
   - in folgenden Endungen:

-*eccio*	*mangereccio*	eßbar
-*efice*	*artefice*	Schöpfer/Künstler
-*eggio*	*posteggio*	Parkplatz
-*ei*	*temei*	ich fürchtete
-*emmo*	*tememmo*	wir fürchteten
-*emo*	*temeremo*	wir werden fürchten
-*ere*	*temere*	fürchten
-*erono*	*crederono*	sie glaubten
-*esco*	*pazzesco*	verrückt
-*ese*	*torinese*	turinisch/Turiner
-*eso*	*acceso*	angezündet
-*essa*	*studentessa*	Studentin
-*esse*	*credesse*	er glaubte (Konj. Imp.)
-*essero*	*credessero*	sie glaubten (Konj. Imp.)
-*essi*	*credessi*	ich glaubte/du glaubtest (Konj. Imp.)
-*essimo*	*credessimo*	wir glaubten (Konj. Imp.)
-*este*	*credeste*	ihr glaubtet (pass. rem./Konj. Imp.)
-*esti*	*temesti*	du fürchtetest (pass. rem.)
-*eta*	*pineta*	Pinienhain
-*ete*	*credete*	ihr glaubt
-*eto*	*frutteto*	Obstgarten
-*etta/-o*	*giovinetta/-o*	Jugendliche(r)
-*eva*	*credeva*	er glaubte
-*evano*	*credevano*	sie glaubten
-*evi*	*credevi*	du glaubtest
-*evo*	*credevo*	ich glaubte
-*evole*	*piacevole*	angenehm
-*ezza*	*ricchezza*	Reichtum
-*mente*	*lentamente*	langsam
-*mento*	*monumento*	Denkmal

4

- in Einzelwörtern, wie zum Beispiel:

allegro	fröhlich	quello	jener
appena	kaum	questo	dieser
capello	Haar	sedici	sechzehn
dentro	drinnen	segno	Zeichen
freddo	kalt	trenta	dreißig
invece	dagegen	venti	zwanzig
meno	weniger	verde	grün
orecchio	Ohr	fermo	still/ruhig

5. *i* lautet vor und zwischen Vokalen wie dt. [j]:

vieni	komm	febbraio	Februar

6. *o* in unbetonter Silbe wird immer geschlossen ausgesprochen [o]. In betonter Silbe kann *o* offen [ɔ] oder geschlossen [o] sein. Die Gründe für die offene oder geschlossene Aussprache des *o* sind etymologischer oder regionalsprachlicher Natur.

7. *o* wird in folgenden Fällen **offen** [ɔ] ausgesprochen:
   - im Diphthong *uo*, z.B. *fuoco* Feuer, *uomo* Mann/Mensch,
   - vor einfachem Konsonanten, auf den zwei Vokale folgen, z.B. *memoria* Gedächtnis *negozio* Geschäft/Laden,
   - in folgenden Endungen:

-occia	saccoccia	Tasche
-occio	cartoccio	Tüte
-oide	tiroide	Schilddrüse
-ola	parola	Wort
-olo	spagnolo	spanisch
-orio	dormitorio	Schlafsaal
-osi	artrosi	Arthrose
-otta	pagnotta	Brotlaib
-otto	giovanotto	junger Bursche
-ottolo	pianerottolo	Treppenabsatz
-ozza	carrozza	Wagen/Wagon
-ozzo	predicozzo	Strafpredigt

- in Einzelwörtern, wie zum Beispiel:

corpo	Körper	nonno	Großvater
cosa	Sache	occhio	Auge
forte	stark	poi	dann
gioia	Freude	povero	arm
grosso	dick/groß	solito	gewöhnlich
modo	Art/Weise	troppo	zu/zuviel

5

8. *o* wird in folgenden Fällen **geschlossen** [o] ausgesprochen:
   - in folgenden Endungen:

-ione	*religione*	Religion
-oce	*veloce*	schnell
-ognolo	*verdognolo*	grünlich
-oia	*tettoia*	Schutzdach
-oio	*corridoio*	Flur
-ona	*mangiona*	starke Esserin
-onda	*fionda*	Schleuder
-ondo	*secondo*	zweiter
-one	*testone*	Dickkopf
-onte	*ponte*	Brücke
-onzolo	*pretonzolo*	Pfäfflein
-ore	*amore*	Liebe
-oso	*nervoso*	nervös

   - in Einzelwörtern, wie zum Beispiel:

allora	damals/dann	*moglie*	Ehefrau
bisogno	Mangel/Bedarf	*mostro*	Ungeheuer
bocca	Mund	*nipote*	Neffe/Enkel
coda	Schwanz	*nome*	Name
colpo	Schlag	*ombra*	Schatten
come	wie	*ora*	Stunde
dolce	süß	*pronto*	bereit
forma	Form	*racconto*	Erzählung
forse	vielleicht	*rosso*	rot
giorno	Tag	*sole*	Sonne
giovane	jung	*sopra*	auf/oben
intorno	umher/herum	*torre*	Turm
lavoro	Arbeit	*voce*	Stimme

9. Die Dauer der Vokale

Die Vokale werden vor einem Konsonanten oder vor einem Konsonanten und folgendem *r* lang ausgesprochen, z.B. *vino* [i:] Wein, *amare* [a:] lieben, *amore* [o:] Liebe, *libro* [i:] Buch. Die Vokale sind kurz, wenn wenigstens zwei Konsonanten folgen, z.B. *freddo* kalt, *caldo* warm. Am Wortende sind die Vokale stets kurz, z.B. *fatto* gemacht, *eccellente* ausgezeichnet.

10. Vokalverbindungen

Bei den Vokalverbindungen unterscheidet man zwischen Hiat und Diphthong. Während bei einem Hiat jeder Vokal seinen vollen Lautwert behält (z.B. *Europa*, *paura* Angst), gibt bei einem Diphthong entweder der erste Vokal (z.B. *ia*: *piatto* Teller, *uo*: *fuoco* Feuer) oder der zweite Vokal (z.B. *oi*: *poi* dann, *ui*: *lui* er) seinen vollen Vokalwert auf.

1. *b, d, g* (mit Lautwert [g]) sind im Gegensatz zum Deutschen voll stimmhaft zu sprechen.

2. *p, t, c* (mit Lautwert [k]) werden nicht aspiriert (behaucht).

3. *qu* ist wie [kw] zu sprechen, nicht wie deutsch [kv] in dem Wort Quelle.

4. *r* wird zumeist mit der Zungenspitze gerollt.

5. *h* ist stumm. Es kommt nur im Präsens des Hilfsverbs *avere* vor: *ho/hai/ ha/hanno* ich habe/du hast/er hat/sie haben, in Fremdwörtern, wie z.B. *hotel, hockey* und in Interjektionen, wie z.B. *ah* ach, *ahimè* oh weh.

6. *gli* ist in folgenden Wörtern nicht wie [ʎ], sondern wie [gli] zu sprechen:

negligente	nachlässig	*negligenza*	Nachlässigkeit
glicerina	Glyzerin	*geroglifico*	Hieroglyphe
glicine	Glyzinie	*ganglio*	Ganglion

7. *s* wird stimmhaft [z] oder stimmlos [s] gesprochen.

Stimmlos ist es
- am Wortanfang vor folgendem Vokal, z.B. *sole* Sonne, *severo* streng,
- am Wortanfang oder im Wortinnern vor stimmlosem Konsonanten (*c, f, p, q, t*), z.B. *scuola* Schule, *sfida* Herausforderung, *spesa* Ausgabe/Einkauf, *squadra* Mannschaft, *distinto* verschieden,
- im Wortinnern nach einem Konsonanten, z.B. *polso* Handgelenk/Puls, *insicuro* unsicher, *morsa* Schraubstock,
- in vielen Fällen, wenn es zwischen zwei Vokalen steht, z.B. *casa* Haus, *cosa* Ding, *desiderio* Wunsch, *risotto* Reis.

Stimmhaft ist es
- am Wortanfang oder im Wortinnern, wenn ein stimmhafter Konsonant (*b, d, g, l, m, n, r, v*) folgt, z.B. *sbaglio* Fehler, *sguardo* Blick, *slancio* Schwung, *smettere* aufhören,
- in vielen Fällen, wenn es zwischen zwei Vokalen steht, z.B. *esatto* genau, *base* Grundlage, *misura* Maß, *rosa* Rose, *tesoro* Schatz.

Anmerkung: Zwischenvokalisches *s* wird in Norditalien meist stimmhaft, in Rom und in ganz Süditalien meist stimmlos ausgesprochen. In der Toskana wird es bald stimmhaft (*rosa*), bald stimmlos (*casa*) gesprochen. In diesem Falle bewirkt [s] oder [z] keinen Bedeutungsunterschied.

8. *ss* wird immer stimmlos [ss] gesprochen, z.B. *rosso* rot, *gesso* Gips/Kreide.

9. *z* wird entweder stimmhaft [dz] oder stimmlos [ts] ausgesprochen.

Stimmlos ist es
- am Wortanfang, wenn die zweite Silbe mit einem stimmlosen Konsonanten (*c, f, p, t*) beginnt, z.B. *zucca* Kürbis, *zitto* still, *zeppa* Keil; Ausnahmen: *zaffiro* [dz] Saphir, *zotico* [dz] lümmelhaft,
- wenn *l, n, r* vorangeht, z.B. *alzare* heben, *potenza* Macht, *terzo* dritter, Ausnahmen: *elzeviro* [dz] Feuilleton, *romanzo* [dz] Roman,
- im Wortinnern, wenn *i* und ein weiterer Vokal folgen, z.B. *stazione* Bahnhof, *anziano* alt/betagt, Ausnahme: *azienda* [ddz] Betrieb/Geschäft.

Stimmhaft ist es
- am Wortanfang, wenn zwei Vokale folgen, z.B. *zaino* Rucksack, *zoo* Zoo, aber: *zio* [ts] Onkel,
- am Wortanfang, wenn die zweite Silbe mit einem stimmhaften Konsonanten (*b, d, g, l, m, n, r, v*) beginnt, z.B. *zodiaco* Tierkreis, *zero* null, *zigzag* Zickzack, *zona* Zone, *zavorra* Ballast, *zanzara* Stechmücke, aber: *zanna* [ts] Stoßzahn, *zazzera* Mähne/Haarschopf,
- wenn es zwischen zwei Vokalen steht, z.B. *azoto* Stickstoff, *azalea* Azalee, aber: *nazismo* [tts] Nazismus.

10. **zz** kommt nur im Wortinnern zwischen Vokalen vor. Es wird entweder stimmhaft [ddz] oder stimmlos [tts] gesprochen.
Stimmlos ist es z.B. in:

grandezza	Größe	*tazza*	Tasse
carrozza	Wagen	*spazzare*	fegen
pezzo	Stück	*pazzo*	verrückt

Stimmhaft ist es z.B. in:

azzurro	blau	*mezzo*	halb/Mittel
razzo	Rakete	*pettegolezzo*	Klatsch

ferner in den Verbendungen *-ezzare/-izzare* und in den davon abgeleiteten Nomina wie: *battezzare* taufen, *organizzare* organisieren, *organizzazione* Organisation.

Anmerkung: Zwischen Vokalen wird stets [ddz] oder [tts] gesprochen, unabhängig davon, ob *z* oder *zz* geschrieben wird.

11. Bei einigen Wörtern wird zwischen *c* und *e* ein *i* eingeschoben, das etymologisch zu erklären ist, jedoch in der Aussprache stumm ist:

cielo	Himmel	*efficiente*	leistungsfähig
cieco	blind	*specie*	Art
sufficiente	ausreichend	*superficie*	Oberfläche

12. Die Gruppe *sce* wird immer ohne *i* geschrieben, mit Ausnahme von:

la scienza	die Wissenschaft	*la coscienza*	das Gewissen
lo scienziato	der Wissenschaftler	*coscienzioso*	gewissenhaft
l'usciere	der Amtsdiener / Gerichtsdiener	*incosciente*	gewissenlos / bewußtlos

Die Verdoppelung (il rafforzamento consonantico)   5

1. Unter *rafforzamento consonantico* versteht man eine phonetische Erscheinung, bei der die Anfangskonsonanten von Wörtern, wenn ihnen bestimmte auf Vokal ausgehende Wörter vorausgehen, so ausgesprochen werden, als handle es sich um Doppelkonsonanten.

Anmerkung: Diese Erscheinung findet sich in Mittel- und Süditalien; besonders typisch ist sie für die Toskana. In Norditalien dagegen, wo dialektal ohnehin die Doppelkonsonanten einfach ausgesprochen werden, ist sie nicht anzutreffen.

2. *Rafforzamento consonantico* erfolgt nach
- einem auf der letzten Silbe betonten Wort: *sarà così* [sarà kkosì],
- einem betonten einsilbigen Wort: *va bene* [va bbene],
- einigen unbetonten einsilbigen Wörtern wie *a, e, o, ma, se, che, chi, tra, fra, su*: *che fai* [ke ffai].

3. Auch in der Schreibung hat sich diese Erscheinung bei den mit den Präfixen *a-, e-, o-, ra-, so-, su-, da-, se-, fra-, sopra-, sovra-* und *contra-* beginnenden Wörtern ausgewirkt:

ammaestrare	unterweisen	*raffigurare*	darstellen
ebbene	nun/gut	*contrappeso*	Gegengewicht
ovvero	oder/sonst	*sopportare*	ertragen

Anmerkung: *Contro-* bewirkt keine Verdoppelung: *controriforma* Gegenreformation, *controsenso* Widersinn.

Die Betonung (l'accento)   6

Italienische Wörter können auf der letzten Silbe (parole tronche), auf der vorletzten (parole piane), auf der drittletzten (parole sdrucciole), auf der viertletzten (parole bisdrucciole) oder auf der fünftletzten Silbe (parole trisdrucciole) betont werden:

città	(parola tronca)	Stadt
bambino	(parola piana)	Kind
fabbrica	(parola sdrucciola)	Fabrik
telefonano	(parola bisdrucciola)	sie telefonieren
indicaglielo	(parola trisdrucciola)	zeige es ihm!

Anmerkung: Die Mehrzahl der italienischen Wörter wird auf der vorletzten Silbe betont.

7 Die Akzente (gli accenti)

1. Im heutigen Italienisch gibt es zwei Akzentzeichen, den *accento grave* (`)
und den *accento acuto* (´). Beide Akzente geben an, daß der betreffende Vokal
betont ist. Bei den Vokalen *e* und *o* kennzeichnet der *accento grave* gleichzeitig die offene Aussprache [ε] und [ɔ], während der *accento acuto* die geschlossene Aussprache [e] und [o] anzeigt:

| *caffè* | Kaffee | *portò* | er trug |
| *perché* | warum | *bótte* | Faß |

Anmerkung: Bei Zusammensetzungen mit *-che* ist der *accento acuto* ange-
bracht, weil ein geschlossenes *e* vorliegt: *benché* obwohl, *poiché*
da, *fuorché* außer.

2. Für die Vokale *a, i* und *u* verwendet man gewöhnlich den *accento grave*
(wie zum Beispiel in *già* schon, *così* so, *più* mehr), aber besonders bei *i* und *u*
findet sich auch der *accento acuto*.

Anmerkung: Der *accento circonflesso* (^) ist aus dem Schriftbild des heutigen
Italienisch weitgehend verschwunden. Er diente hauptsächlich dazu, den Plural der Nomina auf unbetontes *-io* zu kennzeichnen. So
wurde der Plural von *studio* zunächst *studj*, dann *studii* und später *studî* geschrieben; heute verwendet man die vereinfachte
Schreibweise *studi*.

3. Ein Akzent muß gesetzt werden
- bei allen mehrsilbigen Wörtern, die auf der letzten Silbe betont werden:

verità	Wahrheit	*autogrù*	Kranwagen
così	so	*virtù*	Tugend
trentatré	dreiunddreißig	*parlò*	er sprach
viceré	Vizekönig	*gioventù*	Jugend

Aber: *tre* drei, *re* König, *gru* Kranich/Kran.

- bei einigen einsilbigen Wörtern, die auf einen Diphthong enden:

| *può* | er kann | *più* | mehr |

ebenso: *ciò* dies, *già* schon
aber: *qui/qua* hier

- bei folgenden einsilbigen Wörtern zur Bedeutungsunterscheidung:

ché	weil/·damit	- *che*	Pronomen/Konjunktion
dà	er gibt	- *da*	Präposition
dì	Tag	- *di*	Präposition
è	er ist	- *e*	und
là	dort	- *la*	Artikel/Personalpronomen
lì	dort	- *li*	Personalpronomen
né...né	weder...noch	- *ne*	Pronominaladverb
sì	ja	- *si*	sich (unbetont)
sé	sich (betont)	- *se*	wenn/falls
tè	Tee	- *te*	dich (betont)

Anmerkung: Wenn auf *sé* «sich» *stesso/medẹsimo* «selbst» folgt, kann der Akzent fehlen.

4. Der Akzent kann benutzt werden, um die Tonstelle bedeutungsverschiedener Wörter zu kennzeichnen, die sich nur in der Betonung unterscheiden, wie zum Beispiel:

bàlia	Amme	- *balìa*	Gewalt
àncora	Anker	- *ancóra*	noch
còmpito	Aufgabe	- *compìto*	höflich/artig
nòcciolo	Kern	- *nocciòlo*	Haselnußstrauch
sùbito	sofort	- *subìto*	erlitten
prìncipi	Fürsten	- *princìpi*	Grundsätze

5. In einigen Fällen haben Wörter verschiedene Bedeutungen, je nachdem ob sie mit offenem oder geschlossenem *e* oder *o* ausgesprochen werden. So läßt zum Beispiel der isolierte Satz *A Giovanni non piace la pesca* zwei Lesarten zu: 1. Giovanni schmeckt der Pfirsich [pɛska] nicht, 2. Giovanni mag nicht fischen ([peska] «Fischfang»). Zur Vermeidung von Mißverständnissen empfiehlt es sich, den *accento grave* bzw. den *accento acuto* zu setzen, wie zum Beispiel in:

accètta	er nimmt an	- *accétta*	Beil
mèta	Ziel	- *méta*	Kuhfladen
fòro	Forum	- *fóro*	Loch
còlto	gepflückt	- *cólto*	gebildet
ròcca	Burg	- *rócca*	Spinnrocken
osservatòri	Observatorien	- *osservatóri*	Beobachter

Anmerkung: Manchmal wird auch ein Akzent gesetzt (z. B. in Lesebüchern), um zur richtigen Aussprache anzuleiten.

11

Die Elision (l'elisione)

Unter Elision versteht man den Wegfall des unbetonten Endvokals eines Wortes vor dem Anfangsvokal des folgenden Wortes. Die Elision wird durch einen Apostroph (apostrofo) angezeigt. Bei dieser Erscheinung herrscht im Italienischen große Freiheit; der Klang entscheidet, ob elidiert wird oder nicht. Es lassen sich folgende Grundregeln aufstellen:

8 Die Elision gilt als verbindlich bei

1. den Artikeln *lo/la*, den mit diesen Artikeln gebildeten Kontraktionsformen (preposizioni articolate) *dello/della*, *allo/alla*, *dallo/dalla*, *nello/nella* und *sullo/sulla* sowie **una**:

l'uomo	der Mensch	*l'amica*	die Freundin
nell'armadio	im Schrank	*sull'acqua*	auf dem Wasser
dall'albero	vom Baum	*un'aquila*	ein Adler
all'amico	dem Freund	*dell'autostrada*	der Autobahn

Anmerkung: Mit zunehmender Tendenz finden sich nicht-elidierte feminine Formen: *la intenzione* die Absicht, *una amica* eine Freundin, *la autostrada* die Autobahn, aber nie **lo uomo*.

2. *bello* und *santo/santa*:

un bell'uomo	ein schöner Mann	*sant'Ambrogio*	der hl. Ambrosius
sant'Agata	die hl. Agathe	*sant'Orsola*	die hl. Ursula

3. *quello*:

quell'uomo	jener Mann	*quell'asino*	jener Esel

4. *alcuna* und *nessuna*, wenn *altra* folgt:

senza alcun'altra intenzione	ohne irgendeine andere Absicht
nessun'altra donna	keine andere Frau

5. dem Ortsadverb *ci*, wenn eine Form von *essere* folgt, die mit *e-* anlautet:

C'è ancora pane?	Gibt es noch Brot?	*Tu non c'eri.*	Du warst nicht da.

6. einigen Ausdrücken mit der Präposition *da* (die sonst nicht elidiert werden darf, um Verwechslungen mit *di* zu vermeiden):

fin d'ora	von jetzt an/schon jetzt
d'altra parte	andererseits
d'ora in poi	von jetzt an/ab jetzt
d'altronde	übrigens/im übrigen

Die Elision ist fakultativ; sie ist jedoch die Regel bei: **9**

1. *questo*:

quest'uomo	dieser Mann	*quest'anno*	dieses Jahr

2. den Personalpronomina *lo* und *la*, wenn der Zusammenhang eindeutig ist:

L'accompagno.	Ich begleite ihn/sie.	*L'ho vista.*	Ich habe sie gesehen.

Anmerkung: *Li* und *le* werden nicht apostrophiert: *Li ho visti.* – Ich habe sie (mask. Pl.) gesehen. *Le ho viste.* – Ich habe sie (fem. Pl.) gesehen. *Le è arrivata una lettera.* – Sie hat einen Brief erhalten.

3. den Personalpronomina und Pronominaladverbien *mi, ti, si, vi, ne* und *ci* (nur vor anlautendem *e-/i-*):

mi ha detto/m'ha detto	er hat mir gesagt
ti aspetto/t'aspetto	ich erwarte dich
si accomodi/s'accomodi	nehmen Sie Platz
si iscrive/s'iscrive	er schreibt sich ein
vi invito/v'invito	ich lade euch ein
se ne andarono/se n'andarono	sie gingen weg
ci invitano/c'invitano	sie laden uns ein

4. der Präposition *di*, besonders vor *i*:

d'inverno	im Winter	*d'estate*	im Sommer
d'autunno	im Herbst	*la vita d'oggi*	das heutige Leben

5. dem Adverb *anche*, wenn auf es ein Personalpronomen folgt:

anch'io	auch ich/ich auch	*anch'essi*	auch sie

6. Selten ist die Elision heute noch anzutreffen bei dem Artikel *gli* und den damit zusammengesetzten *preposizioni articolate*, dem Personalpronomen *gli* sowie dem Demonstrativadjektiv *quegli* vor mit *i-* anlautenden Wörtern: So schreibt man heute *gli Italiani* «die Italiener» anstatt *gl'Italiani, gli inviai* «ich schickte ihm» anstatt *gl'inviai*. Ebenso unterläßt man heute die Elision bei *questa, buona, grande, quanto* und *quanta, tutto* und *tutta, alcuna* und *nessuna* (aber vgl. § 8,4), *mezza, povero, quattro* und *senza*. Nur in bestimmten Wendungen wird die elidierte Form gebraucht:

mio nonno, buon'anima	mein seliger Großvater
senz'altro	gewiß/ohne weiteres
a quattr'occhi	unter vier Augen
pover'uomo/poveruomo	armer Mensch/armer Teufel

Das *troncamento*

Unter *troncamento* versteht man den Wegfall des unbetonten Endvokals oder auch der ganzen unbetonten Endsilbe eines Wortes vor einem Folgewort, unabhängig davon, ob dieses mit Vokal oder Konsonant beginnt. Dabei wird kein Apostroph gesetzt. Dem Auslautvokal muß *l, r, m* oder *n* vorausgehen.

10 *Troncamento* ist verbindlich bei

1. den Anredeformen und Titeln ***signore, professore, dottore, ingegnere, cavaliere, frate*** und ***suora*** + Name (zur Verwendung dieser Nomina mit dem Artikel vgl. § 47.1):

signor Giacomini	Herr Giacomini
professor Fasola	Professor Fasola
dottor Russo	Doktor Russo
ingegner Colombo	Ingenieur Colombo
cavalier Mancini	Ritter Mancini
suor Angela	Schwester Angela
fra Cristoforo	Bruder Christophorus

Anmerkung 1: Ebenso wird verfahren in den Ausdrücken *signor maestro/professore* – Herr Lehrer, *signor sì/signorsì* – jawohl, mein Herr und *signor no/signornò* – nein, mein Herr.

Anmerkung 2: Aus Gründen des Wohlklangs sagt man *frate Francesco* – Bruder Franz.

2. ***uno*** und Komposita (***alcuno, ciascuno, nessuno***) vor Vokal oder Konsonant, nicht aber vor *s* + Konsonant, *z* oder *ps* und meistens nicht vor *pn, gn* oder *i* + Vokal (vgl. § 44.4 u. Anm. 1):

un amico	ein Freund
senza alcun motivo	ohne jeglichen Grund
ciascun alunno della scuola	jeder Schüler der Schule
non c'è nessun pericolo	es besteht keine Gefahr

Daher: *uno studente* – ein Student, *uno zio* – ein Onkel, *uno psicologo* – ein Psychologe, *un(o) pneumatico* – ein Reifen

3. ***quello, bello, buono*** vor Konsonant, nicht aber vor *s* + Konsonant, *z, x, gn, pn* oder *ps*:

quel giovane	jener Jüngling/junge Mann
un buon libro	ein gutes Buch
un bel ragazzo	ein schöner Junge

Aber: *quello sciocco* – jener dumme Kerl, *un buono zio* – ein guter Onkel

14

4. **santo** vor einem Eigennamen, der mit Konsonant beginnt, nicht aber vor *s* + Konsonant:

san Giuseppe	der heilige Joseph	*san Zeno*	der heilige Zeno

Aber: *santo Stefano* – der heilige Stephanus, *sant'Ambrogio* – der heilige Ambrosius

5. festen Ausdrücken, Wendungen und Sprichwörtern:

or ora	eben/soeben
essere di mal umore/d'umor nero	schlechtgelaunt sein
il Canal Grande	der Canal Grande (in Venedig)
il mal di testa	die Kopfschmerzen
in men che non si dica	im Nu
il dolce far niente	das süße Nichtstun
A caval donato non si guarda in bocca.	Einem geschenkten Gaul schaut man nicht ins Maul.
aver bisogno di qc	etwas brauchen

Troncamento ist zulässig bei   **11**

1. **grande** besonders vor einem mit dem unbestimmten Artikel versehenen maskulinen oder femininen Nomen im Singular, das mit einem Konsonanten beginnt, aber nicht vor *s* + Konsonant, *z, x, gn, pn* oder *ps*:

una gran/grande folla	eine große Menge
un gran/grande poeta	ein großer Dichter

Aber: *un grande specchio* – ein großer Spiegel, *un grande psicologo* – ein großer Psychologe

Anmerkung 1: In der Umgangssprache kommt auch *gran* vor *s* + Konsonant, *z, x, gn, pn* oder *ps* vor.

Anmerkung 2: *Gran* hebt das folgende Nomen besonders hervor und kann diesem auch eine ironische Note verleihen: *un gran giorno* – ein großer Tag, *un gran chiacchierone* – ein großer Schwätzer.

Anmerkung 3: *Gran* + Adjektiv entspricht dt. «sehr»: *una gran bella donna* – eine sehr schöne/wunderschöne Frau.

2. **tale** und **quale** vor einem Nomen:

qual uomo/quale uomo	welcher Mann
tal donna/tale donna	solch eine Frau

Ebenso: *Qual /Quale è il Suo nome* (nicht korrekt: *qual'è*)? – Wie ist Ihr Name?

Immer: *a tal punto* – dermaßen/derart, *il signor tal dei tali* – Herr Soundso

15

12 Sonderfälle des *troncamento*

Im Gegensatz zu den bisher angeführten Fällen des *troncamento* wird bei folgenden Formen aus sprachhistorischen Gründen ein Apostroph gesetzt:

1. in der 2. Person Singular Imperativ folgender Verben:

da'	gib	(zu *dare* geben)
fa'	mache	(zu *fare* machen)
sta'	bleibe	(zu *stare* bleiben)
va'	gehe	(zu *andare* gehen)
di'	sage	(zu *dire* sagen)

Anmerkung: Von *dare*, *fare*, *stare* und *andare* werden auch die nicht-gekürzten Formen *dai*, *fai*, *stai* und *vai* gebraucht.

Ebenso finden sich: *te'* [veraltet/dialektal für *tieni*] halte!

to' [familiär für *togli*] da, nimm/nanu, wen sieht man da!

ve' [regional für *vedi*] sieh!

2. bei *po'* anstelle von *poco* wenig. Folgt eine Ergänzung mit *di* steht immer die gekürzte Form:

un po' di pane	ein wenig/etwas Brot

Merke: *Guarda un po'*. - Schau mal!

Anmerkung: Es finden sich auch gekürzte Formen der Nomina *modo*, *piede* und *casa*: *a mo' d'esempio* - beispielsweise, *a pie'* (heute *piè* geschrieben) *del monte* - am Fuße des Berges, *nota a piè di pagina* - Fußnote, *a ogni piè sospinto* - auf Schritt und Tritt, *Ca' Foscari* - Ca' Foscari (in Venedig).

13 Die euphonische Erweiterung (l'accrescimento eufonico)

Unter euphonischer Erweiterung versteht man das Anfügen eines Buchstabens aus Gründen des Wohlklangs. Es treten folgende Fälle auf:

1. Das euphonische *d* wird an die Präposition *a* und an die Konjunktionen *e* und (seltener) *o* angefügt, wenn das folgende Wort mit Vokal beginnt. Ist dieser Vokal mit der vorausgehenden Präposition bzw. Konjunktion identisch, so gilt das euphonische *d* als verbindlich:

Adamo ed Eva	Adam und Eva
ed egli disse	und er sagte
scrisse ad alcuni amici	er schrieb einigen Freunden
vado ad Ancona	ich fahre nach Ancona
tu od ogni altro	du oder jeder andere
settimo od ottavo	siebter oder achter

Anmerkung: Die euphonische Erweiterung mit *d* unterbleibt, wenn auf *e*, *a* oder *o* Wörter folgen, die mit *ed-*, *ad-* oder *od-* anlauten: *scrivo a Ada* ich schreibe an Ada (nicht: **scrivo ad Ada*).

2. Das prothetische *i* kann an den Anfang von Wörtern treten, die mit *s* + Konsonant beginnen, wenn ihnen *con*, *in*, *per* oder *non* vorausgehen, wie zum Beispiel in *con isconto* - mit Skonto, *in iscuola* - in die/der Schule, *per isbaglio* - aus Versehen. Diese Erscheinung findet sich hauptsächlich in gehobener Sprache und in der Dichtung. In der Toskana ist sie lebendig. Allgemein gebräuchlich ist das prothetische *i* in den Ausdrücken:

per iscritto	schriftlich	*per ischerzo*	im Scherz

Die Großschreibung (l'uso della maiuscola)   14

Als verbindlich wird die Großschreibung in folgenden Fällen angesehen:

1. am Satzanfang, nach einem Punkt, nach einem Doppelpunkt, wenn direkte Rede folgt, nach einem Ausrufezeichen oder Fragezeichen, wenn ein neuer Satz folgt, der vom vorangehenden getrennt ist;

2. bei Namen von Personen, Städten, Regionen, Nationen, Flüssen, Bergen oder Seen: *i Rossi*, *Firenze*, *La Toscana*, *l'Italia*, *l'Arno*, *il Monte Rosa*, *il Lago Maggiore*;

3. bei der Bezeichnung der Gesamtheit der Einwohner eines Landes, einer Region oder einer Stadt: *i Tedeschi* die Deutschen, aber: *due tedeschi* zwei Deutsche;

4. bei Titeln von Büchern, Zeitungen, Erzählungen, Gedichten oder Kunstwerken: *La Divina Commedia di Dante* die Göttliche Komödie von Dante, *Il Corriere della Sera*, *Il Mosè di Michelangelo* der Moses von Michelangelo;
Anmerkung: Wenn der Titel aus mehreren Wörtern besteht, wird bisweilen nur das erste Wort groß geschrieben: *I promessi sposi* neben *I Promessi Sposi*.

5. bei den Namen von Jahrhunderten, Epochen und Feiertagen: *l'Ottocento* das Neunzehnte Jahrhundert, *il Rinascimento* die Renaissance, *Natale* Weihnachten, *Pasqua* Ostern;

6. bei Namen von Institutionen: *la Chiesa* die Kirche, *il Ministero della Difesa* das Verteidigungsministerium, *il Parlamento* das Parlament, *lo Stato* der Staat;

7. bei Amtsbezeichnungen, wenn kein Eigenname folgt: *il Papa* der Papst, aber: *papa Giovanni XXIII*, *il Ministro* der Minister, aber: *il ministro Cavour*;

8. bei Namen, die heilige Personen bezeichnen wie *Dio* Gott, *l'Onnipotente* der Allmächtige, *la Madonna* die Mutter Gottes, *la Vergine* die Heilige Jungfrau;

9. bei Personifizierungen: *l'Amore* die Liebe, *la Libertà* die Freiheit;

10. bei Namen von Sternen und Planeten. *Terra* Erde, *Sole* Sonne und *Luna* Mond werden in astronomischer Bedeutung groß geschrieben. *La Terra gira intorno al Sole.* – Die Erde dreht sich um die Sonne.

15 Die Silbentrennung (la divisione in sillabe)

Bei der Silbentrennung ist folgendes zu beachten:

1. Diphthonge und Triphthonge bilden eine eigene Silbe: *mie-le* Honig, *na-zio-ne* Nation, *miei* meine.

2. Ein Hiat ist zweisilbig zu sprechen: *pa-u-ra* Angst, *le-o-ne* Löwe, *Pa-o-lo* Paul, *a-e-re-o* Flugzeug.

3. Ein einfacher Konsonant bildet mit einem folgenden Vokal eine Silbe: *fa-ci-le* leicht, *a-mo-re* Liebe.

4. Zwei oder mehr aufeinanderfolgende Konsonanten bilden eine Silbe mit dem folgenden Vokal, wenn diese Konsonantengruppen am Wortanfang stehen können: *bo-sco* Wald (*sc-* kann am Wortanfang stehen wie in *scoprire* entdecken), *mo-stra* Ausstellung (*str-* kann am Wortanfang stehen wie in *strada* Straße).

5. Wenn der erste Konsonant einer Konsonantengruppe *l, m, n* oder *r* ist, gehört dieser Konsonant zur vorangehenden Silbe: *al-ta-re* Altar, *pun-ge-re* stechen, *sem-pli-ce* einfach.

6. Doppelkonsonanten werden getrennt: *mam-ma* Mama, *fat-to* gemacht.

7. *cq*, das *qq* entspricht, wird getrennt: *ac-qua* Wasser, *nac-que* er wurde geboren (das einzige italienische Wort, das *qq* aufweist, ist *soqquadro* in der Wendung *mettere a soqquadro* – in große Unordnung bringen).

8. Mit Präfixen (*dis-, in-, cis-, tras-/trans-* etc.) zusammengesetzte Wörter können entweder nach den oben angegebenen Regeln getrennt werden oder das Präfix bewahren: *di-so-no-ra-to* oder *dis-o-no-ra-to* entehrt (Part. Perf. Pass.), *tra-spor-ta-re* oder *tras-por-ta-re* befördern.

9. Heutzutage wird der Apostroph am Zeilenende akzeptiert. *Quell'uomo* kann folgendermaßen getrennt werden: *quel-l'uomo, quell'uo-mo* oder *quell'-uomo*. Als nicht korrekt gilt es, das elidierte Wort zu vervollständigen (wie es die Setzer oft tun), um den Apostroph zu vermeiden, also nicht: **quello | uomo*.

Die Satzzeichen (la punteggiatura)

Als Satzzeichen werden im Italienischen verwendet:

.	*il punto (fermo)*	der Punkt
,	*la virgola*	das Komma
;	*il punto e virgola*	der Strichpunkt
:	*i due punti*	der Doppelpunkt
?	*il punto interrogativo*	das Fragezeichen
!	*il punto esclamativo*	das Ausrufezeichen
...	*i punti/puntini di sospensione*	die Fortführungspunkte
—	*la lineetta/il trattino*	der Gedankenstrich
«»	*le virgolette*	die Anführungszeichen/Gänsefüßchen
( )	*le parentesi tonde*	die runden Klammern

Zum Gebrauch des Kommas im Italienischen

1. Das Komma wird gesetzt

- vor den beiordnenden Konjunktionen *ma/però* aber, *tuttavia* dennoch; ebenso vor dem Adverb *anzi* im Gegenteil: *Lo so, ma non lo dico.* - Ich weiß es, aber ich sage es nicht.

- vor den unterordenden Konjunktionen *benché/sebbene* obwohl, *anche se* auch wenn, *per quanto* wie sehr auch, *poiché/giacché* da, *quando* als/wenn, *mentre* während, *se* in der Bedeutung «wenn/falls». *Resto ancora un po', anche se è già tardi.* - Ich bleibe noch ein wenig, auch wenn es schon spät ist. Anmerkung: Vor den anderen unterordnenden Konjunktionen steht heute kein Komma mehr.

- nach Nebensätzen, Partizipial- und Infinitivkonstruktionen, die dem Hauptsatz vorausgehen: *Dopo che gli ospiti furono partiti, la mamma si dovette riposare.* - Nachdem die Gäste abgereist waren, mußte sich Mama ausruhen. *Lavata la macchina, mi misi a riparare la bicicletta.* - Nachdem das Auto gewaschen war, begann ich das Fahrrad zu reparieren.

- vor und nach einem Einschub: *Mio padre, queste discussioni, non le può sopportare.* - Mein Vater kann diese Diskussionen nicht ertragen.

2. **Kein** Komma wird im Italienischen gesetzt:

- vor einem indirekten Fragesatz: *Sai dove sono?* - Weißt du, wo sie sind?

- vor *che* «daß»: *Gli ho detto che verrò.* - Ich habe ihm gesagt, daß ich kommen werde.

- vor einschränkenden Relativsätzen (vgl. § 111): *Non trovo più il libro che mi avevi prestato.* - Ich finde nicht mehr das Buch, das du mir geliehen hattest.

- vor einem Infinitiv: *Siamo qui per studiare il tedesco.* - Wir sind hier, um Deutsch zu lernen.

Kapitel 2 Das Nomen (Il nome)

18 Ein italienisches Nomen ist seinem Genus nach entweder maskulin oder feminin; ein Neutrum wie im Deutschen gibt es nicht. Jedes in einem Text vorkommende Nomen kann im Singular oder im Plural stehen. Genus und Numerus sind meistens, aber nicht immer an der Endung des Nomens abzulesen. Im einzelnen gibt es viele Besonderheiten. Ein Nomen kann mit bestimmten anderen Wortarten eine Nominalgruppe bilden (vgl. § 40) und im Satz verschiedene Funktionen erfüllen, wie z. B. Subjekt, Objekt, prädikative Ergänzung usw. (vgl. § 41).

Das Genus (il genere)

19 Nomina auf *-o* sind meistens maskulin, Nomina auf *-a* sind überwiegend feminin, während Nomina auf *-e* entweder maskulin oder feminin sind.

20 Das maskuline Genus (il genere maschile)

Maskulin sind

1. Nomina auf *-o*:

il ragazzo	der Junge	*il tempo*	die Zeit
il quaderno	das Heft	*il libro*	das Buch

Ausnahmen: *la mano* die Hand, *l'eco* das Echo (im Sing. selten mask., im Pl. immer: *gli echi*), *moto* (=*la motocicletta*) das Motorrad, *l'auto* (= *l'automobile*), das Auto, *la foto* (= *la fotografia*) das Foto, *la dinamo* der Dynamo, *la radio* das Radio (aber: *il radio* das Radium)

Anmerkung: Die folgenden Nomina bezeichnen weibliche Personen: *il soprano* der Sopran, *il mezzosoprano* der Mezzosopran und *il contralto* der Alt. Inzwischen sind aber auch *la soprano* usw. gebräuchlich.

2. zahlreiche Nomina auf *-e*, wie zum Beispiel:

il dente	der Zahn	*il latte*	die Milch
il miele	der Honig	*il monte*	der Berg
il ponte	die Brücke	*il confine*	die Grenze
il mare	das Meer	*il pane*	das Brot

Merke: *il fine* der Zweck/das Ziel - *la fine* das Ende; *il fonte battesimale* das Taufbecken - *la fonte* die Quelle; *il carcere/la carcere* [lit.] der Kerker/das Gefängnis (im Plural jedoch stets feminin: *le carceri*)

3. Nomina auf *-one* (nicht *-ione* vgl. § 21.6):

il sapone	die Seife	*il cotone*	die Baumwolle
il carbone	die Kohle	*il donnone* (!)	das Riesenweib

Ausnahme: *la canzone* das Lied

4. Nomina auf *-ore*:

il cuore	das Herz	*il fiore*	die Blume
il colore	die Farbe	*il motore*	der Motor

5. Nomina auf *-ale*:

il canale	der Kanal	*lo scaffale*	das Regal
il giornale	die Zeitung	*il segnale*	das Zeichen
il pedale	das Pedal	*il cinghiale*	das Wildschwein
il caviale	der Kaviar	*il fanale*	der Scheinwerfer

Ausnahmen: *la cambiale* der Wechsel(brief), *la vocale* der Vokal, *la filiale/la succursale* die Zweigstelle, *la cattedrale* die Kathedrale, *la percentuale* der Prozentsatz

Merke : *il capitale* das Kapital - *la capitale* die Hauptstadt; *il morale* die Moral/der Geist/die Stimmung - *la morale* die Moral; *il finale* das Finale (eines Musikwerkes) - *la finale* das Finale (bei Sportwettkämpfen)

6. Nomina auf *-ante/-ente*

un istante	ein Augenblick	*un incidente*	ein Unfall

Ausnahmen: *la corrente* der Strom/die Strömung, *la sorgente* die Quelle

Anmerkung: Wenn Nomina auf *-ante/-ente* Personen bezeichnen, wird ihr grammatisches Geschlecht durch das natürliche Geschlecht bestimmt, z. B. *il/la cantante* der Sänger/die Sängerin.

7. Nomina auf *-ile*:

il sedile	der Sitz	*il barile*	das Faß
il fucile	das Gewehr	*il campanile*	der Glockenturm
il cortile	der Hof	*il badile*	die Schaufel

Ausnahme: *la bile* die Galle

8. Nomina auf **-me**:

il fiume	der Fluß	*il nome*	der Name
il catrame	der Teer	*l'albume*	das Eiweiß
il seme	der Samen	*lo sciame*	der Schwarm
il falegname	der Schreiner	*il pollame*	das Geflügel
il costume	der Brauch	*il sudiciume*	der Schmutz

9. Nomina auf **-a** und **-à**, die eine männliche Person bezeichnen:

il poeta	der Dichter	*il collega*	der Kollege
il duca	der Herzog	*il profeta*	der Prophet
il despota	der Despot	*il pilota*	der Pilot
il belga	der Belgier	*il pascià*	der Pascha
il papà	der Papa	*il papa*	der Papst

Außerdem: *il vaglia (bancario)* die (Bank-)Anweisung, *il pianeta* der Planet, (aber: *la pianeta* das Meßgewand)

10. Nomina auf **-ma**:

il cinema	das Kino	*il problema*	das Problem
il sistema	das System	*il programma*	das Programm
il clima	das Klima	*il telegramma*	das Telegramm
il poema	das Gedicht	*l'enigma*	das Rätsel
il diploma	das Diplom	*il dramma*	das Drama
il pigiama	der Schlafanzug	*il tema*	das Thema

Ausnahmen: *la trama* die Intrige/die Handlung (in einem Theaterstück), *la dama* die Dame/das Damespiel, *la tema* die Furcht, *la cresima* die Firmung

11. Nomina auf **-i**, die nicht griechischen Ursprungs sind:

il dì	der Tag	*l'alibi*	das Alibi
il brindisi	der Trinkspruch	*il safari*	die Safari

Ebenso: *il tassì* (neben *taxi*) das Taxi

12. Komposita auf **-i**:

il cavaturaccioli	der Korkenzieher	*il saliscendi*	die Klinke

13. Nomina auf **-ù** (nicht **-tù** vgl. § 21.4):

il caucciù	der Kautschuk	*il bambù*	der Bambus

14. Nomina auf -Konsonant:

lo sport	der Sport	*il tram*	die Straßenbahn
il bar	die Bar	*il sud*	der Süden

15. als Nomina gebrauchte Wörter anderer Wortarten:

il bene	das Gute	*il piacere*	das Vergnügen
il perché	das Warum	*il due*	die Zwei
il nulla	das Nichts	*il nonnulla*	die Kleinigkeit

16. die Namen von Meeren, Seen, Flüssen, Pässen und Bergen:

il Mediterraneo	das Mittelmeer	*il Po*	der Po
l'Arno	der Arno	*il Tevere*	der Tiber
il Reno	der Rhein	*il Danubio*	die Donau
il Vesuvio	der Vesuv	*il Cervino*	das Matterhorn
il Brennero	der Brenner	*i Carpazi*	die Karpaten

Ausnahmen: *la Loira* die Loire, *la Marna* die Marne, *la Garonna* die Garonne, *la Senna* die Seine, *la Moldava* die Moldau, *la Vistola* die Weichsel, *le Alpi* die Alpen, *le Ande* die Anden

17. die Namen der Monate und Wochentage:

il febbraio	der Februar	*il mercoledì*	der Mittwoch

Ausnahme: *la domenica* der Sonntag

Das feminine Genus (il genere femminile) 21

Feminin sind

1. Nomina auf -a:

la ragazza	das Mädchen	*la finestra*	das Fenster
la scarpa	der Schuh	*la porta*	die Tür

Beachte: *la comparsa* der Statist/die Statistin, *la guida* der Reiseführer/die Reiseführerin, *la spia* der Spion/die Spionin, *la guardia* der Schutzmann, *la sentinella* die Schildwache, *la recluta* der Rekrut, *la vedetta* der Posten

2. Nomina auf -e, wie zum Beispiel:

la fame	der Hunger	*la sete*	der Durst
la carne	das Fleisch	*la notte*	die Nacht
la salute	die Gesundheit	*la morte*	der Tod

3. Nomina auf –tà:

la città	die Stadt	*la verità*	die Wahrheit
la sincerità	die Aufrichtigkeit	*la bontà*	die Güte

4. Nomina auf –tù:

la virtù	die Tugend	*la gioventù*	die Jugend

5. Nomina auf –i, die griechischen Ursprungs sind:

la crisi	die Krise	*la tesi*	die These/Doktor-
la paralisi	die Lähmung		arbeit
l'oasi	die Oase	*la parentesi*	die Klammer
l'estasi	die Ekstase	*l'analisi*	die Analyse

6. Nomina auf -ione:

la lezione	die Lektion	*la ragione*	die Vernunft
la soluzione	die Lösung	*la generazione*	die Generation

Ausnahmen: *il milione* die Million, *il campione* der Meister (im Sport)/das Muster (in der Handelssprache), *il battaglione* das Battaillon, *il bastione* das Bollwerk, *il medaglione* das Medaillon, *il rione* das Stadtviertel, *il lampione* die Laterne (aber: der Lampion *il lampioncino*)

7. Nomina auf –ice:

la pendice	der Abhang	*la radice*	die Wurzel
la vernice	der Lack	*la cervice*	der Nacken
la cimice	die Wanze	*la pomice*	der Bimsstein

Ausnahmen: *il codice* das Gesetzbuch, *un indice* ein Anzeichen/Zeigefinger, *il calice* der Kelch, *il camice* der Labormantel, *il vertice* der Gipfel

8. Nomina auf –ie:

la serie	die Reihe	*la specie*	die Art
la superficie	die Oberfläche	*la calvizie*	die Kahlköpfigkeit

9. Nomina auf -agine, -aggine, -igine, -iggine, -ugine, -uggine:

la cartilagine	der Knorpel	*la fuliggine*	der Ruß
la stupidaggine	die Dummheit	*la lanugine*	der Flaum
la vertigine	der Schwindel	*la ruggine*	der Rost

10. Städte- und Inselnamen:

la bella Napoli	das schöne Neapel	*la Sardegna*	Sardinien

Ausnahmen: *il Cairo* Kairo, *il Pireo* Piräus, *il Madagascar*

11. Namen von Kontinenten, Ländern und Regionen auf **-a**:

la vecchia Europa	das alte Europa	*la Lombardia*	die Lombardei
l'America latina	Lateinamerika	*la Francia*	Frankreich

Ausnahmen: *il Guatemala* Guatemala, *il Bengala* Bengalen

12. Namen von Automarken: *una Fiat, una Lamborghini, una Mercedes*

13. die Namen der meisten Fußballmannschaften: *la Juventus, la Lazio, l'Inter*

Aber: *il Milan, il Bologna*

Besonderheiten des Genus bei Nomina, die sich auf Menschen beziehen

Männliche und weibliche Personen können durch Nomina gleicher Form aber **22** verschiedenen grammatischen Geschlechts bezeichnet werden, wenn diese auf
-ista, -cida, -ante/-(i)ente oder **-ese** enden:

1. Nomina auf **-ista**:

il turista	der Tourist	–	*la turista*	die Touristin
il giornalista	der Journalist	–	*la giornalista*	die Journalistin
il pianista	der Pianist	–	*la pianista*	die Pianistin

2. Nomina auf **-cida**:

un omicida	ein Mörder	–	*un'omicida*	eine Mörderin
un infanticida	ein Kindesmörder	–	*un'infanticida*	eine Kindesmörderin

3. Nomina auf **-ante/-(i)ente**:

il cantante	der Sänger	–	*la cantante*	die Sängerin
il cliente	der Kunde	–	*la cliente*	die Kundin
il paziente	der Patient	–	*la paziente*	die Patientin

Ausnahme: *lo studente* der Student – *la studentessa* die Studentin

4. Nomina auf **-ese**:

il francese	der Franzose	–	*la francese*	die Französin
il portoghese	der Portugiese	–	*la portoghese*	die Portugiesin

23 Sehr häufig unterscheiden sich die Bezeichnungen für eine männliche und für eine weibliche Person durch ein besonderes Suffix, wie zum Beispiel:

il traduttore	der Übersetzer	- *la traduttrice*	die Übersetzerin
il principe	der Prinz	- *la principessa*	die Prinzessin

(Vgl. hierzu § 28 Die Ableitung femininer Nomina)

24 In einigen wenigen Fällen werden männliche und weibliche Personen durch maskuline und feminine Nomina mit verschiedenem Wortstamm bezeichnet, wie zum Beispiel:

il padre	der Vater	- *la madre*	die Mutter
il fratello	der Bruder	- *la sorella*	die Schwester
il marito	der Ehemann	- *la moglie*	die Ehefrau
l'uomo	der Mann	- *la donna*	die Frau
il genero	der Schwiegersohn	- *la nuora*	die Schwiegertochter
il compare	der Pate/Gevatter	- *la comare*	die Patin
il celibe	der Junggeselle	- *la nubile*	die Ledige

25 Besonderheiten des Genus bei Nomina, die sich auf Tiere beziehen

Es gibt in der italienischen Sprache verschiedene Möglichkeiten, das männliche und das weibliche Tier einer bestimmten Gattung voneinander zu unterscheiden:

1. Die Bezeichnungen für das männliche und das weibliche Tier haben denselben Wortstamm, unterscheiden sich jedoch in ihrer Endung:

il lupo	der Wolf	- *la lupa*	die Wölfin
l'asino	der Esel	- *l'asina*	die Eselin

2. Verschiedenen Wortstamm bzw. verschiedene Endung weisen auf:

il cane	der Hund	- *la cagna*	die Hündin
il gallo	der Hahn	- *la gallina*	das Huhn

3. Männliches und weibliches Tier werden durch völlig verschiedene Wörter bezeichnet:

il toro	der Stier	- *la vacca*	die Kuh
il montone	der Schafbock	- *la pecora*	das Schaf
il becco	der Ziegenbock	- *la capra*	die Ziege

Anmerkung: Das Wort *vacca* wird oft gemieden, da es umgangssprachlich die Prostituierte bezeichnet. Stattdessen wird *mucca* verwendet.

4. Für die meisten Tiere gibt es in der italienischen Gemeinsprache nur eine maskuline oder feminine Gattungsbezeichnung, die dem natürlichen Geschlecht nicht Rechnung trägt. Will man in diesem Falle auf ein männliches oder weibliches Tier ausdrücklich Bezug nehmen, so setzt man entweder *maschio* oder *femmina* hinzu:

la volpe maschio	der (männliche) Fuchs
il leopardo femmina	die Leopardin

Das Genus bei Bezeichnungen von Bäumen und Früchten   26

1. Die Namen von Bäumen und Sträuchern sind in der Regel maskulin, während die Namen von Früchten feminin sind:

il noce	der Nußbaum	- *la noce*	die Nuß
il melo	der Apfelbaum	- *la mela*	der Apfel
il pero	der Birnbaum	- *la pera*	die Birne
l'arancio	der Orangenbaum	- *l'arancia/l'arancio*	die Orange

Ausnahmen: Feminin sind die Bezeichnungen folgender Bäume und Pflanzen: *la quercia* die Eiche, *la betulla* die Birke, *l'acacia* die Akazie, *la palma* die Palme, *la vite* die Rebe, *la felce* der Farn.

2. Die Namen der folgenden Bäume bzw. Sträucher und der dazugehörigen Früchte haben dasselbe Genus:

il dattero	die Dattelpalme/die Dattel
l'ananasso	der Ananasstrauch/die Ananas
il limone	der Zitronenbaum/die Zitrone
il fico	die Feige/der Feigenbaum
il lampone	der Himbeerstrauch/die Himbeere
il ribes	der Johannisbeerstrauch/die Johannisbeere
il mirtillo	der Heidelbeerstrauch/die Heidelbeere

Das Genus der Buchstaben und der Grundzahlen   27

Die Buchstaben werden meist feminin gebraucht: *una di* (vgl. § 1.3). Die Grundzahlen sind maskulin: *il cinque* die Fünf (vgl. § 104 Anm.4).

Die Ableitung femininer Nomina (nur bei Bezeichnung von Lebewesen)   28

1. Ableitungsmuster mask. -*o* / fem. -*a*:

il figlio	der Sohn	- *la figlia*	die Tochter
lo zio	der Onkel	- *la zia*	die Tante
il ragazzo	der Junge	- *la ragazza*	das Mädchen
il cognato	der Schwager	- *la cognata*	die Schwägerin

2. Ableitungsmuster mask. *-e* / fem. *-a*:

il signore	der Herr	-	*la signora*	die Dame
il cameriere	der Kellner	-	*la cameriera*	die Kellnerin
il padrone	der Chef	-	*la padrona*	die Chefin

Aber: *il nipote* der Neffe/Enkel - *la nipote* die Nichte/Enkelin
      il preside der Direktor (eines Gymnasiums) - *la preside* die Direktorin
      il custode der Aufseher - *la custode* die Aufseherin

3. Ableitungsmuster mask. *-tore* / fem. *-trice*:

il traduttore	der Übersetzer	-	*la traduttrice*	die Übersetzerin
il rettore	der Rektor	-	*la rettrice*	die Rektorin
lo scrittore	der Schriftsteller	-	*la scrittrice*	die Schriftstellerin
lo spettatore	der Zuschauer	-	*la spettatrice*	die Zuschauerin
il pittore	der Maler	-	*la pittrice*	die Malerin

Aber: *il tintore* der Färber - *la tintora* die Färberin
      il pastore der Hirte - *la pastora* die Hirtin
      l'avventore der Kunde - *l'avventora* die Kundin
      l'impostore der Betrüger - *l'impostora* die Betrügerin
      il dottore der Doktor - *la dottoressa* die Doktorin

4. Ableitungstyp mask. *-e* / fem. *-essa*:

lo studente	der Student	-	*la studentessa*	die Studentin
il professore	der Lehrer	-	*la professoressa*	die Lehrerin
il conte	der Graf	-	*la contessa*	die Gräfin

Beachte: *il/la vigile* - der Polizist/die Polizistin; *la vigilessa* ist abwertend.

5. Unregelmäßige Ableitungen weisen auf:

il duca	der Herzog	-	*la duchessa*	die Herzogin
il poeta	der Dichter	-	*la poetessa*	die Dichterin [abw.]
il dio	der Gott	-	*la dea*	die Göttin
il re	der König	-	*la regina*	die Königin
l'eroe	der Held	-	*l'eroina*	die Heldin
il doge	der Doge	-	*la dogaressa*	die Dogin
lo zar/czar	der Zar	-	*la zarina/czarina*	die Zarin
l'aggressore	der Angreifer	-	*l'aggreditrice*	die Angreiferin
il difensore	der Verteidiger	-	*la difenditrice*	die Verteidigerin
il possessore	der Besitzer	-	*la posseditrice*	die Besitzerin

Anmerkung 1: Zu *medico* «Arzt» heißt heute die feminine Form *medica*; *medichessa* bedeutet Quacksalberin/Krauterin. *Faccio il medico.* - Ich bin Arzt/Ärztin.

Anmerkung 2: Zu *posseditrice/difenditrice* existieren auch die populären Formen *possessora/difensora*.

Paare maskuliner und femininer Nomina

Folgende Wortpaare weisen unterschiedliche Bedeutung auf:

il baleno	der Blitzstrahl	- *la balena*	der Wal
il banco	die Sitzbank	- *la banca*	die Bank (Geldinst.)
il cappello	der Hut	- *la cappella*	die Kapelle
il collo	der Hals	- *la colla*	der Leim
il colpo	der Schlag	- *la colpa*	die Schuld
il costo	die Kosten	- *la costa*	die Küste
il filo	der Faden	- *la fila*	die Reihe
il manico	der Griff	- *la manica*	der Ärmel
il masso	der Felsblock	- *la massa*	die Masse
il mazzo	der Bund/Strauß	- *la mazza*	die Keule
il mento	das Kinn	- *la menta*	die Pfefferminze
il mostro	das Ungeheuer	- *la mostra*	die Austellung
il pianto	das Weinen	- *la pianta*	die Pflanze
il porto	der Hafen	- *la porta*	die Tür
il pozzo	der Brunnen	- *la pozza*	die Pfütze
il radio	das Radium	- *la radio*	das Radio
il razzo	die Rakete	- *la razza*	die Rasse
lo scapolo	der Junggeselle	- *la scapola*	das Schulterblatt
il tasso	der Dachs	- *la tassa*	die Steuer
il visto	das Visum	- *la vista*	die Sicht

Zwischen den folgenden Paaren maskuliner und femininer Nomina besteht nur ein geringfügiger Bedeutungsunterschied:

il foglio	das Blatt (Papier)	- *la foglia*	das Blatt (am Baum)
il buco	das Loch (z.B. in einer Mauer)	- *la buca*	das Loch/der Graben
il tavolo	der Tisch (z.B. als Arbeitsfläche)	- *la tavola*	der Tisch/ der Eßtisch/Tafel
il raccolto	die Ernte	- *la raccolta*	die Ernte/ die Sammlung
il cioccolato	die Schokolade (Tafel)	- *la cioccolata*	die Schokolade (Getränk/Tafel)

Ohne Bedeutungsunterschied werden entweder maskulin oder feminin ge- braucht:

il puzzo/la puzza [dial.]	der Gestank
il secchio/la secchia	der Eimer
l'orecchio/l'orecchia	das Ohr
il tegolo [tosk.]*/la tegola*	der Ziegel
il materasso/la materassa	die Matratze
il tomaio/la tomaia	das Oberleder

32 Ähnlichlautende Nomina mit unterschiedlichem Genus im Italienischen und Deutschen:

l'annuncio	die Annonce	il milione	die Million
il bilancio	die Bilanz	il minuto	die Minute
il comico	die Komik	il poro	die Pore
il controllo	die Kontrolle	la protesta	der Protest
il fronte	die (mil.)Front	la rovina	der Ruin
il garage	die Garage	la sala	der Saal
il gesto	die Geste	il sandalo	die Sandale
la griglia	der Grill	lo schizzo	die Skizze
il gruppo	die Gruppe	il sigaro	die Zigarre
il guardaroba	die Garderobe	la stoffa	der Stoff
il mandolino	die Mandoline	lo strapazzo	die Strapaze
la marcia	der Marsch	la tariffa	der Tarif
il massaggio	die Massage	il tragico	die Tragik
il melone	die Honigmelone	il vaso	die Vase
il metodo	die Methode	il violino	die Violine
il miliardo	die Milliarde	la vocale	der Vokal

Der Plural

33 Die Pluralbildung

1. Nomina, die im Singular auf -o enden, bilden den Plural auf -i:

il ragazzo	der Junge	-	i ragazzi	die Jungen
il libro	das Buch	-	i libri	die Bücher
la mano	die Hand	-	le mani	die Hände

Ausnahmen: l'uovo das Ei - le uova die Eier
l'uomo der Mann/Mensch - gli uomini die Männer/Menschen

2. Nicht verändert werden die Kurzformen:

l'auto	das Auto	-	le auto	die Autos
la moto	das Motorrad	-	le moto	die Motorräder
la foto	das Foto	-	le foto	die Fotos
la radio	das Radio	-	le radio	die Radios

3. Nomina auf -co/-go, die auf der vorletzten Silbe betont werden, bilden den Plural auf -chi/-ghi:

il banco	die Schulbank	-	i banchi	die Bänke
il cieco	der Blinde	-	i ciechi	die Blinden
il tedesco	der Deutsche	-	i Tedeschi	die Deutschen
il luogo	der Ort	-	i luoghi	die Orte
l'albergo	das Hotel	-	gli alberghi	die Hotels
il mago	der Magier	-	i maghi	die Magier

Ausnahmen: *l'amico* der Freund   - *gli amici* die Freunde
           il nemico der Feind   - *i nemici* die Feinde
           il greco der Grieche   - *i Greci* die Griechen
           il porco das Schwein   - *i porci* die Schweine

Merke: *i Re Magi* die heiligen drei Könige

4. Nomina auf *-co/-go*, die auf der drittletzten Silbe betont werden, bilden den Plural auf *-ci/-gi*:

il medico	der Arzt	- *i medici*	die Ärzte
il monaco	der Mönch	- *i monaci*	die Mönche
l'austriaco	der Österreicher	- *gli Austriaci*	die Österreicher
l'asparago	der Spargel	- *gli asparagi*	die Spargel

Ausnahmen: *il carico* die Ladung/Last - *i carichi* die Ladungen/Lasten
           l'incarico der Auftrag   - *gli incarichi* die Aufträge
           il valico der Bergpaß   - *i valichi* die Bergpässe
           l'obbligo die Verpflichtung - *gli obblighi* die Verpflichtungen

Anmerkung 1: Der Plural der Nomina auf *-logo* lautet *-logi*, wenn es sich um Personen, *-loghi*, wenn es sich um Sachen handelt:
           il teologo der Theologe - *i teologi* die Theologen
           il biologo der Biologe - *i biologi* die Biologen
           il catalogo der Katalog - *i cataloghi* die Kataloge
           il dialogo der Dialog - *i dialoghi* die Dialoge

Anmerkung 2: Schwankend ist die Pluralendung u. a. bei:
           il manico der Griff   - *i manici/i manichi* die Griffe
           lo stomaco der Magen - *gli stomachi/gli stomaci* die Mägen
           il sarcofago der Sarkophag - *i sarcofaghi/i sarcofagi* die Sarkophage

5. Nomina auf *-io* mit unbetontem *i* bilden den Plural auf *-i*:

il figlio	der Sohn	- *i figli*	die Söhne
l'armadio	der Schrank	- *gli armadi*	die Schränke
l'augurio	der Glückwunsch	- *gli auguri*	die Glückwünsche

Anmerkung: Die moderne Schreibung ist in diesem Falle *-i*; andere Schreibweisen wie *-j, -ii, -î* sind heute veraltet (vgl. § 7.2 Anm.).

Ausnahmen: *il tempio* der Tempel - *i templi* die Tempel (inzwischen aber häufiger *i tempi*)
           il paio das Paar (*un paio di scarpe* - ein Paar Schuhe) - *le paia* die Paare (*tre paia di scarpe* - drei Paar Schuhe)
           il miglio die Meile - *le miglia* die Meilen
           un centinaio etwa hundert - *centinaia* Hunderte
           un migliaio etwa tausend - *migliaia* Tausende
           molte centinaia di migliaia di morti - viele Hunderttausende von Toten

6. Nomina auf *-io* mit betontem *i* bilden den Plural auf *-ii*:

lo zio	der Onkel	-	*gli zii*	die Onkel
il pendio	der Abhang	-	*i pendii*	die Abhänge
il leggio	das Lesepult	-	*i leggii*	die Lesepulte

Ausnahme: *il dio* der Gott - *gli dei* die Götter
Beachte: Der Plural *gli zii* bedeutet auch «Onkel und Tante».

7. Feminine Nomina auf *-a* bilden den Plural auf *-e*:

la figlia	die Tochter	-	*le figlie*	die Töchter
la ragazza	das Mädchen	-	*le ragazze*	die Mädchen
la turista	die Touristin	-	*le turiste*	die Touristinnen
la strada	die Straße	-	*le strade*	die Straßen
la scuola	die Schule	-	*le scuole*	die Schulen

Ausnahmen: *l'ala* der Flügel - *le ali* die Flügel
l'arma die Waffe - *le armi* die Waffen

8. Feminine Nomina auf *-ca/-ga* bilden den Plural auf *-che/-ghe*:

la collega	die Kollegin	-	*le colleghe*	die Kolleginnen
la belga	die Belgierin	-	*le belghe*	die Belgierinnen
l'amica	die Freundin	-	*le amiche*	die Freundinnen
la bocca	der Mund	-	*le bocche*	die Münder

9. Nomina auf *-cia/-gia* mit vorausgehendem Konsonanten bilden den Plural auf *-ce/-ge*:

l'arancia	die Orange	-	*le arance*	die Orangen
la buccia	die Schale	-	*le bucce*	die Schalen
la spiaggia	der Strand	-	*le spiagge*	die Strände

Anmerkung: Neben *le province* «die Provinzen» findet sich auch *le provincie*.

10. Nomina auf *-cia/-gia* mit vorausgehendem Vokal bilden den Plural auf *-cie/-gie*:

la camicia	das Hemd	-	*le camicie*	die Hemden
l'acacia	die Akazie	-	*le acacie*	die Akazien
la valigia	der Koffer	-	*le valigie*	die Koffer
la ciliegia	die Kirsche	-	*le ciliegie*	die Kirschen

Anmerkung: Neben *le camicie, le valigie* und *le ciliegie* finden sich auch die
Schreibweisen *le camice, le valige* und *le ciliege*.

Beachte: *il camice* der Labormantel - *i camici* die Labormäntel

11. Nomina auf *-cia/-gia* mit betontem *i* bilden den Plural auf *-cie/-gie*:

la farmacia	die Apotheke	-	*le farmacie*	die Apotheken
la bugia	die Lüge	-	*le bugie*	die Lügen

12. Nomina auf **−e** bilden den Plural auf **−i**:

il padre	der Vater	-	i padri	die Väter
la madre	die Mutter	-	le madri	die Mütter
il cliente	der Kunde	-	i clienti	die Kunden
la cliente	die Kundin	-	le clienti	die Kundinnen
il ponte	die Brücke	-	i ponti	die Brücken
il fiore	die Blume	-	i fiori	die Blumen
la torre	der Turm	-	le torri	die Türme
la valle	das Tal	-	le valli	die Täler
la stagione	die Jahreszeit	-	le stagioni	die Jahreszeiten
la stazione	der Bahnhof	-	le stazioni	die Bahnhöfe

Ausnahme: *il bue* der Ochse - *i buoi* die Ochsen

13. Maskuline Nomina auf **−a** bilden den Plural auf **−i**:

il giornalista	der Journalist	-	i giornalisti	die Journalisten
il poeta	der Dichter	-	i poeti	die Dichter
il collega	der Kollege	-	i colleghi	die Kollegen
il duca	der Herzog	-	i duchi	die Herzöge
l'omicida	der Mörder	-	gli omicidi	die Mörder
il programma	das Programm	-	i programmi	die Programme
il problema	das Problem	-	i problemi	die Probleme
il pigiama	der Schlafanzug	-	i pigiami	die Schlafanzüge

Anmerkung 1: Neben *i pigiami* findet sich auch die Pluralform *i pigiama*.
Anmerkung 2: Unverändert bleiben im Plural:

        il cinema das Kino - *i cinema* die Kinos
        il vaglia (bancario) die (Bank)Anweisung - *i vaglia* die Anweisungen
        il gorilla der Gorilla - *i gorilla* die Gorillas
        il boia der Henker - *i boia* die Henker
Merke: *il belga* der Belgier - *i Belgi* die Belgier

Unveränderliche Nomina

Gleiche Form im Singular und im Plural haben

1. Nomina, die auf **−à, −è, −ì, −ò** oder **−ù** enden:

la città	die Stadt	-	le città	die Städte
il caffè	der Kaffee	-	tre caffè	drei Kaffee
il tassì	das Taxi	-	i tassì	die Taxis
il falò	das Freudenfeuer	-	i falò	die Freudenfeuer
la virtù	die Tugend	-	le virtù	die Tugenden

2. einsilbige Nomina oder solche, die auf einen Konsonanten enden:

il film	der Film	- i film	die Filme
il lapis	der Bleistift	- i lapis	die Bleistifte
il re	der König	- i re	die Könige
la gru	der Kranich/Kran	- le gru	die Kraniche/Kräne

3. Nomina, die auf -i oder -ie enden:

la crisi	die Krise	- le crisi	die Krisen
l'analisi	die Analyse	- le analisi	die Analysen
la serie	die Reihe	- le serie	die Reihen
la specie	die Art	- le specie	die Arten

Ausnahmen: *la moglie* die Ehefrau - *le mogli* die Ehefrauen
la superficie die Oberfläche - *le superfici* / [seltener] *le superficie*
die Oberflächen
l'effigie das Bild - *le effigi* / [seltener] *le effigie* die Bilder

4. Familiennamen: *i Doria* die Dorias, *i Russo* die Russos, *i Fasola* die Fasolas

5. Buchstaben:

una emme	ein M	- tre emme	drei M
una esse	ein S	- due esse	zwei S

Ausnahmen: *una zeta* ein Z - *due zete* zwei Z
un'acca ein H - *due acche* zwei H

35 Nomina mit zwei Pluralformen

Einige maskuline Nomina, die im Singular auf -o enden, weisen zwei Pluralformen auf, die in der Regel verschiedene Bedeutungen haben: eine maskuline Pluralform auf -i und eine feminine Pluralform auf -a:

il braccio	i bracci	le braccia
der Arm	die Arme (übertragen)	die Arme (eines Menschen)
	i bracci del fiume	Mi fanno male le braccia.
	die Flußarme	Mir tun die Arme weh.
il calcagno	i calcagni	le calcagna
die Ferse	die Fersen	die Fersen (in Wendungen)
	i calcagni delle calze	stare alle calcagna di qd
	die Fersen der Strümpfe	jdm auf den Fersen sein
il cervello	i cervelli	le cervella
das Hirn	die Hirne (übertragen)	die Hirnmasse
	cervelli balzani	un fritto di cervella
	verrückte Kerle	gebratenes Hirn

il ciglio die Wimper	*i cigli* die Ränder *i cigli delle strade* die Straßenränder	*le ciglia* die Wimpern *le ciglia degli occhi* die Augenwimpern
il corno das Horn	*i corni* die Hörner (Instrumente) *i corni da caccia* die Jagdhörner	*le corna* die Hörner/das Geweih *le corna del cervo* das Hirschgeweih
il cuoio das Leder/ Fell	*i cuoi* die Felle *la lavorazione dei cuoi* die Bearbeitung der Felle	*le cuoia* die Felle (in Wendungen) *tirare/stendere le cuoia* krepieren
il dito der Finger	*i diti* die (einzelnen) Finger/Zehen *i diti medi* die Mittelfinger	*le dita* die Finger/Zehen (insgesamt) *avere le dita grosse* dicke Finger haben
il filo der Faden	*i fili* Fäden/Drähte *la telegrafia senza fili* die drahtlose Telegrafie	*le fila* die Fäden [übertragen] *le fila della congiura* die Fäden der Verschwörung
il fondamento das Fundament	*i fondamenti* die Grundlagen *i fondamenti della fede* Grundlagen des Glaubens	*le fondamenta* die Grundmauern *le fondamenta della casa* die Grundmauern des Hauses
il frutto die Frucht	*i frutti* die Früchte [auch übertragen] *un albero carico di frutti* ein Baum voller Früchte *i frutti del lavoro* die Früchte der Arbeit	*la frutta /*[selten] *le frutta* das Obst
il gesto die Geste	*i gesti* die Gesten	*le gesta* die Taten/Heldentaten
il grido der Schrei	*i gridi (degli animali)* die Schreie (der Tiere)	*le grida (degli uomini)* die Schreie (der Menschen)
il labbro die Lippe	*i labbri* die Ränder *i labbri della ferita* die Ränder der Wunde	*le labbra* die Lippen *avere le labbra screpolate* aufgesprungene Lippen haben
il lenzuolo das Bettuch	*i lenzuoli* die Leintücher (einzeln) *Mancano tre lenzuoli.* Es fehlen drei Bettücher.	*le lenzuola* die Bettücher (insgesamt) *cambiare le lenzuola* die Bettlaken wechseln
il membro das (Mit)Glied	*i membri* die Mitglieder *i membri del parlamento* die Parlamentsmitglieder	*le membra* die Gliedmaßen *le stanche membra* die müden Glieder

il muro die Mauer	*i muri della casa* die Mauern des Hauses	*le mura della città* die Stadtmauer
l'osso der Knochen	*gli ossi* die (einzelnen) Knochen *gettare gli ossi al cane* dem Hund die Knochen hinwerfen	*le ossa* die Knochen/das Knochengerüst *Mi fanno male le ossa.* Mir tun die Knochen weh.
l'urlo der Schrei	*gli urli (degli animali/* *degli uomini)* die Schreie (der Tiere/ der Menschen)	*le urla (degli uomini)* die Schreie (der Menschen)

Anmerkung: Ebenfalls zwei Pluralformen, die jedoch im allgemeinen ohne Bedeutungsunterschied gebraucht werden, weisen auf:
il ginocchio das Knie - *i ginocchi/le ginocchia* die Knie
il sopracciglio die Augenbraue - *i sopraccigli/le sopracciglia* die
Augenbrauen

Merke: *il riso* das Gelächter/der Reis - *i risi* die Reissorten: *le risa* das Gelächter
(wird meist durch *le risate* ersetzt)

Der Plural zusammengesetzter Nomina

36 Bei den meisten zusammengesetzten Nomina wird der Plural wie bei den
einfachen Nomina gebildet. Das bedeutet, daß nur der letzte Bestandteil verändert wird. Dieser Fall tritt insbesondere bei folgenden Zusammensetzungs-
mustern auf:

1. Nomen + Nomen (zusammen geschrieben):

la banconota	die Banknote	- *le banconote*	die Banknoten
la ferrovia	die Eisenbahn	- *le ferrovie*	die Eisenbahnen
l'arcobaleno	der Regenbogen	- *gli arcobaleni*	die Regenbogen

Beachte: *il pescecane* der Hai - *i pescecani/i pescicani* die Haie
il pomodoro die Tomate - *i pomodori/* [reg.] *pomidoro/pomidori* die
Tomaten

2. Adjektiv + Nomen:

il francobollo	die Briefmarke	- *i francobolli*	die Briefmarken
l'altoparlante	der Lautsprecher	- *gli altoparlanti*	die Lautsprecher
la falsariga	das Linienblatt	- *le falsarighe*	die Linienblätter

Ausnahme: Die mit *mezzo* zusammengesetzten Komposita verändern im Plural
beide Bestandteile: *la mezzaluna* der Halbmond - *le mezzelune* die
Halbmonde, *la mezzanotte* die Mitternacht - *le mezzenotti* die
Mitternachtsstunden, *la mezzatinta* die Zwischenfarbe/der Halbton -
le mezzetinte die Zwischenfarben/die Halbtöne.

3. Verb + Nomen:

l'asciugamano	das Handtuch	- *gli asciugamani*	die Handtücher
il passatempo	der Zeitvertreib	- *i passatempi*	die Hobbies
il marciapiede	der Gehsteig	- *i marciapiedi*	die Gehsteige
il parafango	der Kotflügel	- *i parafanghi*	die Kotflügel

4. Präposition/Adverb + Nomen:

il soprannome	der Spitzname	- *i soprannomi*	die Spitznamen
il sottufficiale	der Unteroffizier	- *i sottufficiali*	die Unteroffiziere
il contrattempo	der Zwischenfall	- *i contrattempi*	die Zwischenfälle

Ausnahmen: Unveränderlich sind: *il sottoscala* der Raum unter der Treppe -
i sottoscala die Räume unter der Treppe, *il senzatetto* der Ob-
dachlose - *i senzatetto* die Obdachlosen

5. Nur der erste Bestandteil des zusammengesetzten Ausdrucks ist veränder-
lich, wenn zwei Nomina unverbunden aneinandergereiht werden:

il vagone ristorante	der Speisewagen	- *i vagoni ristorante*	die Speisewagen
il divano letto	die Schlafcouch	- *i divani letto*	die Schlafcouchs
il pesce spada	der Schwertfisch	- *i pesci spada*	die Schwertfische

Ausnahmen: *l'uccello predatore* der Raubvogel - *gli uccelli predatori* die Raubvögel
la tartaruga gigante die Riesenschildkröte - *le tartarughe giganti*
die Riesenschildkröten

6. Beide Bestandteile werden verändert, wenn das Kompositum aus einem No-
men und einem nachgestellten Adjektiv oder Partizip besteht:

il pellerossa	die Rothaut	- *i pellirosse*	die Rothäute
la cassaforte	der Tresor	- *le casseforti*	die Tresore
la terracotta	die Terrakotta	- *le terrecotte*	die Terrakotten

Ausnahme: *il palcoscenico* die Bühne - *i palcoscenici* die Bühnen

Unverändert bleiben die Zusammensetzungen,   **37**

1. wenn in der Kombination Verb + Nomen das Nomen im Plural steht, ein
Kollektivum ist oder keinen Plural hat:

il guastafeste	der Spielverderber	- *i guastafeste*	die Spielverderber
il salvagente	der Rettungsring	- *i salvagente*	die Rettungsringe
il bucaneve	Schneeglöckchen	- *i bucaneve*	die Schneeglöckchen
il paracadute	der Fallschirm	- *i paracadute*	die Fallschirme

2. wenn sie auf -*a* ausgehen und maskulin sind:

lo scioglilingua	der Zungenbrecher	- *gli scioglilinguà*	die Zungenbrecher
il cavalcavia	der Viadukt	- *i cavalcavia*	die Viadukte

3. wenn sie aus zwei Verbformen oder aus Adverb und Verbform bestehen:

il saliscendi	die Klinke	- *i saliscendi*	die Klinken
il benestare	die Billigung/	- *i benestare*	die Billigungen
	das Wohlbefinden		

38 Bei den mit *capo*- gebildeten Komposita gibt es folgende Fälle·

1. Der erste Bestandteil wird verändert, wenn *capo*- bedeutet «derjenige, der an der Spitze steht»:

il capostazione	der Bahnhofs-	- *i capistazione*	die Bahnhofs-
	vorsteher		vorsteher
il caposquadra	der Vorarbeiter/	- *i capisquadra*	die Vorarbeiter/
	Mannschaftsführer		Mannschaftsführer

Anmerkung 1: Handelt es sich jedoch um eine weibliche Person, erfährt das Nomen keine Veränderung: *la capoclasse* die Klassensprecherin - *le capoclasse* die Klassensprecherinnen, *la capolista* die Spitzenkandidatin - *le capolista* die Spitzenkandidatinnen.

Anmerkung 2: Zwei Pluralformen weisen z.B. auf: *il capocuoco* der Chefkoch - *i capicuoco/capicuochi* die Chefköche, *il capotreno* der Zugführer - *i capitreno/capotreni* die Zugführer.

2. Der zweite Bestandteil wird verändert, wenn das zusammengesetzte Nomen als ein Begriff empfunden wird:

il capolavoro	das Meisterwerk	- *i capolavori*	die Meisterwerke
il capogiro	der Schwindel-	- *i capogiri*	die Schwindel-
	anfall		anfälle

39 Numerusunterschiede zwischen italienischen und deutschen Nomina

1. Nur im Singular werden im Italienischen gebraucht:

la gente	die Leute	*la roba*	die Sachen/das Zeug
la mano d'opera	die Arbeitskräfte	*il costo della vita*	die Lebenshaltungs-
l'uva	die Trauben		kosten
la forfora	die (Haar-)Schuppen	*la varicella*	die Windpocken
il morbillo	die Masern	*la rosolia/rubeola*	die Röteln

2. Nur im Plural werden im Italienischen gebraucht:

i dintorni	die Umgebung	*i baffi*	der Schnurrbart
le forbici	die Schere	*i grandi magazzini*	das Warenhaus
le cesoie	die Gartenschere	*le nozze*	die Hochzeit
le molle	die (Zucker)Zange	*i soldi*	das Geld
i pantaloni	die Hose	*gli spiccioli*	das Kleingeld
le mutande	die Unterhose	*le zebre*	der Zebrastreifen
gli occhiali	die Brille	*i reumatismi*	das Rheuma
le stoviglie	das Geschirr	*gli spinaci*	der Spinat
le dimissioni	der Rücktritt	*le Olimpiadi*	die Olympiade

Anmerkung 1: *Tenaglia* «Zange» wird oft im Plural gebraucht.

Anmerkung 2: In familiärer Ausdrucksweise auch: *la forbice* und *la cesoia*.

Anmerkung 3: Werden die aus zwei gleichartigen Teilen bestehenden Kleidungsstücke oder Werkzeuge im Deutschen mit dem unbestimmten Artikel oder mit einem Zahlwort verbunden, so verwendet man *un paio/due* etc. *paia di*: eine Brille – *un paio di occhiali*, eine Unterhose – *un paio di mutande*; zwei Brillen – *due paia di occhiali*.

Anmerkung 4: Der Ausdruck «den Schein wahren» wird im Italienischen mit *salvare le apparenze* wiedergegeben.

Die Struktur der Nominalgruppe   40

Nomina können allein stehen oder sich mit anderen Wortarten, präpositionalen Fügungen oder Relativsätzen zu mehr oder weniger umfangreichen Nominalgruppen verbinden.

Nominalgruppen können bestehen aus

1. einem Eigennamen: *Giovanni, Paola*;

2. einer Form des bestimmten Artikels, des unbestimmten Artikels oder des Teilungsartikels (vgl. Kap. 3) + Nomen: *la ragazza* – das Mädchen, *una ragazza* – ein Mädchen, *delle ragazze* – (einige) Mädchen;

3. einem Demonstrativadjektiv (vgl. Kap. 4) + Nomen: *questa ragazza* – dieses Mädchen;

4. einem Possessivadjektiv (vgl. Kap. 5) + Nomen: *mia sorella* – meine Schwester;

5. einem Indefinitadjektiv (vgl. Kap. 6) + Nomen: *alcune ragazze* – einige Mädchen;

6. einem Zahlwort (vgl. Kap. 7) + Nomen: *tre ragazze* – drei Mädchen;

7. einem Interrogativadj. (vgl. Kap. 8) + Nomen: *che ragazza?* – welches Mädchen?

8. einem Exklamativadjektiv (vgl. Kap. 8) + Nomen: *Che ragazza!* - was für ein Mädchen!

9. einem Adjektiv + Nomen bzw. einem Nomen + Adjektiv (vgl. Kap. 11): *belle ragazze* - schöne Mädchen, *ragazze intelligenti* - intelligente Mädchen;

10. einem Nomen + präpositionaler Fügung (vgl. Kap. 25): *ragazze dai capelli biondi* - Mädchen mit blonden Haaren;

11. einem Nomen + Relativsatz (vgl. Kap. 10): *ragazze che hanno i capelli biondi* - Mädchen, die blonde Haare haben.

Ein Nomen kann mehrere der aufgezählten Wortarten zu sich nehmen und außerdem durch eine präpositionale Fügung oder durch einen Relativsatz erweitert werden:

una bella ragazza	ein schönes Mädchen
le tre ragazze	die drei Mädchen
una ragazza di quindici anni	ein fünfzehnjähriges Mädchen
le ragazze che ho visto ieri	die Mädchen, die ich gestern gesehen habe
Quante belle ragazze!	Wie viele schöne Mädchen!

41 Die Funktionen der Nominalgruppe im Satz (zur Stellung vgl. Kap. 26)

Die Nominalgruppe kann im Satz erscheinen als

1. Subjekt: *La ragazza ride.* - Das Mädchen lacht.

2. direktes Objekt: *Hai visto la ragazza?* - Hast du das Mädchen gesehen?

3. indirektes Objekt: *Ho già scritto alla ragazza.* - Ich habe dem Mädchen schon geschrieben.

4. Präpositionalobjekt: *Parliamo sempre della ragazza.* - Wir sprechen immer von dem Mädchen.

5. adverbiale Ergänzung: *Ciò che non mi piace in questa ragazza è il fatto che...* - Was mir an diesem Mädchen nicht gefällt, ist die Tatsache, daß ...

6. prädikative Ergänzung: *Maria è diventata una bella ragazza.* - Maria ist ein schönes Mädchen geworden.

Kapitel 3 Der Artikel (L'articolo)

Übersicht über die Formen des bestimmten Artikels, des unbestimmten Artikels **42**
und des partitiven Artikels:

Artikel	Numerus	maskulin	feminin
bestimmter Artikel	Singular	*il, lo, l'*	*la, l'*
	Plural	*i, gli*	*le*
unbestimmter Artikel	Singular	*un, uno*	*una, un'*
partitiver Artikel	Singular	*del, dello, dell'*	*della, dell'*
	Plural	*dei, degli*	*delle*

Übersicht über die Kontraktionsformen des bestimmten Artikels **43**

Folgende Präpositionen verbinden sich mit dem bestimmten Artikel:

Präp.	*il*	*lo*	*l'*	*la*	*i*	*gli*	*le*
di	*del*	*dello*	*dell'*	*della*	*dei*	*degli*	*delle*
a	*al*	*allo*	*all'*	*alla*	*ai*	*agli*	*alle*
da	*dal*	*dallo*	*dall'*	*dalla*	*dai*	*dagli*	*dalle*
in	*nel*	*nello*	*nell'*	*nella*	*nei*	*negli*	*nelle*
su	*sul*	*sullo*	*sull'*	*sulla*	*sui*	*sugli*	*sulle*

Anmerkung 1: Von den Kontraktionsformen mit der Präposition *con* ist nur noch
col lebendig: *con il /col fratello* - mit dem Bruder. Die übrigen
Formen *collo, coll', colla, coi, cogli, colle* sind heute unge-
bräuchlich.

Anmerkung 2: Bei Titeln von Büchern, Werken usw. ist die Verwendung der
Kontraktionsform oder der nicht-kontrahierten Form zulässig:
Ieri ho letto sulla/su La Stampa che ... - Gestern habe ich in «La
Stampa» gelesen, daß ... *Questo brano è tratto dal/da Il nome
della rosa.* - Dieser Abschnitt ist «Der Name der Rose» entnom-
men. *I personaggi dei/de I Promessi Sposi* - Die Personen der
«Promessi Sposi». *Ho trovato questa frase nei/ne I Promessi
Sposi.* - Ich habe diesen Satz in den «Promessi Sposi» gefunden.

Der maskuline Artikel (l'articolo maschile) **44**

1. Die Artikelformen *il, i, del, dei* werden vor Wörtern gebraucht, die mit Konsonant beginnen (mit Ausnahme von *s* + Konsonant, *z, ps, pn, gn, x* oder unbetontem *i* + Vokal):

il cane	der Hund	*i fiori*	die Blumen
il libro	das Buch	*i regali*	die Geschenke
del burro	(etwas) Butter	*dei ragazzi*	(einige) Jungen

2. Die Artikelformen *lo, gli, uno, dello, degli* stehen vor Wörtern, die mit *s* + Konsonant, *z, ps, pn, gn, x* oder mit unbetontem *i* + Vokal anlauten:

lo studente	der Student	*uno xilofono*	ein Xylophon
lo zio	der Onkel	*gli studi*	die Studien
lo pneumatico	der Reifen	*degli iugoslavi*	(einige) Jugoslawen
uno zero	eine Null	*gli gnocchi*	die «Teigbällchen»
uno psicologo	ein Psychologe	*dello sciroppo*	(etwas) Sirup

Beachte: *un bambino* ein Kind – *uno strano bambino* ein seltsames Kind

3. Die Artikelformen *l', dell', gli, degli* werden vor Wörtern gebraucht, die mit Vokal beginnen:

l'amico	der Freund	*gli orologi*	die Uhren
dell'argento	(etwas) Silber	*degli uomini*	(einige) Menschen
l'albero	der Baum	*gli Italiani*	die Italiener

Anmerkung: Die Schreibung *gl'Italiani* ist nicht mehr gebräuchlich (vgl. § 9.6).

4. Die Artikelform **un** steht vor Vokal oder vor Konsonant (außer vor *s* + Konsonant, *z, ps, pn, gn, x* oder vor unbetontem *i* + Vokal):

un fiore	eine Blume	*un amico*	ein Freund
un libro	ein Buch	*un orologio*	eine Uhr

Anmerkung 1: Vor *pn, gn, x* und vor unbetontem *i* + Vokal treten bei der Artikelwahl Schwankungen auf. So findet man neben *lo/uno pneumatico* und *gli pneumatici* auch *il/un pneumatico* und *i pneumatici*, neben *lo/uno gnocco* und *gli gnocchi* auch *il/un gnocco* und *i gnocchi* sowie neben *lo/uno xilofono* und *gli xilofoni* auch *il/un xilofono* und *i xilofoni*. Vor Wörtern, die mit unbetontem *i* + Vokal beginnen, kann im Singular *l'/un* oder *lo/uno*, im Plural aber nur *gli* stehen: *l'/un iugoslavo* oder *lo/uno iugoslavo*, aber nur *gli Iugoslavi*.

Anmerkung 2: Weiterhin schwankt der Artikel bei Fremdwörtern, die mit *w, y* oder *h* beginnen. Man findet *l'whisky* neben *il whisky* sowie *gli whisky* neben *i whisky*, *un yacht* neben *uno yacht*. Wegen des aspirierten anlautenden [h] müßte es *il Hegel* heißen, aber häufiger ist *lo Hegel*. Andererseits heißt es *un/l'/gli hotel*, weil in diesem Fall das *h* stumm ist.

Anmerkung 3: Aus älterer Zeit haben sich erhalten: *per lo più* meistens/zum Großteil, *per lo meno* – wenigstens, *gli dei* – die Götter, sowie das Sprichwort *Passata la festa gabbato lo santo.* – Der Mohr hat seine Schuldigkeit getan (wörtlich: Wenn der Feiertag vorüber ist, macht man sich über den Heiligen lustig).

Anmerkung 4: Früher gebrauchte man vor dem Datum den alten maskulinen Plural-Artikel *li*. Man schrieb also *Li 15 aprile 1802.* Heute schreibt man *28 aprile 1988.*

Der feminine Artikel (l'articolo femminile)

1. Die Artikelformen *la, una, della* stehen vor Wörtern, die mit Konsonant beginnen oder vor Wörtern, die mit unbetontem *l* anlauten, auf das ein Vokal folgt:

la ragazza	das Mädchen	*una macchina*	ein Auto
la bicicletta	das Fahrrad	*una matita*	ein Bleistift
della farina	(etwas) Mehl	*la iena*	die Hyäne

2. Die Artikelformen *l', dell', un'* gebraucht man vor mit Vokal anlautenden Wörtern:

l'abitudine	die Gewohnheit	*un'amica*	eine Freundin
dell'insalata	(etwas) Salat	*un'entrata*	ein Eingang

Anmerkung: Immer häufiger werden in diesem Fall die nicht-elidierten Artikelformen verwendet: *una amica, la analisi* - die Analyse.

3. Im Plural werden die Artikelformen *le, delle* gebraucht:

le amiche	die Freundinnen	*le piante*	die Pflanzen
delle erbe	(einige) Kräuter	*delle gonne*	(einige) Röcke

Anmerkung: Veraltet sind Formen wie *l'erbe, l'isole* anstatt *le isole* - die Inseln.

Der Gebrauch des bestimmten Artikels

1. Wie im Deutschen steht der bestimmte Artikel im Italienischen bei Nomina, die auf etwas Bekanntes verweisen. Die Bekanntheit kann dadurch gegeben sein, daß das betreffende Objekt/die betreffende Person im vorangehenden Text schon einmal erwähnt wurde oder daß es/sie beim Hörer als bekannt vorausgesetzt werden kann:

C'era una volta un re che aveva due figli. (...) Un giorno il re gli disse: ...	Es war einmal ein König, der hatte zwei Söhne. (...) Eines Tages sagte der König zu ihnen: ...
Mio marito è andato all'edicola a comprare il giornale.	Mein Mann ist zum Kiosk gegangen, um die Zeitung zu kaufen.

2. Ein mit dem bestimmten Artikel versehenes Nomen kann auf eine gesamte Gattung verweisen:

La balena è un mammifero.	Der Wal ist ein Säugetier.
Il medico cura i malati.	Der Arzt behandelt die Kranken.

Anmerkung 1: Ein Satz wie *I bambini si devono sfogare* kann bedeuten 1. Kinder (ganz allgemein) müssen sich austoben. 2. Die Kinder (bestimmte Kinder) müssen sich austoben.

Anmerkung 2: Bei Aufzählungen kann der Artikel fehlen: *Nobili, popolani, uomini, donne, tutti volevano salutarlo.* - Adlige, Leute aus dem Volk, Männer, Frauen, alle wollten ihn begrüßen.

1. Der bestimmte Artikel steht vor Titeln, *signore/ signora* und *signorina* mit folgendem Namen (zum *troncamento* vgl. § 10.1):

Il signor Bianchi fa l'insegnante.	Herr Bianchi ist Lehrer.
Il professor Fasola è desiderato al telefono.	Herr/ Professor Fasola wird am Telefon verlangt.
La signorina Bramante non è ancora arrivata.	Fräulein Bramante ist noch nicht gekommen.
Bisogna chiedere alla dottoressa Pirera.	Man muß Frau Doktor Pirera fragen.
L'ingegner Russo è a Milano per affari.	Herr (Ingenieur) Russo ist geschäftlich in Mailand.
l'imperatore Carlo Magno	Kaiser Karl der Große
il duca Cesare Borgia	Herzog Cesare Borgia
il principe Carlo	Prinz Karl
il cardinale Ottaviani	Kardinal Ottaviani
Il generale Wellington	General Wellington

Anmerkung 1: Kennt man den Titel einer Person, so sollte man ihn mit dem Familiennamen verbinden.

Anmerkung 2: In der Anrede entfällt der bestimmte Artikel: *Buona sera, signor Melzi.* – Guten Abend, Herr Melzi.

Anmerkung 3: Immer ohne Artikel werden gebraucht *don, donna, fra, suor* und *santo* (bezüglich der jeweiligen Form vgl. § 10,1): *don Giovanni, fra Cristoforo* – Bruder Christophorus, *suor Virginia* – Schwester Virginia, *san Francesco* – der heilige Franziskus, *santa Chiara* – die heilige Klara. Aber: *Il San Francesco di Giotto* – der heilige Franziskus von Giotto (Gemälde).

Anmerkung 4: Vor *re* und *papa* kann der bestimmte Artikel gesetzt werden, wenn auf den Namen eine Ordnungszahl folgt; sonst entfällt meist der Artikel: *(il) re Vittorio Emanuele II* – König Viktor Emanuel II., *(il) papa Leone XIII* – Papst Leo XIII. aber meist: *re Vittorio Emanuele, papa Leone*.

2. Vor Familiennamen von Männern kann der Artikel stehen, vor Familiennamen von Frauen wird meist der Artikel gesetzt: *(il) Rossi, (il) Giacomini*; *la Deledda, la Ginzburg, la Loren, la Amadori* (nicht elidiert!).

3. Vor Familiennamen berühmter männlicher Persönlichkeiten der Vergangenheit kann der Artikel stehen: *(il) Boccaccio, (il) Manzoni, (il) Marconi, (il) Galilei, (il) Cavour*. Handelt es sich dagegen um Persönlichkeiten unserer Zeit, so wird kein Artikel gesetzt: *Pertini, Moravia, Pirandello, Maradona, Celentano*.

Anmerkung 1: Der Artikel fehlt stets bei *Colombo* Kolumbus und *Garibaldi*; dagegen heißt es immer *l'Alfieri* und *l'Alighieri*.

Anmerkung 2: Der Artikel entfällt vor Namen von Komponisten und Interpreten: *Verdi, Rossini.* Wendung: *Paganini non ripete.* - Ich sage das nicht zweimal (Antwort auf die Bitte, das Gesagte zu wiederholen).

Anmerkung 3: Beinamen, die als Familiennamen gebraucht werden, können mit dem Artikel stehen: *(il) Tintoretto, (il) Veronese.*

4. Vor Vornamen mit folgendem Familiennamen steht kein Artikel: *Giovanni Boccaccio, Alessandro Manzoni, Natalia Ginzburg, Raffaella Carrà.*

5. Vor Vornamen steht kein Artikel: *Dante, Raffaello, Antonio, Maria.*

Anmerkung 1: In Norditalien wird in familiärer Ausdrucksweise der Artikel gebraucht: *l'Antonio, il Renato, la Maria, la Giulia,*

Anmerkung 2: Wird der Vorname genauer bestimmt, muß der Artikel gesetzt werden: *Non è più la Maria/il Carlo di una volta.* - Sie/Er ist nicht mehr die Maria/der Karl von früher.

Anmerkung 3: Bezeichnet der Vorname ein Werk, wird der bestimmte Artikel verwendet: *Il Saul è una tragedia dell'Alfieri.* - «Saul» ist eine Tragödie von Alfieri. *Ti piace il Mosè (di Michelangelo)?* - Gefällt dir der Moses (von Michelangelo)?

6. Der Name «Christus» wird im Italienischen teils mit, teils ohne Artikel gebraucht: *(il) Cristo.* Beachte: *Che cosa ti ha portato di bello Gesù Bambino?* - Was hat das Christkind dir Schönes gebracht?

Der Gebrauch des bestimmten Artikels bei geographischen Namen 48

1. Der bestimmte Artikel wird im Gegensatz zum Deutschen vor Namen von Kontinenten, Ländern und Regionen verwendet:

L'Africa è più grande dell'Europa.	Afrika ist größer als Europa.
L'Italia è un bel paese.	Italien ist ein schönes Land.
Non conosco bene la Germania.	Ich kenne Deutschland nicht gut.
Mio zio è ritornato dal Brasile.	Mein Onkel ist aus Brasilien zurückgekehrt.
Abbiamo viaggiato per il Lazio.	Wir sind durch Latium gereist.
Ho letto un articolo sulla Liguria.	Ich habe einen Artikel über Ligurien gelesen.
Il Baden-Württemberg confina con il Palatinato renano, l'Assia e la Baviera.	Baden-Württemberg grenzt an Rheinland-Pfalz, Hessen und Bayern.

Ausnahmen: Immer ohne Artikel stehen: *Israele, Haiti, Cuba, San Marino, Monaco* und *Andorra.*

Anmerkung: Bei Aufzählungen kann der Artikel entfallen: *Abbiamo già visitato Spagna, Francia, Inghilterra e Grecia.* - Wir haben schon Spanien, Frankreich, England und Griechenland besucht.

2. Vor femininen Namen von Kontinenten, Ländern und Regionen im Singular steht auf die Frage «wo?»/«wohin?» nur die Präposition *in*:

Mi piacerebbe fare un viaggio in Asia.	Ich würde gerne eine Reise nach Asien machen.
Quando andate in Inghilterra?	Wann fahrt ihr nach England?
Il suo fidanzato lavora in Lombardia/ in Toscana/in Puglia.	Ihr Verlobter arbeitet in der Lombardei in der Toskana/in Apulien.

Aber: *passare le vacanze nelle Marche* – in den Marken Urlaub machen

Anmerkung 1: «im/ins Aostatal» heißt *in Val d'Aosta* oder *in/nella Valle d'Aosta*.

Anmerkung 2: Statt *in Puglia* wird auch *nelle Puglie* verwendet.

Anmerkung 3: Seltener ist *nella Toscana, nella Lombardia*.

3. Vor maskulinen Ländernamen im Singular können in der Regel *in* oder die entsprechenden Kontraktionsformen (*nel, nell'*) gebraucht werden:

Ho intenzione di emigrare in/nel Canadà.	Ich habe die Absicht, nach Kanada auszuwandern.
L'anno scorso abbiamo passato le vacanze in/nel Portogallo.	Letztes Jahr haben wir die Ferien in Portugal verbracht.
in/nell'Afghanistan	in/nach Afghanistan

Aber: *nel Kenia, nel Kuwait, nel Laos, nello Zambia* (weniger empfehlenswert: *in Kenia, in Kuwait* etc.); *negli Stati Uniti* – in den/die Vereinigten Staaten, *nei Paesi Bassi* – in den Niederlanden/in die Niederlande, *nei Balcani* auf dem/in den Balkan.

4. Vor maskulinen Namen von Regionen steht *in* bzw. *nel*:

in Piemonte	im/in das Piemont
in Abruzzo	in den/die Abruzzen
in/nel Friuli-Venezia Giulia	in/nach Friaul-Julisch Venetien
in/nel Trentino-Alto Adige	im/nach Trentino-Südtirol
nel Veneto	im/ins Veneto
nel Molise	in/nach Molise
nel Lazio	in/nach Latium

Anmerkung: Statt *in Abruzzo* wird auch *negli Abruzzi* verwendet.

5. Vor Namen von Ländern und Regionen mit Adjektiv- oder Genitivergänzung stehen die Kontraktionsformen von *in* und dem bestimmten Artikel:

trasferirsi nell'Italia settentrionale	nach Norditalien ziehen
nel Piemonte dell'Ottocento	im Piemont des 19. Jahrhunderts
nella Germania di Goethe	im Deutschland Goethes
rimanere nell'Arabia saudita	in Saudiarabien bleiben

Ausnahmen: *recarsi in Gran Bretagna* - sich nach Großbritannien begeben, *fare un viaggio in Medio Oriente / in Terra Santa* - eine Reise in den Mittleren Orient / ins Heilige Land machen, *andare in Unione sovietica* od. *nell'Unione sovietica* - in die Sowjetunion fahren

6. Bei Namen von Ländern und Regionen im Genitiv steht die Kontraktionsform *di* + bestimmter Artikel:

le città del Portogallo	die Städte Portugals
la capitale del Brasile / della Francia /	die Hauptstadt Brasiliens/Frankreichs/
dell'Irlanda	Irlands
il clima dell'Italia	das Klima Italiens

Aber: *la capitale / i comuni / le province / le regioni d'Italia* - die Hauptstadt/die Gemeinden/die Provinzen/die Regionen Italiens.

Unterscheide: *fare il giro d'Italia* - an der Italienrundfahrt teilnehmen
fare il giro dell'Italia - eine Rundfahrt durch Italien machen

7. Wenn auf Titel oder Institutionen feminine Namen von Ländern oder Regionen im Genitiv folgen, steht die Präposition *di* ohne Artikel:

l'ambasciata d'Italia	die italienische Botschaft
il re di Spagna	der spanische König
la regina d'Inghilterra	die englische Königin

Aber: *l'ambasciatore del Portogallo* der portugiesische Botschafter
il re del Belgio - der belgische König

Beachte: In diesen Fällen kann im Italienischen kein Adjektiv verwendet werden, also nicht: **la regina inglese*!

8. Wenn auf typische Erzeugnisse feminine Namen von Ländern oder Regionen im Genitiv folgen, kann *di* mit oder ohne Artikel stehen, wobei sich meist ein Bedeutungsunterschied ergibt. Unterscheide:

i vini di Francia	die französischen Weine
	(als Qualitätsbegriff)
i vini della Francia	die französischen Weine
	(in ihrer Gesamtheit)

Aber: *il caffè del Brasile* - der brasilianische Kaffee

Beachte: In diesen Fällen kann auch das entsprechende Adjektiv stehen:
i vini francesi, il caffè brasiliano.

9. Städtenamen stehen ohne Artikel: *Roma, Milano* Mailand, *Firenze* Florenz.
Ausnahmen: *La Spezia, L'Aquila* - Aquila, *Il Cairo* - Kairo, *L'Aia* - den Haag, *L'Avana* - Havanna, *La Mecca* - Mekka, *La Valletta*

Anmerkung 1: Der bestimmte Artikel als Bestandteil von Städtenamen kann auch
klein geschrieben werden.

Anmerkung 2: Im Genitiv erscheinen die Formen *di La Spezia, della Spezia* und
de La Spezia.

Anmerkung 3: Steht vor diesen Städtenamen ein Adjektiv, so wird der Artikel
nur einmal gesetzt: *la bella Spezia* – das schöne La Spezia.

10. Wenn zu Städtenamen eine Ergänzung hinzutritt, steht der bestimmte Artikel:

la Firenze dei Medici	das Florenz der Medici
l'industriosa Milano	das geschäftige Mailand

11. Inselnamen stehen im allgemeinen mit dem bestimmten Artikel: *la Corsica,
la Sardegna* – Sardinien, *la Sicilia* – Sizilien. Davon gibt es zahlreiche Ausnahmen: *Malta, Rodi* – Rhodos, *Capri, Ischia, Creta, Cipro* – Zypern.

Merke: Es heißt stets *l'isola d'Elba: Andiamo all'isola d'Elba.* – Wir fahren nach
Elba. *Siamo all'/sull'isola d'Elba.* – Wir sind auf Elba. Aber: *sull'Elba* –
an der/die Elbe.

Unterschiedliche Setzung des bestimmten Artikels

49 Im Gegensatz zum Deutschen steht der bestimmte Artikel bei

1. Stoffnamen, wenn sie verallgemeinernd gebraucht werden, und Abstrakta:

Il ferro pesa più del legno.	Eisen ist schwerer als Holz.
L'oro costa molto.	Gold ist teuer.
La frutta fa bene.	Obst ist gesund.
Mangi la pizza?	Ißt du Pizza?
La birra dev'essere fredda.	Bier muß kalt sein.
Studio/Insegno lo spagnolo.	Ich lerne/unterrichte Spanisch.
La fisica m'interessa.	Physik interessiert mich.
La matematica è il suo punto debole.	Mathematik ist seine Schwäche.
La ginnastica è molto importante	Gymnastik ist sehr wichtig.
Il calcio è il mio sport preferito.	Fußball ist mein Lieblingssport.
Con la pazienza supererai tutte le difficoltà.	Mit Geduld wirst du alle Schwierigkeiten überwinden.
L'unione fa la forza.	Einigkeit macht stark.
L'ozio è il padre dei vizi.	Müßiggang ist aller Laster Anfang.
Le bugie hanno le gambe corte.	Lügen haben kurze Beine.

Anmerkung 1: Beim Prädikatsnomen steht kein Artikel: *Questa è birra.* – Das ist
Bier.

Anmerkung 2: *Con la pazienza* bezeichnet das Mittel, *con pazienza* die Art und
Weise. *Il professore mi ha spiegato tutto con pazienza.* – Der
Lehrer hat mir alles geduldig erklärt.

Anmerkung 3: In einer Reihe von Sprichwörtern wird der Artikel nicht gesetzt:
Acqua passata non macina più. – Was geschehen ist, ist geschehen.
Can che abbaia non morde. – Hunde, die bellen, beißen nicht.

Anmerkung 4: Der Artikel entfällt in der Regel, wenn die Präpositionen *di* oder *in* vorausgehen:

M'interesso di fisica.	Ich interessiere mich für Physik.
Abbiamo parlato di calcio.	Wir haben über Fußball gesprochen.
Mi occupo d'informatica.	Ich beschäftige mich mit Informatik.
Oggi sono stato interrogato in matematica.	Heute wurde ich in Mathematik abgehört.
È bravo/debole in latino.	Er ist gut/schwach in Latein.

Anmerkung 5: Handelt es sich um ein anerkanntes Studienfach, kann der Artikel fehlen: *Insegno francese in un liceo.* - Ich unterrichte Französisch an einem Gymnasium.

Anmerkung 6: *Parlare il tedesco* bedeutet «Deutsch sprechen» (= die deutsche Sprache beherrschen), *parlare (in) tedesco* «deutsch sprechen» (= sich in deutsch unterhalten). Dieser Unterschied wird jedoch oft nicht mehr gemacht.

2. Gegenständen, deren Besitz im modernen Leben vorausgesetzt werden kann:

Hai l'orologio?	Hast du eine Uhr?
Non porto mai la cravatta.	Ich trage nie eine Krawatte.
Non ho la macchina.	Ich habe kein Auto.
Abbiamo il riscaldamento centrale.	Wir haben Zentralheizung.

3. Angabe der Uhrzeit:

È l'una (in punto).	Es ist (Punkt) ein Uhr.
Sono le tre (precise).	Es ist (genau) drei Uhr.
Sono le quattro passate.	Es ist vier Uhr vorbei.
Il treno è arrivato alle (ore) cinque.	Der Zug ist um fünf Uhr angekommen.
Ti aspetto per le otto.	Ich erwarte dich um acht Uhr.
Lavoro dalle otto alle quattro.	Ich arbeite von acht bis vier.
I bambini escono di casa verso le sette e mezzo.	Die Kinder gehen gegen halb acht aus dem Haus.
Verremo fra le cinque e le sei.	Wir werden zwischen fünf und sechs kommen.
Servono la prima colazione dalle sette in poi.	Ab sieben Uhr kann man frühstücken.
Mio figlio ha giocato a tennis fino alle dieci.	Mein Sohn hat bis um zehn Uhr Tennis gespielt.

4. Altersangaben:

tra i quaranta e i cinquanta anni	zwischen vierzig und fünfzig Jahren
dai venti ai trenta anni	von zwanzig bis dreißig

Aber: *Un signore di sessant'anni* - ein Herr von sechzig Jahren

Ho quindici anni. - Ich bin fünfzehn (Jahre alt).

Mi sono sposato a venticinque anni. - Ich habe mit fünfundzwanzig (Jahren) geheiratet.

5. Namen von Körperteilen:

Mio fratello ha i capelli biondi.	**Mein Bruder hat blonde Haare.**
Ho le gambe storte.	**Ich habe krumme Beine.**
Germana ha gli occhi celesti.	**Germana hat blaue Augen.**
avere il naso aquilino	eine Adlernase haben
una ragazza dai capelli rossicci	ein Mädchen mit rötlichem Haar

Aber: *avere un naso da calmucco*	eine platte Nase haben
avere una capigliatura folta	dichtes Haar haben
(=avere i capelli folti)	
avere belle mani	schöne Hände haben

6. Namen von Krankheiten:

La scarlattina è una malattia infettiva e contagiosa.	**Scharlach ist eine ansteckende Infektionskrankheit.**
Sua moglie ha il cancro.	**Seine Frau hat Krebs.**
Mio padre ha il diabete.	**Mein Vater hat Diabetes (Zucker).**
Il bambino ha la varicella.	**Das Kind hat Windpocken.**
avere la tosse / la febbre	**Husten/Fieber haben**
avere il raffredore da fieno	**Heuschnupfen haben**

Aber: *morire di cancro*	an Krebs sterben
soffrire di emicrania	unter Migräne leiden
essere affetto da polmonite	eine Lungenentzündung haben
avere mal di testa / gola	Kopfschmerzen/Halsschmerzen haben
operare qd di appendicite	jdn am Blinddarm operieren
essere malato di cuore	herzkrank sein

7. Namen von Musikinstrumenten und Tänzen:

Il violino è uno strumento difficile da imparare.	**Geige ist ein schwer erlernbares Instrument.**
Abbiamo ballato il valzer/il tango.	**Wir haben Walzer/Tango getanzt.**
Sai suonare la chitarra?	**Kannst du Gitarre spielen?**

8. Farbbezeichnungen:

Il verde, il bianco, il rosso sono i colori della bandiera italiana.	**Grün, Weiß, Rot sind die Farben der italienischen Fahne.**
Non si era accorto di essere passato col rosso.	**Er hatte nicht gemerkt, daß er bei Rot durchgefahren war.**

9. Prozentangaben und Bruchzahlen:

Il tre per cento della popolazione pensa che ...	**Drei Prozent der Bevölkerung denkt, daß ...**
I tre quarti dei Tedeschi sono d'avviso che ...	**Drei Viertel der Deutschen sind der Meinung, daß ...**

Auch: *Tre quarti dei Tedeschi ...*

50

10. Namen von Sportmannschaften:

La Juventus ha vinto lo scudetto con due punti di vantaggio.	Juventus hat die Meisterschaft mit zwei Punkten Vorsprung gewonnen.
La Lazio ha battuto il Bologna per due a zero.	Lazio hat Bologna zwei zu Null geschlagen.
giocare nell'Inter	bei Inter (Mailand) spielen

Merke: *giocare in/nella Nazionale* - in der Nationalmannschaft spielen

11. *giocare*, wenn eine Ergänzung mit *con* oder *su* folgt:

giocare con le bambole	mit Puppen spielen
giocare con la sabbia	mit Sand spielen
giocare con le/sulle parole	mit Worten spielen

Anmerkung: Bei *giocare a* schwankt der Gebrauch des bestimmten Artikels: *giocare a/alle carte* - Karten spielen, *giocare a/al tennis/calcio* - Tennis/Fußball spielen, *giocare a palla* - Ball spielen, *giocare a biliardo* - Billard spielen, *giocare a/al pallone* - Fußball spielen, *giocare a/ai birilli* -kegeln, *giocare a/ai dadi* - würfeln, *giocare a/agli scacchi* - Schach spielen, *giocare al volano* - Federball spielen, *giocare al lotto* - Lotto spielen.

12. Wendungen:

tra l'altro	unter anderem
con l'aiuto di suo padre	mit Hilfe seines Vaters
essere il benvenuto	willkommen sein
al chiar di luna	bei Mondschein
con il concorso di	unter Mitwirkung von
fin dalla giovinezza	von Jugend an
sul far del giorno	bei Tagesanbruch
dare la buona notte a qd	jdm gute Nacht sagen
fumare la pipa	Pfeife rauchen
avere il senso dell'umorismo	Sinn für Humor haben
ai tempi di sua madre	zu Lebzeiten seiner Mutter
avere la precedenza	Vorfahrt haben

13. Possessivpronomen (vgl. hierzu § 65):

la mia valigia	mein Koffer
i miei libri	meine Bücher

14. *tutti/tutte* alle (vgl. hierzu § 103):

tutti i bambini	alle Kinder
tutte le case	alle Häuser

50 Im Gegensatz zum Deutschen fehlt der bestimmte Artikel im Italienischen bei

1. Ortsangaben mit der Präposition *in* bei
   - Räumlichkeiten im Haus:

Posso andare in bagno?	Kann ich ins Bad gehen?
Antonella è in camera sua.	Antonella ist in ihrem Zimmer.
Mario è sceso in cantina.	Mario ist in den Keller gegangen.
La mamma è in cucina a preparare il pranzo.	Mama ist in der Küche und bereitet das Mittagessen zu.
Passiamo in salotto.	Gehen wir ins Wohnzimmer!
Il vecchio armadio è in soffitta.	Der alte Schrank ist auf dem Speicher.
Stamattina abbiamo fatto colazione in terrazza.	Heute morgen haben wir auf der Terrasse gefrühstückt.

Aber: *Ho perso un orecchino nel bagno.* – Ich habe im Bad einen Ohrring verloren.

   - Geschäften, öffentlichen Gebäuden und Institutionen:

Devo andare in banca.	Ich muß auf die Bank gehen.
Suo padre lavora in fabbrica.	Sein Vater arbeitet in der Fabrik.
Il sindaco ci ha ricevuto in municipio.	Der Bürgermeister hat uns im Rathaus empfangen.
Io vado in chiesa ogni domenica.	Ich gehe jeden Sonntag in die Kirche.
Oggi sarò in ufficio fino alle otto.	Heute werde ich bis acht im Büro sein.
I genitori hanno deciso di mandare il figlio in collegio.	Die Eltern haben beschlossen, ihren Sohn ins Internat zu schicken.
Vieni con noi in discoteca?	Kommst du mit uns in die Disco?
Abbiamo mangiato in osteria.	Wir haben im Wirtshaus gegessen.
Andiamo in piscina?	Gehen wir ins Schwimmbad?
Ci siamo conosciuti in Palazzo Pitti.	Wir haben uns im Pitti-Palast kennengelernt.

Aber: *I ladri si sono nascosti nella banca.* – Die Räuber haben sich in der Bank versteckt.

   - geographischen Räumen:

Abito in via Dante/in centro/in città/in periferia/in provincia di Matera.	Ich wohne in der Dantestraße/im Zentrum/in der Stadt/außerhalb/in der Provinz Matera.
Incontrai il mio collega in piazza San Marco.	Ich traf meinen Kollegen auf dem Markusplatz.
Mi piacerebbe passare le vacanze in campagna/in montagna.	Ich würde gerne die Ferien auf dem Land/in den Bergen verbringen.

Aber:		
nel centro di Torino	im Zentrum Turins
nella città di Napoli	in der Stadt Neapel
nella/alla periferia di Milano	in den Randbezirken Mailands

52

2. Der bestimmte Artikel fehlt bei einigen Orts- und Richtungsangaben mit der Präposition **a**, wenn gewohnheitsmäßig ausgeübte Tätigkeiten gemeint sind:

I bambini sono già a letto.	Die Kinder sind schon im Bett.
Oggi non vado a lezione/a scuola/ a teatro.	Heute gehe ich nicht in den Unterricht/in die Schule/ins Theater.
Va a caccia anche lui?	Geht auch er auf die Jagd?
Tutta la famiglia va a messa.	Die ganze Familie geht zur Messe.

Aber: *andare alla messa vespertina* – zur Abendmesse gehen
      andare alla messa di mezzanotte – zur Mitternachtsmesse gehen
      Il tuo fazzoletto l'ho trovato nel letto. – Dein Taschentuch habe ich im Bett gefunden.

3. Kein Artikel steht in der Regel bei Namen von Straßen, Plätzen und ebenso bei Palästen mit nachfolgendem Familiennamen:

Dov'è Piazza San Marco/Via Manzoni?	Wo ist der Markusplatz/die Manzonistraße?
il grandioso cortile di Palazzo Pitti	der großartige Hof des Pitti-Palastes
Ci siamo fermati un'ora in Palazzo Medici.	Wir haben uns eine Stunde im Medici-Palast aufgehalten.
imboccare Corso Vittorio Emanuele	in den Corso Vittorio Emanuele einbiegen
Come faccio per andare a Piazzale Michelangelo?	Wie komme ich zum Michelangeloplatz?

Beachte: *il Palazzo Ducale* – der Dogenpalast

4. Mahlzeiten, wenn sie mit den Präpositionen **a** oder *dopo* verbunden sind:

Dopo colazione vado a scuola.	Nach dem Frühstück gehe ich in die Schule.
Dopo pranzo ho riposato.	Nach dem Mittagessen habe ich mich ausgeruht.
Dopo cena siamo andati al cinema.	Nach dem Abendessen sind wir ins Kino gegangen.
A pranzo c'erano tutti.	Beim Mittagessen waren alle da.
Siamo invitati a cena.	Wir sind zum Abendessen eingeladen.
Perché non restate a cena?	Warum bleibt ihr nicht zum Abendessen?

Beachte außerdem folgende Wendungen:
      prima di (fare) colazione – vor dem Frühstück
      prima di/del pranzo od. *prima di pranzare* – vor dem Mittagessen
      prima di/della cena od. *prima di cenare* – vor dem Abendessen
      prima o dopo cena – vor oder nach dem Abendessen
      durante la colazione/il pranzo/la cena – während des Frühstücks/des Mittagessens/des Abendessens
      prendere la medicina prima dei pasti/dopo i pasti – die Medizin vor/nach den Mahlzeiten einnehmen

5. Wochentagen, wenn die Adjektive *scorso* oder *prossimo* stehen können:

Sabato (scorso) rimasi a casa.	Am (letzten) Samstag blieb ich zu Hause.
Lunedì (prossimo) andrò in città.	Am (nächsten) Montag werde ich in die Stadt gehen.

Aber: *Lo vedo il / di giovedì.*   Ich sehe ihn donnerstags.
il giornale della domenica   die Sonntagszeitung
il mercoledì seguente   am folgenden Mittwoch

6. Monatsnamen:

Aprile ha trenta giorni.	Der April hat dreißig Tage.
in /a maggio/nel mese di maggio	im Mai
Ho trascorso marzo a Creta.	Ich habe den März auf Kreta verbracht.

Anmerkung: Ist der Monatsname genauer bestimmt, so steht der Artikel:
    Trascorreremo il giugno di quest'anno a Rodi. - Wir werden den Juni in diesem Jahr auf Rhodos verbringen.
    nell'aprile dell'anno 1950 - im April des Jahres 1950

7. Jahreszeiten, wenn ihnen die Präpositionen *in* oder *di* vorausgehen:

in primavera	im Frühling
in estate /d'estate	im Sommer
in autunno /d'autunno	im Herbst
in inverno/d'inverno	im Winter

Anmerkung: Ist die Jahreszeitangabe genauer bestimmt, so steht der Artikel:
    nella primavera dell'anno 1984 - im Frühjahr 1984

8. Transportmitteln, wenn die Präposition *in* vorausgeht:

Vado a Roma in aereo.	Ich fliege nach Rom.
andare in bicicletta /autobus /barca/	mit dem Fahrrad/Bus/Boot/
motocicletta/pullman/treno/macchina	Motorrad/Reisebus/Zug/Auto fahren

Aber: *Ho lasciato la patente nella macchina.* - Ich habe den Führerschein im Auto liegen lassen.

Anmerkung 1: Möglich sind auch *con l'aereo/con la macchina* usw. Immer jedoch *con la nave* - mit dem Schiff.

Anmerkung 2: Ist das Transportmittel genauer bestimmt, so steht die Präposition *con* mit dem bestimmten Artikel:
    Sono andato a Milano con la macchina di mio fratello. - Ich bin mit dem Auto meines Bruders nach Mailand gefahren.
    Siamo partiti col treno delle dieci. - Wir sind mit dem 10-Uhr-Zug gefahren.

9. Himmelsrichtungen, die mit einer Präposition verbunden sind:

Il vento soffia da nord.	Der Wind bläst aus dem Norden.
a nord/a sud di	nördlich/südlich von
ad ovest/ad est di	westlich/östlich von
verso sud	gegen Süden

Anmerkung: Bezieht sich die Himmelsrichtung auf den Teil eines Landes, auch wenn dieses nur mitverstanden wird, so steht der bestimmte Artikel:
gli Italiani del Nord/del Sud – die Norditaliener/Süditaliener
abitare nel Nord – im Norden (z.B. Italiens) wohnen
venire dal Sud – aus dem Süden kommen

10. Appositionen, sofern sie sich auf eine als bekannt vorausgesetzte Person beziehen:

Sisto V, figlio di un vignaiolo,...	Sixtus V., der Sohn eines Weinbauern,...
Dante, poeta immortale, nacque a Firenze.	Dante, der unsterbliche Dichter, wurde in Florenz geboren.
Carlo VIII, re di Francia, valicò le Alpi nel settembre del 1494.	Karl VIII., der französische König, überquerte im September 1494 die Alpen.

Anmerkung: Im Gegensatz zum Deutschen findet im Italienischen bei der Apposition keine Kasusangleichung statt: *Alessandro Magno era figlio di Filippo, re di Macedonia.* Alexander der Große war der Sohn Philipps, des Königs von Mazedonien.

11. *Santo* im Singular mit Namen (zu den Formen von *santo* vgl. § 10.4):

san Paolo/santo Stefano	der heilige Paulus/Stephanus
santa Caterina	die heilige Katharina

Aber: *i santi Pietro e Paolo* – der heilige Petrus und Paulus

12. Ausdrücken, die mit *in* + Nomen + *a* zusammengesetzt sind:

in cima al monte	auf dem Berggipfel
in coda al treno	am Zugende
in testa al treno	an der Zugspitze
in confronto/paragone a suo figlio	im Vergleich zu seinem Sohn
in opposizione al Parlamento	im Gegensatz zum Parlament
in proporzione/rapporto alla clientela	im Verhältnis zur Kundschaft
in riva al mare	am Meer(esufer)

Beachte: *in fondo al pozzo/nel fondo del pozzo* – auf dem Grund des Brunnens
in mano al nemico/nelle mani del nemico – in der Hand des Feindes
in margine alla società/ai margini della s. – am Rand der Gesellschaft

Merke auch: *in base a* – auf Grund von, *in merito a* – in bezug auf, *in odio a* – aus Haß gegen, *in seguito a* – infolge, *essere in preda alle fiamme* ein Raub der Flammen sein

13. Wendungen:

per amor di pace	um des (lieben) Friedens willen
con la sigaretta in bocca	mit der Zigarette im Mund
tenere un bambino in braccio	ein Kind auf dem Arm halten
in caso di bisogno/dubbio	im Notfall/im Zweifelsfall
in cerca di lavoro	auf der Suche nach Arbeit
senza battere ciglio	ohne mit der Wimper zu zucken
essere in condizione di fare qc	in der Lage sein, etwas zu tun
in confidenza	im Vertrauen
perdere conoscenza	das Bewußtsein verlieren
a differenza della lingua tedesca	im Unterschied zur deutschen Sprache
per fortuna	zum Glück
in gioventù	in der Jugend
scrivere a macchina	mit der Maschine schreiben
avere qc in mente	etwas im Sinn haben
oltre misura	über die Maßen
in offerta	im Angebot
prendere qd in parola	jdn beim Wort nehmen
in gran parte	zum großen Teil
per posta	mit der Post
in pratica/in teoria	in der Praxis/in der Theorie
è questione di tempo	es ist eine Frage der Zeit
in/a ricordo di	zur Erinnerung an
per ischerzo/scherzo	im Scherz
in segno di amicizia	zum Zeichen der Freundschaft
in settimana	im Laufe der Woche
in sogno	im Traum
in senso proprio/figurato	im eigentlichen/übertragenen Sinn
a vantaggio/svantaggio di	zum Vorteil/Nachteil von
cadere a/per terra	auf den Boden fallen
tradurre dal tedesco in italiano	aus dem Deutschen ins Italienische übersetzen
conoscere qd di vista	jdn vom Sehen kennen
perdere qd di vista	jdn aus den Augen verlieren

Beachte: *per (l')amor di tuo padre* – aus Liebe zu deinem Vater, *alla ricerca della fortuna* – auf der Suche nach dem Glück, *sul serio* – im Ernst, *nel sonno* – im Schlaf

14. Wendungen mit den Verben *cambiare, sbagliare, entrare, uscire* und *togliere/ trarre/levare*:

cambiare medico	den Arzt wechseln
cambiare mestiere	den Beruf wechseln
cambiare treno	umsteigen
sbagliare porta	sich in der Tür irren
sbagliare strada	sich in der Straße irren/sich verfahren
sbagliare numero	sich verwählen (beim Telefonieren)
entrare in aula	in den Hörsaal hineingehen
entrare in casa	ins Haus hineingehen
entrare in porto	in den Hafen einlaufen
uscire di scuola	aus der Schule kommen
uscire di casa	das Haus verlassen
uscire di clinica	die Klinik verlassen
togliere/trarre/levare di tasca	aus der Tasche ziehen

Anmerkung 1: In einigen Fällen kann *cambiare* auch mit *di* verbunden werden: *cambiare (di) casa* – umziehen, *cambiare (di) opinione* – seine Meinung ändern.

Anmerkung 2: Nach den Verben *uscire* und *togliere/trarre/levare* ist auch die Präposition *da* mit dem bestimmten Artikel in gleicher Bedeutung möglich: *uscire dalla scuola/dalla casa/dalla clinica*; *togliere/levare dalla tasca*; aber nur: *togliere di mezzo* aus dem Weg räumen.

Der Gebrauch des unbestimmten Artikels   51

1. Wie im Deutschen steht der unbestimmte Artikel im Italienischen bei Nomina, die auf etwas noch Unbekanntes verweisen. Er wird insbesondere verwendet, wenn Personen, Objekte oder Sachverhalte zum ersten Mal in einem Text erwähnt werden:

L'altro giorno ho letto un libro molto interessante.	Neulich habe ich ein sehr interessantes Buch gelesen.
Un padre aveva due figli.	Ein Vater hatte zwei Söhne.

2. Der unbestimmte Artikel kann zum Ausdruck bringen, daß eine Gattung als solche gemeint ist:

Un cane è sempre fedele al suo padrone.	Ein Hund hält immer treu zu seinem Herrn.

3. Der unbestimmte Artikel kann eine Intensität mit eventueller konsekutiver Ergänzung angeben:

Ho una fame!	Habe ich einen Hunger!
Ho un sonno che dormirei in piedi!	Ich bin so müde, daß ich stehend schlafen könnte!

52 Im Gegensatz zum Deutschen wird der unbestimmte Artikel in einigen Fällen nicht verwendet

1. im Ausrufesatz:

Che piacere!	Was für eine Freude!
Che sorpresa!	Welch eine Überraschung!

2. in der Apposition:

Michelangelo Buonarroti, scultore e pittore del '500, dipinse il Giudizio Universale.	Michelangelo Buonarroti, ein Bildhauer und Maler des 16. Jahrhunderts, malte das Jüngste Gericht
Il bronzo, lega metallica, è formato di rame e di stagno.	Bronze, eine Metallegierung, besteht aus Kupfer und Zinn.

3. vor *mezzo*:

Ho aspettato mezz'ora.	Ich habe eine halbe Stunde gewartet.
Ne prendo mezzo chilo.	Ich nehme ein Pfund (davon).

Anmerkung: Geht *mezzo* der unbestimmte Artikel voraus, hat er die Bedeutung von *quasi* (fast): *una mezza bottiglia* fast eine halbe Flasche.

4. bei *parte...parte* sowie bei *gran parte* und *buona parte*:

Parte dei genitori era contraria alla proposta, parte favorevole.	Ein Teil der Eltern war gegen den Vorschlag, ein Teil dafür.
gran parte della popolazione	ein großer Teil der Bevölkerung
buona parte della frutta	ein guter Teil des Obstes

Aber: *Una parte degli scolari è restata/sono restati a casa.*
        Ein Teil der Schüler ist zu Hause geblieben.

5. in bestimmten Wendungen:

Hai fatto (un) buon viaggio?	Hast du eine gute Reise gehabt?
fare bella figura	einen guten Eindruck machen
fare brutta figura	einen schlechten Eindruck machen/ sich blamieren
Il suo compleanno cade di domenica.	Sein Geburtstag fällt auf einen Sonntag.
È questione di tempo.	Es ist eine Frage der Zeit.
in caso di guerra	im Falle eines Krieges
prendere esempio da qd	sich an jdm ein Beispiel nehmen
mettere/porre fine a qc	einer Sache ein Ende bereiten
parlare in modo comprensibile	verständlich reden

Aber: *La festa cade in un giorno feriale.* – Das Fest fällt auf einen Werktag.

Der Gebrauch des partitiven Artikels

1. Der partitive Artikel steht zum Ausdruck einer unbestimmten Menge:

Mi occorre del denaro.	Ich brauche Geld.
Abbiamo mangiato delle mele.	Wir haben Äpfel gegessen.
Ci sono degli uomini che pensano	Es gibt Menschen, die nur an sich
solo a sé stessi.	selbst denken.

Anmerkung: Im Italienischen gelten für den partitiven Artikel nicht so strenge
Regeln wie im Französischen. Oft ist sein Gebrauch fakultativ.
Meist tritt er im Plural auf, und zwar dann, wenn es von Inte-
resse ist, eine unbestimmte Anzahl von Individuen/Objekten zu
bezeichnen. Die italienischen Grammatiker empfehlen sparsame
Verwendung dieser Artikelform.

2. Wendungen mit dem partitiven Artikel:

darsi del tu/del Lei	sich duzen/sich siezen
darsi delle arie	sich aufblasen/angeben
dar del filo da torcere a qd	jdm das Leben schwer machen
Ci vuole del bello e del buono per ..	Es bedarf einer ganz schönen Anstrengung, um zu ...
Faremo del nostro meglio.	Wir werden unser Bestes tun.
Le piacerebbe fare del cinema.	Sie würde gern zum Film gehen.
dormire della grossa	wie ein Toter schlafen

Der partitive Artikel entfällt

1. in negativen Sätzen:

Non ho soldi.	Ich habe kein Geld.
Non c'è più latte.	Es ist keine Milch mehr da.

2. nach Mengenangaben:

Ho molti amici.	Ich habe viele Freunde.
C'era poca gente.	Es waren wenige Leute da.
Ho bevuto mezzo litro di vino.	Ich habe einen halben Liter Wein getrunken.
Dammi un'altra fetta di torta.	Gib mir noch ein Stück Kuchen!

3. nach Wendungen mit der Präposition *di*:

Hai bisogno di soldi?	Brauchst du Geld?
Questi scolari s'interessano di problemi di fisica.	Diese Schüler interessieren sich für physikalische Probleme.

4. meist bei Aufzählungen:

Dobbiamo comprare panini, zucchero, burro e latte.	Wir müssen Brötchen, Zucker, Butter und Milch kaufen.

5. nach Präpositionen:

Ho fatto una passeggiata con amici.	Ich habe mit Freunden einen Spaziergang gemacht.
Prendo il caffè senza zucchero.	Ich trinke Kaffee ohne Zucker.

Anmerkung. Die Ausdrucksweise *Ho fatto una passeggiata con degli amici* gilt als veraltet.

Beachte: Ein deutscher Satz wie «Kirschen sind keine mehr da» ist im Italienischen wiederzugeben mit *(Di) ciliegie non ce ne sono più*. Dagegen bedeutet *Delle ciliegie non ce ne sono più* Von den Kirschen sind keine mehr da. (In diesem Fall sind bestimmte Kirschen gemeint).

Kapitel 4 Die Demonstrativa (I dimostrativi)

Die Demonstrativa können entweder adjektivisch (Demonstrativadjektive) oder **55** pronominal (Demonstrativpronomina) gebraucht werden. Demonstrativadjektive (aggettivi dimostrativi) begleiten das Nomen, während Demonstrativpronomina (pronomi dimostrativi) das Nomen ersetzen. Sie richten sich in Genus und Numerus nach ihrem Beziehungswort.

Adjektivischer Gebrauch:

Questa macchina è molto veloce.	Dieses Auto ist sehr schnell.

Pronominaler Gebrauch:

Quella è ancora più veloce.	Jenes ist noch schneller.

Übersicht über die Formen der Demonstrativadjektive 56

Bedeutung	Numerus	maskulin	feminin
diese(r)	Singular	*questo, quest'*	*questa, quest'*
diese	Plural	*questi*	*queste*
der/die ... da	Singular	*codesto, codest'*	*codesta, codest'*
die ... da	Plural	*codesti*	*codeste*
jene(r)	Singular	*quel, quello, quell'*	*quella, quell'*
jene	Plural	*quei, quegli*	*quelle*

Anmerkung 1: Neben *codesto* etc. finden sich auch *cotesto* etc.

Anmerkung 2: Bei *questo* ist die Elision fakultativ, bei *questa* unterbleibt sie heute meist (vgl. §§ 9.1, 9.6).

Anmerkung 3: Bei einigen femininen Nomina kann statt *questa* die verkürzte Form *sta* verwendet werden, die mit dem folgenden Nomen verschmilzt: *questa mattina/stamattina* – heute morgen, *questa sera/stasera* – heute abend, *questa notte/stanotte* – heute nacht, *questa volta/stavolta* – dieses Mal/diesmal, *questa mane* [selten]/*stamane* [lit.]/*stamani* – heute morgen.

Anmerkung 4: In der gesprochenen Sprache sind die Kurzformen *'sto/'sti* und *'sta/'ste* häufig: *'sti ragazzi* – diese Jungs, *'sta bambina* – dieses Mädchen.

Anmerkung 5: *Questo* etc. können durch *qui/qua* «hier», *codesto* etc. durch *costì/costà* «da», *quello* etc. durch *lì/là* «dort» verstärkt werden.

Anmerkung 6: Für die einzelnen Formen von *quello/quella* gelten dieselben Regeln wie für die Formen des best. Artikels (vgl. §§ 44, 45):
il ragazzo der Junge – *quel ragazzo* jener Junge
lo scolaro der Schüler – *quello scolaro* jener Schüler
l'uomo der Mann – *quell'uomo* jener Mann
i ragazzi die Jungen – *quei ragazzi* jene Jungen
gli uomini die Männer – *quegli uomini* jene Männer

1. *Questo* wird für Personen und Sachen verwendet, die sich in der Nähe des Sprechenden befinden. Diese Nähe kann sich auf den Raum, die Zeit oder auf eine Äußerung beziehen, die gerade gemacht worden ist oder unmittelbar bevorsteht:

Di chi sono queste scarpe (qui)?	Wem gehören diese Schuhe (hier)?
Con questo tempo non esco.	Bei diesem Wetter gehe ich nicht aus.
Questo signore parla tre lingue.	Dieser Herr spricht drei Sprachen.
Quest'anno andremo in Spagna.	Dieses Jahr fahren wir nach Spanien.
Questa tua risposta non mi piace.	Diese Antwort von dir gefällt mir nicht.
Ti do questo consiglio: ...	Ich gebe dir diesen/folgenden Rat: ..

Merke: *tutto questo problema* – dieses ganze Problem

2. *Codesto* wird für Personen und Sachen verwendet, die sich in der Nähe des Angeredeten befinden. Diese Nähe kann sich auf den Raum, die Zeit oder auf eine vorherige Äußerung des Angeredeten beziehen. Der Gebrauch von *codesto* ist auf die Toskana, die Behördensprache und die literarische Sprache beschränkt. Es wird immer häufiger durch *quello* ersetzt:

Dammi codesto libro che tieni in mano.	Gib mir das Buch, das du in der Hand hältst.
In codesto periodo ero in Olanda.	Zu der Zeit war ich in Holland.
Informiamo codesta spettabile ditta delle nostre offerte speciali.	Wir geben hiermit Ihrer verehrten Firma unsere Sonderangebote bekannt.
Codeste parole non mi convincono.	Diese (= deine) Worte überzeugen mich nicht.

3. *Quello* wird für Personen und Sachen verwendet, die vom Sprechenden und vom Angeredeten weit entfernt sind. Diese Ferne kann sich auf den Raum, die Zeit oder auf eine Äußerung beziehen, die früher gemacht worden ist:

Vedi quell'uccello (là)?	Siehst du den Vogel dort?
Conosci quel signore?	Kennst du jenen Herrn?
Quella porta non chiude bene.	Die Tür dort schließt nicht gut.
Quella sera faceva molto freddo.	An diesem/jenem Abend war es sehr kalt.
Mi riferisco a quella proposta che mi hai fatto qualche tempo fa.	Ich beziehe mich auf den Vorschlag, den du mir vor einiger Zeit gemacht hast.

Wendung: *Li mando tutti a quel paese.* – Ich jage sie alle zum Teufel.

Anmerkung: *Questo* und *quello* können auch affektiven oder emphatischen Wert annehmen:
Questo povero ragazzo! - Dieser arme Junge!
quello stupido di tuo fratello - dein Bruder, dieser Dummkopf
quel delinquente di Mario - Mario, dieser Verbrecher
quel brav'uomo del maestro - der Lehrer, dieser gute Mann
L'ho visto con questi occhi! - Ich habe es mit eigenen Augen gesehen!

Übersicht über die Formen der Demonstrativpronomina 58

Bedeutung	Numerus	maskulin	feminin
diese(r)	Singular	*questo*	*questa*
diese	Plural	*questi*	*queste*
diese(r) da	Singular	*codesto*	*codesta*
diese da	Plural	*codesti*	*codeste*
jene(r)	Singular	*quello*	*quella*
jene	Plural	*quelli*	*quelle*

Die Übereinstimmung des Demonstrativpronomens mit seinem Beziehungswort 59

1. Das Demonstrativpronomen stimmt in der Form mit dem Nomen überein, das es ersetzt:

Delle due gonne preferisco questa.	Von den zwei Röcken ziehe ich diesen vor/gefällt mir dieser besser.
Questa giacca è più elegante di quella.	Diese Jacke ist eleganter als jene.
È libera questa sedia? - No, questa è occupata, quella lì è libera	Ist dieser Stuhl frei? - Nein dieser hier ist besetzt, der dort ist frei.

2. Das Demonstrativpronomen richtet sich nach dem Prädikatsnomen:

Questa è una grammatica.	Das ist eine Grammatik.
Questi sono i miei amici.	Das sind meine Freunde.
Quelli sono i miei colleghi.	Das dort sind meine Kollegen.
Quelle sono le mie colleghe.	Das dort sind meine Kolleginnen.

Besonderheiten des Gebrauchs der Demonstrativpronomina 60

1. Beziehen sich **questo** und **quello** auf zuvor erwähnte Personen oder Sachen, so gibt *questo* die zuletzt genannte Person oder Sache, *quello* die zuerst genannte an:

Londra e Parigi sono due grandi città: quella è in Inghilterra, questa in Francia.	London und Paris sind zwei große Städte: erstere liegt in England, letztere in Frankreich.

2. **Quello** wird auch verwendet, um die Wiederholung eines Nomens zu vermeiden:

Quale valigia prendi? - Quella più grande.	Welchen Koffer nimmst du? - Den größeren.
Il mio dizionario è migliore di quello di Luciano.	Mein Wörterbuch ist besser als das Lucianos.
I miei genitori e quelli di Mario si sono messi d'accordo.	Meine und Marios Eltern haben sich geeinigt.

Unterscheide: *quegli svedesi* - jene Schweden (adjektivischer Gebrauch)
quelli svedesi - die schwedischen (nominaler Gebrauch)
Hai comprato i francobolli tedeschi? - No, ho comprato quelli svedesi. Hast du die deutschen Briefmarken gekauft? - Nein, ich habe die schwedischen gekauft.

3. **Questo, codesto** und **quello** werden auch als Neutrum gebraucht:

Questo non è vero.	Das ist nicht wahr.
Non ho detto questo.	Ich habe das nicht gesagt.
Codesto non mi piace.	Das gefällt mir nicht.
Non pensi che a quello.	Du denkst nur an das.

Anmerkung: *Non abbiamo parlato di questo.* - Wir haben nicht darüber gesprochen. = *Non ne abbiamo parlato* (vgl. § 135.2).

4. **Quello** etc. kann auch vor dem Relativpronomen **che** auftreten, wobei das neutrale *quello* zu *quel* verkürzt werden kann:

Tutti quelli che affermano questo non dicono la verità.	Alle, die das behaupten, sagen nicht die Wahrheit.
Conosci quella che è uscita di casa?	Kennst du die, die das Haus verlassen hat?
Quello/quel che hai detto è proprio vero.	Was du gesagt hast, ist wirklich wahr.

5. Anstelle von *questo* und *quello* finden sich in literarischem Sprachgebrauch **questi** und **quegli**, die jedoch nur auf eine männliche Person bezogen und nur als Subjekt gebraucht werden können (man beachte dabei, daß das Prädikat im Singular steht):

Questi diceva di sì, quegli di no.	Dieser sagte ja, jener nein.
Demostene e Cicerone furono due grandi oratori: questi fu romano, quegli greco.	Demosthenes und Cicero waren zwei große Redner: ersterer war Grieche, letzterer Römer.

64

6. Wendungen:

Questa è bella!	Das ist allerhand/ein starkes Stück!
Ci mancherebbe anche questa!	Das fehlte gerade noch!/ Das hätte gerade noch gefehlt!
Sentite questa!	Hört euch das an!
Stavo per uscire e in quella squillò il telefono.	Ich wollte gerade das Haus verlassen, da läutete das Telefon.
in quel di Napoli	in der Gegend von Neapel
Ne ho passate di quelle!	Ich habe allerhand durchgemacht!
Mario è sempre quello.	Mario ist immer noch der alte.
Quella sì che è una pizza!	Das ist eine Pizza!

Weitere Demonstrativpronomina

Weitere Demonstrativpronomina sind *costui/colui* etc. und *ciò*. Auch *stesso* und *medesimo* werden im allgemeinen zu den Demonstrativpronomina gerechnet.

Die Demonstrativpronomina *costui/colui* 61

1. *Costui/colui* (maskulin Singular), *costei/colei* (feminin Singular) und *costoro/coloro* (Plural) beziehen sich nur auf Personen und können *questo*, *quello*, *codesto* etc. ersetzen. Sie werden in verächtlichem Sinn gebraucht und gehören dem Schriftitalienischen an:

Che cosa vuole costui?	Was will der da?
Con costoro non si ragiona.	Mit denen da kann man nicht vernünftig reden.
Rivolgiti a colei.	Wende dich an die da!

2. *Colui, colei, coloro* mit folgendem Relativpronomen gehören der Schriftsprache an:

Colui che vuole partecipare alla gara si iscriva alla lista.	Derjenige, der am Wettkampf teilnehmen will, trage sich in die Liste ein.
Coloro che hanno superato gli esami, hanno fatto una festa.	Diejenigen, die die Prüfung bestanden haben, feierten ein Fest.

Anmerkung: Im gesprochenen Italienisch werden anstelle von *colui che* die Pronomina *chi* (vgl. § 153) oder *quello che* verwendet.

Das neutrale Demonstrativpronomen *ciò* 62

Ciò che hai detto è giusto.	Was du gesagt hast, stimmt.
Ciò è assurdo.	Das ist absurd.
Tutti hanno notato ciò.	Alle haben das bemerkt.

Anmerkung 1: *Ciò* wird heute seltener gebraucht als *questo*.

Anmerkung 2: Man beachte, daß *ciò* nicht auf ein folgendes Nomen hinweisen kann. Ein deutscher Satz wie «Das ist ein schönes Auto» ist im Italienischen wiederzugeben mit *Questa è una bella macchina*.

Anmerkung 3: *tutto quello che/tutto ciò che/(tutto) quanto* - alles, was *Raccontami tutto quello che/tutto ciò che/quanto hai visto*. Erzähle mir alles, was du gesehen hast.

Merke: *cioè* das heißt; *perciò* daher/deshalb

63 Überblick über die Formen der Demonstrativa *stesso* und *medesimo*

Bedeutung	Numerus	maskulin	feminin
derselbe/dieselbe	Singular	*stesso, medesimo*	*stessa, medesima*
dieselben	Plural	*stessi, medesimi*	*stesse, medesime*

64 Der Gebrauch von *stesso* und *medesimo*

Stesso und *medesimo* können adjektivisch und pronominal verwendet werden; die jeweiligen Formen sind identisch. *Stesso* wird viel häufiger gebraucht als das einer höheren Stilebene angehörende *medesimo*:

1. Adjektivischer Gebrauch:

– Gewöhnlich stehen *stesso/medesimo* vor dem Nomen:

Questo scolaro fa sempre gli stessi sbagli.	Dieser Schüler macht immer dieselben Fehler.
Angela e Silvia hanno la stessa età.	Angela und Silvia sind gleich alt.
Non mi piace ascoltarlo, ripete sempre le stesse cose.	Ich höre ihm nicht gern zu; er sagt immer dasselbe.
nello/allo stesso tempo	zur selben Zeit/gleichzeitig
alla stessa/medesima ora	um dieselbe Zeit

– Stehen *stesso/medesimo* nach dem Nomen oder einem Personalpronomen, so haben sie verstärkende Bedeutung:

Tuo padre stesso (= perfino tuo padre) me l'ha detto.	Selbst/sogar dein Vater hat es mir gesagt.
Tua sorella è la gentilezza stessa (= in persona).	Deine Schwester ist die Liebenswürdigkeit selbst/in Person.
Conosci te stesso.	Erkenne dich selbst!
Queste sono le parole medesime (= esatte) che egli ha pronunciato.	Das sind genau die Worte, die er gebraucht hat.

Anmerkung: Von *stesso* gibt es in familiärer Ausdrucksweise einen absoluten Superlativ: *È la stessissima cosa.* - Es ist das allerselbe.

Unterscheide: *Spedirò la lettera oggi stesso.* - Ich werde den Brief heute noch/gleich heute abschicken.
Ancora oggi si usano queste forme. - Diese Formen werden heute noch gebraucht.

2. Pronominaler Gebrauch:

Io penso lo stesso.	Ich denke dasselbe.
Mario è sempre lo stesso.	Mario ist immer noch derselbe/der alte
Fa/è lo stesso.	Es ist gleich.

Unterscheide: *Io faccio lo stesso (= la stessa cosa).* - Ich tue dasselbe.
Io lo faccio lo stesso (= ugualmente). - Ich tue es trotzdem.

3. Ein Vergleich wird mit *di* angeschlossen:

Sono arrivato con lo stesso treno dell'ultima volta.	Ich bin mit demselben Zug wie das letzte Mal angekommen.
Il COMECON si propone le stesse finalità della CEE.	Der COMECON verfolgt dieselben Ziele wie die EG.

Anmerkung: Folgt jedoch eine präpositionale Fügung, so steht *che*:
La lingua italiana è ancora sostanzialmente la medesima che nel Trecento o nel Cinquecento. - Die italienische Sprache ist noch im wesentlichen dieselbe wie im 14. und 16. Jahrhundert.

Beachte: *È lo stesso che* + Konjunktiv - Es ist gleich, ob ...
È lo stesso che tu venga o no. - Es ist gleich, ob du kommst oder nicht.

Kapitel 5 Die Possessiva (I possessivi)

65 Die Possessiva können entweder adjektivisch (Possessivadjektive) oder pronominal (Possessivpronomina) gebraucht werden. Die Possessivadjektive (aggettivi possessivi) begleiten das Nomen, während die Possessivpronomina (pronomi possessivi) das Nomen ersetzen. Die Possessiva richten sich in Genus und Numerus nach ihrem Besitzobjekt. Ihnen geht in der Regel der bestimmte Artikel voraus.

Adjektivischer Gebrauch:

Prendo la mia macchina.	Ich nehme mein Auto.

Pronominaler Gebrauch:

La mia ha un guasto al motore, prendiamo la tua.	Meines hat einen Motorschaden; nehmen wir deines.

66 Übersicht über die Formen der Possessiva

Bedeutung	Numerus	maskulin	feminin
mein(e)	Singular	*mio*	*mia*
meine	Plural	*miei*	*mie*
dein(e)	Singular	*tuo*	*tua*
deine	Plural	*tuoi*	*tue*
sein(e)/ihr(e)	Singular	*suo*	*sua*
seine/ihre	Plural	*suoi*	*sue*
unser(e)	Singular	*nostro*	*nostra*
unsere	Plural	*nostri*	*nostre*
euer/eure	Singular	*vostro*	*vostra*
eure	Plural	*vostri*	*vostre*
ihr(e)	Singular/Plural	*loro*	

Anmerkung 1: Bei den Possessiva der dritten Person ist die Unterscheidung des Genus des Besitzers (dt. « sein(e)/ihr(e)/Ihr(e)») im Italienischen ohne Belang:

Mario ha trovato il suo libro. - Mario hat **sein** Buch gefunden.
Maria ha trovato il suo libro. - Maria hat **ihr** Buch gefunden.
Mario ha perso la sua chiave. - Mario hat **seinen** Schlüssel verloren.
Maria ha perso la sua chiave. - Maria hat **ihren** Schlüssel verloren.
Mario ha trovato i suoi libri. - Mario hat **seine** Bücher gefunden.
Maria ha trovato i suoi libri. - Maria hat **ihre** Bücher gefunden.
Mario ha perso le sue chiavi. - Mario hat **seine** Schlüssel verloren.
Maria ha perso le sue chiavi. - Maria hat **ihre** Schlüssel verloren.
I bambini cercano il loro pallone. - Die Kinder suchen **ihren** Fußball.
I bambini cercano i loro palloni. - Die Kinder suchen **ihre** Fußbälle.

Anmerkung 2: Der Satz *Mario ha trovato il suo libro* kann auch bedeuten: «Mario hat **ihr** Buch gefunden», und *Maria ha trovato il suo libro* kann auch als «Maria hat **sein** Buch gefunden» verstanden werden. Um Mißverständnisse zu vermeiden, ersetzt man in diesen Fällen das Possessivadjektiv durch nachgestelltes *di* + betontes Personalpronomen: *Si presero sottobraccio e Giovanni non poté fare a meno di stringere con il suo il braccio di lei* (Moravia). – Sie hakten sich unter, und Giovanni konnte nicht umhin, mit seinem Arm ihren zu drücken.

Anmerkung 3: Der Satz «Wie geht es Ihren Kindern?» wird im Italienischen wie folgt wiedergegeben:

Come stanno i Suoi figli? (Frage an eine Person gerichtet),
Come stanno i Vostri figli? (Frage an mehrere Personen gerichtet),
Come stanno i Loro figli? (Frage an mehrere Personen gerichtet, in förmlicher Ausdrucksweise).

In Geschäftsbriefen wird üblicherweise *Vostro* etc. verwendet, wie zum Beispiel in: *Ringraziando in anticipo per le Vostre informazioni, con tutta stima...* – Ich danke Ihnen für Ihre Auskünfte und verbleibe mit freundlichen Grüßen ...

Anmerkung 4: In der Anrede können die Possessiva groß oder klein geschrieben werden; die Kleinschreibung herrscht vor.

Die Stellung des Possessivadjektivs 67

1. Das Possessivadjektiv steht in der Regel vor dem Nomen:

Il mio orologio va avanti.	Meine Uhr geht vor.
Conosci la mia professoressa di tedesco?	Kennst du meine Deutschlehrerin?
Dove sono i tuoi genitori?	Wo sind deine Eltern?
È arrivata la tua amica Silvia.	Deine Freundin Silvia ist angekommen.
Siamo molto contenti del nostro albergo.	Wir sind mit unserem Hotel sehr zufrieden.
Quando sono partiti i vostri amici?	Wann sind eure Freunde abgereist?

2. Bei besonderer Betonung kann das Possessivadjektiv nachgestellt werden:

Voglio la valigia mia!	Ich will **meinen** Koffer!
Non toccare la roba mia!	Rühre meine Sachen nicht an!
Fatti gli affari tuoi!	Kümmere dich um **deine** Angelegenheiten!

Anmerkung: Nachstellung des Possessivadjektivs ist auch in Ausrufen (mit fehlendem Artikel, vgl. § 68.5) und in bestimmten Wendungen (vgl. § 68.6) möglich. Im Süditalienischen ist die Nachstellung weit verbreitet.

Der bestimmte Artikel fehlt

1. bei Verwandtschaftsbezeichnungen:

Sua sorella si sposerà in maggio.	Seine Schwester wird im Mai heiraten.
Mio figlio studia lingue.	Mein Sohn studiert Sprachen.
Mia moglie non è a casa.	Meine Frau ist nicht zu Hause.

Anmerkung: Bei einigen Verwandtschaftsbezeichnungen ist der Gebrauch des Artikels schwankend: *(la) mia nonna* - meine Großmutter, *(il) mio cognato* - mein Schwager, *(la) mia zia* - meine Tante.

Der bestimmte Artikel muß jedoch gesetzt werden:
- bei *loro*: *il loro padre* - ihr Vater, *la loro madre* - ihre Mutter,
- wenn ein Adjektiv hinzutritt: *la mia cara madre* - meine liebe Mutter,
- wenn ein Suffix an die Verwandtschaftsbezeichnung tritt: *il mio fratellino* - mein Brüderchen, *la mia sorellina* - mein Schwesterchen,
- im Plural: *i miei fratelli* - meine Brüder, *le mie sorelle* - meine Schwestern, *i miei genitori* - meine Eltern,
- bei den Kosenamen *mamma, babbo, papà: Che cosa ha detto il tuo papà?* - Was hat dein Papa gesagt?

2. beim Prädikatsnomen:

Carlo è mio amico.	Karl ist mein Freund.
È mio dovere aiutarlo.	Es ist meine Pflicht, ihm zu helfen.
È mia abitudine bere una tazzina di caffè dopo i pasti.	Ich bin es gewohnt, nach dem Essen ein Täßchen Kaffee zu trinken.
Lo considerano loro amico.	Sie halten ihn für ihren Freund.

Aber: *È il mio amico.* - Es ist mein Freund (von dem ich Dir erzählt habe).
È il mio amico Carlo. - Es ist mein Freund Karl.

3. bei Appositionen:

Maria, mia compagna di scuola, era anche a Firenze.	Maria, meine Schulkameradin, war auch in Florenz.

Anmerkung: Wird jedoch der Inhalt der Apposition als bekannt vorausgesetzt, so steht der bestimmte Artikel: *Maria, la mia compagna di scuola,...* Maria, meine Schulkameradin (wie du ja weißt) ...

4. bei der Anrede:

Miei cari ascoltatori, ...	Meine lieben Zuhörer, ...

5. beim Ausruf:

Mamma mia!	Mein Gott!	*Figlio mio!*	Mein Sohn!

6. in bestimmten Wendungen

- mit Voranstellung des Possessivadjektivs:

a mio avviso/parere	meiner Meinung nach
una persona di mia conoscenza	jemand aus meiner Bekanntschaft
con mio dispiacere	zu meinem Bedauern
a nostro favore	zu unseren Gunsten
per mia fortuna	zu meinem Glück
in suo nome	in seinem Namen
in suo onore	ihm/ihr zu Ehren
per tua (norma e) regola	damit du es weißt!
a suo rischio	auf seine Gefahr
a mia sorpresa	zu meiner Überraschung
a mia vergogna	zu meiner Schande
a mia volta	meinerseits
Mi sento a mio agio.	Ich fühle mich wohl.
Ho imparato a mie spese.	Ich bin durch Schaden klug geworden.
È venuto in nostro aiuto.	Er ist uns zu Hilfe gekommen.

- mit Nachstellung des Possessivadjektivs:

per amor tuo	dir zuliebe
a casa mia	bei mir zu Hause
in vita mia	in meinem Leben
... pensavo in cuor mio	... dachte ich bei mir
per conto mio	meinetwegen/was mich betrifft
Tanti saluti da parte mia!	Viele Grüße von mir!
Per colpa tua ho fatto tardi.	Deinetwegen bin ich zu spät gekommen.
L'ho pagato di tasca mia.	Ich habe es aus eigener Tasche bezahlt.
Vuol fare sempre di testa sua.	Er will immer seinen Kopf durchsetzen.

Das Possessivadjektiv kann auch in Verbindung mit dem unbestimmten Artikel, **69** einem Demonstrativadjektiv, einem Indefinitadjektiv oder einem Zahlwort gebraucht werden:

un mio amico	ein Freund von mir
una tua collega	eine Kollegin von dir
quel suo modo di fare	diese Art von ihm
alcuni miei colleghi	einige Kollegen von mir
tre sue lettere	drei Briefe von ihm

70 In einigen Wendungen bleibt das Nomen, auf das sich das Possessivadjektiv bezieht, unausgedrückt:

Ha avuto le sue (botte).	Er hat seine Tracht Prügel bekommen.
È una delle sue (marachelle).	Das sieht ihm ähnlich.
Anche lui vuol dire la sua (opinione).	Auch er will seine Meinung sagen.
L'ho pagato del mio (denaro).	Ich habe es aus eigener Tasche bezahlt.
Ho ricevuto una lettera dai miei (genitori).	Ich habe von meiner Familie einen Brief bekommen.
Rispondo alla Sua (lettera) del 10 maggio.	Ich antworte auf Ihr Schreiben vom 10. Mai.

71 In den Ausdrücken, in denen der Besitzer eindeutig aus dem Zusammenhang hervorgeht, und in einigen Wendungen fehlt im Italienischen das Possessivadjektiv:

Prima vuota la bocca!	Mach zuerst deinen Mund leer!
Ha il padre italiano.	Sein Vater ist Italiener.
Ha la moglie ricca.	Seine Frau ist reich.
cambiare idea	seine Meinung ändern
tentare la fortuna	sein Glück versuchen
riposare sugli allori	sich auf seinen Lorbeeren ausruhen

Ebenso korrekt ist: *Suo padre è italiano./Sua moglie è ricca.*

72 Der Gebrauch des Adjektivs *proprio*

Das Adjektiv *proprio* kann folgendermaßen gebraucht werden:

1. Es kann ein Possessivadjektiv verstärken:

L'ho visto con i miei propri occhi.	Ich habe es mit eigenen Augen gesehen.

2. Es kann ein Possessivadjektiv ersetzen, um Mißverständnisse zu vermeiden:

La donna condusse la ragazza nella propria casa.	Die Frau führte das Mädchen in ihr (eigenes) Haus.

Anmerkung: Sagte man *in casa sua*, so wäre der Bezug nicht eindeutig. *Proprio* bezieht sich immer auf das Subjekt des Satzes.

3. Ist das Subjekt des Satzes unbestimmt, so verwendet man *proprio* anstelle von *suo* etc.:

Non si è mai contenti della propria fortuna.	Man ist nie mit seinem Los zufrieden.
Bisogna difendere la propria opinione.	Man muß seine Meinung verteidigen.
Ognuno tira l'acqua al proprio mulino.	Jeder ist auf seinen Vorteil bedacht.

Anmerkung: Bei *ognuno* und *ciascuno* ist auch die Verwendung von *suo* etc.
zulässig: *Ognuno tira l'acqua al suo mulino.*
Ciascuno ha la sua/propria macchina. - Jeder hat sein Auto.
Noi abbiamo ciascuno la sua/propria/nostra macchina. - Jeder von
uns hat sein eigenes Auto.

Merke: *lavorare in proprio* - selbständig sein (geschäftlich)
mettersi in proprio - sich selbständig machen

Der Gebrauch des Possessivpronomens 73

Das Possessivpronomen wird oft benutzt, um die Wiederholung eines Nomens
zu vermeiden:

Dammi la tua chiave, ho smarrito la mia.	Gib mir deinen Schlüssel, ich habe meinen verlegt.
Tuo padre e il mio giocano spesso insieme a carte.	Dein und mein Vater spielen oft zusammen Karten.
Dove hai messo le tue scarpe? - Le mie sono qui.	Wo hast du deine Schuhe hingelegt? - Meine sind hier.

Anmerkung: Als Prädikatsnomen in Sätzen mit den Verben *essere* (sein), *sembrare* (scheinen), *divenire* (werden) usw. kann das Possessivpronomen ohne oder mit Artikel stehen: *Questa macchina è (la) mia.* -
Dieses Auto gehört mir.

Kapitel 6 Die Indefinita (Gli indefiniti)

74 Indefinita können entweder adjektivisch (Indefinitadjektive) oder pronominal (Indefinitpronomina) gebraucht werden. Indefinitadjektive (aggettivi indefiniti) begleiten das Nomen, während Indefinitpronomina (pronomi indefiniti) das Nomen ersetzen. Man beachte jedoch, daß einige Indefinita nur adjektivisch, andere nur pronominal verwendet werden können. Im allgemeinen bezeichnen Indefinita bestimmte oder unbestimmte Mengen.

Adjektivischer Gebrauch:

È caduta molta neve.	Es ist viel Schnee gefallen.

Pronominaler Gebrauch:

Molti guardano, pochi comprano.	Viele schauen, wenige kaufen.

75 Übersicht über die Formen der Indefinita

1. Sowohl adjektivisch als auch pronominal mit verschiedenen Genus- und Numerusformen werden gebraucht:

Bedeutung	Singular		Plural	
	maskulin	feminin	maskulin	feminin
viel(e)	*molto*	*molta*	*molti*	*molte*
wenig(e)	*poco*	*poca*	*pochi*	*poche*
ziemlich viel(e)	*parecchio*	*parecchia*	*parecchi*	*parecchie*
zuviel/ zu viele	*troppo*	*troppa*	*troppi*	*troppe*
(so) viel(e)	*tanto*	*tanta*	*tanti*	*tante*
ebensoviel(e)	*altrettanto*	*altrettanta*	*altrettanti*	*altrettante*
soviel(e)...wie	*quanto*	*quanta*	*quanti*	*quante*
etwas/ einige	*alquanto*	*alquanta*	*alquanti*	*alquante*
andere(r)	*altro*	*altra*	*altri*	*altre*
irgendein(e)/einige	*alcuno*	*alcuna*	*alcuni*	*alcune*
manche(r)	*taluno*	*taluna*	*taluni*	*talune*
ganz(e)/ alle	*tutto*	*tutta*	*tutti*	*tutte*
gewisse(r)	*certo*	*certa*	*certi*	*certe*
solche(r)	*tale*		*tali*	

2. Nur im Singular werden adjektivisch und pronominal mit verschiedener Genusform gebraucht:

Bedeutung	maskulin	feminin
jede(r)	*ciascuno*	*ciascuna*
kein(e,er)/ niemand	*nessuno*	*nessuna*
ein(e,er)	*uno*	*una*

Anmerkung: Anstelle von *nessuno/nessuna* finden sich literarisch auch *niuno/ niuna.*

3. Nur im Singular und nur adjektivisch mit gleicher Form im Maskulinum und Femininum werden verwendet:

Bedeutung	maskulin/feminin
jede(r)	*ogni*
irgendein(e) / einige	*qualche*
jede(r) beliebige	*qualunque*
jede(r) beliebige	*qualsiasi/* [selten] *qualsisia*

Anmerkung: Zu *qualsiasi/qualsisia* existieren die Pluralformen *qualsiansi/ qualsisiano,* die jedoch kaum benutzt werden.

4. Nur pronominal und nur im Singular mit verschiedener Genusform werden gebraucht:

Bedeutung	maskulin	feminin
jemand/ eine(r)	*qualcuno*	*qualcuna*
jede(r)	*ognuno*	*ognuna*

Anmerkung: Anstelle von *qualcuno/qualcuna* bzw. pronominalem *ciascuno/ ciascuna* finden sich selten *qualcheduno/qualcheduna* bzw. *ciasche- duno/ciascheduna.*

5. Nur pronominal und nur im Plural mit verschiedener Genusform kommen vor:

Bedeutung	maskulin	feminin
manche	*certuni*	*certune*

6. Nur pronominal und nur mit einer Form im Singular werden gebraucht:

Bedeutung	maskulin/feminin
jedermann/ jede(r)	*chiunque*
etwas	*qualcosa/qualche cosa*
nichts	*niente/nulla*

Anmerkung: Neben *chiunque* findet sich veraltetes *chicchessia.*

7. Als maskulines Indefinitpronomen im Singular und nur als Subjekt wird *altri* «ein anderer/andere» gebraucht; das Verb steht dabei im Singular. Das da- zugehörige Indefinitpronomen in Objektfunktion lautet *altrui* «von anderen/ der anderen», das auch adjektivisch verwendet werden kann. Dieser Sprachge- brauch ist literarisch.

76 molto

1. Adjektivischer Gebrauch:

Ci vuole molta stoffa per fare questo vestito.	Man braucht viel Stoff für dieses Kleid.
Non disponiamo di molto denaro.	Wir verfügen nicht über viel Geld.
Te l'ho detto molte volte.	Ich habe es dir oftmals gesagt.
Molte grazie!	Vielen Dank!

Merke: *Ho molta fame/sete.* – Ich habe großen Hunger/Durst.
       Ho molto sonno. – Ich bin sehr schläfrig.

2. Pronominaler Gebrauch:

molti dei miei amici	viele meiner Freunde
Molte sono arrivate in ritardo.	Viele (Frauen) sind zu spät gekommen.

Anmerkung 1: Von *molto* gibt es den absoluten Superlativ *moltissimo*:
              Ho mangiato moltissimo. – Ich habe sehr viel gegessen.
Anmerkung 2: Dt. «so viel» wird durch *tanto* oder *così tanto* ausgedrückt:
              Non posso spendere così tanto. – Ich kann nicht so viel ausgeben.
Anmerkung 3: *Molto* wird auch als Adverb verwendet:
              Questo libro è molto istruttivo. – Dieses Buch ist sehr lehrreich.

77 poco

1. Adjektivischer Gebrauch:

C'è poco pane.	Es ist wenig Brot da.
Ho poca voglia di andarci.	Ich habe wenig Lust, dorthin zu gehen.
Ho solo pochi soldi.	Ich habe nur wenig Geld.
L'ho visto poche volte.	Ich habe ihn wenige Male gesehen.

2. Pronominaler Gebrauch:

Pochi sanno quello che hai fatto.	Wenige wissen, was du getan hast.
Pochi di noi parlano bene lo spagnolo.	Wenige von uns sprechen gut Spanisch.

Anmerkung 1: Von *poco* gibt es den absoluten Superlativ *pochissimo*:
              Mia figlia legge pochissimo. – Meine Tochter liest sehr wenig.
Anmerkung 2: *Poco* wird oft zu *po'* gekürzt (vgl. § 12.2):
              Sono un po' deluso. – Ich bin ein wenig enttäuscht.
              un bel po' – eine Weile

Anmerkung 3: Vor *poco* kann auch der Artikel oder ein Demonstrativadjektiv stehen, wenn eine Ergänzung folgt:

Il/quel poco che guadagna gli basta per vivere. – Das wenige, das er verdient, reicht ihm zum Leben.

Anmerkung 4: *Poco* wird auch als Adverb verwendet:

una risposta poco chiara – eine unklare Antwort
un libro poco interessante – ein uninteressantes Buch
Mio figlio studia poco. – Mein Sohn lernt wenig.

Wendung: *(Ci) mancò poco che* + Konjunktiv... – Es fehlte wenig, und/Beinahe...

(Ci) mancò poco che finisse sotto il tram. – Es fehlte wenig, und er wäre unter die Straßenbahn gekommen/Beinahe wäre er ...

parecchio 78

1. Adjektivischer Gebrauch:

C'erano parecchie persone.	Es waren mehrere Personen da.
Suo zio ha parecchi soldi.	Sein Onkel hat ziemlich viel Geld.
parecchio tempo fa	vor ziemlich langer Zeit.

2. Pronominaler Gebrauch:

Siamo (in) parecchi.	Wir sind ziemlich viele.

Anmerkung: *Parecchio* wird auch als Adverb verwendet:

Mi sono divertito parecchio. – Ich habe mich ziemlich gut amüsiert.
Oggi ho fumato parecchio. – Heute habe ich ziemlich viel geraucht.

troppo 79

1. Adjektivischer Gebrauch:

Ho bevuto troppo vino.	Ich habe zuviel Wein getrunken.
Non mangiare troppe caramelle!	Iß nicht zu viele Bonbons!
Hai fatto troppi sbagli.	Du hast zu viele Fehler gemacht.

2. Pronominaler Gebrauch:

Troppi promettono senza poi mantenere.	Zu viele machen Versprechungen, ohne sie zu halten.

Anmerkung 1: *Troppo* wird auch als Adverb gebraucht:

troppo caro – zu teuer
I bambini bisticciano troppo. – Die Kinder zanken zuviel.

Anmerkung 2: Dt. «viel zuviel» heißt einfach *troppo* oder *veramente troppo*.

1. Adjektivischer Gebrauch:

Tante grazie!/Grazie tante!	**Vielen Dank!**
tanti bei fiori	**(so) viele schöne Blumen**
Dove sei stato tanto tempo?	**Wo bist du so lange gewesen?**
Ho tanta fretta.	**Ich habe es sehr eilig.**

2. Pronominaler Gebrauch:

È stato visto da tanti.	**Er wurde von vielen gesehen.**
Tanto disse e tanto fece che riuscì a convincerlo.	**Er ließ nichts unversucht, bis er ihn überzeugt hatte.**

Anmerkung 1: In einigen Wendungen kann das Beziehungswort nur durch *ne* vertreten sein: *Gliene ho date tante (, di botte).* – Ich habe ihm eine ordentliche Tracht Prügel verpaßt.
Ne ha combinate tante (, di marachelle). – Er hat viel angestellt.
Ne racconta tante quel chiacchierone (, di storie). – Dieser Schwätzer erzählt allerhand Unsinn.

Anmerkung 2: Zu *tanto* gibt es den absoluten Superlativ *tantissimo*:
Viaggia tantissimo. – Er reist unheimlich viel.

Anmerkung 3: In verneinten Sätzen bedeutet *tanto* soviel wie *troppo*:
senza tante cerimonie – ohne (allzu) viele Umstände

Anmerkung 4: *Tanto* steht oft in Verbindung mit *quanto/tanto/che*:
Quanti/Tanti sono i cervelli, tante sono le opinioni. – So viele Köpfe, so viele Meinungen.
tanto io che lei – sowohl ich, als auch sie

Anmerkung 5: *Tanto* mit dem unbestimmten Artikel bedeutet «soundsoviel»:
Mi pagano un tanto al mese. – Sie zahlen mir soundsoviel im Monat.

Anmerkung 6: *Tanto* kann mit *da* + Infinitiv fortgeführt werden:
Ho tante prove in mano da farli finire in galera. – Ich habe so viele Beweise in der Hand, daß ich sie ins Gefängnis bringen kann.

Anmerkung 7: *Tanto* kann auch adverbial verwendet werden:
una traduzione tanto difficile – eine so schwierige Übersetzung

Wendungen: *Tanto di cappello!* – Hut ab!
un uomo con tanto di baffi – ein Mann mit einem großen Schnurrbart

1. Adjektivischer Gebrauch:

quindici ragazzi e altrettante ragazze	fünfzehn Jungen und ebensoviele Mädchen
cinque libri e altrettanti quaderni	fünf Bücher und ebensoviele Hefte

2. Pronominaler Gebrauch:

Ho tradotto dieci pagine e ho da tradurne altrettante.	Ich habe zehn Seiten übersetzt und muß noch einmal so viele übersetzen.

Anmerkung: *Altrettanto* wird auch adverbial verwendet:
Quest'esercizio è altrettanto facile. – Diese Übung ist ebenso leicht.
Grazie altrettanto! – Danke ebenfalls!

quanto 82

1. Adjektivischer Gebrauch:

Puoi mangiare quanta torta vuoi.	Du kannst soviel Kuchen essen, wie du willst.
Potete rimanere quanto tempo volete.	Ihr könnt so lange bleiben, wie ihr wollt.

2. Pronominaler Gebrauch:

Noi abbiamo tante stanze quante ne avete voi.	Wir haben so viele Zimmer wie ihr.

Anmerkung 1: Relativisch gebrauchtes *quanto* entspricht *(tutto) ciò che* (vgl. § 38.2, Anm. 2).

Anmerkung 2: *Quanto* verstärkt vorausgehendes *tutto*:
Li conosco tutti quanti. – Ich kenne sie alle miteinander.

Anmerkung 3: *Tanto ... quanto* kann entweder «sowohl ... als auch» oder «soviel ... wie» bedeuten:
Tanto la squadra italiana quanto quella tedesca può vincere. Sowohl die italienische Mannschaft als auch die deutsche kann siegen.
Lavoro tanto quanto mio fratello. – Ich arbeite soviel wie mein Bruder.

Anmerkung 4: Mit *quanto mai* kann ein Adjektiv, ein Adverb oder ein Verb verstärkt werden:
È quanto mai gentile. – Er ist äußerst freundlich.
Le voglio bene quanto mai. – Ich habe sie außerordentlich gern.
Questo libro mi piace quanto mai. – Dieses Buch gefällt mir außerordentlich.

Wendungen mit *quanto*:

quanto a me	was mich anbelangt
a quanto dicono	nach dem, was man sagt
quanto prima	so schnell wie möglich
quanto più si può	soviel man kann
quanto più ... tanto meno	je mehr ... desto weniger

83 *alquanto*

1. Adjektivischer Gebrauch:

alquanto denaro	etwas Geld
alquante pagine	einige Seiten

2. Pronominaler Gebrauch:

Delle pesche ne sono rimaste alquante.	Von den Pfirsichen sind einige übriggeblieben.
Alquanti sono d'avviso che ...	Einige sind der Meinung, daß ...

Anmerkung 1: *Alquanto* wird auch adverbial verwendet:
Tu esageri alquanto. – Du übertreibst etwas.
Anmerkung 2: Heute wird *alquanto* zumeist nur noch schriftsprachlich gebraucht.

84 *altro*

1. Adjektivischer Gebrauch:

gli altri piatti	die anderen Teller
l'altra mela	der andere Apfel
altre informazioni	weitere Informationen

Beachte: *un'altra cosa* bedeutet: 1. noch eine Sache/noch etwas 2. eine andere Sache (= *una cosa diversa*).

Wendungen:

l'altro giorno	neulich
ieri l'altro/l'altro ieri	vorgestern
quest'altro mese	nächsten Monat
un'altra volta	noch einmal/ein anderes Mal
un'altra tazza di caffè	noch eine Tasse Kaffee
un altro Caruso	ein zweiter Caruso

2. Pronominaler Gebrauch:

Dove sono gli altri?	Wo sind die anderen?
Ne vuoi un altro?	Willst du noch einen?
Si aiutano l'un l'altro.	Sie helfen einander.
Non fare agli altri ciò che non vorresti fosse fatto a te.	Was du nicht willst, daß man dir tu', das füg auch keinem andern zu.

Anmerkung: *Altri/altre* kann ein vorausgehendes *noi/voi* verstärken:
Che cosa fate voi altri (auch *voialtri*)? – Was macht ihr?

Wendungen:	*Lo attendo da un giorno all'altro/*	Ich erwarte ihn jeden Tag/
	da un momento all'altro.	jeden Augenblick.
	Ti serve qualcos'altro/qualche altra	Brauchst du sonst noch
	cosa?	etwas?
	(Desidera) altro, signora?	(Wünschen Sie) sonst noch
		etwas?
	in un modo o nell'altro	auf irgendeine Art
	tutt'altro	ganz im Gegenteil
	Questo libro è tutt'altro che	Dieses Buch ist alles andere
	interessante.	als interessant.
	senz'altro	gewiß/unverzüglich
	tra l'altro	unter anderem

alcuno 85

Vor einem Nomen verhält sich **alcuno** wie der unbestimmte Artikel *uno* (vgl. § 10.2). Im Singular tritt das Indefinitadjektiv *alcuno* meist nur mit **non** oder **senza** auf.

1. Adjektivischer Gebrauch:

senza alcuna speranza	ohne jede Hoffnung
Non c'è alcun dubbio che ...	Es besteht kein Zweifel, daß ...
alcuni libri	einige Bücher
alcune donne	einige Frauen

Anmerkung: *Alcuno* kann auch nachgestellt werden: *senza speranza alcuna* [lit.] ohne jede Hoffnung.

2. Pronominaler Gebrauch:

alcuni di voi	einige von euch
alcune delle mie colleghe	einige meiner Kolleginnen
senza che alcuno me lo dicesse	ohne daß es mir jemand gesagt hätte

taluno 86

1. Adjektivischer Gebrauch:

Talune proposte sono accettabili.	Manche Vorschläge sind annehmbar.

Anmerkung: Als Indefinitadjektiv ist *taluno* nur im Plural gebräuchlich.

2. Pronominaler Gebrauch:

Taluni pensano che lui abbia ragione.	Manche denken, daß er recht hat.

87 *certo*

1. Adjektivischer Gebrauch:

certa gente	gewisse Leute
Certe cose non si dicono.	Gewisse Dinge sagt man nicht.
un certo signor Bianchi	ein gewisser Herr Bianchi

Unterscheide: *una certa prova* – ein gewisser Beweis
una prova certa – ein sicherer Beweis

2. Pronominaler Gebrauch (nur im Plural):

Certi pensano che sia stato tu a farlo.	Manche meinen, daß du es getan hast.

Anmerkung: *Certo* wird auch adverbial gebraucht in der Bedeutung «sicher/ gewiß». *Sarai promosso? – Certo!* – Wirst du versetzt werden? – Sicher! (Schüler)

88 *tale*

1. Adjektivischer Gebrauch:
(Zum *troncamento* von *tale* vgl. § 11.2)

Non posso accettare tali condizioni.	Ich kann solche/diese Bedingungen nicht annehmen.
Non mi sarei aspettato una tale risposta da lui.	Ich hätte von ihm eine solche Antwort nicht erwartet.
in tal modo	so/auf solche Weise
un tale Giorgio	ein gewisser Georg

Anmerkung: *Tale* kann korrelativ zu *quale* auftreten:
È una casa tale quale io la desideravo. – Es ist so ein Haus, wie ich es wünschte.

2. Pronominaler Gebrauch:

Un tale ha chiesto di te.	Einer hat nach dir gefragt.
il signor tal dei tali	ein Herr Soundso

89 *ciascuno*

1. Adjektivischer Gebrauch:
(Zum *troncamento* von *ciascuno* vgl. § 10.2)

ciascun albero	jeder Baum
ciascuno scolaro	jeder Schüler
ciascuna bambina	jedes Mädchen

2. Pronominaler Gebrauch:

Ciascuno di voi riceve mille lire./ *Ricevete, ciascuno, mille lire.*	Jeder von euch bekommt 1000 Lire.
Ciascuna delle ragazze pratica uno sport.	Jedes der Mädchen übt einen Sport aus.

Anmerkung: Anstelle von *ciascuno* findet sich gelegentlich veraltetes *ciascheduno.*

nessuno   **90**

1. Adjektivischer Gebrauch:
(Zum *troncamento* vgl. § 10.2; zur Verneinung vgl. § 304)

nessun bambino	kein Kind
nessuno sbaglio	kein Fehler
nessuna scuola	keine Schule
Non c'è nessuna ragione di ...	Es gibt keinen Grund zu ...

Merke: *da nessuna parte* – nirgends/nirgendwohin

2. Pronominaler Gebrauch:

Nessuno è venuto./Non è venuto nessuno.	Keiner/niemand ist gekommen.
Non abbiamo visto nessuno.	Wir haben keinen/niemanden gesehen.

Beachte: Folgt *nessuno* auf die Präposition *senza*, so bedeutet es adjektivisch
«jeder» und pronominal «jemand»:
senza nessun motivo – ohne jeden Grund
senza veder nessuno – ohne jemanden zu sehen

uno   **91**

1. Adjektivischer Gebrauch:
(Zum *troncamento* vgl. § 10.2)

un (bel) giorno	eines (schönen) Tages
un tempo	einst/früher

Beachte: *Uno* kann auch unbestimmter Artikel oder Zahlwort sein: *Una casa-linga ha sempre molto da fare.* – Eine Hausfrau hat immer viel zu tun (zum unbestimmten Artikel vgl. § 51).
Quante volte ci sei stato? – *Una volta.* – Wie oft bist du dort gewesen? – Ein Mal (zum Zahlwort vgl. § 104).

2. Pronominaler Gebrauch:

uno di questi libri	eines dieser Bücher
C'è una che ti vuole.	Da ist eine, die dich (zu sprechen) wünscht.

Anmerkung: Im Plural kommt *uno* nur in den folgenden Ausdrücken vor:
gli uni ... gli altri /le une ... le altre - die einen ... die anderen.

92 *ogni*

ogni giovedì	jeden Donnerstag
ogni dizionario	jedes Wörterbuch
ogni ragazza	jedes Mädchen

Merke: *ogni cinque minuti* - alle fünf Minuten
in/ad ogni modo - auf jeden Fall/jedenfalls
ogni tanto - ab und zu

93 *qualche*

qualche libro	einige Bücher
qualche pagina	einige Seiten

Anmerkung 1: Auf *qualche* folgt immer ein Nomen im Singular: *Qualche libro* ist gleichbedeutend mit *alcuni libri.*

Anmerkung 2: *Qualche* kann auch «irgendein» bedeuten: *Intanto puoi leggere qualche libro.* - Inzwischen kannst du irgendein Buch lesen.

94 *qualunque*

Esco con qualunque tempo.	Ich gehe bei jedem Wetter aus.
Qualunque scolaro lo saprebbe.	Jeder Schüler wüßte es.

Anmerkung 1: Wenn *qualunque* nach dem Nomen steht, hat es verächtliche Bedeutung: *Non vorrei andare in un albergo qualunque.* - Ich will nicht in jedes x-beliebige Hotel gehen.

Anmerkung 2: *Qualunque* + *essere* im Konjunktiv bedeutet «welches auch immer»: *Qualunque sia la sua opinione, la devi tollerare.* - Welches auch immer seine Meinung ist, du mußt sie tolerieren.

Anmerkung 3: *Qualunque cosa* (selten *checché*) + Verb im Konjunktiv (vgl.§ 281) gibt dt. «was auch immer» wieder: *Qualunque cosa tu faccia* ... - Was du auch immer tust, ...

95 *qualsiasi*

Puoi chiedere a qualsiasi professore.	Du kannst jeden (beliebigen) Lehrer fragen.
a qualsiasi ora	zu jeder Stunde/ jederzeit
Farei qualsiasi cosa per lui.	Ich würde alles für ihn tun.

Anmerkung: Tritt *qualsiasi* mit dem unbestimmten Artikel auf, so steht es meist nach dem Nomen: *L'oroscopo lo trovi in un giornale qualsiasi.* – Das Horoskop findest du in jeder beliebigen Zeitung.

qualcuno 96

Conosco qualcuno che sa il giapponese.	Ich kenne jemanden, der Japanisch kann.
C'è qualcuno di voi che non è/sia contento?	Gibt es jemanden von euch, der nicht zufrieden ist?
È venuta qualcuna che desidera un'informazione.	Es ist eine gekommen, die eine Auskunft wünscht.

Anmerkung: Anstatt *qualcuno* findet sich auch veraltetes *qualcheduno* (daher die Abkürzung *qd* «jd»).

ognuno 97

Ognuno faccia il suo dovere.	Jeder tue seine Pflicht.
Ognuno tace.	Jeder schweigt.

Anmerkung: *Ognuno* und *ciascuno* sind weitgehend bedeutungsgleich. Folgt eine Ergänzung mit *di*, so verwendet man häufiger *ciascuno*: *ciascuno dei mei amici* – jeder meiner Freunde

certuni 98

Certuni la pensano come te.	Manche denken so wie du.

Anmerkung: Sehr selten steht dieses Pronomen, das als veraltet gilt, im Singular (*certuno/certuna*).

chiunque 99

Puoi chiedere a chiunque.	Du kannst jedermann fragen.
Chiunque avrebbe agito così.	Jeder hätte so gehandelt.

Anmerkung: *Chiunque* kann auch in konzessiver Funktion verwendet werden: *Chiunque l'abbia detto ...* – Wer auch immer es gesagt hat, ...

qualcosa/qualche cosa 100

Ti ha detto qualcosa?	Hat er dir etwas gesagt?
Ho trovato qualcosa.	Ich habe etwas gefunden.
Se ti occorre qualcosa dimmelo.	Sag mir, wenn du etwas brauchst.

Anmerkung 1: Richtet sich ein Adjektiv oder Partizip Perfekt nach *qualcosa/qualche cosa*, so erscheint es in der maskulinen Form: *È successo qualcosa?* – Ist etwas passiert?

Anmerkung 2: Adjektive werden mit der Präposition *di* angeschlossen: *Abbia-mo trovato qualcosa di bello.* - Wir haben etwas Schönes ge-funden. *Non hai qualcosa di meglio da fare?* - Hast du nicht etwas/nichts Besseres zu tun?

Anmerkung 3: Infinitive werden mit der Präposition *da* angeschlossen. In die-sem Fall kann *qualcosa* fehlen: *Dammi (qualcosa) da bere, per favore.* - Gib mir bitte (etwas) zu trinken.

Anmerkung 4: *Qualcosa* kann auch adverbial gebraucht werden: *centomila lire e qualcosa/e rotti* - 100.000 Lire und etwas/ein paar Zer-quetschte.

101 Dt. «**etwas**» wird in folgenden Fällen im Italienischen anders ausgedrückt:

1. durch *niente/nulla* im verneinten Satz (vgl. §§ 304.2, 304.3):

Suo zio non gli dà mai niente.	Sein Onkel gibt ihm nie etwas.
Se ne andò senza dir nulla.	Er ging weg, ohne etwas zu sagen.

Aber: *Non se ne andò senza dir qualcosa.* - Er ging nicht weg, ohne etwas zu sagen. (In diesem Fall ist der Sinn des Satzes positiv: Er hat etwas gesagt).

2. durch *un po' di* in der Bedeutung von «ein wenig»:

Ho mangiato un po' di carne.	Ich habe etwas Fleisch gegessen.

3. durch *una cosa*, wenn «etwas Bestimmtes» gemeint ist:

Ho dimenticato una cosa. - Che cosa?	Ich habe etwas vergessen. - Was? -
- Il mio ombrello.	Meinen Regenschirm.

102 *niente/nulla*

(Zur Verneinung vgl. § 304)

Non è successo niente./Niente è successo.	Es ist nichts passiert.
Non hanno fatto nulla.	Sie haben nichts getan.

Anmerkung 1: Richtet sich ein Adjektiv oder ein Partizip Perfekt nach *niente/nulla*, so steht es in der maskulinen Form: *Ancora non è per-duto nulla.* - Noch ist nichts verloren. *Nulla è eterno.* - Nichts ist ewig.

Anmerkung 2: Adjektive werden mit der Präposition *di* angeschlossen: *Non c'è niente di più bello.* - Es gibt nichts Schöneres.

Anmerkung 3: Infinitive werden mit der Präposition *da* angeschlossen. In die-sem Fall kann *niente/nulla* auch fehlen: *Non mi ha offerto (niente) da bere.* - Er hat mir nichts zu trinken angeboten.

Anmerkung 4: In der Umgangssprache wird *niente* auch als Indefinitadjektiv
verwendet: *Niente paura!* – Nur keine Angst! *Niente compiti per
domani!* – Keine Hausaufgaben für morgen! *Niente lettere!* – Keine
Post!

Anmerkung 5: *Niente/nulla* können auch als Nomina auftreten: *Dio ha creato
il mondo dal nulla.* – Gott hat die Welt aus dem Nichts ge-
schaffen.

Anmerkung 6: In Fragesätzen bedeuten *niente/nulla* soviel wie *qualcosa*: *Hai
visto niente?* – Hast du etwas gesehen? Aber: *Non hai visto
niente?* – Hast du nichts gesehen?

tutto 103

1. Adjektivischer Gebrauch:

Tutto/tutta + bestimmter Artikel, Demonstrativadjektiv oder Possessivadjektiv
+ Nomen im Singular bedeuten «ganz»:

Ho perduto tutto il denaro.	Ich habe das ganze Geld verloren.
Lo scolaro sa tutta la poesia a memoria.	Der Schüler kann das ganze Gedicht auswendig.
Di chi è tutta questa roba?	Wem gehört dieses ganze Zeug?
Ha venduto tutta la sua biblioteca.	Er hat seine ganze Bibliothek verkauft.

Anmerkung 1: Fakultativ ist der Gebrauch des bestimmten Artikels vor Ländernamen in Verbindung mit *tutto/tutta*: *Ho girato per tutta
(l')Italia.* – Ich bin durch ganz Italien gefahren.

Anmerkung 2: Vor Städtenamen, Autorennamen und Monatsnamen fehlt der bestimmte Artikel in Verbindung mit *tutto/tutta*: *tutta Firenze* –
ganz Florenz. *Ho letto tutto Verga.* – Ich habe den ganzen Verga
gelesen. *Siamo restati al mare tutto agosto.* – Wir sind den
ganzen August am Meer geblieben.

Anmerkung 3: In folgenden Ausdrücken und Wendungen fehlt der bestimmte
Artikel:

di tutto cuore	von ganzem Herzen
a tutta forza	mit aller Kraft
in tutta fretta	in aller Eile
a tutto gas	mit Vollgas
a tutta birra	mit einem Affenzahn
a tutta velocità	mit voller Geschwindigkeit
a tutto vapore	mit Volldampf
con tutta probabilità	aller Wahrscheinlichkeit nach
in tutta segretezza	in aller Heimlichkeit

Anmerkung 4: Dt. «eine ganze Provinz» kann im Italienischen durch *tutta una
provincia, un'intera provincia* oder *una provincia intera* wiedergegeben werden.

Tutti/tutte + bestimmter Artikel, Demonstrativadjektiv oder Possessivadjektiv + Nomen im Plural bedeuten «alle»:

Quasi tutti i genitori si comportano così.	Fast alle Eltern verhalten sich so.
Ho risposto a tutte le sue lettere.	Ich habe auf all seine Briefe geantwortet.
Dove metto tutte queste sedie?	Wo soll ich all diese Stühle hin- stellen?

Merke: *in tutte lettere* ausgeschrieben/in Buchstaben (auf Schecks etc.)

2. Pronominaler Gebrauch:

Pensi a tutto.	Du denkst an alles
Quello lì è capace di tutto.	Der ist zu allem fähig.
Tutti sono partiti/Sono partiti tutti.	Alle sind abgereist.
Così fan tutte (Oper).	So machen es alle.

Anmerkung: In zusammengesetzten Zeiten steht *tutto* etc. nach dem Partizip Perfekt: *Ho mangiato tutto.* – Ich habe alles gegessen. *I suoi romanzi li ho letti tutti.* – Seine Romane habe ich alle gelesen.

Ausdrücke und Wendungen:

Te lo dico una volta per tutte.	Ich sage es dir ein für allemal.
Mio figlio le studia tutte.	Mein Sohn kommt auf alles.
tentare il tutto per il tutto	alles aufs Spiel setzen
Mia figlia mangia di tutto.	Meine Tochter ißt alles.
Bevo di tutto, tranne/salvo il vino.	Ich trinke alles, außer Wein.
Questi sono tutti i miei libri.	Das sind alles meine Bücher.
Scendere tutti!	Alles aussteigen!
Fecero di tutto per salvarlo.	Sie taten alles, um ihn zu retten.
tutti noi/noi tutti	wir alle

Beachte: *il tutto* – das Ganze; *del tutto* – ganz/völlig

3. Adverbialer Gebrauch:

Adverbial gebrauchtes ***tutto*** (dt. «ganz») richtet sich in Numerus und Genus nach seinem Beziehungswort:

Antonia si fece tutta rossa.	Antonia wurde ganz rot.
Sono tutto bagnato.	Ich bin ganz naß.
Avevo i capelli tutti arruffati.	Ich hatte ganz zerzaustes Haar.

Anmerkung: Tritt zu einem reflexiven Verb in einer zusammengesetzten Zeit *tutto* etc., so steht es vor oder nach dem Partizip Perfekt: *Pioveva a dirotto e si è tutta bagnata/bagnata tutta.* – Es regnete in Strömen, und sie ist ganz naß geworden.

Unterscheide: *Siete tutti sporchi.* – Ihr seid ganz schmutzig.
Tutti siete sporchi. – Ihr seid alle schmutzig.

Wendungen:

Mia moglie è tutta casa e famiglia.	Meine Frau geht ganz in ihrem Haushalt und in ihrer Familie auf.
Sono tutt'occhi.	Ich halte die Augen offen.
Sono tutt'orecchi.	Ich bin ganz Ohr.
È tutta naso.	Sie hat eine sehr große Nase.
È tutto muscoli.	Er ist sehr muskulös.
È tutto suo padre.	Er ist ganz sein Vater.

4. *tutti / tutte e due*

Dt. «alle beide» wird durch *tutti e due* (maskulin) bzw. *tutte e due* (feminin) wiedergegeben. Sowohl für das Maskulinum als auch für das Femininum kann die elidierte Form *tutt'e due* verwendet werden. Dasselbe gilt für «alle drei» etc.:

Li ho visti tutti e due.	Ich habe sie alle beide gesehen.
Ho visitato tutt'e due i musei.	Ich habe alle beide Museen besucht.
Conosco tutte e tre le maestre.	Ich kenne alle drei Lehrerinnen.

Anmerkung: Anstelle von *tutti/tutte e due* finden sich, wenn auch seltener, *ambedue, entrambi/entrambe* oder *ambo* (wenig gebraucht werden die Pluralformen *ambi/ambe*):
ambedue/entrambe/ambo le mani beide Hände
Ambedue/entrambi frequentano la stessa scuola. – Beide besuchen dieselbe Schule.

5. *tutto* + angeschlossener Relativsatz

Auf das Indefinitpronomen *tutto* kann kein Relativpronomen unmittelbar folgen; zwischen beide muß im Italienischen ein Demonstrativpronomen als Stützwort eingeschoben werden:

Tutti quelli/coloro che si sono pronunciati a favore di questa soluzione...	Alle, die sich für diese Lösung ausgesprochen haben, ...
Raccontami tutto ciò/quello che ti ha detto.	Erzähle mir alles, was er dir gesagt hat.

Kapitel 7 Die Zahlwörter (I numerali)

Man unterscheidet Grundzahlen (numeri cardinali), Ordnungszahlen (numeri ordinali), Vervielfältigungszahlen (numeri moltiplicativi), Bruchzahlen (numeri frazionari), Distributivzahlen (numeri distributivi) und Kollektivzahlen (numeri collettivi).

104 Die Grundzahlen (i numeri cardinali)

0	*zero*	40	*quaranta*
1	*uno*	50	*cinquanta*
2	*due*	60	*sessanta*
3	*tre*	70	*settanta*
4	*quattro*	80	*ottanta*
5	*cinque*	90	*novanta*
6	*sei*	100	*cento*
7	*sette*	101	*centouno/centuno/cento e uno*
8	*otto*	108	*centootto*
9	*nove*	111	*centoundici*
10	*dieci*	180	*centottanta*
11	*undici*	200	*duecento*
12	*dodici*	300	*trecento*
13	*tredici*	400	*quattrocento*
14	*quattordici*	500	*cinquecento*
15	*quindici*	600	*seicento*
16	*sedici*	700	*settecento*
17	*diciassette*	800	*ottocento*
18	*diciotto*	900	*novecento*
19	*diciannove*	1.000	*mille*
20	*venti*	1.001	*milleuno/mille e uno*
21	*ventuno*	1.050	*millecinquanta*
22	*ventidue*	1.100	*millecento*
23	*ventitré*	1.555	*millecinquecentocinquantacinque*
24	*ventiquattro*	1.988	*millenovecentoottantotto*
25	*venticinque*	2.000	*duemila*
26	*ventisei*	10.000	*diecimila*
27	*ventisette*	21.685	*ventunmila seicentoottantacinque*
28	*ventotto*	100.000	*centomila*
29	*ventinove*	1.000.000	*un milione*
30	*trenta*	2.000.000	*due milioni*
31	*trentuno*	1.000.000.000	*un miliardo*
32	*trentadue*	2.000.000.000	*due miliardi*
38	*trentotto*		

Anmerkung 1: Die Grundzahlen sind unveränderlich, mit Ausnahme von *uno* und *mille*. Das Zahlwort *uno* verhält sich wie der unbestimmte Artikel, und *mille* hat die Pluralform *mila*: *un libro* - ein Buch; *uno studente* - ein Student; *una sedia* - ein Stuhl; *mille libri* - tausend Bücher, *mille lire* - 1.000 Lire, *duemila libri* - zweitausend Bücher; *cinquemila lire* 5.000 Lire.

Anmerkung 2: Bei den mit *uno* zusammengesetzten Zehnerzahlen steht vor den Nomina (maskulin oder feminin) die Form *un*: *ventun libri* - 21 Bücher, *trentun lettere* - 31 Briefe, *quarantun cavalli* - 41 Pferde, *cinquantun pagine* - 51 Seiten. Aber: *ventuno studenti* - 21 Studenten; *cento e una pagina/ centouno pagine* - 101 Seiten; *Mille e una notte* - Tausendundeine Nacht. Seltener findet sich die Bildungsweise *ventun libro* - 21 Bücher, *trentuna lettera* - 31 Briefe usw. Geht diesen Zahlwörtern jedoch der bestimmte Artikel voraus, so steht das Nomen immer im Plural: *i ventun libri*.

Anmerkung 3: In der Handelssprache werden die Zahlen nachgestellt: *libri ventuno, lettere trentuno*.

Anmerkung 4: Die Grundzahlen sind maskulin: *È stato estratto il sedici* - Es wurde die 16 gezogen. *Ho preso un otto in matematica.* - Ich habe in Mathematik eine Zwei bekommen.

Anmerkung 5: *Zero, milione* und *miliardo* sind Nomina und bilden den Plural auf *-i*. *Milione* und *miliardo* schließen das folgende Nomen mit der Präposition *di* an, außer wenn diesen kleinere Zahlen folgen: *un milione di marchi* - eine Million Mark, *due miliardi di lire* - zwei Milliarden Lire. Aber: *un milione duecentomila lire* - 1.200.000 Lire.

Der Gebrauch der Grundzahlen   **105**

Die Grundzahlen werden unter anderem gebraucht zur Bezeichnung

1. des Alters:

Quanti anni hai? - Ho vent'anni. -	Wie alt bist du? - Ich bin zwanzig. -
E tu? - Io ne ho venticinque.	Und du? - Ich bin fünfundzwanzig.
Mi sono sposato a ventitré anni/	Ich habe mit dreiundzwanzig (Jahren)
all'età di ventitré anni.	geheiratet.
Io compio trent'anni in ottobre.	Ich werde im Oktober dreißig.
un professore di cinquant'anni	ein fünfzigjähriger Lehrer

Anmerkung 1: Im Amtsstil auch mit Nachstellung: *il professor X. Y. di anni cinquanta.* Dieser Ausdruck betont die genaue Altersangabe.

Anmerkung 2: Der unbestimmte Artikel vor einem Zahlwort entspricht *circa*: *Il mio collega ha un cinquant'anni/circa cinquant'anni/* [häufiger] *una cinquantina di anni.* - Mein Kollege ist etwa fünfzig.

Ausdrücke und Wendungen:

una quindicenne	eine Fünfzehnjährige
una donna sui sessant'anni	eine Frau um die Sechzig
Maria ha due anni più di me/è più vecchia di me di due anni.	Maria ist zwei Jahre älter als ich.
Luigi ha due anni meno di me/è più giovane di me di due anni.	Ludwig ist zwei Jahre jünger als ich.
Sono del doppio più vecchio di lui.	Ich bin doppelt so alt wie er.
Ho superato la quarantina.	Ich habe die Vierzig überschritten.
Il nostro preside è sulla cinquantina.	Unser (Schul)Direktor ist in den Fünfzigern.
Suo padre è vicino alla sessantina.	Sein Vater geht auf die Sechzig zu.

2. des Datums:

Compio gli anni il 14 (di) settembre.	Ich habe am 14. September Geburtstag.
Siamo arrivati il quindici (di) luglio.	Wir sind am 15. Juli angekommen.
Partiremo il due.	Wir werden am 2. abreisen.
Oggi è l'otto (di) novembre.	Heute ist der 8. November.

Anmerkung 1: Nur für den Ersten des Monats wird die Ordnungszahl verwendet: *il primo (di) marzo* - der erste März.

Anmerkung 2: In Briefen wird das Datum folgendermaßen angegeben: *Firenze, 5 maggio 1984* oder in Kurzform: *Firenze, 5/5/1984, 5-5-1984, 5.5.1984, 5.V.1984* - Florenz, (den) 5. Mai 1984.

Ausdrücke und Wendungen:

Quanti ne abbiamo oggi?	Den wievielten haben wir heute?
Qual è la data di oggi?	Welches Datum ist heute?
oggi a otto	heute in acht Tagen
fra otto giorni	in acht Tagen
quindici giorni fa	vor vierzehn Tagen

3. der Jahresangabe:

nell'anno 1988/nel 1988	(im Jahre) 1988
Dante nacque nel 1265 e morì nel 1321.	Dante wurde 1265 geboren und starb 1321.
Dante visse dal 1265 al 1321.	Dante lebte von 1265 bis 1321.

Anmerkung: Die Angabe der Lebensdaten *(1265-1321)* wird gelesen als: *(dal) milleduecentosessantacinque (al) milletrecentoventuno.*

4. der Uhrzeit (vgl. § 49.3):

Sono le dieci e cinque	Es ist fünf nach zehn.
Sono le dieci e un quarto.	Es ist Viertel nach zehn.
Sono le dieci e mezzo.	Es ist halb elf.
Sono le dieci e trentacinque./Mancano venticinque minuti alle undici.	Es ist fünf nach halb elf.
Sono le undici meno un quarto.	Es ist Viertel vor elf.
Sono le undici meno dieci.	Es ist zehn vor elf.
Il treno per Basilea arriva alle ore ventitré zero cinque.	Der Zug nach Basel kommt um 23^{05} an.
dopo le tre	nach drei
prima delle cinque	vor fünf
alle sei del mattino	um sechs Uhr morgens
alle sei di sera	um sechs Uhr abends
alle undici di notte	um elf Uhr nachts

Anmerkung: Umgangssprachlich wird auch *Sono le dieci e mezza* verwendet.

5. Idiomatische Wendungen:

fare due chiacchiere	ein bißchen plaudern
fare due passi	ein paar Schritte gehen
scrivere due righe	ein paar Zeilen schreiben
in due parole	in wenigen Worten
Non c'è due senza tre.	Aller guten Dinge sind drei.
licenziare qd su due piedi	jdn fristlos entlassen
mangiare a due/quattro palmenti	wie ein Scheunendrescher fressen
Tra due litiganti il terzo gode.	Wenn zwei sich streiten, freut sich der Dritte.
Chi fa da sé, fa per tre.	Selbst ist der Mann.
essere furbo di tre cotte	mit allen Wassern gewaschen sein
fare quattro salti	das Tanzbein schwingen
in quattro e quattr'otto	im Handumdrehn
a quattr'occhi	unter vier Augen
C'erano quattro gatti [fam.].	Es waren nur wenige Leute da.
dirne quattro a qd	jdm die Meinung sagen
sudare sette camicie	sich sehr abmühen
andare sull'otto volante	Achterbahn fahren
dare gli otto giorni a qd	jdm kündigen
portare il cappello sulle ventitré	den Hut schief tragen
fare un quarantotto	Krach schlagen
un pezzo da novanta	ein Kerl wie ein Baum
un ottimista al cento per cento	ein hundertprozentiger Optimist
Mi par/sa/sembrano mille anni.	Es scheint mir eine Ewigkeit.

Beachte auch: *Siamo in tre/cinque.* – Wir sind zu dritt/fünft.

Die Ordnungszahlen sind Adjektive und richten sich somit in Genus und Numerus nach ihrem Beziehungswort: *il primo libro* - das erste Buch, *la prima macchina* - das erste Auto, *i primi treni* - die ersten Züge, *le prime esperienze* - die ersten Erfahrungen.
Ab 11. werden die Ordnungszahlen durch Anhängen der Endung *-esimo* an die Grundzahlen gebildet, deren letzter Vokal wegfällt. Erhalten bleibt der Endvokal der Grundzahl bei *tre*, schwankend ist der Gebrauch bei *sei* (z.B. *ventiseiesimo/ventiseesimo*).

1°	primo	40°	quarantesimo
2°	secondo	50°	cinquantesimo
3°	terzo	60°	sessantesimo
4°	quarto	70°	settantesimo
5°	quinto	80°	ottantesimo
6°	sesto	90°	novantesimo
7°	settimo	100°	centesimo
8°	ottavo	101°	centesimoprimo /centunesimo
9°	nono	102°	centesimosecondo
10°	decimo	200°	duecentesimo
11°	undicesimo	300°	trecentesimo
12°	dodicesimo	400°	quattrocentesimo
13°	tredicesimo	500°	cinquecentesimo
14°	quattordicesimo	600°	seicentesimo
15°	quindicesimo	700°	settecentesimo
16°	sedicesimo	800°	ottocentesimo
17°	diciassettesimo	900°	novecentesimo
18°	diciottesimo	1.000°	millesimo
19°	diciannovesimo	1.001°	millesimoprimo
20°	ventesimo	1.002°	millesimosecondo
21°	ventunesimo	2.000°	duemillesimo
22°	ventiduesimo	3.000°	tremillesimo
23°	ventitreesimo	10.000°	diecimillesimo
30°	trentesimo	100.000°	centomillesimo
31°	trentunesimo	1.000.000°	un milionesimo

Anmerkung 1: Die Ordnungszahlen 11. - 99. können auch in der Weise gebildet werden, daß die Ordnungszahl für die Zehner und die Ordnungszahl für die Einer aneinandergefügt werden. Diese Bildungsweise ist weniger geläufig, wird aber bei der Angabe von Jahrhunderten vorgezogen und auch bei der Nennung von Päpsten und Königen verwendet, die denselben Namen tragen:

11°	decimoprimo	24°	ventesimoquarto
12°	decimosecondo	35°	trentesimoquinto
13°	decimoterzo	86°	ottantesimosesto
19°	decimonono	97°	novantesimosettimo

nel secolo decimonono – im 19. Jahrhundert, *Luigi Decimoquarto*
Ludwig XIV.
Anmerkung 2: Für die Ordnungszahlen 11. – 16. existieren auch die folgenden
Formen, die fast nur auf die Reihenfolge von Päpsten und Kö-
nigen angewendet werden:

11°	*undecimo*	14°	*quartodecimo*
12°	*duodecimo*	15°	*quintodecimo*
13°	*terzodecimo*	16°	*sestodecimo*

Pio undecimo Pius XI.
Anmerkung 3: Für die Zehnerzahlen 20. – 70. und 90. gibt es auch die folgenden gelehrten Bildungen, die sehr selten gebraucht werden:

20°	*vigesimo*	60°	*sessagesimo*
30°	*trigesimo*	70°	*settuagesimo*
40°	*quadragesimo*	90°	*nonagesimo*
50°	*quinquagesimo*		

Die Ordnungszahlen von Einern werden nachgestellt: *vigesimo
primo/vigesimoprimo* 21.
Anmerkung 4: Im Gegensatz zum Deutschen wird im Italienischen nach den
Ordnungszahlen kein Punkt gesetzt, sondern der letzte Buch-
stabe der Ordnungszahl wird hochgestellt: *il 2°piano* – der 2.
Stock, *la 3ª lezione* – die dritte Lektion.

Der Gebrauch der Ordnungszahlen 107

Die Ordnungszahlen werden unter anderem gebraucht

1. zur Angabe des Jahrhunderts:

il secolo decimoquarto	das 14. Jahrhundert
nel ventesimo secolo	im 20. Jahrhundert

Anmerkung 1: *il ventesimo secolo* wird abgekürzt *il s. XX* (ohne Punkt!).
Anmerkung 2: Die Ordnungszahl kann *secolo* vorausgehen oder folgen.
Anmerkung 3: Ab dem 13. Jahrhundert werden die Jahrhunderte auch mit den
Grundzahlen bezeichnet, wobei *mille* entfällt. In diesem Fall
wird die Grundzahl im allgemeinen groß geschrieben.
il Duecento (1201-1299) – das 13. Jahrhundert
i narratori del Novecento – die Erzähler des 20. Jahrhunderts
i poeti del Quattro e del Cinquecento – die Dichter des 15. und 16.
Jahrhunderts

2. bei Päpsten, Königen usw., die denselben Namen tragen:

Paolo VI (sesto)	Paul VI.
Giovanni XXIII (ventitreesimo)	Johannes XXIII.
Napoleone III (terzo)	Napoleon III.

Anmerkung 1: In diesen Fällen steht vor der Ordnungszahl kein Artikel!
Anmerkung 2: Die Ordnungszahl kann auch groß geschrieben werden.

3. in Verbindung mit weiteren Ordnungsbegriffen (Reihe, Klasse, Paragraph, Szene, Akt, Kapitel usw.):

viaggiare in prima (classe)	in der 1. Klasse reisen
nell'aula sesta	im (Klassen-)Zimmer 6
in quinta fila	in der fünften Reihe
§ 16 (paragrafo sedicesimo)	§ 16
capitolo decimo	Kapitel 10
nella quinta riga	in der 5. Zeile
al terzo verso	im 3. Vers
atto quinto, scena prima	Akt V, Szene 1
salmo ventesimo	Psalm 20
al settimo piano	im 7. Stock

Anmerkung 1: In Verbindung mit einigen Ordnungsbegriffen ist auch die Verwendung der entsprechenden Grundzahl möglich, wie zum Beispiel in *nell' aula sei, nella fila cinque, al/nel paragrafo tre, nel capitolo dieci, nella riga cinque, al verso tre.*

Anmerkung 2: Seitenzahlen werden mit Grundzahlen angegeben: *a pagina dieci* - auf Seite 10.

Unterscheide: *a pagina uno* auf Seite eins- *in prima pagina* auf der ersten Seite (einer Zeitung)

a pagina tre auf Seite drei- *in terza pagina* im Feuilleton

4. in den folgenden Ausdrücken und Wendungen:

primo/in primo luogo	erstens
secondo/in secondo luogo	zweitens
ingranare la prima (marcia)	den ersten Gang einlegen
Hai mangiato il primo (piatto)?	Hast du den ersten Gang gehabt?
a prima vista	auf den ersten Blick
Vado in Sicilia per la prima volta./ *È la prima volta che vado in Sicilia.*	Ich fahre zum ersten Mal nach Sizilien.
È sempre il primo ad alzarsi./ *Si alza sempre per primo.*	Er steht immer zuerst/als erster auf.
Maria è stata interrogata per prima.	Maria wurde zuerst/als erste abgehört.
Si è classificato primo./È arrivato primo.	Er ist erster geworden.
Si è attaccata al primo venuto.	Sie hat sich an den ersten besten gehängt.
nei primi due paragrafi/nei due primi paragrafi	in den beiden ersten/ersten beiden Paragraphen
ai primi del mese	am Anfang des Monats
uno spettacolo di prim'ordine	eine erstklassige Aufführung
dietro le quinte	hinter den Kulissen
la tredicesima	das dreizehnte Monatsgehalt
per l'ennesima volta	zum x-ten Male

Es gibt zwei Reihen von Vervielfältigungszahlen:

doppio	doppelt	*duplice*	zweifach
triplo	dreifach	*triplice*	dreifach
quadruplo	vierfach	*quadruplice*	vierfach
quintuplo	fünffach	*quintuplice*	fünffach
sestuplo	sechsfach	*sestuplice*	sechsfach
decuplo	zehnfach		
centuplo	hundertfach		

Doppio, triplo usw. geben eine Menge an, die zweimal, dreimal usw. größer ist als eine andere:

A chi lo whisky doppio?	Wer bekommt den doppelten Whisky?
il salto triplo	der Dreisprung
un guadagno quadruplo	ein vierfacher Gewinn

Duplice, triplice usw. geben an, daß etwas aus zwei, drei usw. Teilen besteht oder zwei, drei usw. Zwecke erfüllt:

Questa medicina ha un duplice effetto.	Diese Arznei hat eine zweifache Wirkung.
La Triplice Alleanza	der Dreibund

Anmerkung 1: Oft besteht zwischen diesen beiden Reihen kein Bedeutungsunterschied; so kann es heißen: *una fattura in duplice/doppia copia* – eine Rechnung in zweifacher Ausfertigung.

Anmerkung 2: *Doppio, triplo* usw. werden auch als Nomina gebraucht: *Qual è il doppio di diciotto?* – Was ist das Doppelte von 18?

Anmerkung 3: Dem deutschen Ausdruck «dreimal, viermal soviel» entspricht im Italienischen *tre volte, quattro volte tanto*: *Suo zio guadagna cinque volte tanto.* – Sein Onkel verdient fünfmal soviel.

Die Bruchzahlen (i numeri frazionari)   **109**

Die Bruchzahlen sind Nomina, die mit Ausnahme von $\frac{1}{2}$ durch Verbindung von Grundzahlen mit Ordnungszahlen gebildet werden:

$\frac{1}{3}$	*un terzo*	ein Drittel		$\frac{1}{20}$	*un ventesimo*	ein Zwanzigstel
$\frac{3}{4}$	*tre quarti*	drei Viertel		$\frac{7}{100}$	*sette centesimi*	sieben Hundertstel
$\frac{2}{9}$	*due noni*	zwei Neuntel		$2\frac{2}{7}$	*due e due settimi*	zwei zwei Siebtel

Aber: $\frac{1}{2}$ *una metà/un mezzo.*

Mezzo kann als Nomen oder als Adjektiv gebraucht werden:

tre marchi e mezzo	dreieinhalb Mark
alle undici e mezzo	um halb zwölf (Uhr)
mezzo litro	ein halber Liter
mezza porzione	eine halbe Portion

(Zum Gebrauch des Artikels bei *mezzo* vgl. § 52.3)

110 Die Distributivzahlen (i numeri distributivi)

Die Distributivzahlen geben an, wie Personen oder Sachen verteilt sind:

Entrarono uno per volta.	Es trat jeweils einer ein.
Uscirono uno alla volta.	Einer nach dem andern ging hinaus.
entrare a due a due	jeweils zu zweit eintreten
mettersi in fila per tre	sich in Dreierreihen aufstellen
ogni sei minuti	alle sechs Minuten

Merke: *tre litri a testa/per ciascuno* – drei Liter pro Kopf
       il reddito pro capite – das Pro-Kopf-Einkommen
       mille lire al/il chilo – 1.000 Lire pro/das Kilo

111 Die Kollektivzahlen (i numeri collettivi)

Kollektivzahlen sind **una decina/diecina, una ventina** usw., **un centinaio**, **un migliaio**:

una decina di libri	etwa zehn Bücher
una ventina di ragazze	etwa zwanzig Mädchen
un centinaio di persone	etwa hundert Personen
a centinaia	zu Hunderten
migliaia di spettatori	Tausende von Zuschauern

Merke: *una dozzina* ein Dutzend
       un paio/due paia di guanti ein/zwei Paar Handschuhe
       un paio d'anni – ein paar Jahre
Aber: *una coppia felice* ein glückliches Paar

Weitere Kollektivzahlen:

biennio	Zeitraum von 2 Jahren	*trimestre*	Vierteljahr
triennio	Zeitraum von 3 Jahren	*semestre*	Halbjahr/Semester
quadriennio	Zeitraum von 4 Jahren	*duo/duetto*	Duo/Duett
quinquennio	Zeitraum von 5 Jahren	*trio*	Trio
decennio	Zeitraum von 10 Jahren	*quartetto*	Quartett
ventennio	Zeitraum von 20 Jahren	*quintetto*	Quintett
bimestre	Zeitraum von 2 Monaten	*sestetto*	Sextett

Quanto fa/fanno ...?	Wieviel ist/sind ...?
Quattro più cinque fa/fanno/uguale a nove.	4 plus 5 ist (gleich) 9.
Sette meno due fa/fanno/uguale a 5.	7 minus 2 ist (gleich) 5.
Sei per tre fa/fanno/uguale a diciotto.	6 mal 3 ist (gleich) 18.
Cinquanta diviso (per) due fa/fanno/ uguale a venticinque.	50 (geteilt) durch 2 ist (gleich) 25.

Wendungen:

Scrivo due e riporto uno.	Schreibe 2, behalte 1
Il quattro ci sta nel ventisei sei volte con il resto di due	4 ist in 26 6 mal enthalten, Rest 2.
Abbasso l'otto.	Ich hole die 8 herunter.

Merke: 3,5   gelesen: *tre virgola cinque*
5^2 gelesen: *cinque al quadrato/alla seconda*
5^3 gelesen: *cinque (elevato) alla terza potenza/al cubo*

Maße und Gewichte (pesi e misure)   113

1 mm	un millimetro	100 g	un etto(grammo)
1 cm	un centimetro	200 g	due etti
1 m	un metro	1 kg	un chilo(grammo)
1 km	un chilometro	50 kg	mezzo quintale
1 m^2	un metro quadro/ quadrato	100 kg	un quintale
		1 t	una tonnellata
1 m^3	un metro cubo	1° +/-	un grado sopra/
1 l	un litro		sotto zero

Anmerkung 1: Nomina, die auf diese Angaben folgen, werden mit der Präposition *di* angeschlossen: *due etti di formaggio* - 200 g Käse, *tre metri cubi di sabbia* - 3 m^3 Sand, *due litri di birra* - 2 l Bier, (vgl. hierzu § 54.2).

Anmerkung 2: Dt. «Pfund» wird mit *mezzo chilo* wiedergegeben: *mezzo chilo di prugne* - ein Pfund Pflaumen.

Merke: 12 m^2 gelesen: *dodici metri quadri*

Kapitel 8 Die Interrogativa (Gli interrogativi)

Zu den Interrogativa gehören die Interrogativadjektive (aggettivi interrogativi), die Interrogativpronomina (pronomi interrogativi) und die Interrogativadverbien (avverbi interrogativi).

114 Die Formen der Interrogativa

Adjektivisch wird verwendet: *che*   welche(r)

Pronominal werden gebraucht: *chi*   wer/wen
che cosa/che/ [fam.] *cosa*   was

Bedeutung	adjektivischer/pronominaler Gebrauch			
	Singular		Plural	
	maskulin	feminin	maskulin	feminin
wieviel(e)	*quanto*	*quanta*	*quanti*	*quante*
welche(r)	*quale*		*quali*	

Adverbial werden verwendet: *come*   wie
dove   wo/wohin
quando   wann
perché   warum

Anmerkung 1: Alle Fragewörter, außer *come* und *perché*, können mit Präpositionen verbunden werden (vgl. weiter unten).

Anmerkung 2: Die Interrogativa haben in der direkten und in der indirekten Frage dieselbe Form (zu den indirekten Fragesätzen vgl. § 346).

Der Gebrauch der Interrogativa

115 *che* fragt nach Art oder Eigenschaft von Personen oder Sachen:

Che autori italiani conosci?	Welche italienischen Autoren kennst du?
Che tipo di libro vuoi?	Was für ein Buch willst du?
A che piano abiti?	Im wievielten Stock wohnst du?
In che anno sei nato?	In welchem Jahr bist du geboren?
Di che colore è la tua gonna?	Welche Farbe hat dein Rock?
A che ora arriva il treno?	Um wieviel Uhr kommt der Zug an?

116 *chi* fragt nach Personen:

Chi è?	Wer ist es?
Chi hai visto?	Wen hast du gesehen?
A chi l'hai detto?	Wem hast du es gesagt?

Con chi sei andato a teatro?	Mit wem bist du ins Theater gegangen?
Da chi sei stato?	Bei wem bist du gewesen?
Di chi è morto il padre?/Il padre di chi è morto?	Wessen Vater ist gestorben?
Dal punto di vista di chi è raccontata la storia?	Aus wessen Sicht wird die Geschichte erzählt?
Di chi è questa macchina?	Wem gehört dieses Auto?
Per chi è questo regalo?	Für wen ist dieses Geschenk?

che cosa/che/ [fam.] *cosa* fragt nach Sachen, Begriffen, Sachverhältnissen usw.: **117**

Che cosa c'è di buono da mangiare?	Was gibt es Gutes zu essen?
Che cosa hai fatto?	Was hast du gemacht?
A (che) cosa pensi?	Woran denkst du?
Da che cosa l'ha riconosciuto?	Woran haben Sie ihn erkannt?
Di che cosa avete parlato?	Worüber habt ihr gesprochen?
Di che cosa hai bisogno?	Was brauchst du?
In che cosa posso servirLa?	Womit kann ich Ihnen dienen?

Anmerkung 1: In der Umgangssprache findet sich verstärktes *cos'è che*: *Cos'è che vuoi dire, Maria?* - Was willst du sagen, Maria?

Anmerkung 2: Fragt *che cosa* nach einem Objekt, so kann das Subjekt des Fragesatzes nach dem Verb, am Satzanfang oder am Satzende stehen. Der Satz «Was hat Hans seinem Freund gesagt?» kann lauten: *Che cosa ha detto Giovanni al suo amico?/Giovanni che cosa ha detto al suo amico?/Che cosa ha detto al suo amico, Giovanni?*

quale 118

1. Adjektivischer Gebrauch (zum *troncamento* vgl. § 11.2):

Quale cravatta hai scelto?	Welche Krawatte hast du gewählt?
A quale conclusione sei giunto?	Zu welchem Schluß bist du gekommen?
Con quale treno siete arrivati?	Mit welchem Zug seid ihr angekommen?
Per quale ragione te ne sei andato?	Aus welchem Grund bist du gegangen?
Di quali argomenti avete parlato?	Über welche Themen habt ihr gesprochen?

Anmerkung 1: Adjektivisch gebrauchtes *quale* wird besonders in der gesprochenen Sprache durch das kürzere *che* ersetzt.

Anmerkung 2: Man beachte folgende weitere Bedeutungen von *quale*: *il linguista quale scrittore* - der Linguist als Schriftsteller; *molti alberi, quali la betulla, la quercia, ecc.* - viele Bäume, wie (zum Beispiel) die Birke, die Eiche usw.; *poeti quali Dante e Leopardi* - Dichter wie (= von der Größe eines) Dante und Leopardi (zu *tale quale* vgl. § 88; zu *il quale* vgl. §§ 145, 150-152).

2. Pronominaler Gebrauch:

Quale (delle tre cravatte) prendi?	Welche (der drei Krawatten) nimmst du?
Qual è il Suo nome?	Wie ist Ihr Name?
Qual è la differenza tra scoperta e *invenzione?*	Was ist der Unterschied zwischen Entdeckung und Erfindung?
Qual è la Sua domanda?	Wie lautet Ihre Frage?

119 *quanto*

1. Adjektivischer Gebrauch:

Quanto denaro hai speso?	Wieviel Geld hast du ausgegeben?
Quante bottiglie avete bevuto?	Wie viele Flaschen habt ihr getrunken?
Quanto (tempo) dura il viaggio?	Wie lange dauert die Reise?
Per quanto (tempo) resterà in Italia?	Wie lange werden Sie in Italien bleiben?

2. Pronominaler Gebrauch:

Quanto costa?	Wieviel kostet es?
Quanti erano?	Wie viele waren es?
Quante delle tue amiche hai invitato?	Wie viele deiner Freundinnen hast du eingeladen?

120 *come*

Come sta?	Wie geht es Ihnen?
Come ti chiami?	Wie heißt du?
Come si permette?	Was erlauben Sie sich?

Anmerkung 1: In der Umgangssprache findet sich auch verstärktes *com'è che*: *Com'è che tu sai tutto questo?* – Wieso weißt du das alles?

Anmerkung 2: In der indirekten Frage kann dem Interrogativadverb *come* eine Präposition vorangehen: *Dipende da come mi sento*. – Es hängt davon ab, wie ich mich fühle.

Anmerkung 3: Der Ausdruck «Wie gefällt es dir in ... ?» wird wiedergegeben als *Come ti trovi a* bzw. *in ... ?*: *Come ti trovi a Venezia?/in Italia?*

Anmerkung 4: Fragen der Art «Wie gefällt/schmeckt ...?» werden folgendermaßen ausgedrückt: *Ti piace la casa?/ Come trovi la casa?* Wie gefällt dir/Wie findest du das Haus? *Le piace il vino?/ Come trova il vino?* Wie schmeckt Ihnen der Wein?/Wie finden Sie den Wein?

Aber: *Come Le piacciono le patate, lesse o fritte? (= Le patate, Le piacciono lesse o fritte?/Come le vuole le patate, lesse o fritte?* – Wie möchten Sie die Kartoffeln, gekocht oder gebraten?

Im Gegensatz zum Deutschen kann *come* nicht mit einem Adjektiv oder mit
einem Adverb verbunden werden. Man merke sich folgende Ausdrücke:

Quanti anni hai?	Wie alt bist du?
Quanto tempo hai aspettato?	Wie lange hast du gewartet?
Da quanto tempo stai aspettando?	Wie lange wartest du schon?
Che ora è?/Che ore sono?	Wie spät ist es?
A che altezza siamo?	Wie hoch sind wir?
Quanto è alto questo campanile?/	Wie hoch ist dieser Kirchturm?
Qual è l'altezza di questo campanile?	
Quant'è larga questa strada?/	Wie breit ist diese Straße?
Qual è la larghezza di questa strada?	
Quanto è lungo questo fiume?/	Wie lang ist dieser Fluß?
Qual è la lunghezza di questo fiume?	
Quant'è profondo questo lago?/	Wie tief ist dieser See?
Qual è la profondità di questo lago?	
Quanto c'è da qui alla stazione?	Wie weit ist es von hier zum Bahnhof?
Quanto costa/è/fa questo libro?	Wie teuer ist dieses Buch?
Quanto pesa questa valigia?	Wie schwer ist dieser Koffer?

Unterscheide: *Ogni quanto (tempo) va in Italia?* – Wie oft fahren Sie nach Italien?
Quante volte è stato in Italia? – Wie oft sind Sie in Italien gewesen?

dove

Dove siete?	Wo seid ihr?
Dove vai?	Wohin gehst du?
Da/di dove vieni?	Woher kommst du?
Di dov'è?	Woher sind Sie?
Per dove è partito?	Wohin ist er gereist?

Anmerkung: In der Literatursprache kommen *ove* statt *dove* und *onde/donde*
anstelle von *da dove* vor.

quando

Quando partirete?	Wann werdet ihr abreisen?
A quando i confetti/le nozze?	Wann wird Hochzeit gefeiert?
Da quando sei qui?	Seit wann bist du hier?
Di quando sono questi mobili?	Von wann sind diese Möbel?
Fino a quando resterai?	Bis wann wirst du bleiben?
(Per) quando avrai finito?	(Bis) wann wirst du fertig sein?

Anmerkung: In der Umgangssprache findet sich verstärktes *quand'è che*:
Quand'è che compi gli anni? – Wann hast du Geburtstag?

Perché la tua famiglia si è trasferita a Roma?	Warum ist deine Familie nach Rom gezogen?
Perché non hai accettato l'offerta?	Warum hast du das Angebot nicht angenommen?

Anmerkung 1: Auch die Endstellung des Subjekts ist möglich: *Perché si è trasferita a Roma la tua famiglia?*

Anmerkung 2: Alleinstehendes «Wozu?» wird durch *Per che fare?/Per fare che cosa?* wiedergegeben.

Anmerkung 3: Anstelle von *perché* erscheint besonders in der gesprochenen Sprache *come mai* «wieso/warum/wie kommt es, daß ... ?» *Come mai non sei venuto a lezione?* Wieso bist du nicht zum Unterricht gekommen?

125 In Ausrufesätzen verwendete Interrogativa

Die Interrogativadjektive, die Interrogativpronomina sowie das Interrogativadverb *come* werden auch in Ausrufesätzen (proposizioni esclamative) verwendet, wobei das Prädikat fehlen kann:

Quanto sei gentile!	Wie freundlich du bist!
Quanti errori (hai fatto)!	Wie viele Fehler (du gemacht hast)!
Quale/Che sfrontatezza!	Was für eine Frechheit!
A chi lo dici!	Wem sagst du das!
Com'è bello!	Wie schön das ist!

Anmerkung: Besonders in der Umgangssprache wird im Ausruf *che* + Adjektiv gebraucht: *Che bello!* – Wie schön! *Che bello che è!* – Wie schön das ist!

Kapitel 9 Die Personalpronomina (I pronomi personali)

Man unterscheidet Subjektpronomina (pronomi personali soggetto), betonte Objektpronomina (forme toniche dei pronomi personali complemento) und unbetonte Objektpronomina (forme atone dei pronomi personali complemento).

Die Formen der Subjektpronomina (le forme dei pronomi personali soggetto) **126**

Person		Singular	Bedeutung	Plural	Bedeutung
1. Person		*io*	ich	*noi*	wir
2. Person		*tu*	du	*voi*	ihr
3. Person	maskulin	*egli, lui, esso*	er	*essi*	sie
	feminin	*ella, lei, essa*	sie	*esse*	*loro*

Anmerkung 1: Die Pronomina *egli/ ella, esso/ essa, essi* und *esse* können nur in Verbindung mit einem Verb gebraucht werden; die übrigen Pronomina können auch ohne Verb stehen.

Anmerkung 2: *Egli/lui, ella/lei* und *loro* beziehen sich nur auf Personen, *essa, essi* und *esse* beziehen sich auf Personen, Tiere oder Sachen, *esso* nur auf Tiere oder Sachen.

Anmerkung 3: *Egli/ella* und auf Personen bezogene *essi/esse* werden in der gesprochenen Sprache und immer häufiger auch in der Schriftsprache durch *lui/lei* und *loro* ersetzt.

Anmerkung 4: Für die höfliche Anrede benutzt man, wenn man sich an eine Person wendet, *Lei* + 3. Person Singular (*Voi* + 2. Person Plural wird regional in Süditalien und in der Handelssprache verwendet; *Ella* + 3. Person Singular ist literarisch). Wendet man sich an mehrere Personen, so gebraucht man *Voi* + 2. Person Plural oder selten und sehr formell *Loro* + 3. Person Plural. Die zur höflichen Anrede benutzten Pronomina können groß oder klein geschrieben werden.

Anmerkung 5: Dt. «es» in unpersönlichen Ausdrücken wird nicht übersetzt: *Piove. –* Es regnet.

Der Gebrauch der Subjektpronomina 127

Im Italienischen ist der Gebrauch der Subjektpronomina sehr eingeschränkt. Sie werden nur verwendet,

1. wenn sie betont sind, besonders bei Gegenüberstellungen:

Io non ho detto ciò.	**Ich** habe das nicht gesagt.
Il caffè lo pago io.	Den Kaffee zahle **ich**!
Lui è di Napoli, lei è di Milano.	Er ist aus Neapel, sie ist aus Mailand.
Perché non lo fai tu?	Warum machst **du** es nicht?

Anmerkung: In diesem Fall können in der 3. Person nur die Pronomina *lui/ lei* und *loro* gebraucht werden.

2. um Eindeutigkeit bezüglich des Subjekts herzustellen, besonders bei Gleichheit der Verbformen im Konjunktiv:

Voglio che tu stia a casa.	Ich will, daß du zu Hause bleibst.
Voglio che egli/lui stia a casa.	Ich will, daß er zu Hause bleibt.
Se io sapessi che ...	Wenn ich wüßte, daß ...
Se tu sapessi che ...	Wenn du wüßtest, daß ...

128 **Die Formen der betonten Objektpronomina** (le forme toniche dei pronomi personali complemento)

direktes Objekt				
Person	Singular	Bedeutung	Plural	Bedeutung
1. Person	*me*	mich	*noi*	uns
2. Person	*te*	dich	*voi*	euch
3. Person — maskulin	*lui*	ihn	*loro*	sie
3. Person — feminin	*lei*	sie		
3. Person — reflexiv	*sé*	sich	*sé*	sich

Den betonten Formen des indirekten Objekts geht die Präposition **a** voran: *a me* mir, *a te* dir, *a lui* ihm, *a lei* ihr, *a sé* sich, *a noi* uns, *a voi* euch, *a loro* ihnen. Beachte: unter sich/untereinander – *tra loro*.

129 **Der Gebrauch der betonten Objektpronomina**

Die betonten Objektpronomina werden verwendet

1. bei Hervorhebung und Gegenüberstellung:

Ho visto te non lei.	Ich habe dich, nicht sie gesehen.
La faccenda riguarda solo me.	Die Angelegenheit geht nur mich etwas an.
L'egoista non vede che sé.	Der Egoist sieht nur sich.
A sentir lui hanno torto gli altri.	Wenn man ihn hört, haben die anderen unrecht.
L'ho detto a te e non a lui.	Ich habe es dir, nicht ihm gesagt.

Merke: *Lascia fare a me.* – Laß mich machen!

A me non interessano queste cose. – Mich interessieren diese Dinge nicht.

2. wenn ein weiteres nominales Objekt hinzutritt:

Ho incontrato lui e i suoi colleghi.	Ich habe ihn und seine Kollegen getroffen.
Hanno scritto a noi e ai nostri amici.	Sie haben uns und unseren Freunden geschrieben.

3. nach allen Präpositionen:

Questo regalo è per te.	Dieses Geschenk ist für dich.
Abbiamo parlato di lui.	Wir haben über ihn gesprochen.
Non vuoi giocare con me?	Willst du nicht mit mir spielen?

Anmerkung 1: Zwischen den Präpositionen *contro, dopo, presso, sopra, sotto* und *verso* und einem folgenden Pronomen wird in der Regel die Präposition *di* eingeschoben:
È arrivata dopo di me. - Sie ist nach mir angekommen.
Si è comportato male verso di voi. - Er hat sich euch gegenüber schlecht benommen.
Giovanni abita sopra/sotto/presso di noi. - Giovanni wohnt über/unter/bei uns.
Nach den Präpositionen *su, senza* und *tra/fra* ist der Gebrauch von *di* fakultativ:
Tra (di) noi è finita. - Zwischen uns ist es aus.
Non posso vivere senza (di) te. - Ich kann nicht ohne dich leben.
Puoi contare su (di) me. - Du kannst dich auf mich verlassen.

Anmerkung 2: Veraltet sind die Formen *meco (= con me), teco (= con te)* und *seco (= con sé).*

Anmerkung 3: Man beachte, daß in einigen Fällen eine im Deutschen aus Präposition + Personalpronomen bestehende Verbindung im Italienischen durch einen komplexeren Ausdruck wiedergegeben werden kann:
Tanti saluti da parte mia. - Viele Grüße von mir.
Quante cose hanno raccontato sul mio conto! - Was für Sachen man über mich erzählt hat!
È sempre gentile nei miei confronti. - Er ist immer freundlich zu mir.

4. anstelle der deutschen Subjektpronomina

- nach der Vergleichspartikel *di*, sowie nach **come** und **quanto**:

Lui è più furbo di te.	Er ist schlauer als du.
Tu sei come me.	Du bist wie ich.
Lei è più brava di te.	Sie ist tüchtiger als du.
Sono alto quanto te.	Ich bin so groß wie du.

- im Ausruf nach **povero**, **beato** und **felice**:

Povera te!	Du Arme!
Povero te, se lo fai un'altra volta!	Wehe dir, wenn du das noch einmal tust!
Beata te!	Du Glückliche!
Felici loro!	Die Glücklichen!

- als prädikative Ergänzung:

Se io fossi te / lui ...	Wenn ich du/er wäre, ...
Tu non sei me.	Du bist nicht ich.
Non è più lui.	Er ist nicht mehr er.

Anmerkung: Bei Subjektgleichheit gebraucht man für die 1. und 2. Person Singular das jeweilige Subjektpronomen:
Io non sono più io. – Ich bin nicht mehr ich.
Non sembri più tu. – Du scheinst nicht mehr du zu sein.

- bei absoluten Partizipialkonstruktionen:

Partito me, anche gli altri andarono a casa.	Nachdem ich weggefahren war, gingen auch die anderen nach Hause.

Anmerkung: In diesem Fall sind auch die Subjektpronomina *io* und *tu* möglich:
Partito io, anche gli altri ...

- in der Umgangssprache: *Lo sai anche te.* – Auch du weißt es.

130 Die Formen der unbetonten Objektpronomina (le forme atone dei pronomi personali complemento)

direktes Objekt – Akkusativ				
Person	**Singular**	**Bedeutung**	**Plural**	**Bedeutung**
1. Person	*mi*	mich	*ci*	uns
2. Person	*ti*	dich	*vi*	euch
3. Person — maskulin	*lo*	ihn	*li*	sie
3. Person — feminin	*la*	sie	*le*	sie
3. Person — reflexiv	*si*	sich	*si*	sich

indirektes Objekt – Dativ				
Person	**Singular**	**Bedeutung**	**Plural**	**Bedeutung**
1. Person	*mi*	mir	*ci*	uns
2. Person	*ti*	dir	*vi*	euch
3. Person — maskulin	*gli*	ihm	*gli, loro*	ihnen
3. Person — feminin	*le*	ihr	*gli, loro*	ihnen
3. Person — reflexiv	*si*	sich	*si*	sich

Anmerkung 1: *Loro* wird immer nachgestellt:
Ho scritto loro. – Ich habe ihnen geschrieben.

Anmerkung 2: *Gli* wird immer häufiger anstelle von *loro* gebraucht:
Ho visto i bambini e gli ho detto che ... – Ich habe die Kinder gesehen und habe ihnen gesagt, daß ...

Anmerkung 3: In der Umgangssprache ersetzt maskulines *gli* auch feminines *le* als indirektes Objekt: *Se vedo la signora Rossi gli dirò che ... -* Falls ich Frau Rossi sehe, werde ich ihr sagen, daß ...

Anmerkung 4: Bei der höflichen Anrede benutzt man, wenn man sich an eine Person wendet, für das direkte Objekt *la/La* und für das indirekte Objekt *le/Le*. Wendet man sich an mehrere Personen, so gebraucht man für das direkte und indirekte Objekt *vi/Vi*; nur sehr formell werden *li/Li* (maskulin) und *le/Le* (feminin) für das direkte Objekt und *loro/Loro* für das indirekte Objekt verwendet.

Der Gebrauch der unbetonten Objektpronomina

Die unbetonten Objektpronomina treten immer in Verbindung mit einem Verb **131** auf (Ausnahme *ecco*, vgl. § 143), dem sie vorausgehen oder an das sie angehängt werden können (zur Stellung der Pronomina vgl. §§ 138-142).

Die unbetonten Objektpronomina können im Satz auftreten

1. als direktes Objekt (zur Elision vgl. §§ 9.2, 9.3.; zur Veränderlichkeit des Partizips vgl. § 212):

Mi accompagni?	Begleitest du mich?
Ti amo.	Ich liebe dich.
Conosci Valerio? - Sì, lo conosco.	Kennst du Valerio.-Ja, ich kenne ihn.
Vedi Maria? - No, non la vedo.	Siehst du Maria.-Nein, ich sehe sie nicht.
Professore/Professoressa, La prego di avere un po' di pazienza.	Herr Professor/Frau Professor, ich bitte Sie, ein wenig Geduld zu haben.
La ragazza si guarda allo specchio.	Das Mädchen betrachtet sich im Spiegel.
Perché ci hai chiamato?	Warum hast du uns gerufen?
Vi invito a cena.	Ich lade euch zum Abendessen ein.
Signore e Signori, Vi prego di seguirmi.	Meine Damen und Herren, ich bitte Sie, mir zu folgen.
Hai comprato i libri? - Sì, li ho comprati.	Hast du die Bücher gekauft? - Ja, ich habe sie gekauft.
Hai trovato le chiavi? - No, non le ho trovate.	Hast du die Schlüssel gefunden? - Nein, ich habe sie nicht gefunden.

Beachte: *Hai la borsa? - Sì, ce l'ho. -* Hast du die Tasche? - Ja, ich habe sie.

2. als indirektes Objekt:

Perché non mi rispondi?	Warum antwortest du mir nicht?
Ti hanno dato i soldi?	Haben sie dir das Geld gegeben?
Che cosa hai regalato a tuo marito? - Gli ho regalato due camicie.	Was hast du deinem Mann geschenkt? - Ich habe ihm zwei Hemden geschenkt.
Che cosa hai regalato a tua moglie? - Le ho regalato un braccialetto.	Was hast du deiner Frau geschenkt? - Ich habe ihr ein Armband geschenkt.

Scusi, Le posso dare una mano?	Entschuldigen Sie, kann ich Ihnen helfen?
Non ci hanno più scritto.	Sie haben uns nicht mehr geschrieben.
Vi ho mandato una cartolina.	Ich habe euch eine Postkarte geschickt.
Che cosa Vi posso offrire?	Was kann ich Ihnen anbieten?
Scrivi spesso ai tuoi amici/alle tue amiche? – Sì, scrivo loro spesso/gli scrivo spesso.	Schreibst du deinen Freunden/deinen Freundinnen oft? – Ja, ich schreibe ihnen oft.

132 Besonderheiten des Gebrauchs des unbetonten Objektpronomens *lo*

Lo ersetzt nicht nur ein maskulines direktes Objekt im Singular (vgl. §§ 130, 131), sondern es kann auch

1. sich auf einen ganzen vorausgehenden Satz beziehen:

Dove ho messo i miei occhiali? – Non lo so.	Wo habe ich meine Brille hingelegt? – Ich weiß es nicht.
Mario non è stato promosso. – Me l'ha detto sua madre.	Mario ist nicht versetzt worden. – Seine Mutter hat es mir gesagt.

2. auf eine folgende Aussage hinweisen, besonders in der gesprochenen Sprache:

Lo sai che Mario non è stato promosso?	Weißt du (es), daß Mario nicht versetzt worden ist?
L'ha detto che ti ha visto.	Er hat (es) gesagt, daß er dich gesehen hat.

Anmerkung: *Lo* wird nicht gebraucht in einem Fall wie: «Ich wage es nicht, ihm die Wahrheit zu sagen.» – *Non oso dirgli la verità.*

3. sich auf ein Prädikativum (Adjektiv/Nomen) beziehen:

Lui crede di essere intelligente, ma non lo è.	Er glaubt, intelligent zu sein, ist es aber nicht.
Siamo amici e lo resteremo.	Wir sind Freunde und werden es bleiben.

Anmerkung 1: Zur Konstruktion mit *lo* gibt es folgende Varianten: *Lui crede di essere intelligente, ma intelligente non è. Siamo amici e resteremo tali* bzw. *e amici resteremo.*

Anmerkung 2: In der Verbindung von *essere* + Personalpronomen bleibt dt. «es» im Italienischen unausgedrückt: *Chi è la madre di questa bambina? – Sono io.* Wer ist die Mutter dieses Mädchens? – Ich bin es. *Chi era? – Era lui.* Wer war es? – Er war es.

4. Im Gegensatz zum Deutschen muß *lo* gesetzt werden, wenn *questo* (vgl. § 60.3) oder ein *che*-Satz (vgl. § 279) vorausgeht.

Questo te l'ho già detto.	Das habe ich dir schon gesagt.
Che tu abbia detto una bugia, lo sanno tutti.	Daß du gelogen hast, (das) wissen alle.

Idiomatische Wendungen mit dem unbetonten Objektpronomen *la* :   133

L'ha bevuta.	Er ist darauf hereingefallen.
In furberia non la cede a nessuno.	An Schlauheit steht er keinem nach.
Chi la dura la vince.	Beharrlichkeit führt zum Ziel.
Falla finita!	Mach Schluß damit.
Il ragazzo l'ha fatta grossa.	Der Junge hat eine große Dummheit gemacht.
Chi la fa, l'aspetti.	Wie du mir, so ich dir.
Finiscila (di fischiare)!	Hör auf (zu pfeifen)!
Non tutti la pensano come te.	Nicht alle sind derselben Meinung wie du.
Piantala (di fare tante storie)!	Hör auf (soviel Theater zu machen)!
Suo figlio la sa lunga.	Sein Sohn ist schlau/hat es faustdick hinter den Ohren.
L'abbiamo scampata bella.	Wir sind glücklich davongekommen.
L'ho spuntata.	Ich habe es geschafft.
Smettetela (di gridare)!	Hört auf (zu schreien)!

Idiomatische Wendungen mit dem unbetonten Objektpronomen *le* :   134

Mio figlio le pensa tutte.	Mein Sohn kommt auf alles.
Le/ne ha prese.	Er hat Schläge bekommen.
Le sballa grosse.	Er lügt das Blaue vom Himmel herunter.
Le hanno sonate a Mario.	Sie haben Mario verprügelt.

Wendungen mit zwei unbetonten Objektpronomina vgl. § 137.7.

Der Gebrauch des Pronominaladverbs *ne*   135

Das Pronominaladverb *ne* erfüllt mehrere Funktionen:

1. Es ersetzt als Ortsadverb Ergänzungen mit *da* (= *di lì, di là*):

Vieni dal cinema? - Sì, ne vengo.	Kommst du vom Kino? - Ja, ich komme von dort.
Arrivai a Roma il mattino e ne ripartii la sera.	Ich kam am Morgen in Rom an und fuhr am Abend wieder von dort ab.

2. Es ersetzt als unbetontes Pronomen Ergänzungen mit *di* (= *di ciò, di questo, -a, -i, -e, di lui, di lei, di loro*) und Ergänzungen mit *da* (= *da lui, da lei, da loro, da questo, -a, -i, -e*):

È contento del risultato? - Sì, ne sono contento.	Sind Sie mit dem Ergebnis zufrieden?- Ja, ich bin damit zufrieden.
Hai bisogno della matita? - No, non ne ho bisogno.	Brauchst du den Bleistift? - Nein, ich brauche ihn nicht.
Avete parlato del viaggio? - Sì, ne abbiamo parlato.	Habt ihr über die Reise gesprochen?- Ja, wir haben darüber gesprochen.
Ti fidi di quei tipi? - No, non me ne fido.	Traust du den Kerlen dort? - Nein, ich traue ihnen nicht.
Ho chiesto a suo marito, ma non ne ho ricavato nulla.	Ich habe ihren Mann gefragt, aber ich habe nichts von ihm erfahren.

3. Es erfüllt partitive Funktion (zur Veränderlichkeit des Partizips vgl. § 212):

Vuole di queste mele? - Sì, ne prendo un chilo.	Wollen Sie von diesen Äpfeln? - Ja, ich nehme ein Kilo (davon).
Quante bottiglie hai comprato? - Ne ho comprate cinque.	Wie viele Flaschen hast du gekauft? - Ich habe fünf (davon) gekauft.
Questo ristorante è buono, ma io ne conosco uno migliore.	Dieses Restaurant ist gut, aber ich kenne ein besseres.
Lui ha quindici anni, lei ne ha dodici.	Er ist fünfzehn Jahre alt, sie ist zwölf.

4. Es drückt ein possessives Verhältnis aus:

Andiamo a Firenze per ammirarne le bellezze.	Wir fahren nach Florenz, um seine Sehenswürdigkeiten zu bewundern.
Galileo fissa la sua attenzione sulla natura per scoprirne le leggi.	Galilei richtet seine Aufmerksamkeit auf die Natur, um ihre Gesetze zu entdecken.

5. Es kündigt eine Nominalgruppe *di/da* + Nomen an oder nimmt sie wieder auf; im zweiten Fall ist *ne* obligatorisch. Im Deutschen bleibt es unübersetzt:

Di pane non ce n'è più.	Brot ist keines mehr da.
Che ne sai tu di questa storia?	Was weißt du von dieser Geschichte?
Che ne dici di questa casa?	Was sagst du zu diesem Haus?

6. Idiomatische Wendungen mit dem Pronominaladverb *ne*:

Quanti ne abbiamo oggi?	Den wievielten haben wir heute?
Non ne posso più.	Ich kann nicht mehr.
Ne va del suo onore.	Seine Ehre steht auf dem Spiel.
Ne ho le tasche piene.	Ich habe die Nase voll.

Das Pronominaladverb *ci* (seltener *vi*) erfüllt mehrere Funktionen:

1. Es ersetzt als Ortsadverb Ergänzungen mit *a*, *da* «zu», *in*, *per* und *su*:

Vai spesso a Roma? – Sì, ci vado spesso.	Fährst du oft nach Rom? – Ja, ich fahre oft dorthin.
Si trova bene in Germania? – Sì, mi ci trovo bene.	Gefällt es Ihnen in Deutschland? – Ja, es gefällt mir hier/dort.
Siete passati per Pavia? – No, non ci siamo passati.	Seid ihr durch Pavia gefahren? – Nein, wir sind nicht durchgefahren.
Salite sul Vesuvio? – Sì, ci saliamo.	Steigt ihr auf den Vesuv? – Ja, wir steigen hinauf.
Vai oggi dal dottore? – No, ci vado domani.	Gehst du heute zum Arzt? – Nein, ich gehe morgen hin.

Anmerkung: In dem zuletzt aufgeführten Beispielsatz steht *ci*, weil nicht an die Person, sondern an die Praxis gedacht ist. «Zu ihm» wird als *da lui* wiedergegeben: *Vado da lui.* – Ich gehe zu ihm.

2. Es wird gebraucht in den Ausdrücken *c'è/ci sono*:

C'è ancora un po' di latte.	Es gibt noch ein bißchen Milch./Es ist noch ein bißchen Milch da.
C'è Mario? – No, non c'è.	Ist Mario da? – Nein, er ist nicht da.
Ci sono ancora delle pere.	Es sind noch Birnen da.
Ci sono molti giovani che studiano all'estero.	Es gibt viele junge Leute, die im Ausland studieren.

3. Es ersetzt als unbetontes Objektpronomen Ergänzungen mit *a*, selten mit *con* und *su*, die sich auf Sachen oder Sachverhalte beziehen:

Hai pensato al suo compleanno? – Sì, ci ho pensato.	Hast du an seinen Geburtstag gedacht? – Ja, ich habe daran gedacht.
Avete rinunciato ai soldi? – No, non ci abbiamo rinunciato.	Habt ihr auf das Geld verzichtet? – Nein, wir haben nicht darauf verzichtet.
Posso contare sul tuo appoggio? – Sì, ci puoi contare.	Kann ich mit deiner Unterstützung rechnen? – Ja, du kannst damit rechnen.
Suo figlio ha un sacco di giocattoli, ma non ci gioca quasi mai.	Sein Sohn hat eine Menge Spielsachen, aber er spielt fast nie damit.
Scrive bene con questa penna stilografica? – Sì, ci scrivo bene.	Schreiben Sie gut mit diesem Füller? – Ja, ich schreibe gut damit.

Anmerkung 1: *Ci* wird in der gesprochenen Sprache auch für Personenergänzungen mit *con* oder *su* gebraucht: *Non ci puoi contare (= su di lui/lei/loro).* – Du kannst dich auf ihn/sie nicht verlassen.

Anmerkung 2: Dialektal ist der Gebrauch von *ci* statt *gli, le* und *loro*: *Ci ho detto che* ... - Ich habe ihm/ihr/ihnen gesagt, daß ...

Anmerkung 3: Selten kann *ci* für eine Sachergänzung mit *di* stehen: *Non ci ho capito niente.* - Ich habe nichts davon verstanden.

4. Es wird pleonastisch gebraucht (im Deutschen unübersetzt):

A Firenze, ci vado spesso.	Nach Florenz fahre ich oft.
In questa casa (ci) abitano cinque famiglie.	In diesem Haus wohnen fünf Familien.
Non (ci) avete pensato ai libri?	Habt ihr nicht an die Bücher gedacht?
Non ci vedo.	Ich sehe nichts./Ich kann nichts sehen.
Dall'orecchio destro non (ci) sento bene.	Auf dem rechten Ohr höre ich nicht gut.
In questa valigia non ci sta più niente.	In diesen Koffer geht nichts mehr hinein.

Anmerkung: In familiärer Ausdrucksweise wird *avere* als Vollverb oft mit *ci* verbunden: *Ci avresti mille lire?* - Hättest du mal tausend Lire? Gesprochen wird [tʃavresti].

5. Idiomatische Wendungen mit dem Pronominaladverb *ci*:

Ci penso io!	Laß das meine Sorge sein!
Io ci sto.	Ich bin dabei./Ich mache mit.
Che c'entro io?	Was habe ich damit zu tun?
Che ci posso fare io?	Was kann ich dafür?
Lui ci sa fare.	Er versteht sich darauf.
C'era una volta ...	Es war einmal ...
Ci ho messo un'ora a/per fare questo lavoro.	Ich habe eine Stunde für diese Arbeit gebraucht.
Ci vuole un metro/ci vogliono due metri di stoffa.	Man braucht einen/zwei Meter Stoff (dazu).

137 Kombinationen unbetonter Objektpronomina

1. Die Objektpronomina *mi, ti, gli, le, ci, vi, si* können mit *lo, la, li, le* und *ne* eine Verbindung laut folgender Tabelle eingehen. Hierbei steht das indirekte Objekt an erster und das direkte Objekt an zweiter Stelle. Bei den Verbindungen *me ne, te ne*, etc. kann das an erster Stelle stehende Pronomen auch direktes Objekt sein:

	lo	*la*	*li*	*le*	*ne*
mi	*me lo*	*me la*	*me li*	*me le*	*me ne*
ti	*te lo*	*te la*	*te li*	*te le*	*te ne*
gli *le*	*glielo*	*gliela*	*glieli*	*gliele*	*gliene*
ci	*ce lo*	*ce la*	*ce li*	*ce le*	*ce ne*
vi	*ve lo*	*ve la*	*ve li*	*ve le*	*ve ne*
si	*se lo*	*se la*	*se li*	*se le*	*se ne*

Bis auf die Verbindungen *glielo*, *gliela* etc. werden die aufeinander folgenden Pronomina getrennt geschrieben. Werden sie jedoch angehängt, so werden sie zusammen geschrieben:

Non me lo dice.	Er sagt es mir nicht.
Non volevano dirmelo.	Sie wollten es mir nicht sagen.
Te ne ha parlato?	Hat er mit dir darüber gesprochen?
Glielo abbiamo promesso.	Wir haben es ihm/es ihr/es ihnen/ es Ihnen versprochen.
Non ce la vende (= la casa).	Er verkauft es uns nicht.
Fatecelo sapere.	Teilt es uns mit!
Ve le faccio vedere (= le foto).	Ich zeige sie euch.
Non se lo fece dire due volte.	Er ließ es sich nicht zweimal sagen.
Non me ne curo.	Ich kümmere mich nicht darum.
Ce ne siamo liberati.	Wir haben uns davon befreit.

Anmerkung 1: Man beachte, daß die Objektpronomina - mit Ausnahme der Verbindungen mit *ne* - im Italienischen in umgekehrter Reihenfolge wie im Deutschen erscheinen.

Anmerkung 2: Bei *se ne* kann es sich um die Verbindung von reflexivem oder unpersönlichem *si* handeln:
Se ne meraviglia. - Er wundert sich darüber (reflexiv).
Se ne parla. Man spricht davon (unpersönlich).

Anmerkung 3: Selten ist die Verbindung des Pronominaladverbs *ci/vi* mit *lo/ la*, *li/ le*:
Ce lo vediamo spesso. - Wir sehen ihn oft dort.

Anmerkung 4: Eine Verbindung von *lo/ la*, *li/ le* mit *ne* ist nicht möglich. Statt *ne* verwendet man in diesem Fall die Ausdrücke *di ciò/di questo*:
L'abbiamo informato di ciò/di questo. - Wir haben ihn darüber informiert.

2. Die Pronomina *mi, ti, gli, le, ci, vi* können sich mit dem reflexiven *si* verbinden:

presentarsi a qd	sich jdm vorstellen
mi si presenta	er/sie stellt sich mir vor
ti si presenta	er/sie stellt sich dir vor
gli si presenta	er/sie stellt sich ihm vor
le si presenta	er/sie stellt sich ihr vor
ci si presenta	er/sie stellt sich uns vor
vi si presenta	er/sie stellt sich euch vor
gli si presenta/si presenta loro	er/sie stellt sich ihnen vor

3. Verbindungen der Pronomina *mi, ti, gli, le, ci, vi* untereinander werden vermieden. Stattdessen wird das indirekte Objekt durch die Präposition *a* + betontes Personalpronomen ausgedrückt. Bei *loro* fällt *a* meist weg:

Mi presento a te.	Ich stelle mich dir vor.
Ti presenti a lei.	Du stellst dich ihr vor.
Ci presentiamo a lui.	Wir stellen uns ihm vor.
Vi presentate (a) loro.	Ihr stellt euch ihnen vor.

4. Die Pronomina *mi, ti, gli, le, ci, vi* und *si* können mit dem Pronominaladverb *ci/vi* verbunden werden:

abituarcisi/abituarvisi	sich daran gewöhnen
mi ci abituo/mi vi abituo	ich gewöhne mich daran
ti ci abitui/ti vi abitui	du gewöhnst dich daran
ci si abitua/vi si abitua	er/sie gewöhnt sich daran
vi ci abituiamo	wir gewöhnen uns daran
vi ci abituate	ihr gewöhnt euch daran
ci si abituano/vi si abituano	sie gewöhnen sich daran

Merke: *Gli/Le ci vuole molta pazienza.* – Er/Sie braucht viel Geduld.

Anmerkung 1: Da das Italienische Verbindungen von gleichlautenden Pronomina vermeidet, verwendet man *vi ci* statt **ci ci* und **vi vi*. Aus demselben Grund gebraucht man die Verbindung *ci si*, wenn reflexives *si* und unpersönliches *si* aufeinandertreffen:
Ci si lava. – Man wäscht sich.
Ci si è lavati. – Man hat sich gewaschen (zur Veränderlichkeit des Partizips vgl. § 291 Anm.1).

Anmerkung 2: In Sätzen wie «Man gewöhnt sich daran» oder «Man fühlt sich dort wohl» muß «man» durch *uno* ausgedrückt werden: *Uno ci si abitua./Uno ci si trova bene.*

5. Das unpersönliche *si* steht unmittelbar vor dem Verb. Einzige Ausnahme ist die Verbindung *se ne* (vgl. § 137):

mi si dice	man sagt mir	*mi si vede*	man sieht mich
ti si dice	man sagt dir	*ti si vede*	man sieht dich
gli si dice	man sagt ihm	*lo si vede*	man sieht ihn/es
le si dice	man sagt ihr	*la si vede*	man sieht sie
ci si dice	man sagt uns	*ci si vede*	man sieht uns
vi si dice	man sagt euch	*vi si vede*	man sieht euch
gli si dice/	man sagt ihnen		
si dice loro			

Unterscheide: *Lo si compra.* – Man kauft es.
Se lo compra. – Er kauft es sich.

Anmerkung 1: Der Satz «Man sieht sie (Pl.)» wird im Italienischen folgendermaßen wiedergegeben:
Si vedono (vgl. § 290) oder *Vengono visti/viste.*
Enthält der Satz ein Modalverb, gibt es folgende Möglichkeiten:
Si possono vedere oder *Li/Le si può vedere* oder *Si può vederli/vederle.* – Man kann sie sehen.

Anmerkung 2: Verbindungen von drei Pronomina kommen vor (vgl. zum Beispiel *Me lo si dice.* - Man sagt es mir.), werden jedoch in der Regel gemieden (Besser erscheint in diesem Fall: *Me lo dicono*). Auf den Gebrauch von Verbindungen mit vier oder mehr Objektpronomina verzichtet man aus Gründen der Verständlichkeit.

6. Idiomatische Wendungen mit zwei unbetonten Objektpronomina:

Se la cava abbastanza bene.	Er kommt ganz gut zurecht.
Se la dette a gambe.	Er nahm Reißaus.
Se la dormono saporitamente.	Sie schlafen sanft.
Legatela al dito.	Schreib es dir hinter die Ohren!
Come te la passi?	Wie geht's dir?
Non te la prendere./Non prendertela.	Ärgere dich nicht!
Se la prende comoda.	Er reißt sich kein Bein raus.
Con lui me la sbrigo io.	Mit ihm werde ich schon fertig.
Non me la sento di dirglielo.	Ich bringe es nicht übers Herz, es ihm zu sagen.
Se l'è svignata.	Er hat sich aus dem Staub gemacht.
Vedetevela voi.	Seht zu, wie ihr zurecht kommt.
Se la vede brutta.	Er sitzt in der Klemme.
Con chi ce l'hai?	Auf wen bist du böse?
Ce l'hai fatta?	Hast du es geschafft?
Non ce la può con lui.	Er kann ihm nicht das Wasser reichen.
Non avertene a male.	Sei nicht gekränkt!
Me ne lavo le mani.	Ich wasche meine Hände in Unschuld.

Beachte auch: *Hai la chiave? - Sì, ce l'ho.* - Hast du den Schlüssel? – Ja, ich habe ihn.

Stellung der unbetonten Objektpronomina

Die unbetonten Objektpronomina können im Italienischen entweder dem Verb vorausgehen oder an das Verb angehängt werden, wobei sich die Betonung des Verbs nicht ändert. In manchen Fällen ist sowohl Voranstellung als auch Anfügung möglich.

Unbetonte Objektpronomina bei einem konjugierten Verb

138

Unbetonte Objektpronomina stehen vor einem konjugierten Verb, bei zusammengesetzten Zeiten vor dem Hilfsverb:

Lo vedo ogni giorno.	Ich sehe ihn jeden Tag.
Dove li hai conosciuti?	Wo hast du sie kennengelernt?
Non me ne ha parlato.	Er hat mit mir nicht darüber gesprochen.
Gliel'hai detto?	Hast du es ihm/ihr/ihnen gesagt?

117

Anmerkung 1: *Loro* steht immer nach dem Verb: *Scrivo loro ogni settimana.* - Ich schreibe ihnen jede Woche.

Anmerkung 2: Angehängt finden sich die unbetonten Objektpronomina in formelhaften Wendungen in Anzeigen und im Telegrammstil:

Vendesi terreno - Grundstück zu verkaufen

Affittansi camere - Zimmer (Pl.) zu vermieten

Vedremoci mercoledì - Sehen uns Mittwoch

139 Unbetonte Objektpronomina beim Imperativ

1. Beim bejahten Imperativ der 2. Person Singular und Plural und der 1. Person Plural werden die unbetonten Objektpronomina angehängt:

Portamelo.	Bring es mir!
Ditecelo.	Sagt/Sagen Sie (pl.) es uns!
Andiamoci.	Gehen wir hin!

2. Beim verneinten Imperativ der 2. Person Singular und Plural und der 1. Person Plural können die unbetonten Objektpronomina entweder vorangestellt oder angehängt werden:

Non ci andare./Non andarci.	Gehe nicht hin!
Non ne parlate più./Non parlatene più.	Sprecht nicht mehr darüber!
Non ce ne lamentiamo più./Non lamentiamocene più.	Beklagen wir uns nicht mehr darüber!

3. Beim bejahten und verneinten Imperativ der 3. Person Singular und Plural (Höflichkeitsform) werden die unbetonten Objektpronomina vorangestellt:

Me lo porti, per favore.	Bringen Sie es mir, bitte!
Non lo dica a nessuno.	Sagen Sie es niemandem!
Ce ne diano.	Geben Sie uns davon!
Non ci vadano.	Gehen Sie nicht hin!

4. Werden unbetonte Objektpronomina an die einsilbigen Imperative *da'*, *di'*, *fa'*, *sta'* und *va'* angehängt, so wird, außer bei *gli*, ihr Konsonant verdoppelt:

Daccene.	Gib uns davon!
Dillo a tuo fratello.	Sag es deinem Bruder!
Fammelo vedere.	Zeig es mir!
Stammi a sentire.	Hör mir zu!
Vattene.	Geh weg!

1. Die unbetonten Objektpronomina werden an den Infinitiv angehängt, der dabei seinen Endvokal verliert:

Sono pronto ad aiutarlo.	Ich bin bereit, ihm zu helfen.
È partito senza salutarci.	Er ist abgereist, ohne sich von uns zu verabschieden.
Non ho voglia di occuparmene.	Ich habe keine Lust, mich darum zu kümmern.

Anmerkung: *Porre* und Komposita sowie die mit *-durre* zusammengesetzten Verben verlieren die letzte Silbe: *per condurci* – um uns zu führen; *invece di tradurtelo* – anstatt es dir zu übersetzen; *porsi a tavola* – sich zu Tisch setzen.

2. Folgt auf ein Verb der Wahrnehmung ein Infinitiv, so stehen die unbetonten Objektpronomina beim Verb der Wahrnehmung (vorangestellt bzw. angehängt).

Li vedo arrivare.	Ich sehe sie ankommen.
Lo guardo lavorare.	Ich schaue ihm beim Arbeiten zu.
Mi piace sentirti suonare il pianoforte.	Ich höre dich gern Klavier spielen.
Ne ho sentito parlare.	Ich habe davon gehört.
L'ho sentito cantare la canzone. /	Ich habe ihn das Lied singen hören. /
Gliela ho sentita cantare.	Ich habe es ihn singen hören.

Anmerkung 1: Hat ein Verb der Wahrnehmung, dem ein Infinitiv folgt, zwei pronominale Objekte, so wird das Personenobjekt indirekt konstruiert.

Anmerkung 2: Das Pronomen wird an den Infinitiv angehängt in einem Fall wie: *Ho visto Mario scriverla* (= *la lettera*). – Ich habe Mario ihn schreiben sehen.

3. Geht einem Infinitiv ein Modalverb (*dovere, volere, potere, sapere, solere*) voraus, so stehen die unbetonten Objektpronomina entweder vor dem Modalverb oder werden an den Infinitiv angehängt:

La devi aiutare./Devi aiutarla.	Du mußt ihr helfen.
Ci vogliamo andare./Vogliamo andarci.	Wir wollen hingehen.
Non te lo voglio dire./Non voglio dirtelo.	Ich will es dir nicht sagen.
Ti puoi informare./Puoi informarti.	Du kannst dich informieren.
Mi sa dire/Sa dirmi dov'è via Dante?	Können Sie mir sagen, wo die Dantestraße ist?
Ci soleva passare/Soleva passarci le vacanze.	Er pflegte dort die Ferien zu verbringen.

Aber nur: *Ci si deve lavare/Bisogna lavarsi.* – Man muß sich waschen.

4. Folgt auf *fare* («lassen» im Sinne von «veranlassen») ein Infinitiv, so stehen die unbetonten Objektpronomina bei *fare* (vorangestellt bzw. angehängt). In diesem Fall können sie nicht an den Infinitiv angehängt werden:

Hai già fatto riparare la macchina? -	Hast du das Auto schon reparieren
Sì, l'ho già fatta riparare.	lassen? - Ja, ich habe es schon reparieren lassen.
Il professore fa copiare il brano allo scolaro? - Sì, gli fa copiare il brano./	Läßt der Lehrer den Schüler das Stück abschreiben? - Ja, er läßt ihn das
Sì, glielo fa copiare.	Stück abschreiben./Ja, er läßt es ihn abschreiben.
Faglielo vedere.	Laß es ihn sehen!/Zeige es ihm.

Anmerkung 1: Wenn der mit *fare* + Infinitiv gebildete Satz zwei Objekte hat, so wird das Personenobjekt indirekt konstruiert.

Anmerkung 2: Folgt auf *fare* ein reflexives Verb, so entfällt das Reflexivpronomen: *Alzarsi* «aufstehen» aber: *L'ho fatto alzare.* - Ich habe ihn aufstehen lassen.

Anmerkung 3: Im Italienischen gibt es Verben, bei denen im Gegensatz zum Deutschen «lassen» Bestandteil der Verbbedeutung ist und daher *fare* nicht verwendet wird: *I suoi genitori hanno divorziato due anni fa.* - Seine Eltern haben sich vor zwei Jahren scheiden lassen. *Queste esperienze mi hanno maturato.* - Diese Erfahrungen haben mich reifen lassen.

Wendungen mit *fare* + Infinitiv:

Non farmi arrabbiare!	Ärgere mich nicht!
Lui mi fa disperare.	Er bringt mich zur Verzweiflung.
Mia sorella si fa sempre pregare.	Meine Schwester läßt sich immer bitten.
Il mio amico mi ha fatto sapere che non può venire.	Mein Freund hat mir mitgeteilt, daß er nicht kommen kann.
Lo farò tacere io!	Den werde ich zum Schweigen bringen!
Mi fai vedere la tua giacca nuova?	Zeigst du mir deine neue Jacke?
Gli farò vedere io!	Dem werd' ich's aber zeigen!
Mi ha fatto perdere del tempo.	Er hat mich aufgehalten.

5. Folgt auf *lasciare* («lassen» im Sinne von «zulassen») ein Infinitiv, so stehen die unbetonten Objektpronomina bei *lasciare* (vorangestellt bzw. angehängt). In diesem Fall können sie nicht an den Infinitiv angehängt werden:

Lasciala dormire.	Laß sie schlafen!
Hai lasciato giocare i bambini? -	Hast du die Kinder spielen lassen? -
Sì, li ho lasciati giocare.	Ja, ich habe sie spielen lassen.
Gli ho/L'ho lasciato guidare la mia macchina. /Gliel'ho lasciata guidare.	Ich habe ihn mein Auto fahren lassen. Ich habe es ihn fahren lassen.

Anmerkung 1: Hat der mit *lasciare* + Infinitiv gebildete Satz ein pronominales Personenobjekt und ein nominales Sachobjekt, so kann das Personenobjekt direkt oder indirekt konstruiert werden. Sind beide Objekte Pronomina, so muß das Personenobjekt indirekt konstruiert werden.

Anmerkung 2: In einigen Fällen werden *lasciare/fare* + Infinitiv ohne Bedeutungsunterschied gebraucht: *Lasciami/Fammi passare.* – Laß mich durch!

6. Wie die oben in § 140.3 behandelten Modalverben verhalten sich auch **andare/venire, mandare** und **cominciare a** + Infinitiv:

Lo vado a prendere/Vado a prenderlo alla stazione.	Ich hole ihn vom Bahnhof ab.
Quando ci vieni a trovare?/Quando vieni a trovarci?	Wann besuchst du uns?
La mandano a chiamare./Mandano a chiamarla.	Sie lassen sie rufen./Sie schicken nach ihr.
Mi comincio a domandare se .../ Comincio a domandarmi se .../	Ich fange an mich zu fragen, ob ...

Anmerkung: Ebenso bei *tornare a fare qc* «wieder etwas tun»: *Si è tornata a sposare./ È tornata a sposarsi.* Sie hat wieder geheiratet. Aber: *È tornata per sposarsi.* – Sie ist zurückgekehrt, um zu heiraten.

Die unbetonten Objektpronomina beim *gerundio* **141**

1. Die unbetonten Objektpronomina werden an das *gerundio* angehängt:

Avvicinandomi vidi che ...	Als ich mich näherte, sah ich, daß...
Essendomi avvicinato vidi che ...	Als ich mich genähert hatte, ...

2. Geht dem Gerundium **andare/venire** voraus, so können die unbetonten Objektpronomina entweder vor *andare/venire* stehen oder an das Gerundium angehängt werden:

La situazione si va aggravando/va aggravandosi.	Die Lage verschlimmert sich allmählich.
Mi vengo accorgendo che .../Vengo accorgendomi che ...	Ich bemerke eben, daß ...

3. Geht dem Gerundium **stare** voraus, so stehen die Objektpronomina meist vor *stare*:

Hai già scritto la lettera? – No, la sto scrivendo.	Hast du den Brief schon geschrieben? – Nein, ich schreibe ihn gerade.

142 Die unbetonten Objektpronomina beim absoluten Partizip

Beim absoluten Partizip werden die unbetonten Objektpronomina angehängt:

Vistolo, si allontanò.	Nachdem er es gesehen hatte, entfernte er sich.
Alzatasi, fece subito colazione.	Nachdem sie aufgestanden war, frühstückte sie sofort.

143 Die unbetonten Objektpronomina bei *ecco*

Die unbetonten Objektpronomina werden an *ecco* angehängt:

Dov'è la mia chiave? - Eccola/Eccotela.	Wo ist mein Schlüssel? - Da ist er./ Da hast du ihn.
Eccomi.	Da bin ich.
Eccolo che arriva.	Da kommt er ja!

Anmerkung: Bei Betonung können vor dem Relativpronomen auch die betonten Objektpronomina *lui/lei* und *loro* erscheinen: *Ecco lui che vuole avere sempre ragione.* - Er will ja immer Recht haben.

Kapitel 10 Die Relativpronomina (I pronomi relativi)

Typen von Relativsätzen

Das Italienische unterscheidet zwei Typen von Relativsätzen (proposizioni relative):

1. einschränkende Relativsätze (relative determinative/limitative), d.h. Relativsätze, die zum Verständnis des Hauptsatzes notwendig sind; sie werden nicht durch Kommata abgetrennt:

Tutti gli alunni che hanno superato le prove scritte sono ammessi agli esami orali.	Alle Schüler, die die schriftlichen Prüfungen bestanden haben, sind zu den mündlichen Prüfungen zugelassen.

2. erläuternde Relativsätze (relative appositive/esplicative), d.h. Relativsätze, die eine Zusatzinformation geben; sie werden durch Kommata abgetrennt:

Il padre di Maria, il quale era sarto, è morto in un incidente.	Marias Vater, der Schneider war, ist bei einem Unfall ums Leben gekommen.

(Zur hervorhebenden Konstruktion *essere ... che* vgl. 340.3)

Die Formen der Relativpronomina

Singular u. Plural mask. u. fem.		*che*	*a cui*	*di cui*	*in cui*	*per cui*
Singular	mask.	*il quale*	*al quale*	*del quale*	*nel quale*	*per il quale*
	fem.	*la quale*	*alla quale*	*della quale*	*nella quale*	*per la quale*
Plural	mask.	*i quali*	*ai quali*	*dei quali*	*nei quali*	*per i quali*
	fem.	*le quali*	*alle quali*	*delle quali*	*nelle quali*	*per le quali*

Der Gebrauch der Relativpronomina

Das Relativpronomen *che*, das unveränderlich ist, kann für Personen und Sachen stehen. Es wird als Subjekt und direktes Objekt gebraucht (zum Gebrauch des Konjunktivs im Relativsatz vgl. § 282, zur Veränderlichkeit des Partizips vgl. § 212.4).

1. *che* als Subjekt:

Conosco un signore che parla cinque lingue.	Ich kenne einen Herrn, der fünf Sprachen spricht.
Cerco una segretaria che sappia lo spagnolo.	Ich suche eine Sekretärin, die Spanisch kann.
I turisti che vanno a Firenze hanno interesse per le arti.	Die Touristen, die nach Florenz fahren, interessieren sich für Kunst.

2. *che* als direktes Objekt:

Hai trovato la chiave che avevi perduto?	Hast du den Schlüssel gefunden, den du verloren hattest?
Le scarpe che hai comprato mi piacciono molto.	Die Schuhe, die du gekauft hast, gefallen mir sehr.
Il brano che ho tradotto era molto difficile.	Der Abschnitt, den ich übersetzt habe, war sehr schwierig.

147 Das Relativpronomen *che* kann sich nicht nur auf Nomina, sondern auch auf vorangehende Pronomina beziehen, wie zum Beispiel *quello* (vgl. § 60.4), *ciò* (vgl. § 62), *colui* (vgl. § 61.2) usw.:

Fammi vedere quel(lo) che/ciò che hai comprato.	Zeige mir, was du gekauft hast.
Questi sono i nomi di tutti quelli che partecipano al corso d'italiano.	Dies sind die Namen all derjenigen, die am Italienisch-Kurs teilnehmen.
Coloro che sono bocciati possono ripetere l'esame una sola volta.	Diejenigen, die durchgefallen sind, können die Prüfung nur einmal wiederholen.
Lasciate ogni speranza voi ch'entrate. (Dante)	Lasset alle Hoffnung fahren, ihr, die ihr eintretet.

Anmerkung 1: Anstelle von *tutto ciò che/tutto quello che* wird häufig *quanto* gebraucht: *Non credo quanto mi ha detto.* - Ich glaube nicht alles, was er mir gesagt hat.

Anmerkung 2: Man beachte, daß sich das Verb des Relativsatzes stets nach dem Bezugswort des Relativpronomens richtet: *Sono io che **ho** trovato la soluzione del problema.* - Ich bin es, der die Lösung des Problems gefunden **hat/Ich** habe die Lösung des Problems gefunden. Aber: *Sono io quello che ha trovato ...*

148 **Besonderheiten des Gebrauchs von *che***

1. Bezieht sich das Relativpronomen auf einen ganzen Satz (dt. «was»), so steht *che* meistens mit dem maskulinen Artikel (*il che*) In der Umgangssprache wird stattdessen auch *cosa che* verwendet:

Mio marito vuole smettere di fumare, il che non è facile.	Mein Mann will mit dem Rauchen aufhören, was nicht leicht ist.
Ieri ti ho offeso, del che ti chiedo scusa.	Gestern habe ich dich beleidigt, wofür ich dich um Verzeihung bitte.
Mario dice di guadagnare quattromila marchi al mese, cosa che non credo.	Mario sagt, er verdiene 4.000 DM im Monat, was ich nicht glaube.

2. Das Relativpronomen *che* kann auch temporale Funktion haben und *in cui/nel quale* usw. ersetzen:

Ricorderemo sempre il giorno che (= in cui/nel quale) ci siamo incontrati per la prima volta.	Wir werden uns immer an den Tag erinnern, an dem wir uns zum ersten Mal begegnet sind.
L'anno che (= in cui/nel quale) sono nato fu molto denso di avvenimenti.	Das Jahr, in dem ich geboren wurde, war sehr ereignisreich.

Anmerkung: In nachlässiger Ausdrucksweise wird der Gebrauch von *che* auch auf andere Funktionen ausgedehnt: *il ragazzo che gli ho detto (= a cui/al quale ho detto)...* – der Junge, dem ich gesagt habe, ... *Paese che vai, usanza che trovi* (Sprichwort). – Andere Länder, andere Sitten.

Das unveränderliche Relativpronomen *cui* steht nach Präpositionen: **149**

Questa è una decisione di cui ti pentirai.	Das ist eine Entscheidung, die du bereuen wirst.
Il treno con cui arrivai era in ritardo.	Der Zug, mit dem ich ankam, hatte Verspätung.
Il paese in cui ho trascorso le vacanze estive è molto tranquillo.	Das Dorf, in dem ich die Sommerferien verbracht habe, ist sehr ruhig.
Questa è la ragione per cui non sono venuto.	Das ist der Grund, weshalb ich nicht gekommen bin.
Quel tuo compagno, di cui i tuoi genitori parlavano sempre male, ha superato brillantemente gli esami.	Dein Kamerad, von dem deine Eltern immer schlecht sprachen, hat die Prüfungen glänzend bestanden.
La mia amica, da cui ho ricevuto una cartolina, si trova a Roma.	Meine Freundin, von der ich eine Karte bekommen habe, ist in Rom.
Molte persone, fra cui alcuni stranieri, sono intervenute alle cerimonie.	Viele Personen, darunter einige Ausländer, haben an den Feierlichkeiten teilgenommen.
Il medico, (a) cui vi siete rivolti, è il miglior specialista della città.	Der Arzt, an den ihr euch gewandt habt, ist der beste Spezialist der Stadt.

Anmerkung: Die Präposition *a* kann vor *cui* entfallen.

Merke: *nella misura in cui* – in dem Maße, wie

Das Relativpronomen *il quale*, das Genus und Numerus unterscheidet, kann für **150** Personen und Sachen verwendet werden. Es hat dieselbe Bedeutung wie *che* und *cui*, die wegen ihrer Kürze besonders in der gesprochenen Sprache vorgezogen werden:

Sono cose delle quali è meglio non parlare.	Das sind Dinge, über die man besser nicht spricht.
La signora alla quale ho ceduto il mio posto non mi ha nemmeno detto «grazie».	Die Dame, der ich meinen Platz überlassen habe, hat mir nicht einmal gedankt.

Anmerkung: Das Relativpronomen *il quale* kann sich außer auf ein Nomen auch auf das Pronomen *colui* etc. beziehen: *Mi sono rivolto a colui del quale mi hai parlato*. Ich habe mich an den(jenigen) gewandt, von dem du mir erzählt hast.

151 Da *il quale* eine Unterscheidung von Genus und Numerus erlaubt, wird es besonders in folgenden Fällen eingesetzt:

1. wenn *che* oder *cui* keinen eindeutigen Bezug herstellen würden:

La madre di Mario, la quale stimiamo tanto, viene a trovarci.	Marios Mutter, die wir sehr schätzen, besucht uns.
La madre di Mario, il quale stimiamo tanto, viene a trovarci.	Die Mutter Marios, den wir sehr schätzen, besucht uns.

2. wenn das Beziehungswort weit vom Relativpronomen entfernt steht:

Mi ricordo benissimo delle gite con i genitori nei dintorni di Firenze, le quali mi facevano molto piacere.	Ich erinnere mich sehr gut an die Ausflüge mit meinen Eltern in die Umgebung von Florenz, die mir große Freude bereiteten.

3. wenn mehrere *che* aufeinander folgen würden:

Mi hanno detto che il signor Bianchi, il quale è in Germania per affari, tornerà domani.	Man hat mir gesagt, daß Herr Bianchi, der geschäftlich in Deutschland ist, morgen zurückkehren wird.

152 **Die Wiedergabe von dt. «dessen/deren» im Italienischen**

1. Zur Wiedergabe von dt. «dessen/deren» benutzt man im Italienischen entweder das Relativpronomen *cui* (ohne *di*), das zwischen den bestimmten Artikel und das Nomen tritt, oder die Relativpronomina *del quale/della quale/dei quali/delle quali*, die dem Nomen folgen:

Leonardo da Vinci, le cui opere/le opere del quale ci riempiono d'ammirazione, fu un genio del Rinascimento.	Leonardo da Vinci, dessen Werke uns mit Bewunderung erfüllen, war ein Genie der Renaissance.
Ci sono libri la cui lettura/la lettura dei quali è pericolosa.	Es gibt Bücher, deren Lektüre gefährlich ist.
L'autore al cui articolo/all'articolo del quale mi riferisco vive in Svizzera.	Der Autor, auf dessen Artikel ich mich beziehe, lebt in der Schweiz.

2. Ist das auf «dessen/deren» folgende Nomen Subjekt oder direktes Objekt des Relativsatzes, so ist auch *di cui* möglich, wobei das Nomen an das Ende des Relativsatzes tritt:

Questo è il ragazzo di cui è morto il padre.	Das ist der Junge, dessen Vater gestorben ist.
Non leggo volentieri un giallo di cui conosco già la trama.	Ich lese nicht gerne einen Krimi, dessen Handlung ich schon kenne.

Das Relativpronomen *chi* 153

1. Das Relativpronomen *chi*, dem kein Bezugswort vorausgeht, wird nur auf Personen angewendet, und zwar in verallgemeinerndem Sinn. Es ist unveränderlich und wird nur im Singular gebraucht:

Chi cerca trova.	Wer sucht, der findet.
Chi ha i tegoli di vetro, non tiri sassi al vicino.	Wer im Glashaus sitzt, soll nicht mit Steinen werfen.
Ringrazia chi ti ha aiutato.	Danke demjenigen, der dir geholfen hat.
Non c'è chi lo sappia.	Es gibt niemanden, der es weiß.
Dovresti rivolgerti a chi se ne intende.	Du solltest dich an den wenden, der sich darin auskennt.
Non mi piacerebbe essere al posto di chi è responsabile della faccenda.	Ich wäre ungern an der Stelle desjenigen, der für die Angelegenheit verantwortlich ist.
Non gioco a carte con chi non conosco.	Ich spiele nicht Karten mit jemandem, den ich nicht kenne.

Anmerkung: Wenn die Unterscheidung des Genus unerheblich ist, ersetzt *chi* meist *colui/colei che*. Soll auf den Plural abgehoben werden, so verwendet man *coloro che*.

2. *Chi* + Konjunktiv Imperfekt/Plusquamperfekt steht für *se qualcuno/uno* + Konjunktiv Imperfekt/Plusquamperfekt:

Chi affermasse questo, direbbe una bugia.	Wenn einer das behaupten würde, würde er lügen.
Chi non l'avesse visto, non l'avrebbe creduto.	Wenn einer das nicht gesehen hätte, hätte er es nicht geglaubt.

3. *Chi ... chi* entspricht *l'uno ... l'altro/gli uni ... gli altri* oder *alcuni ... altri*:

Chi dice di sì, chi di no.	Der eine sagt ja, der andere nein.
Il mondo è fatto a scale: chi le scende, chi le sale.	Die Welt ist wie eine Leiter: Der eine steigt hinunter, der andere hinauf.

Auch das Ortsadverb *dove* kann als Relativpronomen verwendet werden: 154

Mi piace il paese dove (= in cui/nel quale) abiti.	Mir gefällt das Dorf, in dem du wohnst.

Anmerkung: Literarisch können *ove* anstelle von *dove* und *onde/donde* «woher» anstelle von *da cui/dal quale* etc. stehen.

155 Ein deutscher Relativsatz kann im Italienischen auch wiedergegeben werden durch

1. einen mit der Präposition *a* eingeleiteten Infinitiv (vgl. § 258):

Chi è stato a rompere il bicchiere?	Wer war es, der das Glas zerbrochen hat?
Lui è sempre il primo a lamentarsi.	Er ist immer der erste, der sich beklagt.

2. einen mit der Präposition *da* eingeleiteten Infinitiv, sofern der Relativsatz eine Notwendigkeit ausdrückt (vgl. § 260.4):

Questi sono lavori da sbrigare subito.	Das sind Arbeiten, die sofort erledigt werden müssen.

3. ein Partizip Präsens (vgl. § 207.2) bzw. Partizip Perfekt (vgl. § 210.3):

Studiate tutte le parole facenti parte della stessa famiglia.	Lernt alle Wörter, die zur selben Familie gehören.
le invenzioni fatte nel nostro secolo	die Erfindungen, die in unserem Jahrhundert gemacht wurden

156 Italienische Relativsätze können im Deutschen auch wiedergegeben werden durch

1. ein Partizip Präsens (vgl. § 208.1):

i bambini che ridono	die lachenden Kinder

2. einen Infinitivsatz:

Ho visto la signora Bianchi che usciva dal negozio.	Ich habe Frau Bianchi aus dem Geschäft kommen sehen.

Kapitel 11 Das Adjektiv (L'aggettivo qualificativo)

Die Endungen des Adjektivs

157

Im Italienischen gibt es je nach ihren Endungen verschiedene Klassen von Adjektiven:
1. Adjektive, die im Singular und im Plural je eine maskuline und eine feminine Form aufweisen;
2. Adjektive, die im Singular und im Plural je eine Endung besitzen.

(Zu den unveränderlichen Adjektiven vgl. § 159)

		Singular	Plural
1. Klasse	maskulin	*-o*	*-i*
	feminin	*-a*	*-e*
2. Klasse	maskulin/feminin	*-e*	*-i*

un ragazzo biondo	ein blonder Junge
una ragazza bionda	ein blondes Mädchen
ragazzi biondi	blonde Jungen
ragazze bionde	blonde Mädchen
un signore elegante	ein eleganter Herr
una signora elegante	eine elegante Dame
signori eleganti	elegante Herren
signore eleganti	elegante Damen

Anmerkung: Adjektive auf *-ista* haben im Singular nur eine Form; der maskuline Plural lautet *-isti*, der feminine Plural *-iste*:

il partito socialista	die sozialistische Partei
i partiti socialisti	die sozialistischen Parteien
una persona egoista	eine egoistische Person
persone egoiste	egoistische Menschen

Besonderheiten der Pluralbildung

158

Bei der Pluralbildung der Adjektive sind dieselben Regeln zu beachten wie bei der Pluralbildung der Nomina (vgl. § 15).

1. Adjektive auf *-co/-ca*, die auf der vorletzten Silbe betont werden, bilden den Plural auf *-chi/-che*:

un capello bianco	ein weißes Haar
capelli bianchi	weiße Haare
una nuvola bianca	eine weiße Wolke
nuvole bianche	weiße Wolken

2. Adjektive auf *-co/-ca*, die auf der drittletzten Silbe betont werden, bilden den Plural auf *-ci/-che*:

un esercizio pratico	eine praktische Übung
esercizi pratici	praktische Übungen
una borsa pratica	eine praktische Tasche
borse pratiche	praktische Taschen

Ausnahmen: *carico* und *dimentico* bilden den Plural auf *-chi*:
i camion carichi di merce - die mit Waren beladenen Lastwagen
uomini dimentichi dei loro doveri - pflichtvergessene Menschen.

3. Adjektive auf *-go/-ga* bilden den Plural auf *-ghi/-ghe*:

un viaggio lungo	eine lange Reise
viaggi lunghi	lange Reisen
una gonna lunga	ein langer Rock
gonne lunghe	lange Röcke
un caso analogo	ein analoger Fall
casi analoghi	analoge Fälle
una famiglia girovaga	eine umherziehende Familie
famiglie girovaghe	umherziehende Familien

4. Adjektive, die auf unbetontes *-io* ausgehen, bilden den Plural auf *-i*. Gehen sie auf betontes *-io* aus, lautet der Plural *-ii*:

un treno ordinario	ein planmäßiger Zug
treni ordinari	planmäßige Züge
un uomo pio	ein frommer Mann
uomini pii	fromme Männer

5. Adjektive auf *-cio/-cia* mit vorausgehendem Konsonant bilden den Plural auf *-ci/-ce*:

un fico marcio	eine faule Feige
fichi marci	faule Feigen
una pesca marcia	ein fauler Pfirsich
pesche marce	faule Pfirsiche

Anmerkung: Geht einem Adjektiv auf *-cia* ein Vokal voraus, so geht der Plural auf *-cie* oder *-ce* aus:
una scarpa sudicia ein schmutziger Schuh
scarpe sudicie/sudice schmutzige Schuhe

130

6. Adjektive auf *-gio/-gia* bilden den Plural auf *-gi/-gie*:

un capello grigio	ein graues Haar
capelli grigi	graue Haare
una giacca grigia	eine graue Jacke
giacche grigie	graue Jacken

7. Zusammengesetzte Adjektive verändern nur den zweiten Bestandteil:

bambine sordomute	taubstumme Mädchen
caramelle agrodolci	süßsaure Bonbons
leggi sacrosante	heilige Gesetze
i rapporti italo-tedeschi	die deutsch-italienischen Beziehungen

Unveränderlich sind:

1. *pari*, *impari* und *dispari*:

i numeri pari/dispari	die geraden/ungeraden Zahlen
una somma pari	eine gleich hohe Summe
forze impari	ungleiche Kräfte

2. adverbiale Wendungen, die adjektivisch gebraucht werden:

una persona dabbene	eine rechtschaffene Person
uomini perbene	anständige Männer
ragazzi dappoco	nichtsnutzige Burschen

3. adjektivisch gebrauchte Nomina, die eine Farbe bezeichnen:

una cravatta arancio	eine orangefarbene Krawatte
un cappello rosa	ein rosa(farbener) Hut
scarpe marrone	(kastanien)braune Schuhe
un vestito lilla	ein fliederfarbenes Kleid

4. *blu* und *chic*:

una gonna blu	ein blauer Rock
due camicie blu	zwei blaue Hemden.
tre ragazze chic	drei schicke Mädchen.

5. die mit *chiaro* oder *scuro/cupo* gebildeten Farbadjektive und sonstige zusammengesetzte Farbbezeichnungen:

una minigonna rosso chiaro	ein hellroter Minirock
vestiti verde scuro/cupo	dunkelgrüne Kleider
pantaloni verde bottiglia	flaschengrüne Hosen

6. Adjektive, die mit **anti**- + Nomen zusammengesetzt sind:

i fari antinebbia	die Nebelscheinwerfer
pittura antigelo	Frostschutzfarbe

7. der als Adjektiv gebrauchte Infinitiv **avvenire**:

le generazioni avvenire	die künftigen Generationen
negli anni avvenire	in den kommenden Jahren

160 **Sonderformen der Adjektive** *bello, buono, santo* **und** *grande* **vor Nomina:**

1. **Bello** verhält sich vor einem Nomen wie der bestimmte Artikel (vgl. § 44):

(il ragazzo) un bel ragazzo	ein schöner Junge
(lo stadio) un bello stadio	ein schönes Stadion
(l'armadio) un bell'armadio	ein schöner Schrank
(i ragazzi) bei ragazzi	schöne Jungen
(gli stadi) begli stadi	schöne Stadien
(gli armadi) begli armadi	schöne Schränke

Aber: *Io compro solo armadi belli.*   Ich kaufe nur schöne Schränke.
        Questi armadi sono belli.   Diese Schränke sind schön.

Anmerkung: *Bella* kann vor mit Vokal anlautendem Nomen elidiert werden:
                una bella/bell'abitudine   eine schöne Angewohnheit.

2. **Buono** verhält sich vor einem Nomen wie der unbestimmte Artikel (vgl. § 44.4):

(un libro) un buon libro	ein gutes Buch
(uno zio) un buono zio	ein guter Onkel
(un autore) un buon autore	ein guter Schriftsteller

Anmerkung: Bei *buona* vor mit Vokal anlautendem Nomen unterbleibt heute
           die Elision (vgl. § 9.6): *una buona idea* – eine gute Idee

3. **Santo** wird vor einem Eigennamen, der mit Konsonant beginnt, nicht aber vor *s* + Konsonant, zu **san** gekürzt (vgl. § 10.4, zur Elision vgl. § 8.2):

san Giuseppe	der heilige Joseph
san Zeno	der heilige Zeno

Aber: *santo Stefano* der heilige Stephanus, *sant'Ambrogio* der heilige Ambrosius.
Anmerkung: *Santa* wird vor mit Vokal anlautendem femininen Nomen elidiert:
           sant'Orsola die heilige Ursula.

4. *Grande* kann vor einem maskulinen oder femininen Nomen im Singular zu *gran* gekürzt werden, besonders wenn der unbestimmte Artikel vorausgeht. Diese Kürzung unterbleibt, wenn das folgende Nomen mit *s* + Konsonant, *z*, *x*, *gn*, *pn* oder *ps* beginnt (vgl. § 11.1):

una gran/grande folla	eine große Menge
un gran/grande poeta	ein großer Dichter

Aber: *un grande specchio*   ein großer Spiegel
       un grande psicologo   ein großer Psychologe

Anmerkung: In der Umgangssprache kommt *gran* auch vor *s* + Konsonant, *z*, *x*, *gn*, *pn* oder *ps* vor.

Die Übereinstimmung des Adjektivs mit dem Nomen   161

1. Das Adjektiv richtet sich sowohl bei attributivem als auch bei prädikativem Gebrauch in Genus und Numerus nach dem Nomen, auf das es sich bezieht.

Attributiver Gebrauch:

un lavoro duro	eine harte Arbeit
le mele mature	die reifen Äpfel

Prädikativer Gebrauch:

La camicia è bianca.	Das Hemd ist weiß.
I genitori sono nervosi.	Die Eltern sind nervös.

2. Wenn ein Adjektiv sich auf mehrere Nomina mit gleichem Genus bezieht, so richtet es sich nach dem gemeinsamen Genus der Nomina und erscheint (fast immer) im Plural:

una giacca e una gonna gialle	eine gelbe Jacke und ein gelber Rock
un piatto e un bicchiere rotti	ein zerbrochener Teller und ein zer-brochenes Glas
la lingua e la letteratura tedesche	die deutsche Sprache und Literatur

Auch: *la lingua e la letteratura tedesca*

3. Wenn ein prädikativ gebrauchtes Adjektiv sich auf mehrere Nomina mit verschiedenem Genus bezieht, so steht die maskuline Form des Plurals. Ein attributiv gebrauchtes Adjektiv kann sich auch nach dem am nächsten stehenden Nomen richten:

Il frigorifero e la lavatrice sono guasti.	Der Kühlschrank und die Wasch-maschine sind kaputt.
gli studenti e le studentesse italiani/ italiane	die italienischen Studenten und Studentinnen

4. Bezieht sich ein Adjektiv auf ein unbestimmtes Subjekt (dt. «man»), so steht die maskuline Form des Plurals:

Non si è mai contenti.	Man ist nie zufrieden.
Bisogna essere onesti.	Man muß ehrlich sein.

162 Die Stellung des Adjektivs

Das Adjektiv steht nach dem Nomen, wenn es unterscheidende Funktion hat; es steht vor dem Nomen, wenn es beschreibende Funktion hat. Wenn zum Beispiel Eheleute sagen: *Ci siamo comprati una piccola casa*, so wollen sie nur beschreiben, wie ihr Haus ist. Sagen sie hingegen: *Ci siamo comprati una casa piccola*, so bringen sie damit zum Ausdruck, daß es nur ein kleines, kein großes Haus ist, das sie sich gekauft haben. Außerdem gibt die Voranstellung subjektives Urteil, Emphase und besondere Intensität wieder.

163 Nachgestellt werden:

1. Adjektive, die stets unterscheidende Funktion haben und die zum Beispiel Farbe, Form, Nationalität, geographische, politische, religiöse Zugehörigkeit usw. angeben:

una borsa nera	eine schwarze Tasche
un tavolo rotondo	ein runder Tisch
la squadra tedesca	die deutsche Mannschaft
il partito comunista	die kommunistische Partei
la chiesa cattolica	die katholische Kirche
l'Europa occidentale	Westeuropa

Anmerkung: In festen Wendungen stehen Farbadjektive gelegentlich vor dem Nomen, zum Beispiel *un verde prato* - eine grüne Wiese.

2. die sogenannten *aggettivi relazionali*, das sind Adjektive, die von Nomina abgeleitet sind und die eine Verbindung angeben zwischen dem Nomen, auf das sich das Adjektiv bezieht und dem Nomen, von dem das Adjektiv abgeleitet ist. Im Deutschen werden solche Verbindungen oft durch ein zusammengesetztes Nomen wiedergegeben:

la linea ferroviaria	die Eisenbahnlinie
il piano quinquennale	der Fünfjahresplan
la stagione sciistica	die Skisaison

Anmerkung: Diese Adjektive können nicht prädikativ gebraucht werden. Ebensowenig ist eine Steigerung möglich.

3. in der Regel adjektivisch gebrauchte Partizipien:

formaggio grattugiato	geriebener Käse
un romanzo avvincente	ein fesselnder Roman

4. näher bestimmte Adjektive:

un lavoro molto diffìcile	eine sehr schwierige Arbeit
un problema veramente delicato	ein wirklich heikles Problem

5. in der Regel mehrsilbige Adjektive:

una persona caritatevole	ein mildtätiger Mensch
un viaggio meraviglioso	eine wunderbare Reise

6. zwei oder mehr Adjektive, die sich auf dasselbe Nomen beziehen:

un operaio abile e diligente	ein geschickter und fleißiger Arbeiter
un preside severo ma giusto	ein strenger, aber gerechter Direktor.

Folgende Adjektive haben verschiedene Bedeutung, je nachdem ob sie vor oder **164** nach dem Nomen stehen:

grande	*un gran quadro*	ein großartiges Bild
	un quadro grande	ein großes Bild
certo	*un certo Angelo*	ein gewisser Angelo
	un amico certo	ein zuverlässiger Freund
bravo	*un bravo ragazzo*	ein guter Junge
	un ragazzo bravo	ein tüchtiger Junge
povero	*una povera famiglia*	eine bedauernswerte Familie
	una famiglia povera	eine mittellose Familie
semplice	*un semplice scherzo*	nur ein Scherz
	una vita semplice	ein einfaches Leben
caro	*un caro bambino*	ein liebes Kind
	una macchina cara	ein teures Auto
nuovo	*una nuova macchina*	ein neues Auto
	una macchina nuova	ein neues (nicht gebrauchtes) Auto
diverso	*diverse faccende*	mehrere Angelegenheiten
	faccende diverse	unterschiedliche Angelegenheiten
solo	*una sola donna*	eine einzige Frau
	una donna sola	eine alleinstehende Frau
curioso	*un curioso tipo*	ein seltsamer Kauz
	un tipo curioso	ein neugieriger Kerl
proprio	*il proprio nome*	der eigene Name
	il nome proprio	der Eigenname

Unterscheide auch: *un galantuomo* ein Ehrenmann/Gentleman
un uomo galante ein galanter Mann
un gentiluomo ein Edelmann/Gentleman
un uomo gentile ein liebenswürdiger Mann

165 Die Nominalisierung des Adjektivs

1. Im Italienischen können, wie im Deutschen, fast alle Adjektive als Nomina gebraucht werden:

i poveri	die Armen	*i giovani*	die jungen Leute
il bello	das Schöne	*il vero*	das Wahre

2. Viele Adjektive sind zu Nomina geworden:

la circolare	das Rundschreiben	*il giornale*	die Zeitung
i mobili	die Möbel	*il sonnifero*	das Schlafmittel

3. Adverbiale Wendungen mit als Nomina gebrauchten Adjektiven:

all'improvviso	plötzlich	*alla svelta*	rasch

166 Die Steigerung des Adjektivs

Der Komparativ (il grado comparativo) wird gebildet, indem man dem Adjektiv **più** (= Aufwärtssteigerung *comparativo di maggioranza*) bzw. **meno** (= Abwärtssteigerung *comparativo di minoranza*) voranstellt:

un vestito più bello	ein schöneres Kleid
un bambino meno intelligente	ein weniger intelligentes Kind
Questo libro è più caro.	Dieses Buch ist teurer.

Merke: ein älterer Herr *un signore piuttosto anziano/di una certa età*

167 Wiedergabe der Vergleichspartikel «als»

1. Folgt auf «als» ein Nomen oder ein Pronomen, gebraucht man **di**:

Maria è più bella di sua sorella.	Maria ist schöner als ihre Schwester.
Carlo è meno intelligente di Luigi.	Carlo ist weniger intelligent als Luigi.
Suo fratello è più furbo di te.	Sein Bruder ist schlauer als du.
La mia macchina è più veloce della tua.	Mein Auto ist schneller als deines.

Merke: *più/meno di centomila lire* - mehr/weniger als hunderttausend Lire

2. Folgt auf «als» ein Adjektiv, ein Adverb, ein Verb im Infinitiv oder eine präpositionale Fügung, verwendet man **che**:

Questo ristorante è più caro che buono.	Dieses Restaurant ist mehr teuer als gut.
Al mare ci sono più turisti che (non) in montagna.	Am Meer sind mehr Touristen als in den Bergen.
Stiamo più dentro che fuori.	Wir halten uns mehr drinnen auf als draußen.
È più facile spendere che risparmiare.	Es ist leichter auszugeben als zu sparen.

Anmerkung 1: Werden zwei Nomina miteinander verglichen, steht ebenfalls *che*:
C'erano più ragazzi che ragazze. - Es waren mehr Jungen als Mädchen da.

Anmerkung 2: Vor *ieri* und *prima* können *che* oder *di* stehen: *Sono più contento di/che prima.* - Ich bin zufriedener als früher.

3. Folgt auf «als» ein Nebensatz, gebraucht man *di quanto, di quello/quel che* oder (seltener) *che* mit dem Verb im Indikativ oder im Konjunktiv. Dem Verb kann ein pleonastisches *non* vorausgehen; in diesem Fall ist der Konjunktiv obligatorisch:

Si è comportato meglio di quanto mi aspettavo/aspettassi.	Er hat sich besser benommen, als ich erwartete.
Mario è più bravo di quanto tu credi/ creda/non creda.	Mario ist tüchtiger, als du glaubst.
La cosa finì meglio di quello che io credevo/credessi/non credessi.	Die Sache ging besser aus, als ich glaubte.

Anmerkung: Ein hypothetischer Vergleich (dt. «als ob») wird durch *come se* oder *quasi (che)* + Konjunktiv Imperfekt bzw. Plusquamperfekt eingeleitet (vgl. § 285.2): *Mi guardava, come se/quasi (che) non avesse capito.* - Er schaute mich an, als ob er nicht verstanden hätte. *Mio figlio fa, come se dormisse/*[häufiger] *finge/fa finta di dormire.* - Mein Sohn tut, als ob er schliefe.

Wiedergabe von dt. «(eben)so ... wie» 168

Dt. «(eben)so ... wie» wird durch *(tanto) ... quanto* oder durch *(così) ... come* ausgedrückt (comparativo di uguaglianza):

Riccardo è (tanto) intelligente quanto Roberto	Richard ist so intelligent wie Robert.
Ạngelo è (così) alto come Mario.	Angelo ist so groß wie Mario.

Anmerkung: Folgt auf «wie» eine Verbform, ist nur *(così) come* möglich: *Pạolo ha agito (così) come gli avevamo detto.* Paul hat (so) gehandelt, wie wir ihm gesagt hatten.

Der relative Superlativ **(il superlativo relativo)** wird mit dem Komparativ und 169 dem bestimmten Artikel (vor dem Adjektiv oder dem Nomen) gebildet:

Questi sono i francobolli più preziosi della collezione.	Das sind die wertvollsten Briefmarken der Sammlung.
Mario è lo scolaro più bravo di tutti in matemạtica.	Mario ist von allen der beste Schüler in Mathematik.
Questo è il più bel libro che abbia letto.	Das ist das schönste Buch, das ich gelesen habe.
Questo è l'uomo più ricco di/fra tutti.	Das ist der allerreichste Mann.

Anmerkung 1: *lo scolaro più bravo* könnte auch «der bessere Schüler» bedeuten. Aus dem Kontext bzw. durch präzisierende Ergänzungen wird die Bedeutung deutlich.

Anmerkung 2: Folgt auf einen Superlativ ein Relativsatz, so steht das Prädikat im Konjunktiv (vgl. § 282.2) *Queste sono le scarpe più comode che io abbia.* - Das sind die bequemsten Schuhe, die ich habe.

Merke: das zweitschönste Mädchen der Klasse - *la ragazza seconda per bellezza in classe*

170 Der absolute Superlativ (**il superlativo assoluto**) drückt einen sehr hohen Grad einer Eigenschaft aus. Man bildet den absoluten Superlativ, indem man an den Stamm des Adjektivs die Endung **-issimo** anhängt:

una donna bellissima	eine sehr schöne Frau
un esercizio facilissimo	eine kinderleichte Übung
guanti carissimi	sehr teure Handschuhe

Man beachte die orthographischen Besonderheiten:

denti bianchissimi	strahlend weiße Zähne
uno zio ricchissimo	ein sehr reicher Onkel
un viaggio lunghissimo	eine sehr lange Reise

Aber: *una borsa praticissima* eine äußerst praktische Tasche

In gehobener Sprache finden sich (nach lateinischem Vorbild) einige Formen auf **-errimo** und - **entissimo**:

acre	herb	*acerrimo*
celebre	berühmt	*celeberrimo*
misero	ärmlich	*miserrimo*
integro	unversehrt / integer	*integerrimo*
salubre	gesund / bekömmlich	*saluberrimo*
maledico	schmähsüchtig	*maledicentissimo*
malefico	unheilvoll	*maleficentissimo*
benefico /beneficente	wohltätig	*beneficentissimo*
munifico/munificente	freigebig	*munificentissimo*
benevolo	wohlwollend	*benevolentissimo*

Anmerkung 1: *Ampio* bildet ebenfalls nach lateinischem Vorbild die unregelmäßige Form *amplissimo*: *una casa amplissima* - ein sehr geräumiges Haus.

Anmerkung 2: In der Gemeinsprache zieht man Bildungen mit *molto* oder *assai* vor: *molto celebre* - sehr berühmt, *assai benefico* - sehr wohltätig.

Anmerkung 3: In einigen Fällen wird der absolute Superlativ auf -errimo nur
in übertragener Bedeutung gebraucht, wie zum Beispiel:
un vino molto acre   ein sehr herber Wein
una critica acerrima   eine äußerst bissige Kritik
Anmerkung 4: In der Umgangssprache wird von Wörtern ein absoluter Superlativ gebildet, die eigentlich keine Steigerung zulassen:
un signore inglesissimo   ein typisch englischer Herr
un'offertissima   ein Sonderangebot
un'occasionissima   eine äußerst günstige Gelegenheit

Weitere Möglichkeiten, den sehr hohen Grad einer Eigenschaft auszudrücken, **171**
sind

1. Gradadverbien, wie z. B. *molto, assai, estremamente, straordinariamente,
tutto* (§ 103.3):

Questa traduzione è molto difficile.	Diese Übersetzung ist sehr schwierig.
Il signor Bianchi è estremamente abile negli affari.	Herr Bianchi ist äußerst geschickt in Geschäften.
Il bambino è tutto pallido.	Das Kind ist ganz blaß.

Merke: *una gran bella cosa* - eine sehr schöne Sache

2. Wiederholen des Adjektivs:

Hanno un giardino grande grande.	Sie haben einen riesengroßen Garten.
Giovanni ha i capelli neri neri.	Giovanni hat kohlrabenschwarze Haare.
Lo stadio era pieno pieno.	Das Stadion war proppenvoll.

3. Hinzufügen eines zweiten Adjektivs:

Siamo stanchi morti.	Wir sind todmüde.
Il treno è pieno zeppo.	Der Zug ist zum Brechen voll.
Suo zio è ricco sfondato.	Sein Onkel ist steinreich.
Era buio pesto.	Es war stockdunkel.
Mio fratello è innamorato cotto.	Mein Bruder ist bis über die Ohren verliebt.
I bambini erano bagnati fradici.	Die Kinder waren pudelnaß.
Gli uomini erano ubriachi fradici.	Die Männer waren sternhagelvoll.

4. Vorsilben:

I genitori sono arcicontenti.	Die Eltern sind äußerst zufrieden.
Questo whisky è stravecchio.	Dieser Whisky ist sehr alt.
Mio cognato è ipersensibile.	Mein Schwager ist überempfindlich.
Abbiamo comprato una cucina ultra-moderna.	Wir haben eine hypermoderne Küche gekauft.

5. Vergleiche:

povero come Giobbe	bettelarm
magro come un chiodo	spindeldürr
sano come un pesce	kerngesund
buono come il pane	herzensgut

6. ein mit der Präposition *da* eingeleiteter konsekutiver Infinitiv:

Suo fratello è pazzo da legare.	Sein Bruder ist vollkommen verrückt.
Sua sorella è brutta da fare paura.	Seine Schwester ist grundhäßlich.
Angela è bella da morire.	Angela ist unendlich schön.

172 Unregelmäßige Komparativ- und Superlativformen

Folgende Adjektive bilden (nach lateinischem Vorbild) einen unregelmäßigen Komparativ und Superlativ:

Positiv	Komparativ	rel. Superlativ	abs. Superlativ
buono	migliore	il migliore	ottimo
cattivo	peggiore	il peggiore	pessimo
grande	maggiore	il maggiore	massimo
piccolo	minore	il minore	minimo

Neben diesen unregelmäßigen Formen gibt es auch die regelmäßigen Formen *più buono, il più buono, buonissimo, più cattivo, il più cattivo, cattivissimo* usw. *Buono* und *cattivo* werden in der Bedeutung «gutherzig» bzw. «bösartig» meist regelmäßig gesteigert. Die unregelmäßigen Formen von *grande* und *piccolo* werden in übertragener Bedeutung verwendet:

Questo vino è migliore di quello che abbiamo bevuto ieri.	Dieser Wein ist besser als der, den wir gestern getrunken haben.
Questo è il miglior vino che io abbia mai bevuto.	Das ist der beste Wein, den ich je getrunken habe.
Questo vino è buonissimo/ottimo.	Dieser Wein ist sehr gut.
Suo padre è buonissimo.	Sein Vater ist herzensgut.
Le condizioni sono peggiori di prima.	Die Bedingungen sind schlechter als zuvor.
Le condizioni sono pessime.	Die Bedingungen sind sehr schlecht.
Mario è il ragazzo più cattivo di tutti.	Mario ist der schlimmste Junge von allen.
la maggior parte della popolazione	der größte Teil der Bevölkerung
la massima prudenza	die größte Vorsicht
il minimo sforzo	die geringste Anstrengung
la sorella maggiore/più grande	die ältere/älteste Schwester
il fratello minore/più piccolo	der jüngere/jüngste Bruder
La nostra casa è più piccola della vostra.	Unser Haus ist kleiner als eures.

Einige Komparativ- und Superlativformen, die keinen Positiv besitzen, sind aus **173** dem Lateinischen übernommen:

il labbro superiore	die Oberlippe
il corso inferiore del fiume	der Unterlauf des Flusses
ulteriori informazioni	weitere Informationen
la vita interiore	das Innenleben
le rivoluzioni anteriori	die früheren Revolutionen
le pubblicazioni posteriori	die späteren Veröffentlichungen
gli amici intimi	die engsten Freunde
la parte estrema	der äußerste Teil
l'ultimo capitolo	das letzte Kapitel
il sommo poeta	der größte Dichter (Dante Alighieri)

Anmerkung: Einige der genannten Superlativformen, die nicht mehr als solche verstanden werden, können gesteigert werden: *l'ultimissima moda* - die allerneueste Mode, *i sentimenti più intimi* - die intimsten Gefühle.

Die Adjektive können Ergänzungen zu sich nehmen, die durch die Präpositionen **174** **a, con, da, di** oder **per** angeschlossen werden:

1. Adjektivergänzungen mit **a**:

abile al servizio militare	wehrdiensttauglich
conforme alle norme	den Normen entsprechend
nocivo alla salute	gesundheitsschädlich

2. Adjektivergänzungen mit **con**:

gentile con tutti	zu allen freundlich
severo con i figli	streng zu den Söhnen
cortese con le persone anziane	höflich zu den älteren Menschen

3. Adjektivergänzungen mit **da**:

esente da difetti	frei von Fehlern
indipendente dai genitori	unabhängig von den Eltern
differente dagli altri	von den andern verschieden

4. Adjektivergänzungen mit **di**:

caratteristico dei bambini	charakteristisch für Kinder
capace di tutto	zu allem fähig
felice del successo	glücklich über den Erfolg

5. Adjektivergänzungen mit **per**:

celebre per la sua musica	berühmt für seine Musik
essere portato per le lingue	sprachbegabt sein
andare matto per il calcio	verrückt nach Fußball sein

Kapitel 12 Die Formen des Verbs (Le forme del verbo)

175 Die italienische Sprache unterscheidet drei Konjugationen:

1. Konjugation: Verben auf – *are*
2. Konjugation: Verben auf – *ere*
3. Konjugation: Verben auf – *ire*

Die einfachen Zeiten

176 Die 1. Konjugation (Typus *cantare* singen):

Indikativ Präsens *indicativo presente*	Indikativ Imperfekt *indicativo imperfetto*	*passato remoto*
(io) canto	*(io)* cantavo	*(io)* cantai
(tu) canti	*(tu)* cantavi	*(tu)* cantasti
(egli) canta	*(egli)* cantava	*(egli)* cantò
(noi) cantiamo	*(noi)* cantavamo	*(noi)* cantammo
(voi) cantate	*(voi)* cantavate	*(voi)* cantaste
(essi) cantano	*(essi)* cantavano	*(essi)* cantarono

Futur I *futuro semplice*	Konditional I *condizionale presente*
(io) canterò	*(io)* canterei
(tu) canterai	*(tu)* canteresti
(egli) canterà	*(egli)* canterebbe
(noi) canteremo	*(noi)* canteremmo
(voi) canterete	*(voi)* cantereste
(essi) canteranno	*(essi)* canterebbero

Konjunktiv Präsens *congiuntivo presente*	Konjunktiv Imperfekt *congiuntivo imperfetto*
che io canti	*che io* cantassi
che tu canti	*che tu* cantassi
che egli canti	*che (egli)* cantasse
che (noi) cantiamo	*che (noi)* cantassimo
che (voi) cantiate	*che (voi)* cantaste
che (essi) cantino	*che (essi)* cantassero

Imperativ	*imperativo*
canta	singe!
canti	singen Sie!
cantiamo	singen wir!
cantate	singt!/singen Sie!
cantino	singen Sie!

Einige Verben auf **-are** werden im Singular Präsens Indikativ und Konjunktiv auf der drittletzten und in der 3. Person Plural auf der viertletzten Silbe betont. Das gleiche gilt für die entsprechenden Imperativformen:

Präsens Indikativ	Präsens Konjunktiv	Imperativ	
visito	visiti		
visiti	visiti	visita	besuche!
visita	visiti	visiti	besuchen Sie!
visitiamo	visitiamo	visitiamo	besuchen wir!
visitate	visitiate	visitate	besucht!/besuchen Sie!
visitano	visitino	visitino	besuchen Sie!

Ebenso werden betont:

abitare	*(abito)*	wohnen
accomodare	*(accomodo)*	wieder instandsetzen
celebrare	*(celebro)*	feiern
desiderare	*(desidero)*	wünschen
dubitare	*(dubito)*	zweifeln
immaginarsi	*(mi immagino)*	sich etw. vorstellen
liberare	*(libero)*	befreien
ordinare	*(ordino)*	ordnen
telefonare	*(telefono)*	telefonieren

Unterscheide: *desideri* du wünschst - *desideri* Wünsche

1. Die Verben auf **-care** und **-gare** behalten den [k]- bzw. [g]-Laut in allen Formen bei; daher muß der Stammauslaut des Verbs vor folgendem **-i** oder **-e** als **ch** bzw. **gh** geschrieben werden:

caricare			beladen	
Präsens Ind.	**Präsens Konj.**	**Futur I**	**Konditional I**	**Imperativ**
carico	carichi	caricherò	caricherei	
carichi	carichi	caricherai	caricheresti	carica
carica	carichi	caricherà	caricherebbe	carichi
carichiamo	carichiamo	caricheremo	caricheremmo	carichiamo
caricate	carichiate	caricherete	carichereste	caricate
caricano	carichino	caricheranno	caricherebbero	carichino

pagare			bezahlen	
Präsens Ind.	**Präsens Konj.**	**Futur I**	**Konditional I**	**Imperativ**
pago	paghi	pagherò	pagherei	
paghi	paghi	pagherai	pagheresti	paga
paga	paghi	pagherà	pagherebbe	paghi
paghiamo	paghiamo	pagheremo	pagheremmo	paghiamo
pagate	paghiate	pagherete	paghereste	pagate
pagano	paghino	pagheranno	pagherebbero	paghino

2. Die Verben auf *-ciare*, *-sciare* und *-giare* verlieren das *-i* des Stammauslautes, wenn die Endung mit *-i* oder *-e* beginnt:

cominciare			anfangen	
Präsens Ind.	Präsens Konj.	Futur I	Konditional I	Imperativ
comincio	*cominci*	*comincerò*	*comincerei*	
cominci	*cominci*	*comincerai*	*cominceresti*	*comincia*
comincia	*cominci*	*comincerà*	*comincerebbe*	*cominci*
cominciamo	*cominciamo*	*cominceremo*	*cominceremmo*	*cominciamo*
cominciate	*cominciate*	*comincerete*	*comincereste*	*cominciate*
cominciano	*comincino*	*cominceranno*	*comincerebbero*	*comincino*

lasciare			lassen	
Präsens Ind.	Präsens Konj.	Futur I	Konditional I	Imperativ
lascio	*lasci*	*lascerò*	*lascerei*	
lasci	*lasci*	*lascerai*	*lasceresti*	*lascia*
lascia	*lasci*	*lascerà*	*lascerebbe*	*lasci*
lasciamo	*lasciamo*	*lasceremo*	*lasceremmo*	*lasciamo*
lasciate	*lasciate*	*lascerete*	*lascereste*	*lasciate*
lasciano	*lascino*	*lasceranno*	*lascerebbero*	*lascino*

mangiare			essen	
Präsens Ind.	Präsens Konj.	Futur I	Konditional I	Imperativ
mangio	*mangi*	*mangerò*	*mangerei*	
mangi	*mangi*	*mangerai*	*mangeresti*	*mangia*
mangia	*mangi*	*mangerà*	*mangerebbe*	*mangi*
mangiamo	*mangiamo*	*mangeremo*	*mangeremmo*	*mangiamo*
mangiate	*mangiate*	*mangerete*	*mangereste*	*mangiate*
mangiano	*mangino*	*mangeranno*	*mangerebbero*	*mangino*

3. Die Verben auf *-iare* behalten das Stamm *-i* vor einem Endungs *-i*, sofern das Stamm *-i* betont ist:

inviare	senden	
Präsens Indikativ	Präsens Konjunktiv	Imperativ
invio	*invii*	
invii	*invii*	*invia*
invia	*invii*	*invii*
inviamo	*inviamo*	*inviamo*
inviate	*inviate*	*inviate*
inviano	*inviino*	*inviino*

Ebenso werden konjugiert:

avviare	(*avvio*)	anleiten
deviare	(*devio*)	abweichen/ablenken
rinviare	(*rinvio*)	zurückschicken
sviare	(*svio*)	ablenken/abwenden
espiare	(*espio*)	sühnen
sciare	(*scio*)	Ski fahren
spiare	(*spio*)	spionieren

Ist das Stamm -*i* unbetont, fällt es vor dem Endungs -*i* weg:

cambiare	ändern/ wechseln	
Präsens Indikativ	Präsens Konjunktiv	Imperativ
cambio	*cambi*	
cambi	*cambi*	*cambia*
cambia	*cambi*	*cambi*
cambiamo	*cambiamo*	*cambiamo*
cambiate	*cambiate*	*cambiate*
cambiano	*cambino*	*cambino*

Ebenso werden konjugiert:

assediare	belagern
rimediare	wiedergutmachen
studiare	lernen
tagliare	schneiden

Nur drei Verben der 1. Konjugation sind unregelmäßig: *andare* gehen/ fahren, *dare* geben, *stare* sein/ bleiben (*fare* machen/ tun gehört zur 2. Konjugation). Vgl. hierzu im Anhang die Seiten 296, 299, 307.

Die 2. Konjugation (Typus *credere* glauben): 179

Indikativ Präsens *indicativo presente*	Indikativ Imperfekt *indicativo imperfetto*	*passato remoto*
(io) credo	*(io) credevo*	*(io) credei/-etti*
(tu) credi	*(tu) credevi*	*(tu) credesti*
(egli) crede	*(egli) credeva*	*(egli) credé/-ette*
(noi) crediamo	*(noi) credevamo*	*(noi) credemmo*
(voi) credete	*(voi) credevate*	*(voi) credeste*
(essi) credono	*(essi) credevano*	*(essi) crederono/-ettero*

Futur I *futuro semplice*	Konditional I *condizionale presente*
(io) crederò	*(io) crederei*
(tu) crederai	*(tu) crederesti*
(egli) crederà	*(egli) crederebbe*
(noi) crederemo	*(noi) crederemmo*
(voi) crederete	*(voi) credereste*
(essi) crederanno	*(essi) crederebbero*

Konjunktiv Präsens *congiuntivo presente*	Konjunktiv Imperfekt *congiuntivo imperfetto*
che io creda	*che io credessi*
che tu creda	*che tu credessi*
che egli creda	*che (egli) credesse*
che (noi) crediamo	*che (noi) credessimo*
che (voi) crediate	*che (voi) credeste*
che (essi) credano	*che (essi) credessero*

Imperativ	imperativo
credi	glaube!
creda	glauben Sie!
crediamo	glauben wir!
credete	glaubt!/glauben Sie!
credano	glauben Sie!

Die meisten Verben auf -*ere* werden auf der drittletzten Silbe betont. Folgende Verben (vgl. Anhang S. 297-309) und ihre Komposita werden auf der vorletzten Silbe betont:

avere	haben
cadere	fallen
dovere	müssen/schulden
godere	genießen
parere	scheinen
piacere	gefallen
potere	können
rimanere	bleiben
sapere	wissen/können
sedere	sitzen/sich setzen
tacere	schweigen
temere	fürchten
tenere	halten
valere	gelten/wert sein
vedere	sehen
volere	wollen

180 Besonderheiten der Aussprache

Bei den Verben auf -*cere*, -*gere* und -*scere* wird die Aussprache von *c*, *g* und *sc* durch den nachfolgenden Vokal der Endung bestimmt (vgl. § 2):

Typus *vincere*	siegen	
Präsens Indikativ	Präsens Konjunktiv	Imperativ
vinco	vinca	
vinci	vinca	vinci
vince	vinca	vinca
vinciamo	vinciamo	vinciamo
vincete	vinciate	vincete
vincono	vincano	vincano

Typus *leggere*	lesen	
Präsens Indikativ	Präsens Konjunktiv	Imperativ
leggo	legga	
leggi	legga	leggi
legge	legga	legga
leggiamo	leggiamo	leggiamo
leggete	leggiate	leggete
leggono	leggano	leggano

Typus *conoscere*	kennen (lernen)	
Präsens Indikativ	**Präsens Konjunktiv**	**Imperativ**
conosco	*conosca*	
conosci	*conosca*	*conosci*
conosce	*conosca*	*conosca*
conosciamo	*conosciamo*	*conosciamo*
conoscete	*conosciate*	*conoscete*
conoscono	*conoscano*	*conoscano*

Besonderheiten der Imperfektbildung   **181**

1. Von dem ursprünglichen Stamm bilden folgende Verben Indikativ und Konjunktiv Imperfekt:

bere	trinken	*bevevo*	*bevessi*
condurre	führen	*conducevo*	*conducessi*
dire	sagen	*dicevo*	*dicessi*
fare	tun/machen	*facevo*	*facessi*
porre	setzen	*ponevo*	*ponessi*
trarre	ziehen	*traevo*	*traessi*

Ebenso deren Komposita und die anderen Verben auf *–durre*. Einen unregelmäßigen Konjunktiv Imperfekt bilden *stare (stessi)* sein/bleiben, *dare (dessi)* geben und *essere (fossi)* sein.

2. Bei einigen Verben, die im Infinitivstamm den Diphthong *–uo–* aufweisen, entfällt im Imperfekt gewöhnlich das *–u–*:

cuocere	kochen	*cocevo*	*cocessi*
muovere	bewegen	*movevo*	*movessi*
nuocere	schaden	*nocevo*	*nocessi*
scuotere	schütteln	*scotevo*	*scotessi*

Ebenso bilden deren Komposita das Imperfekt.

Das *passato remoto* der unregelmäßigen Verben   **182**

Die meisten Verben auf *–ere* bilden die 1. und 3. Person Singular und die 3. Person Plural des *passato remoto* mit einem vom Infinitiv abweichenden Verbstamm, wie zum Beispiel:

scrivere schreiben	*chiedere* bitten	*piacere* gefallen	*crescere* wachsen
scrissi	*chiesi*	*piacqui*	*crebbi*
scrivesti	*chiedesti*	*piacesti*	*crescesti*
scrisse	*chiese*	*piacque*	*crebbe*
scrivemmo	*chiedemmo*	*piacemmo*	*crescemmo*
scriveste	*chiedeste*	*piaceste*	*cresceste*
scrissero	*chiesero*	*piacquero*	*crebbero*

Sehr viele Verben auf -*ere* weisen in der Konjugation unregelmäßige Formen auf. Diese betreffen am häufigsten das *passato remoto* und das Partizip Perfekt (vgl. Anhang S. 296-309).

183 Die 3. Konjugation

Bei der 3. Konjugation gibt es Verben ohne Stammerweiterung und Verben mit Stammerweiterung.

1. Verben ohne Stammerweiterung (Typus *dormire* schlafen):

Indikativ Präsens *indicativo presente*	Indikativ Imperfekt *indicativo imperfetto*	*passato remoto*
(io) dormo	*(io)* dormivo	*(io)* dormii
(tu) dormi	*(tu)* dormivi	*(tu)* dormisti
(egli) dorme	*(egli)* dormiva	*(egli)* dormì
(noi) dormiamo	*(noi)* dormivamo	*(noi)* dormimmo
(voi) dormite	*(voi)* dormivate	*(voi)* dormiste
(essi) dormono	*(essi)* dormivano	*(essi)* dormirono

Futur I *futuro semplice*	Konditional I *condizionale presente*
(io) dormirò	*(io)* dormirei
(tu) dormirai	*(tu)* dormiresti
(egli) dormirà	*(egli)* dormirebbe
(noi) dormiremo	*(noi)* dormiremmo
(voi) dormirete	*(voi)* dormireste
(essi) dormiranno	*(essi)* dormirebbero

Konjunktiv Präsens *congiuntivo presente*	Konjunktiv Imperfekt *congiuntivo imperfetto*
che io dorma	che io dormissi
che tu dorma	che tu dormissi
che egli dorma	che (egli) dormisse
che (noi) dormiamo	che (noi) dormissimo
che (voi) dormiate	che (voi) dormiste
che (essi) dormano	che (essi dormissero

Weitere Verben ohne Stammerweiterung:

aprire	*(apro)*	öffnen
avvertire	*(avverto)*	benachrichtigen
bollire	*(bollo)*	kochen/ sieden
coprire	*(copro)*	bedecken
cucire	*(cucio)*	nähen
divertire	*(diverto)*	unterhalten
fuggire	*(fuggo)*	fliehen
offrire	*(offro)*	anbieten
partire	*(parto)*	abreisen
pentirsi	*(mi pento)*	bereuen

scoprire	(scopro)	entdecken
seguire	(seguo)	folgen
sentire	(sento)	hören/fühlen
servire	(servo)	dienen
soffrire	(soffro)	leiden
vestire	(vesto)	(sich) kleiden

2. Verben mit Stammerweiterung (Typus *capire*). Die Stammerweiterung mit *-isc-* tritt nur in den stammbetonten Formen des Präsens Indikativ und Konjunktiv sowie in den entsprechenden Formen des Imperativs auf:

Typus *capire*	verstehen	
Präsens Indikativ	Präsens Konjunktiv	Imperativ
capisco	capisca	
capisci	capisca	capisci
capisce	capisca	capisca
capiamo	capiamo	capiamo
capite	capiate	capite
capiscono	capiscano	capiscano

Weitere Verben mit Stammerweiterung:

agire	(agisco)	handeln
chiarire	(chiarisco)	klären
colpire	(colpisco)	schlagen
contribuire	(contribuisco)	beitragen
costruire	(costruisco)	bauen
distribuire	(distribuisco)	verteilen
favorire	(favorisco)	begünstigen
ferire	(ferisco)	verletzen
finire	(finisco)	(be)enden
fiorire	(fiorisco)	blühen
fornire	(fornisco)	liefern
guarire	(guarisco)	heilen/genesen
impedire	(impedisco)	(ver)hindern
preferire	(preferisco)	vorziehen
proibire	(proibisco)	verbieten
pulire	(pulisco)	putzen
punire	(punisco)	bestrafen
riferire	(riferisco)	berichten
sostituire	(sostituisco)	ersetzen
sparire	(sparisco)	verschwinden
spedire	(spedisco)	absenden
stabilire	(stabilisco)	festsetzen
stupire	(stupisco)	verblüffen
subire	(subisco)	erleiden
suggerire	(suggerisco)	einflüstern
tossire	(tossisco)	husten
tradire	(tradisco)	verraten
ubbidire	(ubbidisco)	gehorchen
unire	(unisco)	vereinigen

3. Die folgenden Verben können mit oder ohne Stammerweiterung verwendet werden:

apparire	*(appaio/apparisco)*	erscheinen
scomparire	*(scompaio/scomparisco)*	verschwinden
assorbire	*(assorbo/assorbisco)*	aufsaugen
eseguire	*(eseguo/eseguisco)*	ausführen
inghiottire	*(inghiotto/inghiottisco)*	hinunterschlucken
languire	*(languo/languisco)*	schmachten
mentire	*(mento/mentisco)*	lügen
nutrire	*(nutro/nutrisco)*	ernähren

Anmerkung: Zur Konjugation von *apparire* und *scomparire* siehe Anhang S. 296 und 306. Ebenso finden sich dort die anderen unregelmäßigen Verben auf *-ire*.

184 Besonderheiten der Aussprache und Schreibung

Bei den Verben auf *-cire* lautet die Aussprache immer [t∫]. Daher muß vor **a** oder **o** der Endung ein *-i-* eingefügt werden:

Typus *cucire*	nähen	
Präsens Indikativ	Präsens Konjunktiv	Imperativ
cucio	*cucia*	
cuci	*cucia*	*cuci*
cuce	*cucia*	*cucia*
cuciamo	*cuciamo*	*cuciamo*
cucite	*cuciate*	*cucite*
cuciono	*cuciano*	*cuciano*

Bei *fuggire* «fliehen» und *sfuggire* «entfliehen» wird die Aussprache des *-gg-* durch den folgenden Vokal bestimmt:

fuggire	fliehen	
Präsens Indikativ	Präsens Konjunktiv	Imperativ
fuggo	*fugga*	
fuggi	*fugga*	*fuggi*
fugge	*fugga*	*fugga*
fuggiamo	*fuggiamo*	*fuggiamo*
fuggite	*fuggiate*	*fuggite*
fuggono	*fuggano*	*fuggano*

185 Regeln zur Bildung des Konjunktiv Präsens der unregelmäßigen Verben

Bei den unregelmäßigen Verben wird der Konjunktiv Präsens wie folgt gebildet: Der Singular und die 3. Person Plural werden vom Stamm der 1. Person Singular Präsens Indikativ abgeleitet, während für die 1. und 2. Person Plural der Stamm der 1. Person Plural Präsens Indikativ als Ausgangsbasis dient:

150

	1. Pers. Sing. Präs. Ind.: *tengo*	→ 1.-3. Pers. Sing. Präs. Konj.: *tenga*
tenere		→ 3. Pers. Pl. Präs. Konj.: *tengano*
halten	1. Pers. Pl. Präs. Ind.: *teniamo*	→ 1. Pers. Pl. Präs. Konj.: *teniamo*
		→ 2. Pers. Pl. Präs. Konj.: *teniate*

Nicht ableitbar nach diesem Muster ist der Konjunktiv Präsens der Verben *dare (dia)* geben, *stare (stia)* sein/bleiben, *sapere (sappia)* wissen, *essere (sia)* sein und *avere (abbia)* haben.

Bemerkungen zur Bildung des Futur I und des Konditional I   **186**

Bei den Verben auf *-ere* entfällt in den Futur- und Konditionalformen das *e*, außer wenn der Stamm auf *-c-* oder *-m-* ausgeht:

avere	haben	*avrò*	*avrei*
potere	können	*potrò*	*potrei*
sapere	wissen	*saprò*	*saprei*
vedere	sehen	*vedrò*	*vedrei*
Aber: *tacere*	schweigen	*tacerò*	*tacerei*
temere	fürchten	*temerò*	*temerei*

Unregelmäßige Formen weisen z. B. auf:

andare	gehen	*andrò*	*andrei*
vivere	leben	*vivrò*	*vivrei*
bere	trinken	*berrò*	*berrei*
rimanere	bleiben	*rimarrò*	*rimarrei*
essere	sein	*sarò*	*sarei*
tenere	halten	*terrò*	*terrei*
valere	gelten	*varrò*	*varrei*
venire	kommen	*verrò*	*verrei*
volere	wollen	*vorrò*	*vorrei*

Die Bildung der zusammengesetzten Zeiten

Die zusammengesetzten Zeiten der Verben werden mit den einfachen Zeiten der Hilfsverben **avere** oder **essere** + Partizip Perfekt gebildet (zur Bildung des Partizip Perfekt vgl. § 209).

Die einfachen Zeiten des Hilfsverbs *avere*:   **187**

Indikativ Präsens *indicativo presente*	Indikativ Imperfekt *indicativo imperfetto*	*passato remoto*
(io) ho	*(io)* avevo	*(io)* ebbi
(tu) hai	*(tu)* avevi	*(tu)* avesti
(egli) ha	*(egli)* aveva	*(egli)* ebbe
(noi) abbiamo	*(noi)* avevamo	*(noi)* avemmo
(voi) avete	*(voi)* avevate	*(voi)* aveste
(essi) hanno	*(essi)* avevano	*(essi)* ebbero

Futur I futuro semplice	Konditional I condizionale presente
(io) avrò	(io) avrei
(tu) avrai	(tu) avresti
(egli) avrà	(egli) avrebbe
(noi) avremo	(noi) avremmo
(voi) avrete	(voi) avreste
(essi) avranno	(essi) avrebbero

Konjunktiv Präsens congiuntivo presente	Konjunktiv Imperfekt congiuntivo imperfetto
che io abbia	che io avessi
che tu abbia	che tu avessi
che egli abbia	che (egli) avesse
che (noi) abbiamo	che (noi) avessimo
che (voi) abbiate	che (voi) aveste
che (essi) abbiano	che (essi) avessero

188 Die einfachen Zeiten des Hilfsverbs essere:

Indikativ Präsens indicativo presente	Indikativ Imperfekt indicativo imperfetto	passato remoto
(io) sono	(io) ero	(io) fui
(tu) sei	(tu) eri	(tu) fosti
(egli) è	(egli) era	(egli) fu
(noi) siamo	(noi) eravamo	(noi) fummo
(voi) siete	(voi) eravate	(voi) foste
(essi) sono	(essi) erano	(essi) furono

Futur I futuro semplice	Konditional I condizionale presente
(io) sarò	(io) sarei
(tu) sarai	(tu) saresti
(egli) sarà	(egli) sarebbe
(noi) saremo	(noi) saremmo
(voi) sarete	(voi) sareste
(essi) saranno	(essi) sarebbero

Konjunktiv Präsens congiuntivo presente	Konjunktiv Imperfekt congiuntivo imperfetto
che io sia	che io fossi
che tu sia	che tu fossi
che egli sia	che (egli) fosse
che (noi) siamo	che (noi) fossimo
che (voi) siate	che (voi) foste
che (essi) siano	che (essi) fossero

152

Indikativ Perfekt *passato prossimo*			Indikativ Plusquamperfekt *trapassato prossimo*			*trapassato remoto*		
(io)	ho	*avuto*	*(io)*	avevo	*avuto*	*(io)*	ebbi	*avuto*
(tu)	hai	*parlato*	*(tu)*	avevi	*parlato*	*(tu)*	avesti	*parlato*
(egli)	ha	*finito*	*(egli)*	aveva	*finito*	*(egli)*	ebbe	*finito*
(noi)	abbiamo	*studiato*	*(noi)*	avevamo	*studiato*	*(noi)*	avemmo	*studiato*
(voi)	avete	*bevuto*	*(voi)*	avevate	*bevuto*	*(voi)*	aveste	*bevuto*
(essi)	hanno	*fatto*	*(essi)*	avevano	*fatto*	*(essi)*	ebbero	*fatto*

Futur II *futuro anteriore*			Konditional II *condizionale passato*		
(io)	avrò	*avuto*	*(io)*	avrei	*avuto*
(tu)	avrai	*parlato*	*(tu)*	avresti	*parlato*
(egli)	avrà	*finito*	*(egli)*	avrebbe	*finito*
(noi)	avremo	*studiato*	*(noi)*	avremmo	*studiato*
(voi)	avrete	*bevuto*	*(voi)*	avreste	*bevuto*
(essi)	avranno	*fatto*	*(essi)*	avrebbero	*fatto*

Konjunktiv Perfekt *congiuntivo passato*				Konjunktiv Plusquamperfekt *congiuntivo trapassato*			
che	*io*	abbia	*avuto*	*che*	*io*	avessi	*avuto*
che	*tu*	abbia	*parlato*	*che*	*tu*	avessi	*parlato*
che	*egli*	abbia	*finito*	*che*	*(egli)*	avesse	*finito*
che	*(noi)*	abbiamo	*studiato*	*che*	*(noi)*	avessimo	*studiato*
che	*(voi)*	abbiate	*bevuto*	*che*	*(voi)*	aveste	*bevuto*
che	*(essi)*	abbiano	*fatto*	*che*	*(essi)*	avessero	*fatto*

Die mit *essere* zusammengesetzten Zeiten: **190**

Indikativ Perfekt *passato prossimo*			Indikativ Plusquamperfekt *trapassato prossimo*			*trapassato remoto*		
(io)	sono	*stato*	*(io)*	ero	*stato*	*(io)*	fui	*stato*
(tu)	sei	*caduto*	*(tu)*	eri	*caduto*	*(tu)*	fosti	*caduto*
(egli)	è	*arrivato*	*(egli)*	era	*arrivato*	*(egli)*	fu	*arrivato*
(noi)	siamo	*venuti*	*(noi)*	eravamo	*venuti*	*(noi)*	fummo	*venuti*
(voi)	siete	*rimasti*	*(voi)*	eravate	*rimasti*	*(voi)*	foste	*rimasti*
(essi)	sono	*entrati*	*(essi)*	erano	*entrati*	*(essi)*	furono	*entrati*

Futur II *futuro anteriore*			Konditional II *condizionale passato*		
(io)	sarò	*stato*	*(io)*	sarei	*stato*
(tu)	sarai	*caduto*	*(tu)*	saresti	*caduto*
(egli)	sarà	*arrivato*	*(egli)*	sarebbe	*arrivato*
(noi)	saremo	*venuti*	*(noi)*	saremmo	*venuti*
(voi)	sarete	*rimasti*	*(voi)*	sareste	*rimasti*
(essi)	saranno	*entrati*	*(essi)*	sarebbero	*entrati*

Konjunktiv Perfekt *congiuntivo passato*	Konjunktiv Plusquamperfekt *congiuntivo trapassato*
che io sia stato	*che io fossi stato*
che tu sia caduto	*che tu fossi caduto*
che egli sia arrivato	*che (egli) fosse arrivato*
che (noi) siamo venuti	*che (noi) fossimo venuti*
che (voi) siate rimasti	*che (voi) foste rimasti*
che (essi) siano entrati	*che (essi) fossero entrati*

Der Gebrauch von essere und avere bei der Bildung der zusammengesetzten Zeiten

191 Mit **avere** werden verbunden (zur Veränderlichkeit des Partizip Perfekt vgl. § 212):

1. alle transitiven Verben mit Ausnahme der reflexiven:

Ho scritto una lettera.	Ich habe einen Brief geschrieben.
Abbiamo finito il lavoro.	Wir haben die Arbeit beendet.
Hanno letto un libro.	Sie haben ein Buch gelesen.

2. intransitive Verben:

Tutti hanno riso.	Alle haben gelacht.
Non ho dormito bene.	Ich habe nicht gut geschlafen.

3. im Gegensatz zum Deutschen folgende Verben:

camminare	gehen
deragliare	entgleisen
divagare	abschweifen
girare	herumkommen
marciare	marschieren
navigare	fahren (zu Wasser)
nuotare	schwimmen
passeggiare	spazierengehen
sciare	Ski fahren
vagare	umherziehen
viaggiare	reisen

Abbiamo camminato sotto la pioggia.	Wir sind im Regen gegangen.
Gli ultimi cinque vagoni hanno deragliato.	Die letzten fünf Wagen sind entgleist.
Ho girato (per) il mondo.	Ich bin in der Welt herumgekommen.
Il gruppo ha marciato per sei ore.	Die Gruppe ist sechs Stunden marschiert.
Abbiamo nuotato nel mare.	Wir sind im Meer geschwommen.
Ho passeggiato per le strade di Roma.	Ich bin in den Straßen Roms spazierengegangen.
Hanno viaggiato molto.	Sie sind viel gereist.

Mit *essere* werden verbunden (das Partizip Perfekt richtet sich in Genus und **192**
Numerus stets nach dem Subjekt):

1. wie im Deutschen folgende Verben, die meist Bewegung, den Wechsel eines
Zustandes oder das Beibehalten eines Zustandes ausdrücken:

andare	gehen/ fahren
apparire	erscheinen
arrivare	ankommen
arrossire	erröten
cadere	fallen
capitare	zufällig kommen
cascare	fallen
comparire	erscheinen
crepare	bersten/ platzen
crollare	einstürzen
divenire	werden
diventare	werden
emergere	auftauchen
entrare	eintreten
evadere	entweichen
giacere	liegen
giungere	ankommen
immigrare	einwandern
morire	sterben
nascere	geboren werden
partire	abreisen/abfahren
perire	umkommen
pervenire	gelangen
restare	bleiben
rientrare	zurückkehren
rimanere	bleiben
ritornare	zurückkehren
riuscire	gelingen
sbucare	hervorkommen
scadere	verfallen
scampare	entrinnen
scappare	weglaufen
scolare	abfließen
scomparire	verschwinden
scoppiare	bersten
sfuggire	entfliehen
sopraggiungere	hinzukommen
sorgere	sich erheben
sparire	verschwinden
spuntare	sprießen
stare	sein/ bleiben
succedere	nachfolgen
svanire	schwinden
svenire	ohnmächtig werden
tornare	zurückkehren
tramontare	untergehen
uscire	(hin)ausgehen
venire	kommen

Il ponte è crollato.	Die Brücke ist eingestürzt.
Cinque detenuti sono evasi dal carcere.	Fünf Häftlinge sind aus dem Gefängnis ausgebrochen.
Mia sorella è nata nel 1942.	Meine Schwester ist 1942 geboren.
Claudio è rimasto dai nonni.	Claudio ist bei den Großeltern geblieben.
Le foto non sono riuscite.	Die Fotos sind nicht gelungen.
Il Suo passaporto è scaduto.	Ihr Paß ist abgelaufen.
Le mie speranze sono svanite.	Meine Hoffnungen sind geschwunden.
I lavoratori sono ritornati in patria.	Die Arbeiter sind in die Heimat zurückgekehrt.

2. im Gegensatz zum Deutschen folgende Verben:

bastare	ausreichen
consistere	bestehen
costare	kosten
dipendere	abhängen
dispiacere	mißfallen/ leid tun
durare	dauern
esistere	existieren
giovare	nützen
parere	scheinen
piacere	gefallen
sembrare	scheinen
servire	nützen
sopravvivere	überleben

I soldi non sono bastati.	Das Geld hat nicht ausgereicht.
Il libro è costato diecimila lire.	Das Buch hat 10.000 Lire gekostet.
Le sue parole mi sono dispiaciute.	Seine Worte haben mir mißfallen.
Il viaggio è durato cinque ore.	Die Fahrt hat fünf Stunden gedauert.
Mi è parso che le trattative fossero a buon punto.	Es schien mir, daß die Verhandlungen ziemlich weit vorangeschritten waren.
Questo romanzo non mi è piaciuto.	Dieser Roman hat mir nicht gefallen.
Il padre è sopravvissuto ai figli.	Der Vater hat seine Söhne überlebt.

3. alle reflexiven und reflexiv gebrauchten Verben:

Me ne sono pentito.	Ich habe es bereut.
Si è lavata.	Sie hat sich gewaschen.
Si è soffiata il naso.	Sie hat sich die Nase geputzt.
Io mi ero accorto dell'errore.	Ich hatte den Irrtum bemerkt.
Si è costruito un ponte.	Man hat eine Brücke gebaut.

4. die unpersönlichen und unpersönlich gebrauchten Verben:

È piovuto/nevicato/tuonato/ lampeggiato/grandinato.	Es hat geregnet/geschneit/gedonnert/ geblitzt/gehagelt.
Sarebbe bastato andarci.	Es hätte genügt, dorthin zu gehen.
Che cosa è successo?	Was ist passiert?

Anmerkung: Bei den Verben, die atmosphärische Erscheinungen bezeichnen, ist der Gebrauch des Hilfsverbs schwankend. Oft wird *avere* verwendet, wenn die Dauer angegeben ist:

Ha piovuto a lungo/tutta la notte. – Es hat lange/die ganze Nacht geregnet.

5. die modalen Hilfsverben **dovere, potere, volere**, wenn auf sie ein Verb folgt, das die zusammengesetzten Zeiten mit *essere* bildet, einschließlich *essere* selbst:

Non siamo potuti venire.	Wir haben nicht kommen können.
Sono dovuti restare a casa.	Sie haben zu Hause bleiben müssen.
Non è ancora voluta partire.	Sie hat noch nicht abreisen wollen.
Siamo voluti essere puntuali.	Wir haben pünktlich sein wollen.

Anmerkung: Der Gebrauch von *avere* gilt ebenfalls als korrekt: *Non abbiamo potuto venire* usw.

Die folgenden Verben werden entweder mit *essere* oder mit *avere* verbunden, **193** wobei ein Bedeutungsunterschied oder unterschiedliche Verwendung (meistens transitiv/intransitiv; siehe unten) vorliegt:

atterrare	convenire	finire	rincarare
aumentare	correre	fuggire	salire
calare	crescere	mancare	saltare
cambiare	diminuire	passare	scendere
cominciare	emigrare	progredire	vivere
continuare	esplodere	proseguire	volare

mit *essere* verbunden	mit *avere* verbunden
Siamo atterrati bene. Wir sind gut gelandet.	*L'aereo ha/è atterrato con difficoltà.* Das Flugzeug hatte Schwierigkeiten bei der Landung.
Il lavoro è aumentato. Die Arbeit hat zugenommen.	*Gli hanno aumentato lo stipendio.* Man hat ihm das Gehalt erhöht
Il sole è calato dietro i monti. Die Sonne ist hinter den Bergen untergegangen. *Sono calato (di) due chili.* Ich habe zwei Kilo abgenommen.	*Hanno calato una corda dalla finestra* Sie haben ein Seil vom Fenster heruntergelassen. *Mi hanno calato mille lire.* Man hat mir 1.000 Lire nachgelassen.
I tempi sono cambiati. Die Zeiten haben sich geändert.	*Abbiamo cambiato casa.* Wir sind umgezogen. *Abbiamo cambiato mille marchi.* Wir haben 1.000 Mark gewechselt.
La festa è cominciata alle nove. Das Fest hat um neun begonnen.	*Ho cominciato la nuova lezione.* Ich habe die neue Lektion angefangen.
Il maltempo è continuato. Das Schlechtwetter hat angehalten.	*Ho continuato il lavoro.* Ich habe die Arbeit fortgesetzt.

Sono convenuti a Roma. Sie sind in Rom zusammengetroffen.	*Ho convenuto con la tua proposta.* Ich habe mit deinem Vorschlag übereingestimmt.
La tua proposta non mi era convenuta. Dein Vorschlag hatte mir nicht gepaßt.	*Abbiamo convenuto sul prezzo.* Wir haben uns über den Preis geeinigt.
Sono corso alla stazione. Ich bin zum Bahnhof gelaufen. *Sono corso via.* Ich bin weggelaufen.	*Ho corso.* Ich bin gerannt. *Ho corso i mille metri.* Ich bin die 1.000 m gelaufen.
Carlo è cresciuto di tre centimetri. Karl ist 3 cm gewachsen.	*Ha cresciuto i suoi figli con molta severità.* Er hat seine Söhne sehr streng erzogen.
La popolazione è diminuita. Die Bevölkerung hat abgenommen.	*Hanno diminuito le tasse.* Man hat die Steuern gesenkt.
Suo zio è emigrato in America. Sein Onkel ist nach Amerika aus- gewandert.	*Suo zio ha emigrato.* Sein Onkel ist ausgewandert.
La caldaia è esplosa. Der Kessel ist explodiert.	*Il fucile ha esploso.* Das Gewehr ist losgegangen.
La partita è già finita. Das Spiel ist schon aus. *Sono (s)finito.* Ich bin erledigt.	*Ho finito i miei compiti.* Ich bin mit meinen Hausaufgaben fertig. *Ho finito (qc).* Ich bin fertig (mit etw.).
I detenuti sono fuggiti. Die Häftlinge sind geflohen.	*Non ha fuggito le cattive compagnie.* Er hat nicht die schlechten Gesell- schaften gemieden.
È mancata la corrente. Der Strom ist ausgefallen. *Mi sei mancata molto.* Du hast mir sehr gefehlt.	*Ha mancato ai suoi doveri.* Er hat seine Pflichten versäumt.
Il portalettere è già passato. Der Briefträger war schon da.	*Ho passato le vacanze al mare.* Ich habe die Ferien am Meer verbracht.
La medicina è progredita/ha progredito molto in questo secolo. Die Medizin hat in diesem Jahrhundert große Fortschritte gemacht.	*Il nemico ha progredito di qualche chilometro.* Der Feind ist einige Kilometer voran- gekommen.
Il lavoro è/ha proseguito bene. Die Arbeit ist gut fortgeschritten.	*Abbiamo proseguito il viaggio.* Wir haben die Reise fortgesetzt. *Ho proseguito per Roma.* Ich bin nach Rom weitergefahren.
La benzina è rincarata. Das Benzin ist teurer geworden.	*Hanno rincarato l'affitto.* Man hat die Miete angehoben.
Siamo saliti sulla torre. Wir sind auf den Turm gestiegen.	*Ho salito le scale.* Ich bin die Treppe hinaufgestiegen.
È saltato dalla finestra in giardino. Er ist aus dem Fenster in den Garten gesprungen.	*Ha saltato con l'asta.* Er ist stabhochgesprungen.

È scesa in cantina.	*Ho sceso le scale.*
Sie ist in den Keller hinuntergegangen.	Ich bin die Treppe hinuntergegangen.
Sono/Ho vissuto a Roma per cinque anni.	*Ho vissuto una vita tranquilla.*
Ich habe fünf Jahre in Rom gelebt.	Ich habe ein ruhiges Leben geführt.
Sono volato dall'Italia all'America.	*Ho volato spesso.*
Ich bin von Italien nach Amerika geflogen.	Ich bin oft geflogen.
L'uccello è volato via.	*Le rondini hanno volato in alto.*
Der Vogel ist weggeflogen.	Die Schwalben sind hoch geflogen.

Verben, die unterschiedslos mit **essere** oder **avere** gebraucht werden können: **194**

appartenere	gehören
approdare	anlegen
equivalere	gleichkommen
inciampare	stolpern
raddoppiare	sich verdoppeln

Quest'anello è/ha appartenuto a mia zia.	Dieser Ring hat meiner Tante gehört.
La nave è approdata/ha approdato a Genova.	Das Schiff hat in Genua angelegt.
La sua risposta è equivalsa/ha equivalso a un rifiuto.	Seine Antwort ist einer Ablehnung gleichgekommen.
Sono/Ho inciampato in un sasso.	Ich bin über einen Stein gestolpert.
La pioggia è raddoppiata/ha raddoppiato d'intensità.	Der Regen ist doppelt so stark geworden.

Kapitel 13 Das reflexive Verb (Il verbo riflessivo)

195 Die Formen des reflexiven Verbs in den einfachen Zeiten (Präsens):

lavarsi	sich waschen
mi lavo	ich wasche mich
ti lavi	du wäschst dich
si lava	er/sie wäscht sich
ci laviamo	wir waschen uns
vi lavate	ihr wascht euch
si lavano	sie waschen sich

Die Formen des reflexiven Verbs in den zusammengesetzten Zeiten (passato prossimo):

essersi lavato	sich gewaschen haben
mi sono lavato/lavata	ich habe mich gewaschen
ti sei lavato/lavata	du hast dich gewaschen
si è lavato/lavata	er/sie hat sich gewaschen
ci siamo lavati/lavate	wir haben uns gewaschen
vi siete lavati/lavate	ihr habt euch gewaschen
si sono lavati/lavate	sie haben sich gewaschen

Die zusammengesetzten Zeiten der reflexiven Verben werden mit **essere** gebildet, wobei sich das Partizip nach dem Subjekt richtet.

196 Die Stellung des Reflexivpronomens (zu den Regeln vgl. §§ 138-142)

1. beim Imperativ:

lavati	wasche dich!
lavatevi	wascht euch!/waschen Sie (Pl.) sich!
laviamoci	waschen wir uns!

non ti lavare/non lavarti	wasche dich nicht!
non vi lavate/non lavatevi	wascht euch nicht!/waschen Sie (Pl.) sich nicht!
non ci laviamo/non laviamoci	waschen wir uns nicht!

si lavi	waschen Sie (Sg.) sich!
non si lavi	waschen Sie (Sg.) sich nicht!
si lavino	waschen Sie (Pl.) sich!
non si lavino	waschen Sie (Pl.) sich nicht!

2. beim Infinitiv:

lavarsi	sich waschen
per lavarsi	um sich zu waschen
prima di lavarsi	bevor er/sie sich wäscht
dopo essersi lavato/lavata	nachdem er/sie sich gewaschen hat

l'ho visto lavarsi	ich habe ihn sich waschen sehen

mi voglio lavare/voglio lavarmi	ich will mich waschen
si sono voluti lavare/hanno voluto lavarsi	sie haben sich waschen wollen
ci si deve lavare	man muß sich waschen
ci si è dovuti lavare	man hat sich waschen müssen

si va a lavare/va a lavarsi	er geht sich waschen
si è andato a lavare/è andato a lavarsi	er ist sich waschen gegangen

3. beim *gerundio*:

lavandosi	da/wenn er/sie sich wäscht
dovendo lavarsi/dovendosi lavare	da/wenn er/si sich waschen muß
essendosi lavato/lavata	da/nachdem er/sie sich gewaschen hat

mi sto lavando	ich wasche mich gerade

4. beim absoluten Partizip:

lavatosi/lavatasi	da/nachdem er/sie sich gewaschen

Einige Verben, bei denen das Reflexivpronomen direktes Objekt ist:

chinarsi	sich bücken
coprirsi	sich bedecken
divertirsi	sich amüsieren
ferirsi	sich verletzen
guardarsi	sich betrachten
immischiarsi	sich einmischen
incontrarsi	sich treffen
meravigliarsi	sich wundern
nascondersi	sich verstecken
riferirsi	sich beziehen
sbrigarsi	sich beeilen
scusarsi	sich entschuldigen
sentirsi	sich fühlen
trovarsi	sich befinden
vergognarsi	sich schämen
vestirsi	sich anziehen

Oggi fa freddo, copriti bene.	Heute ist es kalt, zieh dich warm an.
Ci siamo divertiti un mondo.	Wir haben uns köstlich amüsiert.
Guardati allo specchio.	Betrachte dich im Spiegel!
Non immischiarti nelle mie cose.	Misch dich nicht in meine Angelegen-heiten ein!
Ci incontriamo domani alle tre.	Wir treffen uns morgen um drei.
Dove si è nascosto?	Wo hat er sich versteckt?
Ragazzi, sbrigatevi.	Jungs, beeilt euch!
Mi sono scusato con Mario.	Ich habe mich bei Mario entschuldigt.
Oggi mi sento meglio.	Heute fühle ich mich besser.
Vergognati!	Schäm dich!

161

198 Einige Verben, bei denen das Reflexivpronomen indirektes Objekt ist:

comprarsi qc	sich etw. kaufen
concędersi qc	sich etw. gönnen
męttersi qc	sich etw. anziehen
permęttersi qc	sich etw. leisten
rompersi qc	sich etw. brechen
togliersi/levarsi qc	sich etw. ausziehen

I Rossi si sono comprati una bellis-sima casa.	Die Rossis haben sich ein sehr schönes Haus gekauft.
Mi sono conceduto qualche giorno di riposo.	Ich habe mir einige Tage Ruhe gegönnt.
Męttiti la giacca.	Zieh dir die Jacke an!
Non mi posso permęttere questo lusso.	Ich kann mir diesen Luxus nicht leisten.
Mi sono rotto la gamba.	Ich habe mir das Bein gebrochen.
Togliętevi le scarpe.	Zieht euch die Schuhe aus!

Anmerkung: Bei indirekt reflexiven Verben mit direktem Objekt kann sich das Partizip nach dem Subjekt oder dem direkten Objekt richten:
Carlo si è lavato/lavati i capelli.
Karl hat sich die Haare gewaschen.
Ci siamo comprati/comprata la casa dieci anni fa.
Wir haben uns vor zehn Jahren das Haus gekauft.

199 Das indirekte Reflexivpronomen kann in einigen Fällen eine verstärkte innere Anteilnahme des Subjekts an der Handlung ausdrücken. Man spricht hier vom ethischen Dativ:

Il padre si è bevuto tutto lo stipendio.	Der Vater hat sein ganzes Gehalt vertrunken.
Maria si è mangiata tutte le pesche.	Maria hat alle Pfirsiche aufgegessen.
Adesso mi fumo una sigaretta.	Jetzt rauche ich eine Zigarette.
Ci siamo giocati tutte le nostre ricchezze.	Wir haben unseren ganzen Reichtum verspielt.
Si è preso un ceffone.	Er hat sich eine Ohrfeige eingefangen.

200 Einen Sonderfall stellen die sog. reziproken Verben dar, die im Plural eine wechselseitige Handlung ausdrücken:

abbracciarsi	sich umarmen
aiutarsi	sich helfen
baciarsi	sich küssen
combạttersi	sich bekämpfen
conọscersi	sich kennen(lernen)
insultarsi	sich beschimpfen
rivedersi	sich wiedersehen
salutarsi	sich (be)grüßen
separarsi	sich trennen
stimarsi	sich schätzen

Si sono abbracciati affettuosamente.	Sie haben sich herzlich umarmt.
Si sono sempre aiutati.	Sie haben sich immer geholfen.
Giovanni e Maria si sono baciati davanti alla scuola.	Giovanni und Maria haben sich vor der Schule geküßt.
Il mio amico italiano ed io ci siamo rivisti quest'anno a Milano.	Mein italienischer Freund und ich haben uns dieses Jahr in Mailand wiedergesehen.
I suoi genitori vogliono separarsi.	Seine Eltern wollen sich trennen.
Ci conosciamo da cinque anni.	Wir kennen uns seit fünf Jahren.
Ci siamo conosciuti cinque anni fa.	Wir haben uns vor fünf Jahren kennengelernt.

Zur Verstärkung kann noch hinzutreten: *l'un l'altro* bzw. *gli uni gli altri* (bei mehr als zwei Personen), *a vicenda, reciprocamente* oder seltener *vicendevolmente, mutuamente, scambievolmente*:

Si aiutano sempre l'un l'altro.	Sie helfen sich immer gegenseitig.
Si insultano a vicenda.	Sie beschimpfen sich gegenseitig.
Si stimavano reciprocamente.	Sie schätzten sich gegenseitig.

Zu beachten ist, daß das Italienische und das Deutsche im Gebrauch der reflexiven Verben nicht immer übereinstimmen.

Im Gegensatz zum Deutschen werden im Italienischen reflexiv gebraucht: **201**

abbonarsi a qc	etw. abonnieren
accomodarsi	Platz nehmen
accorgersi di qc	etw. (be)merken
addormentarsi	einschlafen
allenarsi	trainieren
alzarsi	aufstehen
ammalarsi di qc	an etw. erkranken
andarsene	weggehen
appaiarsi	zusammenpassen
appellarsi a qd/qc	an jdn/etw. appellieren
arenarsi	stranden
arrampicarsi su qc	auf etw. klettern
bagnarsi	baden/naß werden
chiamarsi	heißen
comporsi di qc	aus etw. bestehen
comunicarsi	kommunizieren
confessarsi	beichten
congratularsi con qd di/per qc	jdm. zu etw. gratulieren
dimettersi	zurücktreten
dolersi di qc	etw. bedauern
dondolarsi	schaukeln
fermarsi	stehen bleiben
fidarsi di qd	jdm trauen

immettersi	münden
infiltrarsi	einsickern
introdursi	eindringen
laurearsi	promovieren
levarsi	aufstehen
licenziarsi	(selbst) kündigen
pentirsi di qc	etw. bereuen
ribellarsi a qc/qd	gegen etw./jdn. rebellieren
rompersi	zerbrechen
sommergersi	untergehen/sinken
spaventarsi	erschrecken
spegnersi	erlöschen
stupirsi di qc	über etw. staunen
svegliarsi	aufwachen

Mi sono abbonato al Corriere della Sera.	Ich habe den *Corriere della Sera* abonniert.
Si accomodi!	Nehmen Sie Platz!
Non me ne ero accorto.	Ich hatte es nicht gemerkt.
Perché te ne vai?	Warum gehst du weg?
Il ragazzo si è arrampicato sull'albero.	Der Junge ist auf den Baum geklettert.
Il libro si compone di tre parti.	Das Buch besteht aus drei Teilen.
Mi congratulo con te per la tua promozione.	Ich gratuliere dir zu deiner Beförderung.
Il ministro si è dimesso.	Der Minister ist zurückgetreten.
Non dondolarti sulla sedia.	Schaukle nicht auf dem Stuhl!
Il fiume si immette nel lago.	Der Fluß mündet in den See.
I ladri si introdussero in casa sua.	Die Diebe drangen in sein Haus ein.
L'operaio si è licenziato.	Der Arbeiter hat gekündigt.
Non mi fido di lui.	Ich traue ihm nicht.
Il bicchiere si è rotto.	Das Glas ist zerbrochen.
Non spaventarti!	Erschrick nicht!
Svegliatevi!	Wacht auf!

202 Im Gegensatz zum Deutschen werden im Italienischen nicht reflexiv gebraucht:

ammontare a qc	sich belaufen auf
cambiare	sich ändern
congiurare contro qd	sich gegen jdn verschwören
differire da qc	sich von etw. unterscheiden
girare	sich drehen
insorgere contro qd	sich gegen jdn erheben
migliorare	sich bessern
pazientare	sich gedulden
peggiorare	sich verschlechtern
precipitare	sich überstürzen
serpeggiare	sich schlängeln
soggiornare	sich aufhalten

Beachte:

girarsi sich umdrehen; *precipitarsi* sich stürzen

I danni ammontano a parecchi miliardi di lire.	Die Schäden belaufen sich auf mehrere Milliarden Lire.
La situazione è cambiata.	Die Situation hat sich geändert.
Le tue opinioni differiscono dalle mie.	Deine Ansichten unterscheiden sich von meinen.
Il popolo insorse contro il dittatore.	Das Volk erhob sich gegen den Diktator.
Le condizioni di vita sono migliorate.	Die Lebensbedingungen haben sich gebessert.
Pazienta ancora un po'.	Gedulde dich noch ein wenig!
La sua salute è peggiorata.	Sein Gesundheitszustand hat sich verschlechtert.
La Terra gira intorno al Sole.	Die Erde dreht sich um die Sonne.
Precipitano gli eventi.	Es überstürzen sich die Ereignisse.

Unterschiedslos reflexiv oder nicht reflexiv werden im Italienischen gebraucht: **203**

ammorbidire/ammorbidirsi	weich werden
appassire/appassirsi	(ver)welken
arrugginire/arrugginirsi	(ver)rosten
bisticciare/bisticciarsi	(sich) zanken/streiten
dimenticare qc/dimenticarsi di qc	etw. vergessen
familiarizzare/familiarizzarsi con qd/qc	sich mit jdm/etw. vertraut machen
gelare/gelarsi	gefrieren
inacidire/inacidirsi	sauer werden
ingelosire/ingelosirsi	eifersüchtig werden
intorpidire/intorpidirsi	gefühllos werden
ricordare qd/qc/ricordarsi (di) qd/qc	sich an jdn/etw. erinnern
rischiarare/rischiararsi	sich aufhellen
riposare/riposarsi	sich ausruhen
sbagliare/sbagliarsi	sich irren
sposare [fam.]*/sposarsi*	heiraten

La pera ha ammorbidito/si è ammorbidita.	Die Birne ist weich geworden.
I fiori (si) appassiscono.	Die Blumen verwelken.
L'oro non (si) arrugginisce.	Gold rostet nicht.
I bambini (si) bisticciano continuamente.	Die Kinder streiten (sich) ständig.
Ho dimenticato/Mi sono dimenticato di imbucare le lettere.	Ich habe vergessen, die Briefe einzuwerfen.
È difficile familiarizzare/familiarizzarsi con questo autore.	Es ist schwierig, sich mit diesem Autor vertraut zu machen.
L'acqua (si) è gelata nei tubi.	Das Wasser ist in den Rohren gefroren.
Il latte (si) è inacidito.	Die Milch ist sauer geworden.
Suo marito (si) ingelosisce facilmente.	Ihr Mann wird leicht eifersüchtig.
Mi (si) è intorpidito il piede.	Mir ist der Fuß eingeschlafen.
Lo ricorderò/Me ne ricorderò sempre.	Ich werde mich immer daran erinnern.
Il cielo (si) rischiara.	Der Himmel hellt (sich) auf.
Se sei stanco, riposa(ti).	Wenn du müde bist, ruhe dich aus.
(Si) sposano sabato.	Sie heiraten am Samstag.

204 Bei den folgenden Verben ändert sich die Bedeutung, je nachdem ob sie reflexiv oder nicht-reflexiv gebraucht werden:

accendere	anzünden/einschalten
accendersi	sich entzünden
addormentare	zum Schlafen bringen
addormentarsi	einschlafen
alzare	hochheben
alzarsi	aufstehen
ammazzare	umbringen
ammazzarsi	umkommen/sich umbringen
bagnare	naß machen
bagnarsi	naß werden/baden
chiamare	rufen
chiamarsi	heißen
fermare	jdn/etw. anhalten
fermarsi	anhalten/sich aufhalten
scoraggiare	entmutigen
scoraggiarsi	mutlos werden
spegnere	löschen/ausschalten
spegnersi	erlöschen/ausgehen
svegliare	wecken
svegliarsi	aufwachen
trovare	finden
trovarsi	sich befinden
uccidere	töten
uccidersi	umkommen/sich umbringen

Il vigile ferma la macchina.	Der Polizist hält das Auto an.
La macchina non si è fermata.	Das Auto hat nicht angehalten.
Hai trovato il pallone?	Hast du den Ball gefunden?
Dove si trova quella città?	Wo liegt diese Stadt?
Spegni la sigaretta.	Mach die Zigarette aus!
Il fuoco si è spento.	Das Feuer ist ausgegangen.
Bisogna chiamare un medico.	Man muß einen Arzt rufen.
Come ti chiami?	Wie heißt du?
Hanno ammazzato un gatto.	Sie haben eine Katze getötet.
Suo cognato si è ucciso.	Sein Schwager hat sich umgebracht.
Non riesco ad alzare la valigia.	Ich kann den Koffer nicht heben.
A che ora ti sei alzato stamattina?	Um wieviel Uhr bist du heute morgen aufgestanden?

Anmerkung: Manche Verben können transitiv, intransitiv und reflexiv konstruiert werden, wie zum Beispiel *cambiare*:

Ho cambiato le candele.	Ich habe die Zündkerzen gewechselt.
Niente è cambiato.	Es hat sich nichts geändert.
Va' a cambiarti.	Geh dich umziehen!

166

farsi odiare da qd	sich bei jdm verhaßt machen
farsi voler bene da qd	sich bei jdm beliebt machen
farsi sentire	sich bemerkbar machen
farsi vedere	sich blicken lassen
farsi visitare	sich untersuchen lassen
farsi medico/frate/suora	Arzt/Mönch/Nonne werden
farsi giorno/notte	Tag/Nacht werden
farsi la barba	sich rasieren
farsi grande	wachsen/ groß werden
farsi bello	sich schönmachen/ schön werden
farsi bello di qc	sich mit etw. brüsten
farsi buio	dunkel werden
farsi vecchio	alt werden
farsi vivo	ein Lebenszeichen von sich geben
farsi tardi	spät werden

Devo andare a farmi visitare dal medico.	Ich muß mich vom Arzt untersuchen lassen.
Si fa odiare da tutti.	Er macht sich bei allen verhaßt.
Mia sorella ha deciso di farsi suora.	Meine Schwester hat beschlossen, ins Kloster zu gehen.
Come ti sei fatto grande!	Wie groß du geworden bist!
Marco si fa bello dei meriti di suo zio.	Marco brüstet sich mit den Verdiensten seines Onkels.
Fatti bella per stasera.	Mach dich hübsch für heute abend!
Comincia a farsi buio.	Es wird allmählich dunkel.
Si è fatto tardi.	Es ist spät geworden.

Kapitel 14 Das Partizip Präsens (Il participio presente)

206 Die Bildung des Partizip Präsens

1. Die Verben auf **-are** bilden das Partizip Präsens auf **-ante**, diejenigen auf **-ere** bilden es auf **-ente** und die Verben auf **-ire** bilden es entweder auf **-iente** oder **-ente**. Das Partizip Präsens ist veränderlich; es bildet den Plural auf **-i**:

volare	fliegen	*volante*	fliegend
correre	laufen	*corrente*	laufend
seguire	folgen	*seguente*	folgend
venire	kommen	*veniente*	kommend

Beachte: *martedì venturo* [lit.] – kommenden Dienstag

2. Von dem ursprünglichen Stamm sind die folgenden Formen des Partizip Präsens abgeleitet:

bere	trinken	*bevente*	trinkend
tradurre	übersetzen	*traducente*	übersetzend
dire	sagen	*dicente*	sagend
fare	machen	*facente*	machend
porre	setzen	*ponente*	setzend

Ebenso bilden deren Komposita das Partizip Präsens.

3. Bei einigen Verben, die im Infinitiv den Diphthong **-uo-** aufweisen, entfällt beim Partizip Präsens das **-u-**:

cuocere	kochen	*cocente*	kochend
muovere	bewegen	*movente*	bewegend
nuocere	schaden	*nocente*	schadend
scuotere	schütteln	*scotente*	schüttelnd

207 Der Gebrauch des Partizip Präsens

1. Einige Partizipien haben sich zu Adjektiven, Nomina oder Präpositionen entwickelt.

– Zu Adjektiven sind geworden:

una donna affascinante	eine bezaubernde Frau
acqua bollente	kochendes Wasser
la squadra volante	das Überfallkommando
il mese corrente	der laufende Monat
una risposta soddisfacente	eine befriedigende Antwort
una valigia pesante	ein schwerer Koffer
un bambino ubbidiente	ein folgsames Kind

- Als Nomina werden gebraucht:

l'insegnante	der Lehrer/die Lehrerin
il/la conducente	der Fahrer/die Fahrerin
il/la cantante	der Sänger/die Sängerin
il calmante	das Beruhigungsmittel
lo stupefacente	das Betäubungsmittel/Rauschgift

- Als Präpositionen werden verwendet:

durante le vacanze	während der Ferien
nonostante la pioggia	trotz des Regens
mediante l'allenamento continuo	durch ständiges Training
rasente il/al muro	dicht an der Mauer

2. Das Partizip Präsens findet sich zur Verkürzung meist eines Relativsatzes in gehobener Sprache und im Behördenstil:

gli alunni partecipanti al corso di francese	die am Französischunterricht teil-nehmenden Schüler
un quadro raffigurante la Vergine	ein Bild, das die Jungfrau Maria darstellt
i rifiuti industriali contenenti piombo	die bleihaltigen Industrieabfälle
parole facenti parte della stessa famiglia	Wörter, die zur selben Wortfamilie gehören
i sostantivi uscenti in -ione	die auf *-ione* ausgehenden Substantive

Unterschiedliche Wiedergabe des deutschen Partizip Präsens im Italienischen 208

Oft wird das deutsche Partizip Präsens im Italienischen durch eine andere Konstruktion wiedergegeben, nämlich durch

1. einen Relativsatz (in diesen Fällen obligatorisch):

una donna che piange	eine weinende Frau
una ragazza che ride	ein lachendes Mädchen
un bambino che dorme	ein schlafendes Kind
Can che abbaia non morde.	Bellende Hunde beißen nicht.

Anmerkung: «ein schlafendes Kind» kann auch durch *un bambino addormentato* oder selten durch *un bambino dormiente* wiedergegeben werden.

2. einen präpositionalen Ausdruck:

il treno in arrivo/partenza	der ankommende/abfahrende Zug
una strada in salita/discesa	eine ansteigende/abfallende Straße
una casa in fiamme	ein brennendes Haus
la persona in questione	die betreffende Person
animali in (via di) estinzione	aussterbende Tiere
una popolazione mondiale in continuo aumento	eine ständig wachsende Weltbevölkerung

3. ein Partizip Perfekt:

una sigaretta accesa	eine brennende Zigarette
una pianta fiorita	eine blühende Pflanze

4. das Gerundium:

Piangendo disse che ...	Er sagte weinend, daß ...
Lo fece pur sapendo che ...	Er tat es, wohl wissend, daß ...

5. *da* + Infinitiv:

il problema da risolvere	das zu lösende Problem
i provvedimenti da prendere	die zu ergreifenden Maßnahmen
il testo da tradurre	der zu übersetzende Text

Kapitel 15 Das Partizip Perfekt (Il participio passato)

Die Bildung des Partizip Perfekt   209

1. Die Verben auf **-are** bilden das Partizip Perfekt auf **-ato**:

lavorare	arbeiten	*lavorato*	gearbeitet
cantare	singen	*cantato*	gesungen
andare	gehen	*andato*	gegangen

2. Die Verben auf **-ire** bilden das Partizip Perfekt auf **-ito**:

capire	verstehen	*capito*	verstanden
sentire	hören/fühlen	*sentito*	gehört/gefühlt
uscire	hinausgehen	*uscito*	hinausgegangen

Anmerkung: Nur wenige Verben auf *-ire* haben ein unregelmäßiges Partizip Perfekt, wie z. B. *venire* kommen → *venuto* gekommen.

3. Das regelmäßige Partizip Perfekt der Verben auf **-ere** geht auf **-uto** aus:

godere	genießen	*goduto*	genossen
cadere	fallen	*caduto*	gefallen
vendere	verkaufen	*venduto*	verkauft

Anmerkung 1: Die meisten Verben dieser Gruppe bilden ein unregelmäßiges Partizip Perfekt, wie z. B. *mettere* setzen → *messo* gesetzt, *rimanere* bleiben → *rimasto* geblieben, *scrivere* schreiben → *scritto* geschrieben.

Anmerkung 2: Bei Verben auf *-cere* und *-scere*, die das Partizip Perfekt regelmäßig bilden, wird vor der Endung *-uto* ein *i* eingeschoben, um die Aussprache [tʃ] bzw. [ʃ] zu erhalten: *tacere* schweigen → *taciuto* geschwiegen, *piacere* gefallen → *piaciuto* gefallen, *conoscere* kennen → *conosciuto* kennengelernt, *crescere* wachsen → *cresciuto* gewachsen.

(Zu den unregelmäßigen Partizipien siehe Anhang S. 296–309.)

Der Gebrauch des Partizip Perfekt   210

1. Das Partizip Perfekt wird zur Bildung der zusammengesetzten Zeiten (vgl. §§ 189–194) und des Passivs (vgl. § 251) gebraucht:

Abbiamo lavorato molto.	Wir haben viel gearbeitet.
Sono andato a teatro.	Ich bin ins Theater gegangen.
Il vino bianco deve essere servito freddo.	Weißwein muß kalt serviert werden.
Siamo stati invitati da Mario.	Wir sind von Mario eingeladen worden.

2. Einige Partizipien werden als Adjektiv oder als Nomen gebraucht:

il topo morto	die tote Maus
le persone ferite	die verletzten Personen
i feriti	die Verletzten
il morto	der Tote

3. Das Partizip Perfekt entspricht einem verkürzten Nebensatz; zur Verdeutlichung der Beziehung zwischen verkürztem Nebensatz und Hauptsatz tritt oft **appena, se, anche se** oder *benché* hinzu:

La partita disputata ieri tra il Milan e l'Inter ...	Das Spiel, das gestern zwischen Milan und Inter ausgetragen wurde, ...
Arrivata a casa, mia figlia si mise subito a letto.	Nachdem meine Tochter nach Hause gekommen war, ging sie sofort ins Bett.
Il centravanti, benché ferito, ha giocato molto bene.	Der Mittelstürmer hat, obwohl er verletzt war, sehr gut gespielt.
La pizza, se fatta bene, mi piace.	Pizza schmeckt mir, wenn sie gut gemacht ist.
Appena alzatasi si mise a lavorare.	Kaum war sie aufgestanden, machte sie sich an die Arbeit.

Beim absoluten Partizip Perfekt, d. h. wenn Partizipialsatz und Hauptsatz unterschiedliche Subjekte aufweisen, steht das Partizip vor seinem Subjekt:

Morta la madre, Luigi andò ad abitare a Roma.	Nachdem seine Mutter gestorben war, zog Luigi nach Rom.
Crollato l'unico ponte, le opere di soccorso subivano un forte ritardo.	Da die einzige Brücke eingestürzt war, verzögerten sich die Rettungsarbeiten sehr.
Arrivata lei, ci mettemmo a tavola.	Nachdem sie angekommen war, setzten wir uns zu Tisch.
Ho speso centomila lire comprese le mance.	Ich habe 100.000 Lire einschließlich Trinkgelder ausgegeben.
Fatta la deduzione delle spese, rimane ben poco.	Nach Abzug der Ausgaben bleibt sehr wenig.
Morto un papa se ne fa un altro.	Niemand ist unentbehrlich (Wenn ein Papst gestorben ist, wählt man einen anderen).

211 In folgenden deutschen Wendungen mit dem Partizip Perfekt bedient sich das Italienische einer anderen Ausdrucksweise:

per meglio dire	besser gesagt
sarebbe poco dire	gelinde gesagt
a cominciare da	angefangen bei
a prescindere dal fatto che	abgesehen davon, daß
con rispetto parlando	mit Verlaub gesagt

1. Das Partizip Perfekt richtet sich in Genus und Numerus nach dem Subjekt, wenn *essere* oder *venire* als Hilfsverb benutzt wird (vgl. §§ 190, 192-193, 251):

I viaggiatori sono arrivati.	Die Reisenden sind angekommen.
Questa casa viene venduta.	Dieses Haus wird verkauft.
I ragazzi si sono svegliati.	Die Jungen sind aufgewacht.

Anmerkung: Folgt auf ein reflexives Verb ein direktes Objekt, so kann sich das Partizip Perfekt in Genus und Numerus nach dem Subjekt oder nach dem direkten Objekt richten:
Mi sono lavato/lavati i denti. - Ich habe mir die Zähne geputzt.

2. Bei den Partizipialkonstruktionen richtet sich das Partizip Perfekt in Genus und Numerus nach seinem Beziehungswort (vgl. § 207.3):

Riparata la macchina, partimmo subito.	Nachdem das Auto repariert war, reisten wir sofort ab.

3. Bei den mit *avere* zusammengesetzten Zeiten richtet sich das Partizip Perfekt immer nach den vorausgehenden unbetonten Objektpronomina *lo, la, li, le* und fast immer nach dem Bezugswort des Pronominaladverbs *ne*. Bei *mi, ti, ci, vi* ist die Genus- und Numerusübereinstimmung fakultativ:

Hai comprato la macchina? - Sì, l'ho comprata.	Hast du das Auto gekauft? - Ja, ich habe es gekauft.
Hai sbucciato le mele? - Sì, le ho sbucciate.	Hast du die Äpfel geschält? - Ja, ich habe sie geschält.
Quanti topi hai visto? - Ne ho visti due.	Wie viele Mäuse hast du gesehen? - Ich habe zwei gesehen.
Ci ha visto/visti? - Sì, vi ho visto/visti.	Haben Sie uns gesehen? - Ja, ich habe euch gesehen.

Anmerkung 1: Geht dem Partizip Perfekt das zur höflichen Anrede einer Person benutzte Pronomen *La* voraus, so steht das Partizip in der femininen Form, wenn es sich um eine weibliche Person handelt, in der maskulinen oder (selten) femininen Form, wenn eine männliche Person angesprochen wird: *Signora Olivati, L'ho vista ieri.* - Frau Olivati, ich habe Sie gestern gesehen. *Signor Olivati, L'ho visto ieri.* - Herr Olivati, ich habe Sie gestern gesehen.

Anmerkung 2: Die oben genannte Regel gilt auch für das Partizip Perfekt der modalen Hilfsverben, auf die ein Infinitiv folgt: *Non li ho potuti vedere.* - Ich habe sie (mask. Pl.) nicht sehen können. *Le abbiamo fatte venire.* - Wir haben sie (fem. Pl.) kommen lassen.

4. **Selten** wird das Partizip verändert, wenn es sich auf ein als direktes Objekt gebrauchtes Relativpronomen oder auf ein folgendes direktes Objekt bezieht:

Ecco i libri che ho comprati.	Hier sind die Bücher, die ich gekauft habe.
Ho lette cinquanta pagine.	Ich habe fünfzig Seiten gelesen.

Kapitel 16 Das Gerundium (Il gerundio)

213 Die Bildung des Gerundiums

1. Die Verben auf *-are* bilden das *gerundio* auf *-ando*, diejenigen auf *-ere/-ire* bilden es auf *-endo*. Das *gerundio* ist unveränderlich (zur Wiedergabe im Deutschen vgl. § 214):

lavorare	arbeiten	*lavorando*
leggere	lesen	*leggendo*
sentire	hören/fühlen	*sentendo*

2. Von dem ursprünglichen Stamm sind die folgenden Formen des Gerundiums abgeleitet:

bere	trinken	*bevendo*
condurre	führen	*conducendo*
dire	sagen	*dicendo*
fare	machen	*facendo*
porre	setzen	*ponendo*

Ebenso bilden deren Komposita das Gerundium.

3. Bei einigen Verben, die im Infinitiv den Diphthong *-uo-* aufweisen, entfällt beim Gerundium das *-u-*:

cuocere	kochen	*cocendo*
muovere	bewegen	*movendo*
nuocere	schaden	*nocendo*
scuotere	schütteln	*scotendo*

Der Gebrauch des Gerundiums

214
Das Gerundium wird zur Verkürzung temporaler, kausaler, modaler, instrumentaler, konditionaler, konsekutiver und (mit vorausgehendem *pur*) konzessiver Nebensätze verwendet. Es gibt eine Handlung an, die gleichzeitig zu der des Hauptsatzes verläuft (zum *gerundio passato* vgl. § 215). In der Regel stimmen das Subjekt des Gerundiums und das Subjekt des Hauptsatzes überein (zur absoluten Konstruktion des Gerundiums vgl. § 216).

1. temporale Beziehung:

Camminando pensavo a tutte le cose che avevo da fare.	Beim Gehen dachte ich an all die Dinge, die ich zu erledigen hatte.
Parlando si accorse che si era sbagliato.	Beim Sprechen/Während er sprach, merkte er, daß er sich geirrt hatte.

Unterscheide: *L'ho visto uscendo dal negozio.* - Ich habe ihn gesehen, als ich
aus dem Geschäft kam (gleiches Subjekt).
L'ho visto uscire/che usciva dal negozio. - Ich habe ihn aus
dem Geschäft kommen sehen/Ich habe ihn gesehen, als er aus
dem Geschäft kam (verschiedene Subjekte).

2. kausale Beziehung:

Avendo paura, non entrò.	Da er Angst hatte, ging er nicht hinein.
Essendo malata, non poté venire.	Da sie krank war, konnte sie nicht kommen.

3. modale und instrumentale Beziehung:

Versare la farina lasciandola cadere a pioggia.	Mehl langsam einstreuen (indem man es tröpfchenweise fallen läßt).
Nuotando si irrobustisce il corpo.	Durch Schwimmen kräftigt man den Körper.

4. konditionale Beziehung:

Prendendo il treno delle sei, arriviamo puntuali.	Wenn wir den Sechs-Uhr-Zug nehmen, kommen wir pünktlich an.
Prendendo il treno delle sei, saremmo arrivati puntuali.	Wenn wir den Sechs-Uhr-Zug genommen hätten, wären wir pünktlich angekommen.
Dicendo la verità, puoi ottenere di più.	Wenn du die Wahrheit sagst, kannst du mehr erreichen.
Desiderando altri chiarimenti, rivolgiti pure a me.	Falls du weitere Erklärungen wünschst, wende dich nur an mich.

5. konsekutive Beziehung:

Il bambino scivolò, battendo la testa contro la parete.	Das Kind rutschte aus und schlug mit dem Kopf gegen die Wand.

6. konzessive Beziehung:

Pur sapendolo, non disse chi era stato.	Obwohl er es wußte, sagte er nicht, wer es gewesen war.
Pur volendolo, non riuscirei a farlo.	Selbst wenn ich es wollte, würde es mir nicht gelingen.

In der Schriftsprache findet sich auch ein vorzeitiges Gerundium (**gerundio** **215**
passato), das mit dem Gerundium von *essere* bzw. *avere* + Partizip Perfekt
gebildet wird und nur temporal oder kausal gebraucht wird:

Avendola offesa, le devo chiedere scusa.	Da ich sie beleidigt habe, muß ich mich bei ihr entschuldigen.
Essendo partito, si accorse di aver dimenticato l'ombrello.	Nachdem er abgereist war, merkte er, daß er den Regenschirm vergessen hatte.

216 Das Gerundium kann auch ein eigenes Subjekt haben, das nachgestellt wird:

Essendo morto il padre, il giovanotto fu avviato al lavoro.	Da der Vater gestorben war, wurde der junge Mann in die Arbeit eingeführt.
Essendosi staccata un'ala, l'apparecchio precipitò.	Da sich ein Flügel gelöst hatte, stürzte das Flugzeug ab.
Essendo io ammalato, hanno dovuto sostituirmi in ufficio.	Da ich krank war, mußte man mich im Büro vertreten.

Aber: *L'appetito vien mangiando.* - **Der Appetit** kommt beim Essen/, während **man** ißt.

217 Wendungen mit dem Gerundium

1. **Stare** + Gerundium gibt an, daß eine Handlung sich gerade vollzieht (Verlaufsform):

Sto leggendo un libro.	Ich lese gerade ein Buch.
Stava suonando il pianoforte, quando sua sorella entrò.	Er spielte gerade Klavier, als seine Schwester hereinkam.

(Zu *stare per* + Infinitiv vgl. § 271.3)

2. **Andare** + Gerundium kennzeichnet einen sich ständig wiederholenden Vorgang:

Andava dicendo sciocchezze.	Er sagte ständig dummes Zeug.
Va lamentandosi di tutto.	Er beklagt sich ständig über alles.

3. **Venire** + Gerundium bezeichnet eine Handlung in ihrem Verlauf:

Mi vengo sempre più persuadendo che ...	Ich komme immer mehr zu der Überzeugung, daß ...

Kapitel 17 Das Verb und seine Ergänzungen (I complementi del verbo)

Verben mit direktem Objekt

Die meisten Verben, die im Deutschen mit direktem Objekt konstruiert wer- **218**
den, werden auch im Italienischen mit direktem Objekt gebraucht:

Ho scritto una lettera.	Ich habe einen Brief geschrieben.
Vogliamo vendere la casa.	Wir wollen das Haus verkaufen.

Einige Verben, die im Italienischen mit direktem Objekt verwendet werden, **219**
werden im Deutschen mit indirektem Objekt bzw. präpositionalem Objekt
konstruiert:

affrontare qd/qc	jdm trotzen/an etw. herangehen
aiutare qd	jdm helfen
ascoltare qd/qc	jdm/einer Sache zuhören
aspettare/attendere qd/qc	auf jdn/etw. warten/ jdn/etw. erwarten
assistere qd	jdm beistehen
chiedere/domandare qc	nach etw. fragen/ um etw. bitten
consigliare qc	zu etw. raten/etw. empfehlen
contraddire qd/qc	jdm/einer Sache widersprechen
dissuadere qd	jdm abraten
incontrare qd	jdm begegnen/ jdn treffen
invadere qc	in etw. eindringen
licenziare qd	jdm kündigen/jdn entlassen
lisciare/lusingare qd	jdm schmeicheln
minacciare qd	jdm drohen/jdn bedrohen
mordere qc	in etw. beißen
odorare qc	an etw. riechen
precedere qd/qc	jdm/einer Sache vorangehen
premere qc	auf etw. drücken
prevenire qd/qc	jdm/einer Sache zuvorkommen
ringraziare qd	jdm danken
sbagliare qc	sich in etw. irren
sconsigliare qc	von etw. abraten
seguire qd/qc	jdm/einer Sache folgen
servire qd	jdm dienen
soccorrere qd	jdm helfen/zu Hilfe eilen
sognare qd/qc	von jdm/etw. träumen

Che cosa aspetti?	Worauf wartest du?
Stanotte ho sognato Maria.	Heute nacht habe ich von Maria geträumt.
Scusi, ho sbagliato porta.	Entschuldigen Sie, ich habe mich in der Tür geirrt.
Dai, aiuta la mamma.	Los, hilf der Mama!
Ringrazio molto tuo zio.	Ich danke deinem Onkel sehr.
Hai chiesto il prezzo?	Hast du nach dem Preis gefragt?
Ieri ho incontrato il signor Rossi.	Gestern bin ich Herrn Rossi begegnet.
Li abbiamo seguiti.	Wir sind ihnen gefolgt.

Anmerkung: Diese Verben können im Gegensatz zum Deutschen ein persönliches Passiv bilden (vgl. § 288):

Suo padre fu licenziato. – Seinem Vater wurde gekündigt.

220 Mit direktem oder indirektem Objekt werden folgende Verben gebraucht (zum Teil mit Bedeutungsunterschied):

applaudire (a) qd/qc	jdm/einer Sache Beifall spenden
compiacere qd/a qd	jdn zufriedenstellen/jdm gefällig sein
insidiare (a) qd/qc	jdm auflauern/etw. gefährden
perdonare (a) qd	jdm verzeihen, jdn verschonen
ubbidire a qd/[selten] *qd*	jdm gehorchen

La morte non perdona (a) nessuno.	Der Tod verschont niemanden.
Il pubblico ha applaudito il/al cantante.	Das Publikum hat dem Sänger applaudiert.
Cercano di compiacerlo in tutto.	Sie versuchen ihn in jeder Hinsicht zufriedenzustellen.
Cercheremo di compiacerLe.	Wir werden versuchen Ihnen entgegenzukommen.

Verben mit indirektem/präpositionalem Objekt

Verben mit **a**- Objekt:

221 Den meisten deutschen Verben mit indirektem Objekt (Dativobjekt) entsprechen im Italienischen Verben mit **a**- Objekt:

appartenere a qd/qc	jdm/einer Sache gehören
assistere a qc	einer Sache beiwohnen
attendere a qc	sich einer Sache widmen
cedere a qd/qc	jdm/einer Sache nachgeben
consentire a qc	einer Sache zustimmen
credere a qd/qc	jdm/einer Sache glauben
nuocere a qd/qc	jdm/einer Sache schaden
reggere a qc	einer Sache standhalten
resistere a qd/qc	jdm/einer Sache widerstehen
rispondere a qd	jdm antworten
sfuggire a qd/qc	jdm/einer Sache entgehen
somigliare a qd/qc	jdm/einer Sache ähneln
toccare a qd	jdm widerfahren/ zuteil werden

Il figlio somiglia tutto alla mamma.	Der Sohn sieht ganz der Mama ähnlich.
Non crederai mica a quello spaccone?	Du wirst doch diesem Angeber nicht glauben.
Non potei resistere alla tentazione.	Ich konnte der Versuchung nicht widerstehen.
Abbiamo ceduto al suo desiderio.	Wir haben seinem Wunsch nachgegeben.
A mio padre non era sfuggito che ...	Meinem Vater war nicht entgangen, daß ...
Gli è toccata una bella fortuna.	Ihm ist ein großes Glück zuteil geworden.

Mit indirektem Objekt werden im Gegensatz zum Deutschen folgende Verben **222**
konstruiert:

chiedere a qd /domandare a qd	jdn fragen/ bitten
mentire a qd	jdn anlügen
rispondere a qc	etw. beantworten/auf etw. antworten
sopravvivere a qd/qc	jdn/etw. überleben
telefonare a qd	jdn anrufen/mit jdm telefonieren

Carlo ha mentito al professore.	Karl hat den Lehrer angelogen.
A chi hai telefonato?	Wen hast du angerufen?
Devo chiedere al portiere.	Ich muß den Portier fragen.
Non ho ancora risposto alla sua lettera.	Ich habe seinen Brief noch nicht beantwortet.
Nessuno è sopravvissuto alla sciagura.	Niemand hat das Unglück überlebt.

Folgenden italienischen Verben mit **a**-Objekt entsprechen deutsche Verben mit **223**
präpositionalem Objekt:

ammontare a qc	sich auf etw. belaufen
aspirare a qc	nach etw. streben/ trachten
badare a qc	auf etw. achten/ sich um etw. kümmern
contribuire a qc	zu etw. beitragen
convenire a qd	sich für jdn lohnen/ schicken
credere a qc	an etw. glauben
guardare a qc	auf etw. achten
mirare a qc	auf etw. abzielen
parlare a qd	zu jdm sprechen
partecipare a qc	an etw. teilnehmen
passare a qc	zu etw. übergehen
pensare a qd/qc	an jdn/etw. denken
presenziare a qc	bei etw. zugegen sein
presiedere a qc	bei etw. den Vorsitz führen
provvedere a qc	für etw. sorgen
reagire a qc	auf etw. reagieren
ricorrere a qd/qc	sich an jdn wenden/zu etw. greifen
rinunciare a qc	auf etw. verzichten
risalire a qc	auf etw. zurückgehen
servire a qc	zu etw. dienen/ nützen
tenere a qc	auf etw. Wert legen

Quante persone partecipano al corso d'italiano?	Wie viele Personen nehmen an dem Italienischkurs teil?
I documenti risalgono al tredicesimo secolo.	Die Dokumente gehen auf das 13. Jahrhundert zurück.
Non badare a quello che dice.	Achte nicht auf das, was er sagt.
Il conto ammonta a diecimila lire.	Die Rechnung beläuft sich auf 10.000 L.
A che cosa stai pensando?	Woran denkst du gerade?
Quando si tratta di comprare libri, mio marito non guarda a spese.	Wenn es um den Kauf von Büchern geht, scheut mein Mann keine Kosten.
Tutti dovrebbero contribuire alla soluzione di questo problema.	Alle müßten zur Lösung dieses Problems beitragen.
Non credo ai fantasmi.	Ich glaube nicht an Gespenster.

224 Folgenden italienischen reflexiven Verben mit **a**- Objekt entsprechen deutsche reflexive Verben mit indirektem Objekt bzw. präpositionalem Objekt:

abituarsi a qc	sich an etw. gewöhnen
acclimatarsi a qc	sich in etw. eingewöhnen
adattarsi a qc / adeguarsi a qc	sich einer Sache/an etw. anpassen
applicarsi a qc	sich einer Sache hingeben/ widmen
approssimarsi a qd/qc	sich jdm/einer Sache nähern
assuefarsi a qc	sich an etw. gewöhnen
attenersi a qc	sich an etw. halten
avvezzarsi a qc	sich an etw. gewöhnen
avvicinarsi a qd/qc	sich jdm/einer Sache nähern
consacrarsi a qc	sich einer Sache widmen
darsi a qc/ dedicarsi a qc	sich einer Sache widmen
esporsi a qc	sich einer Sache aussetzen
inchinarsi a qd	sich vor jdm verneigen
interessarsi a qc	sich um etw. kümmern/ sich einer Sache annehmen
iscriversi a qc	sich in etw. einschreiben
ispirarsi a qd/qc	sich von jdm/etw. anregen lassen
limitarsi a qc	sich auf etw. beschränken
opporsi a qc	sich einer Sache widersetzen
prestarsi a qc	sich zu etw. eignen
rassegnarsi a qc	sich mit etw. abfinden/sich in etw. fügen
ribellarsi a qd/qc	sich jdm/einer Sache widersetzen
riferirsi a qd/qc	sich auf jdn/etw. beziehen
rimettersi a qd	sich auf jdn verlassen
sottoporsi a qc	sich einer Sache unterziehen
sottrarsi a qc	sich einer Sache entziehen
uniformarsi a qc	sich nach etw. richten

Mi limito allo stretto necessario.	Ich beschränke mich auf das Notwendigste.
Non mi sono ancora abituato al clima.	Ich habe mich noch nicht an das Klima gewöhnt.
Bisogna adattarsi alle esigenze del tempo.	Man muß sich den Erfordernissen der Zeit anpassen.
Mi riferisco a quello che hai detto l'altro giorno.	Ich beziehe mich auf das, was du neulich gesagt hast.
Il suo comportamento si presta a critiche.	Sein Verhalten gibt Anlaß zu Kritik.
Mi oppongo alla sua nomina.	Ich widersetze mich seiner Ernennung.
Nessuno potrà sottrarsi al controllo.	Niemand wird sich der Kontrolle entziehen können.
Non avvicinarti troppo all'acqua!	Geh nicht zu nah ans Wasser!
L'alunno non si è attenuto all-l'argomento.	Der Schüler hat sich nicht an das Thema gehalten.
Si è iscritto al partito comunista.	Er ist der kommunistischen Partei beigetreten.

Aber: *Si è iscritto in ingegneria.* - Er hat Ingenieurwissenschaften belegt.

abbondare di qc	im Überfluß vorhanden sein
abusare di qc	etw. mißbrauchen
approfittare di qc	etw. benutzen/von etw. Gebrauch machen
brulicare di qc	von etw. wimmeln
chiedere di qd	nach jdm fragen
diffidare di qd/qc	jdm/einer Sache mißtrauen
discutere di qc	über etw. diskutieren
disporre di qd/qc	über jdn/etw. verfügen
domandare di qd	nach jdm fragen
dubitare di qc	an etw. zweifeln
formicolare di qc	von etw. wimmeln
fruire di qc	etw. genießen
godere di qc	sich über etw. freuen/genießen
mancare di qc	an etw. Mangel haben
odorare di qc	nach etw. riechen
parlare di qd/qc	von jdm/etw., über jdn/etw. sprechen
partecipare di qc	an etw. teilhaben
pullulare di qc	von etw. wimmeln
puzzare di qc	nach etw. stinken
raccontare di qd/qc	von jdm/etw., über jdn/etw. erzählen
ringraziare di/per qc	für etw. danken
risentire di qc	an etw. leiden/unter dem Einfluß einer Sache stehen
risonare di qc (risuona)	von etw. erschallen/erfüllt sein
rispondere di qd/qc	für jdn/etw. bürgen
sapere di qd/qc	von jdm/etw. wissen/nach etw. schmek-ken/riechen
servire di qc	als etw. dienen
soffrire di qc	an/unter etw. leiden
trattare di qc	von etw. handeln
usufruire di qc	etw. genießen/nießnutzen
vivere di qc	von etw. leben

Hanno chiesto di te.	Man hat nach dir gefragt.
Questa minestra non sa di niente.	Diese Suppe schmeckt nach nichts.
Al tuo posto avrei approfittato dell'offerta.	An deiner Stelle hätte ich von dem Angebot Gebrauch gemacht.
Sua moglie soffre di mal di testa.	Seine Frau leidet unter Kopfschmerzen.
Abbiamo parlato di politica.	Wir haben über Politik gesprochen.
Il Canadà abbonda di foreste.	In Kanada gibt es Wälder im Überfluß.
Non abusare della mia pazienza.	Mißbrauche meine Geduld nicht!
Mancano di intelligenza.	Es mangelt ihnen an Intelligenz.
Purtroppo non disponiamo dei mezzi necessari.	Leider verfügen wir nicht über die notwendigen Mittel.
Non dubito della sua sincerità.	Ich zweifle nicht an seiner Aufrichtigkeit.
Qui puzza di benzina.	Hier stinkt es nach Benzin.
Di che cosa tratta questo libro?	Wovon handelt dieses Buch?
La piazza brulicava di turisti.	Der Platz wimmelte von Touristen.

Aber: *godere un libro* – sich an einem Buch erfreuen

(ac)contentarsi di qc	sich mit etw. begnügen
approfittarsi di qc	etw. ausnutzen/mißbrauchen
appropriarsi (di) qc	sich etw. aneignen/sich einer Sache bemächtigen
armarsi di qc	sich mit etw. bewaffnen
avvalersi di qc	sich einer Sache bedienen
beffarsi/burlarsi di qd/qc	sich über jdn/etw. lustig machen
compiacersi di qc	an etw. Freude haben
comporsi di qc	aus etw. bestehen
curarsi di qd/qc	sich um jdn/etw. kümmern
dimenticarsi di qd/qc	jdn/etw. vergessen
felicitarsi di qc/per qc [lit.]	sich über etw. freuen
fidarsi di qd/qc	jdm/einer Sache trauen/vertrauen
fregarsene di qd/qc [vulg.]	auf jdn/etw. pfeifen
impadronirsi di qc	sich einer Sache bemächtigen
impossessarsi di qc	sich einer Sache bemächtigen
incaricarsi di qc	etw. übernehmen
infischiarsi di qd/qc	auf jdn/etw. pfeifen
informarsi di/su qd/qc	sich nach jdm/etw. erkundigen
innamorarsi di qd	sich in jdn verlieben
intendersi di qc	sich auf etw. verstehen/sich in etw. auskennen
interessarsi di qc	sich für etw. interessieren
lagnarsi/lamentarsi di qd/qc	sich über jdn/etw. beklagen
meravigliarsi di qd/qc	sich über jdn/etw. wundern
munirsi di qc	sich mit etw. versehen
nutrirsi di qc	sich von etw. ernähren
occuparsi di qd/qc	sich mit jdm/etw. beschäftigen/sich um jdn/etw. kümmern
pavoneggiarsi di qc	sich mit etw. brüsten
pentirsi di qc	etw. bereuen
preoccuparsi di/per qd/qc	sich wegen jds/einer Sache Sorgen machen, um jdn/etw. besorgt sein
rallegrarsi di qc	sich über etw. freuen
rammaricarsi di qc	wegen einer Sache betrübt sein
ricordarsi (di) qd/qc	sich an jdn/etw. erinnern
scusarsi di/per qc	sich für etw. entschuldigen
servirsi di qd/qc	sich jds/einer Sache bedienen
trattarsi di qd/qc	sich um jdn/etw. handeln
vantarsi di qc	sich einer Sache rühmen
vendicarsi di qc	sich für etw. rächen
vergognarsi di qd/qc	sich jds/einer Sache schämen

Di che cosa ti lamenti?	Worüber beklagst du dich?
Mi accontento di poco.	Ich bin mit wenigem zufrieden.
Mi interesso di lingue.	Ich interessiere mich für Sprachen.
Non mi fido di lui.	Ich traue ihm nicht.
Claudio si è innamorato di Maria.	Claudio hat sich in Maria verliebt.
Non m'intendo di queste cose.	Ich kenne mich in diesen Dingen nicht aus.
Si tratta del nostro avvenire.	Es geht um unsere Zukunft.
Vi potete servire del dizionario.	Ihr dürft das Wörterbuch benutzen.

Verben mit **da**-Objekt:

allontanarsi da qd/qc	sich von jdm/etw. entfernen
astenersi da qc	sich einer Sache enthalten
cominciare da qc	bei etw. anfangen
copiare da qd/qc	von jdm/von/aus etw. abschreiben
derivare da qc	von etw. herkommen/ herrühren
differire da qd/qc	sich von jdm/etw. unterscheiden
dimettersi da qc	von etw. zurücktreten
dissentire da qd	mit jdm nicht übereinstimmen
distinguersi da qd/qc	sich von jdm/etw. unterscheiden
guardarsi da qd/qc	sich vor jdm/etw. hüten
partire da qc	von etw. abfahren/ ausgehen
servire da qc	als etw. dienen.
tradurre da qc	aus etw. übersetzen

Questa parola deriva dal latino.	Dieses Wort kommt aus dem Lateinischen.
Guardati dalle cattive compagnie.	Hüte dich vor schlechter Gesellschaft!
Questo libro è tradotto dall'italiano.	Dieses Buch ist aus dem Italienischen übersetzt.
Il ministro non vuole dimettersi dalla carica.	Der Minister will nicht von dem Amt zurücktreten.
Hai copiato da Mario.	Du hast von Mario abgeschrieben.
Non ti allontanare dall'argomento.	Komme nicht vom Thema ab!
Sei partito da una teoria sbagliata.	Du bist von einer falschen Theorie ausgegangen.

Verben mit **in**-Objekt:

cimentarsi in qc	sich in etw. versuchen/ sich auf etw. einlassen
commerciare in qc	mit etw. handeln
consistere in qc	in etw. bestehen/ auf etw. beruhen
credere in qd/qc	an jdn/etw. glauben/ auf jdn/etw. vertrauen
immischiarsi in qc	sich in etw. einmischen
inciampare in qc	über etw. stolpern
ingerirsi/intromettersi in qc	sich in etw. einmischen
mercanteggiare/negoziare in qc	mit etw. handeln
persistere in qc	auf etw. bestehen/ beharren
rientrare in qc	einer Sache unterliegen/unter etw. fallen
sperare in qd/qc	auf jdn/etw. hoffen

Credi in Dio?	Glaubst du an Gott?
Ho inciampato in un sasso.	Ich bin über einen Stein gestolpert.
Questa decisione non rientra nelle mie competenze.	Diese Entscheidung fällt nicht unter meine Kompetenz.
Speriamo nel tuo aiuto.	Wir hoffen auf deine Hilfe.
Non immischiarti in cose che non ti riguardano.	Mische dich nicht in Dinge ein, die dich nichts angehen!

229 Verben mit *su*-Objekt:

accomodarsi su qc	sich über etw. einigen
basarsi su qc	sich auf etw. gründen/ auf etw. basieren
contare su qd/qc	mit jdm/etw. rechnen/sich auf jdn/etw. verlassen
convenire su qc	sich auf etw. einigen
discutere su/di qc	über etw. diskutieren
fondarsi su qc	sich auf etw. gründen
influire su qd/qc	jdn/etw. beeinflussen
informarsi su/di qd/qc	sich über jdn/etw. informieren
insistere su qc	auf etw. bestehen
riflettere su qd/qc	über jdn/etw. nachdenken
ritornare su qc	auf etw. zurückkommen
soffermarsi su qc	sich bei etw. aufhalten
vendicarsi su/di qd	sich an jdm rächen

Ci siamo accomodati sul prezzo.	Wir haben uns über den Preis geeinigt.
Il tuo esempio ha influito sul loro comportamento.	Dein Beispiel hat ihr Verhalten beeinflußt.
Non soffermiamoci sui particolari.	Halten wir uns nicht bei Einzelheiten auf!
Vorrei informarmi sul corso degli studi in Italia.	Ich möchte mich über den Studiengang in Italien informieren.
Bisogna riflettere sulle conseguenze.	Man muß über die Folgen nachdenken.
Non voglio più ritornare su questo argomento.	Ich will auf dieses Thema nicht mehr zurückkommen.
L'atto d'accusa si fonda su prove sicure.	Die Anklageschrift gründet sich auf sichere Beweise.

230 Verben mit *con*-Objekt:

arrabbiarsi con qd	sich über jdn ärgern
confidarsi con qd	sich jdm anvertrauen
fidanzarsi con qd	sich mit jdm verloben
giocare con qd/qc	mit jdm/etw. spielen
lagnarsi/lamentarsi con qd	sich bei jdm beklagen/ beschweren
misurarsi con qd	sich mit jdm messen
scusarsi con qd	sich bei jdm entschuldigen
sposarsi con qd	sich mit jdm verheiraten

Mi sono arrabbiato con Angelo.	Ich habe mich über Angelo geärgert.
La bambina gioca con la sua bambola.	Das Mädchen spielt mit seiner Puppe.
Faresti bene a confidarti con tua madre.	Du tätest gut daran, dich deiner Mutter anzuvertrauen.
Non mi voglio misurare con lui.	Ich will mich nicht mit ihm messen.
Con chi si è fidanzata?	Mit wem hat sie sich verlobt?

231 Verben mit *per*-Objekt:

arrabbiarsi per qc	sich wegen etw. ärgern
preoccuparsi per/di qd/qc	um jdn/etw. besorgt sein
ringraziare per/di qc	für etw. danken

Mio padre si arrabbia per un nonnulla.	Mein Vater ärgert sich wegen jeder Kleinigkeit.
Ringraziamo per l'invito.	Wir danken für die Einladung.
Ci preoccupiamo per la salute di nostro figlio.	Wir sind um die Gesundheit unseres Sohnes besorgt.

Verben mit zwei Objekten

Verben mit direktem Objekt und mit *a*-Objekt: **232**

affidare qc a qd	jdm etw. anvertrauen
aggiungere qc a qc	einer Sache etw. hinzufügen
cedere qc a qd	jdm etw. überlassen
chiedere qc a qd	jdn um etw. bitten/jdn (nach) etw. fragen
comunicare qc a qd	jdm etw. mitteilen
condannare qd a qc	jdn zu etw. verurteilen
confidare qc a qd	jdm etw. anvertrauen/vertraulich mitteilen
consigliare qc a qd	jdm etw. empfehlen
dare qc a qd	jdm etw. geben
dire qc a qd	jdm etw. sagen
domandare qc a qd	jdn um etw. bitten/jdn (nach) etw. fragen
dovere qc a qd	jdm etw. verdanken/schulden
insegnare qc a qd	jdn etw. lehren
invidiare qc a qd/qd per qc	jdn um etw. beneiden
invitare qd a qc	jdn zu etw. einladen
mandare qc a qd	jdm etw. schicken
minacciare qc a qd/qd di qc	jdm etw. androhen/jdn mit etw. bedrohen
mostrare qc a qd	jdm etw. zeigen
offrire qc a qd	jdm etw. anbieten
ordinare qc a qd	etw. bei jdm bestellen
paragonare qd/qc a/con qd/qc	jdn/etw. mit jdm/etw. vergleichen
passare qc a qd	jdm etw. reichen
perdonare qc a qd/qd di qc	jdm etw. verzeihen
permettere qc a qd	jdm etw. erlauben
prestare qc a qd	jdm etw. leihen
promettere qc a qd	jdm etw. versprechen
raccomandare qc a qd	jdm etw. empfehlen
raccontare qc a qd	jdm etw. erzählen
rendere/ restituire qc a qd	jdm etw. zurückgeben
(far) ricordare qc a qd	jdn an etw. erinnern
sconsigliare qc a qd	jdm von etw. abraten
scrivere qc a qd	jdm etw. schreiben
sostituire qc a qc/qc con qc	etw. durch etw. ersetzen
spedire qc a qd	jdm etw. schicken
togliere qc a qd	jdm etw. wegnehmen

Ho mandato una cartolina ai miei amici.	Ich habe meinen Freunden eine Karte geschickt.
Che cosa hai promesso a tuo figlio?	Was hast du deinem Sohn versprochen?
Cedi il tuo posto alla signora.	Überlasse der Dame deinen Platz!
Ho confidato un segreto a Maria.	Ich habe Maria ein Geheimnis anvertraut.
A chi hai chiesto mille marchi?	Wen hast du um tausend Mark gebeten?

233 Verben mit direktem Objekt und *di*-Objekt:

accusare qd di qc	jdn einer Sache anklagen
avvertire qd di qc	jdn vor etw. warnen
colmare qc di qc/qd di qc	etw. mit etw. vollmachen/jdn mit etw. überhäufen
convincere qd di qc	jdn von etw. überzeugen
coprire qd/qc di qc	jdn/etw. mit etw. bedecken
informare qd di/su qc	jdn von/über etw. informieren
ornare qc di qc	etw. mit etw. schmücken
pregare qd di qc	jdn um etw. bitten
privare qd di qc	jdm etw. entziehen
provvedere qd/qc di qc	jdn/etw. mit etw. versehen/ ausstatten
ricoprire qc di qc	etw. mit etw. bedecken/ überziehen
riempire qc di qc	etw. mit etw. füllen
ringraziare qd di/per qc	jdm für etw. danken
sospettare qd di qc	jdn einer Sache verdächtigen
spogliare qd di qc	jdm etw. entziehen

L'hanno accusato di furto.	Man hat ihn des Diebstahls angeklagt.
Non sono riuscito a convincerlo della giustezza della mia decisione.	Es ist mir nicht gelungen, ihn von der Richtigkeit meiner Entscheidung zu überzeugen.
L'ho pregato di un favore.	Ich habe ihn um einen Gefallen gebeten.
Li avevo avvertiti del pericolo.	Ich hatte sie vor der Gefahr gewarnt.

234 Weitere Verben mit zwei Objekten:

confondere qd/qc con qd/qc	jdn/etw. mit jdm/etw. verwechseln
confrontare qc con qc	etw. mit etw. vergleichen
congratularsi con qd di/per qc	jdm zu etw. gratulieren
difendere qd/qc da qd/qc	jdn/etw. vor jdm/etw. verteidigen/ schützen
dissuadere qd da qc	jdm von etw. abraten
distogliere qd da qc	jdn von etw. abbringen/ ablenken
imparare qc da qd	etw. von jdm lernen
lagnarsi/lamentarsi con qd di qd/qc	sich bei jdm über jdn/etw. beklagen
preservare qd/qc da qc	jdn/etw. vor etw. bewahren
proteggere qd/qc da qd/qc	jdn/etw. vor jdm/etw. schützen
riconoscere qd/qc da qc	jdn/etw. an etw. erkennen
sapere qc da qd	etw. von jdm wissen
scusarsi con qd di/per qc	sich bei jdm für etw. entschuldigen
vendicarsi di qc su qd	sich für etw. an jdm rächen

Abbiamo cercato di distoglierlo dal suo proposito.	Wir haben versucht, ihn von seinem Vorhaben abzubringen.
Mi congratulo con te per la tua promozione.	Ich gratuliere dir zu deiner Beförderung.
Da chi lo sai?	Von wem weißt du es?
Da chi l'hai saputo?	Von wem hast du es erfahren?
L'ho riconosciuta dalla voce.	Ich habe sie an der Stimme erkannt.
Lo dissuademmo da quell'impresa.	Wir rieten ihm von dem Unternehmen ab.

Einige Verben können verschiedene Ergänzungen zu sich nehmen, wobei sich je nach Ergänzung die Bedeutung des Verbs ändern kann (bezügl. Infinitivkonstruktionen siehe Kap. 18):

assistere

assistere qd	jdm beistehen/helfen
assistere a qc	einer Sache beiwohnen

Abbiamo assistito il ferito.	Wir haben dem Verletzten geholfen.
Ho assistito alla cerimonia.	Ich habe der Feier beigewohnt.

chiedere

chiedere qc	etw. verlangen/um etw. bitten
chiedere a qd	jdn fragen/bitten
chiedere qc a qd	jdn nach etw. fragen/um etw. bitten
chiedere di qd	nach jdm fragen
chiedere qc da qd	etw. von jdm verlangen

Hanno chiesto un prezzo ragionevole.	Sie haben einen vernünftigen Preis verlangt.
Bisogna chiedere al professore.	Man muß den Lehrer fragen.
Gli ho chiesto la strada.	Ich habe ihn nach der Straße gefragt.
Maria ha chiesto di te.	Maria hat nach dir gefragt.
Che cosa chiedi da me?	Was verlangst du von mir?

consigliare

consigliare qd	jdn beraten
consigliare qc a qd	jdm zu etw. raten
consigliarsi con qd	sich mit jdm beraten

Non avete consigliato bene il vostro amico.	Ihr habt euren Freund nicht gut beraten.
Che cosa hai consigliato a tua moglie?	Wozu hast du deiner Frau geraten?
Mi voglio consigliare col mio avvocato.	Ich will mich mit meinem Anwalt beraten.

credere

credere qc	etw. glauben
credere a qd	jdm glauben
credere a qc	an etw. glauben
credere in qd/qc	an jdn glauben/ auf jdn/etw. vertrauen

Non bisogna credere tutto.	Man darf nicht alles glauben.
Non gli ho mai creduto.	Ich habe ihm nie geglaubt.
Credi ai fantasmi?	Glaubst du an Gespenster?
Credo in Dio/Cristo.	Ich glaube an Gott/Christus.
Molti credono nell'astrologia.	Viele glauben an die Astrologie.

domandare   vgl. chiedere

mancare
mancare qc   etw. verpassen/versäumen
mancare a qc   gegen etw. verstoßen
mancare di qc   an etw. Mangel haben/etw. entbehren

Purtroppo abbiamo mancato l'occasione di assistere a quello spettacolo.	Leider haben wir die Gelegenheit versäumt, dieser Aufführung beizuwohnen.
Avete mancato alla legge.	Ihr habt gegen das Gesetz verstoßen.
Non manca d'umorismo.	Es fehlt ihm nicht an Humor.

parlare
parlare a qd   mit/zu jdm sprechen
parlare con qd   mit jdm sprechen
parlare di qd/qc   über jdn/etw. sprechen

Quando gli parlo, non mi ascolta.	Wenn ich mit ihm spreche, hört er mir nicht zu.
Posso parlare col signor Bianchi?	Kann ich (mit) Herrn Bianchi sprechen?
Di che cosa state parlando?	Worüber sprecht ihr gerade?

passare
passare qc   etw. überschreiten
passare qc a qd   jdm etw. reichen
passare a qc   zu etw. übergehen
passare da qd   bei jdm vorbeigehen

Abbiamo passato un ponte.	Wir sind über eine Brücke gegangen.
Mi passi il sale, per favore?	Reichst du mir bitte das Salz?
Passiamo a cose più allegre.	Gehen wir zu lustigeren Dingen über.
Siamo passati da Mario.	Wir sind bei Mario vorbeigegangen.

pensare
pensare a qd/qc   an jdn/etw. denken
pensare di qd/qc   halten von/denken über

Penso solo a te.	Ich denke nur an dich.
Che cosa pensi della sua proposta?	Was hältst du von seinem Vorschlag?

rispondere
rispondere a qd   jdm antworten
rispondere a qc   auf etw. antworten/etw. beantworten
rispondere di qd/qc   für jdn/etw. bürgen

Le hai già risposto?	Hast du ihr schon geantwortet?
Non ho ancora risposto alla sua lettera.	Ich habe seinen Brief noch nicht beantwortet.
Rispondo io di lui.	Ich bürge für ihn.

sapere

sapere qc	etw. wissen
sapere di qd/qc	von jdm/etw. wissen/nach etw. schmekken/riechen
sapere qc da qd	etw. von jdm wissen

Non lo so.	Ich weiß es nicht.
Che cosa sai degli Etruschi?	Was weißt du von den Etruskern?
Questo vino sa di aceto.	Dieser Wein schmeckt nach Essig.
Da chi lo sai?	Von wem weißt du es?

servire

servire (a) qd	jdm dienen
servire qc	einer Sache dienen/etw. servieren
servire a qc	zu etw. dienen
servire di/da qc	als etw. dienen
servirsi di qc	sich einer Sache bedienen

Gli schiavi servivano i/ai loro padroni.	Die Sklaven dienten ihren Herren.
Questo ci può servire d'esempio.	Das kann uns als Beispiel dienen.
Una tazza gli serve da portacenere.	Eine Tasse dient ihm als Aschenbecher.
Posso servire la minestra?	Kann ich die Suppe servieren?
A che cosa serve questo arnese?	Wozu dient dieses Gerät?
Vi potete servire del dizionario.	Ihr dürft das Wörterbuch benutzen.

toccare

toccare qc	etw. berühren
toccare a qd	jdm widerfahren/zuteil werden

È vietato toccare la merce.	Das Berühren der Ware ist verboten.
Gli è toccato un buon posto.	Er hat eine gute Stelle bekommen.

Die prädikative Ergänzung (il complemento predicativo)   236

Prädikative Ergänzungen können sich auf das Subjekt oder auf das direkte Objekt beziehen.

1. Verben mit prädikativer Ergänzung zum Subjekt:

divenire/diventare	werden
essere	sein
farsi (vgl. § 205)	werden
morire	sterben als
nascere	geboren werden als
parere	scheinen
restare/rimanere	bleiben/sein
risultare	sich erweisen als
(ri)tornare	wieder werden
riuscire	sein/vorkommen
sembrare	scheinen
vivere	leben

Mio fratello diventerà medico.	Mein Bruder wird Arzt werden.
Nessuno nasce maestro.	Es ist noch kein Meister vom Himmel gefallen.
La notizia risultò falsa.	Die Nachricht erwies sich als falsch.
Tuo marito sembrava molto stanco.	Dein Mann schien sehr müde zu sein.
Il nostro esercito riuscì vittorioso in quella battaglia.	Unser Heer ging aus jener Schlacht als Sieger hervor.
Siamo restati buoni amici.	Wir sind gute Freunde geblieben.
Il mio vestito è ritornato nuovo.	Mein Kleid ist wieder neu geworden.

2. Verben mit prädikativer Ergänzung zum direkten Objekt:

chiamare	nennen
considerare	halten für
creare	wählen zu
credere	halten für
dichiarare	erklären zu/für
eleggere	wählen zu
fare	machen (zu)
giudicare	halten für
mostrarsi	sich zeigen
nominare	ernennen/wählen zu
proclamare	erklären (zu)
rendere	machen (zu)
ritenere	halten für
sentirsi	sich fühlen als
soprannominare	einen Spitznamen geben
stimare	schätzen als
trovare	finden/vorfinden

L'hanno eletto sindaco.	Man hat ihn zum Bürgermeister gewählt.
Tutti lo ritenevano un galantuomo.	Alle hielten ihn für einen Gentleman.
Ti credevo più furbo.	Ich hielt dich für schlauer.
Mi sento tedesca.	Ich fühle mich als Deutsche.
Questa notizia l'ha fatta/resa felice.	Diese Nachricht hat sie glücklich gemacht.
Trovo molto buono questo pesce.	Ich finde diesen Fisch sehr gut.
Lo stimano un bravo professore.	Man schätzt ihn als tüchtigen Lehrer.

3. Ergänzungen zum Subjekt oder Objekt mit Präposition oder *come*:

Mia zia lavora come segretaria.	Meine Tante arbeitet als Sekretärin.
Mi ha trattato come un amico/da amico.	Er hat mich als Freund behandelt.
Mi ero travestito da pirata.	Ich hatte mich als Seeräuber verkleidet.
L'avevo presa per sua sorella.	Ich hatte sie mit ihrer Schwester verwechselt.
Maria arriva sempre per prima/ultima.	Maria kommt immer als erste/letzte an.

Unterscheide: *Da ragazza era molto bella.* - Als Mädchen (= als sie noch ein Mädchen war) war sie sehr schön.
L'ho conosciuta ragazza. - Ich habe sie als Mädchen kennengelernt (= als sie noch ein Mädchen war).

Kapitel 18 Der Infinitiv (L'infinito)

Der Infinitiv ist eine Form, die sowohl verbal als auch nominal (als Subjekt oder Objekt) gebraucht werden kann. Wie ein Verb kann er Ergänzungen zu sich nehmen, wie ein Nomen kann er vom bestimmten Artikel begleitet sein. In bestimmten Fällen geht ihm eine Präposition voraus:

Guardare non costa nulla.	Schauen kostet nichts.
Preferisco giocare.	Ich spiele lieber.
Mio marito ha deciso di comprare una macchina nuova.	Mein Mann hat beschlossen, ein neues Auto zu kaufen.
Tra il dire e il fare/Dal dire al fare c'è di mezzo il mare.	Gesagt ist noch lange nicht getan.

Anmerkung 1: Einige Infinitive sind zu Nomina geworden, wie z.B.: *il dovere* - die Pflicht, *il potere* - die Macht.

Anmerkung 2: Im Gegensatz zum Deutschen behält der Infinitiv seinen verbalen Charakter und regiert die für ihn üblichen Ergänzungen: *il piantare un albero* - das Pflanzen eines Baumes.

Der Infinitiv verliert den Endvokal, wenn unbetonte Personalpronomina angehängt werden (vgl. § 140). Aus Gründen des Wohlklangs kann der Endvokal entfallen, wenn ein Partizip Perfekt folgt oder sich ein Objekt anschließt, das mit dem Infinitiv eine Sinneinheit bildet (vgl. auch § 10.5):

Voglio rivederti.	Ich will dich wiedersehen.
Crede di aver visto tutto.	Er glaubt, alles gesehen zu haben.
Siamo convinti di aver ragione.	Wir sind überzeugt, recht zu haben.

Der präpositionslose Infinitiv wird gebraucht

1. nach unpersönlichen Ausdrücken, die aus *essere* + Adjektiv/Adverb bestehen:

È difficile imparare questa lingua.	Es ist schwierig, diese Sprache zu lernen.
Non sarà facile fargli cambiare idea.	Es wird nicht leicht sein, ihn umzustimmen.
Oggi non è possibile visitare il museo.	Heute ist es nicht möglich, das Museum zu besuchen.
È pericoloso sporgersi.	Nicht hinauslehnen!
È meglio non andarci.	Es ist besser, nicht hinzugehen.

Aber: *Questa lingua è difficile da imparare.* - Diese Sprache ist schwer zu erlernen.

2. nach einer Reihe unpersönlicher Verben:

Basta chiedere.	Man braucht nur zu fragen.
A chi bisogna rivolgersi?	An wen muß man sich wenden?
Conviene prendere la macchina.	Man muß mit dem Auto fahren.
Mi piace giocare al tennis.	Ich spiele gern Tennis.

3. nach *essere* + unbestimmter Artikel/Possessivadjektiv + Nomen:

È una cosa meravigliosa essere qui a Firenze.	Es ist eine wunderbare Sache, hier in Florenz zu sein.
È un piacere sentirlo suonare il piano.	Es ist eine Freude, ihn Klavier spielen zu hören.
È una vergogna trattarlo così.	Es ist eine Schande, ihn so zu behandeln.
È mio dovere aiutarlo.	Es ist meine Pflicht, ihm zu helfen.
Era suo desiderio studiare medicina.	Es war sein Wunsch, Medizin zu studieren.

Aber: *È ora/tempo di andare a casa.* – Es ist Zeit, nach Hause zu gehen.

4. bei *che* + Nomen im Ausruf:

Che piacere rivederti!	Welche Freude, dich wiederzusehen!
Che vergogna comportarsi così!	Was für eine Schande, sich so zu verhalten!

5. nach den Modalverben *dovere*, *potere*, *volere*, *osare*, *sapere*, *solere*, *usare*:

Gli devo scrivere una lettera.	Ich muß ihm einen Brief schreiben.
Non volevo offenderti.	Ich wollte dich nicht beleidigen.
Puoi venire con noi?	Kannst du mit uns kommen?
Non osiamo contraddirlo.	Wir wagen nicht, ihm zu widersprechen.
Sai nuotare?	Kannst du schwimmen?
I miei genitori solevano/usavano fare una passeggiata ogni giorno.	Meine Eltern pflegten jeden Tag einen Spaziergang zu machen.

6. nach den Verben der Wahrnehmung *ascoltare*, *guardare*, *osservare*, *sentire*, *vedere*:

Mario ascolta sua sorella suonare la chitarra.	Mario hört seiner Schwester beim Gitarrenspielen zu.
L'abbiamo guardata lavorare.	Wir haben ihr beim Arbeiten/bei der Arbeit zugeschaut.
L'hanno osservato riparare la macchina.	Sie haben ihn beim Reparieren des Autos beobachtet.
Vidi entrare gli amici/gli amici entrare.	Ich sah die Freunde hineingehen.

7. nach den Verben *desiderare*, *intendere*, *preferire* und *favorisca*:

Desidero rivederti.	Ich wünsche dich wiederzusehen.
Egli intendeva emigrare.	Er beabsichtigte auszuwandern.
Preferisco restare a casa.	Ich ziehe es vor, zu Hause zu bleiben./ Ich bleibe lieber zu Hause.
Favorisca attendere un momento.	Warten Sie bitte einen Augenblick.

Anmerkung: Nach *preferire* wird ein zweiter Infinitiv mit *(piuttosto) che* angeschlossen: *Preferisco restare a casa piuttosto che uscire con questo tempo.* – Ich will lieber zu Hause bleiben als bei diesem Wetter ausgehen.

8. nach *fare* «lassen» in der Bedeutung «veranlassen»:

Faccio riparare la lavatrice.	Ich lasse die Waschmaschine reparieren.
Abbiamo fatto coprire il tetto.	Wir haben das Dach decken lassen.

Anmerkung 1: Wenn *fare* + Infinitiv zwei Ergänzungen aufweist, so wird das Personenobjekt indirekt konstruiert: *Faccio riparare la lavatrice al meccanico.* Ich lasse den Mechaniker die Waschmaschine reparieren (zu *fare* + Infinitiv in Verbindung mit Pronomina vgl. § 140.4).

Anmerkung 2: Der Satz *Ho fatto scrivere una lettera alla studentessa* kann auf zwei Arten verstanden werden: 1. Ich habe der Studentin einen Brief schreiben lassen. 2. Ich habe die Studentin einen Brief schreiben lassen. Will man klar zum Ausdruck bringen, daß die Studentin die Verfasserin des Briefes ist, so sagt man: *Ho fatto scrivere una lettera dalla studentessa.*

Anmerkung 3: Der Satz «Ich habe mir die Haare schneiden lassen» heißt *Mi sono fatto tagliare i capelli.* Ist ein Mißverständnis ausgeschlossen, kann *fatto* durch das Partizip des folgenden Infinitivs ersetzt werden: *Mi sono tagliato i capelli.*

9. nach *lasciare* «lassen» in der Bedeutung von «zulassen»:

Lascia stare tuo fratello!	Laß deinen Bruder in Ruhe!
Il vigile non ha lasciato passare nessuno.	Der Polizist hat niemanden durchgehen lassen.

Anmerkung: Wenn *lasciare* + Infinitiv zwei nominale Ergänzungen hat, so wird das Personenobjekt indirekt konstruiert: *Ho lasciato guidare la macchina a mio figlio* (Als weniger empfehlenswert gilt: *Ho lasciato mio figlio guidare la macchina.*) – Ich habe meinen Sohn das Auto fahren lassen (zu *lasciare* + Infinitiv in Verbindung mit Pronomina vgl. § 140.5).

10. in emphatischen Aussage- und Fragesätzen:

Dove andare?	Wohin soll man gehen?
Io rinunciare?	Ich soll verzichten?
Uno studente universitario comportarsi in quel modo!	Ein Student benimmt sich so! (Mißbilligung)

11. bei Subjektgleichheit in indirekten Fragesätzen, in denen eine Unsicherheit oder ein Zweifel ausgedrückt wird, wobei das Verb «sollen» mitinbegriffen ist.

Non so dove andare.	Ich weiß nicht, wohin ich gehen soll.
Non sappiamo se farlo o no.	Wir wissen nicht, ob wir es tun sollen oder nicht.

12. in Relativsätzen zum Ausdruck einer Möglichkeit:

Ogni bambino ha bisogno di una persona a cui rivolgersi.	Jedes Kind braucht eine Bezugsperson (eine Person, an die es sich wenden kann).
... e dovunque trovava persone da amare e dalle quali essere amata (Ginzburg).	... und überall fand sie Menschen, die sie lieben konnte und von denen sie geliebt werden konnte.
Cerco qualcuno con cui poter parlare.	Ich suche jemanden, mit dem ich reden kann.

13. in Arbeitsanweisungen und Aufforderungen:

Agitare prima dell'uso.	Vor Gebrauch schütteln!
Non aprire prima che il treno sia fermo.	Nicht öffnen, bevor der Zug hält!
Circolare, circolare!	Weitergehen, weitergehen!
Mettere al plurale le espressioni seguenti.	Setze/Setzen Sie folgende Ausdrücke in den Plural.
Prendere (= prendete) tre uova ...	Man nehme drei Eier ...
Tra moglie e marito non mettere il dito.	Man soll sich nicht in Meinungsverschiedenheiten von Eheleuten einmischen.
Scendere tutti!	Alles aussteigen!

14. zur Bildung des verneinten Imperativs der Du-Form (vgl. § 286.3):

Non venire.	Komme nicht!
Non dirlo a nessuno.	Sage es niemandem!
Non andarci.	Gehe nicht hin!

Anmerkung: *Non* + Infinitiv kann auch ein allgemeines Verbot ausdrücken: *Non calpestare l'erba.* – Rasen nicht betreten!

15. nach *ecco* in lebhafter Schilderung:

Ecco finalmente arrivare l'amico (= ecco che arriva finalmente ...).	Da kommt endlich der Freund.

16. in Wendungen:

E pensare che prima non voleva accettare l'offerta.	Und wenn man bedenkt, daß er zuerst das Angebot nicht annehmen wollte.
Non c'è che dire.	Dagegen ist nichts zu sagen.
O bere o affogare.	Vogel friß oder stirb!
È più noioso di una zanzara, il che è tutto dire.	Er ist lästiger als eine Stechmücke, und damit ist alles gesagt.

Der Infinitiv mit di

Der Infinitiv mit *di* steht nach den meisten Verben, die sonst ein direktes Objekt (Akkusativobjekt) bei sich haben:

affermare di	behaupten
ammettere di	zugeben
aspettare di	warten
asserire di	behaupten
capire di	verstehen
cercare di	versuchen
cessare di	aufhören
convenire di	vereinbaren
credere di	glauben
decidere di	beschließen
destinare di	entscheiden
dichiarare di	erklären
dimenticare di	vergessen
dimostrare di	zeigen, daß
dire di	sagen, behaupten
evitare di	vermeiden
fingere di	so tun, als ob
finire di	aufhören
giurare di	schwören
meritare di	verdienen
negare di	leugnen
odiare di	hassen
omettere di	unterlassen
progettare di	vorhaben
riconoscere di	zugeben
ricordare di	sich erinnern
rifiutare di	ablehnen
rischiare di	Gefahr laufen
risolvere di	beschließen
sapere di	wissen, daß
smettere di	aufhören
sognare di	träumen
sostenere di	behaupten
sperare di	hoffen
stabilire di	beschließen
temere di	fürchten
tentare di	versuchen
tralasciare di	unterlassen
trascurare di	versäumen

Cerca di comprendermi una buona volta.	Versuche mich einmal zu verstehen!
Dice di saperlo.	Er sagt, er wisse es.
Nega di averlo fatto.	Er bestreitet, es getan zu haben.
Giuro di aver detto la verità.	Ich schwöre, die Wahrheit gesagt zu haben.
Riconosco di aver torto.	Ich gebe zu, daß ich unrecht habe.
Spero di rivederti presto.	Ich hoffe, dich bald wiederzusehen.
Sa di essere bella.	Sie weiß, daß sie schön ist.

241 Der Infinitiv mit *di* steht nach den folgenden Verben und Ausdrücken, die sonst mit einem *di*-Objekt konstruiert werden:

aver bisogno di	müssen
avere paura di	(be)fürchten
disperare di	die Hoffnung aufgeben
dubitare di	Bedenken tragen
parlare di	davon sprechen

Ho bisogno di parlarti.	Ich muß dich sprechen.
Parlano di sposarsi.	Sie sprechen von Heirat.
Abbiamo paura di sbagliare.	Wir haben Angst, einen Fehler zu machen.

242 Folgende Verben mit direktem Personenobjekt schließen den Infinitv mit *di* an:

accusare qd di	jdn anklagen
incaricare qd di	jdn beauftragen
pregare qd di	jdn bitten
ringraziare qd di	jdm danken
scongiurare qd di	jdn beschwören
sospettare qd di	jdn verdächtigen
supplicare qd di	jdn inständig bitten

L'ho pregato di aiutarmi in questa faccenda.	Ich habe ihn gebeten, mir in dieser Angelegenheit zu helfen.
Accusarono il ragazzo di aver rubato il denaro.	Sie klagten den Jungen an, das Geld gestohlen zu haben.
La ringrazio di avermi accompagnato.	Ich danke Ihnen, daß Sie mich begleitet haben.

243 Folgende Verben mit indirektem Personenobjekt schließen den Infinitiv mit *di* an:

augurare a qd di	jdm wünschen, daß
chiedere/domandare a qd di	jdn bitten
comandare/ordinare a qd di	jdm befehlen
concedere a qd di	jdm gestatten
confessare a qd di	jdm gestehen
consigliare a qd di	jdm raten
dire a qd di	jdm sagen, er soll...
impedire a qd di	jdn hindern
offrire a qd di	jdm anbieten
permettere a qd di	jdm erlauben
proibire/vietare a qd di	jdm verbieten
promettere a qd di	jdm versprechen
proporre a qd di	jdm vorschlagen
raccomandare a qd di	jdm empfehlen
ricordare a qd di	jdn erinnern, daß er ... soll

Le consiglio di prendere l'edizione integrale.	Ich rate Ihnen, die ungekürzte Ausgabe zu nehmen.
Digli di tornare domani.	Sage ihm, er soll morgen wiederkommen.
Suo padre non le permette di uscire.	Ihr Vater erlaubt ihr nicht auszugehen.

Reflexive Verben, die den Infinitiv mit *di* anschließen:

augurarsi di	sich wünschen
degnarsi di	sich herablassen
immaginarsi/illudersi di	sich einbilden
offrirsi di	sich anbieten
prefiggersi/proporsi di	sich vornehmen
rifiutarsi di	sich weigern
sbrigarsi di	sich beeilen
sognarsi di	es sich träumen lassen

Non mi sarei mai sognato di vincere quel concorso.	Ich hätte es mir nie träumen lassen, daß ich den Wettbewerb gewinnen würde.
Si offrì di accompagnarmi.	Er bot sich an, mich zu begleiten.
Mi rifiuto di eseguire questo ordine.	Ich weigere mich, diesen Befehl auszuführen.
Mario s'illude di essere più intelligente degli altri.	Mario bildet sich ein, intelligenter zu sein als die anderen.

Der Infinitiv mit *di* steht nach folgenden reflexiven Verben, die sonst mit einem *di*-Objekt verbunden werden:

(ac)contentarsi di	sich zufriedengeben
accorgersi di	(be)merken
dimenticarsi di	vergessen
lagnarsi/lamentarsi di	sich beklagen
meravigliarsi di	sich wundern
pentirsi di	bereuen
rallegrarsi di	sich freuen
rammaricarsi di	klagen
ricordarsi di	sich erinnern
vantarsi di	sich rühmen
vergognarsi di	sich schämen

Ti accorgerai presto di aver commesso un gravissimo errore.	Du wirst bald merken, daß du einen sehr schweren Fehler gemacht hast.
Non si vergogna di dire simili bugie.	Er schämt sich nicht, solche Lügen zu erzählen.
Non mi ricordo di averlo visto.	Ich erinnere mich nicht, ihn gesehen zu haben.

Der Infinitiv mit *di* steht nach folgenden unpersönlichen Ausdrücken:

mi capita di	es kommt vor, daß ich
mi dispiace (di)	es tut mir leid
mi duole di	ich bedaure
mi pare di	es scheint mir, daß ich
mi riesce di/[häufiger] *riesco a*	es gelingt mir
mi rincresce (di)	es tut mir leid
mi sembra di	es scheint mir, daß ich
mi tocca (di)	ich bin gezwungen/ich muß
si tratta di	es geht darum
non mi va di	es gefällt mir nicht/es paßt mir nicht

Si tratta di migliorare le condizioni di vita.	Es geht darum, die Lebensbedingungen zu verbessern.
Non mi va di uscire da sola.	Es gefällt mir nicht, allein auszugehen.
Mi sembra di aver dimenticato tutto.	Es scheint mir, daß ich alles vergessen habe.
Che cosa mi tocca (di) sentire!	Was muß ich hören!
Mi capita spesso di sbagliare.	Es kommt oft vor, daß ich mich irre.
Gli rincresce di averlo offeso.	Es tut ihm leid, ihn beleidigt zu haben.

Aber: *Sembra aver dimenticato tutto.* - Er scheint alles vergessen zu haben.

247 Der Infinitiv mit *di* steht nach sehr vielen Nomina:

avere l'aria di	scheinen/so aussehen, als ob
aver bisogno di	müssen
essere in condizione di	in der Lage sein
avere il coraggio di	den Mut haben
prendere la decisione di	den Beschluß fassen
avere il desiderio di	den Wunsch haben
avere il diritto di	das Recht haben
avere il dovere di	die Pflicht haben
fare finta di	so tun, als ob
avere fretta di	es eilig haben
essere in grado di	imstande sein
avere (l')intenzione di	die Absicht haben
non veder l'ora di	es nicht abwarten können
avere l'ordine di	den Befehl haben
avere paura di	Angst haben
avere il permesso di	die Erlaubnis haben
avere/fare a qd il piacere di	die Freude haben/jdm den Gefallen tun
avere la possibilità di	die Möglichkeit haben
aver ragione di	recht daran tun
correre il rischio di	Gefahr laufen
avere la speranza di	die Hoffnung haben
avere tempo di	Zeit haben
mettersi in testa di	es sich in den Kopf setzen
avere voglia di	Lust haben

Ho l'abitudine di alzarmi presto.	Ich habe die Gewohnheit, früh aufzustehen.
Fece finta di dormire.	Er tat, als ob er schliefe.
Non vedo l'ora di partire per le vacanze.	Ich kann es nicht abwarten, in Urlaub zu fahren.
Avremo anche la possibilità di visitare Pompei.	Wir werden auch die Möglichkeit haben, Pompeji zu besuchen.
Fammi il piacere di imbucare questa lettera.	Tu mir den Gefallen und wirf mir diesen Brief ein.
Non ho voglia di aspettare più a lungo.	Ich habe keine Lust, länger zu warten.
Si è messo in testa di diventare medico.	Er hat es sich in den Kopf gesetzt, Arzt zu werden.

Beachte: *Abbiamo molto tempo per visitare la città.* - Wir haben viel Zeit, die Stadt zu besichtigen.

Der Infinitiv mit *di* steht nach Adjektiven, die sonst ein nominales Objekt mit **248**
di anschließen (vgl. § 174):

avido di	(be)gierig
capace di	fähig
certo/sicuro di	sicher
contento di	froh
convinto/persuaso di	überzeugt
curioso di	neugierig
degno di	wert/ würdig
felice di	glücklich
fiero/orgoglioso di	stolz
impaziente di	ungeduldig
libero di	frei
lieto di	froh
scontento di	unzufrieden
soddisfatto di	zufrieden
stanco/stufo di [pop.]	überdrüssig
triste di	traurig

Sei capace di nuotare?	Kannst du schwimmen?
Sono contento di aver superato l'esame.	Ich freue mich, daß ich die Prüfung bestanden habe.
È convinto di aver ragione.	Er ist überzeugt, recht zu haben.
Siamo curiosi di sapere che cosa farà .	Wir sind gespannt, was er machen wird.
Siete liberi di fare ciò che volete.	Es steht euch frei zu tun, was ihr wollt.
Sei sicuro di averlo visto?	Bist du sicher, ihn gesehen zu haben?
Sono stanco di ripetere sempre le stesse cose.	Ich bin es überdrüssig, immer dieselben Dinge zu wiederholen.

Der Infinitiv mit *a*

Der Infinitiv mit *a* steht nach folgenden Verben, die sonst mit direktem Ob- **249**
jekt (Akkusativobjekt) konstruiert werden:

(in)cominciare a	anfangen/ beginnen
continuare/seguitare a	fortfahren/weiter...
imparare a	lernen
insegnare a qd a	lehren
provare a	versuchen

(In)cominciarono a ridere.	Sie begannen zu lachen.
Continua a leggere.	Lies weiter!
Mio figlio sta imparando a nuotare.	Mein Sohn lernt gerade schwimmen.
La maestra insegna ai bambini a leggere e a scrivere.	Die Lehrerin lehrt die Kinder lesen und schreiben.
Provi a farlo!	Wagen Sie es nur!

199

250 Der Infinitiv mit **a** steht nach den Verben der Bewegung:

alzarsi a	aufstehen
andare a	gehen
correre a	laufen
mandare a	schicken
salire a	hinaufgehen
scendere a	hinuntergehen
uscire a	hinausgehen
venire a	kommen
voltarsi a	sich (her)umdrehen

Vado ad aprire la porta.	Ich gehe die Tür öffnen.
La mamma è uscita a fare la spesa.	Mama ist einkaufen gegangen.
Tutti si voltano a guardare quella ragazza.	Alle schauen sich nach jenem Mädchen um.
L'ho mandato a chiamare il medico.	Ich habe ihn nach dem Arzt geschickt.
Salgo a svegliare i bambini.	Ich gehe hinauf die Kinder wecken.

Anmerkung 1: Soll der finale Charakter der Infinitivergänzung hervorgehoben werden, so wird anstelle von **a** die Präposition **per** gebraucht:
Sono venuto per aiutarti. - Ich bin gekommen, um dir zu helfen.

Anmerkung 2: Bei den Ausdrücken *andare/venire a trovare qd* «jdn besuchen» und *andare/venire a prendere qd/qc* «jdn/etw. (ab)holen» ist folgendes zu beachten: Ist der Besuchte eine Drittperson, so gebraucht man *andare*, in den anderen Fällen *venire*, also:
Vado a trovarlo (-la. -li. -le). - Ich besuche ihn (sie).
Aber: *Viene a trovarmi (-ci).* - Er besucht mich (uns).
Vengo a trovarti (-vi). - Ich besuche dich (euch).
Dasselbe gilt sinngemäß für *andare/venire a prendere.*

251 Der Infinitiv mit **a** steht nach den Verben des Bleibens, Verweilens, Zögerns und Beharrens:

esitare / indugiare / tardare a	zögern
persistere a	beharren
restare / rimanere / stare a	bleiben

L'imputato persiste a negare.	Der Angeklagte leugnet beharrlich.
Esitai ad entrare.	Ich zögerte einzutreten.
Restate qui a giocare con noi.	Bleibt hier und spielt mit uns.

Merke: *Stammi a sentire.* - Hör mir zu!

252 Der Infinitiv mit **a** steht nach folgenden Verben und Ausdrücken:

cavarsela a	zurechtkommen
fare a	es fertigbringen/möglich sein
farcela a	es schaffen
far bene/male a	gut/schlecht daran tun
faticare/stentare a	Mühe haben
riuscire a	gelingen

Ce la fai ad aprire questa finestra?	**Bringst du dieses Fenster auf?**
Hai fatto bene ad andarci.	**Du hast gut daran getan hinzugehen.**
Non siamo riusciti a metterci d'accordo.	**Es ist uns nicht gelungen, uns zu einigen.**
Non riesco a capire perché...	**Ich kann nicht verstehen, warum...**
A parlare me la cavo abbastanza bene.	**Mit dem Sprechen klappt es ganz gut.**
Come si fa a lavorare con questo rumore?	**Wie ist es möglich, bei einem solchen Lärm zu arbeiten?**
Come faccio a saperlo?	**Wie soll ich das wissen?**
Come hai fatto a convincerlo?	**Wie hast du es fertiggebracht, ihn zu überzeugen?**

Der Infinitiv mit **a** steht nach Verben, die sonst eine nominale Ergänzung mit **253** **a** anschließen:

(ac)consentire a	einwilligen
aspirare a	danach streben
badare a	achtgeben
contribuire a	dazu beitragen
mirare a	darauf abzielen
pensare a	daran denken
provvedere a	dafür sorgen
rinunciare a	darauf verzichten
servire a/per	dazu dienen
tenere/tenerci a	darauf Wert legen

Bada a non cadere.	Paß auf, daß du nicht hinfällst!
Non ho pensato a imbucare la lettera.	Ich habe nicht daran gedacht, den Brief einzuwerfen.
Tutti vogliono contribuire a migliorare la situazione.	Alle wollen dazu beitragen, die Lage zu verbessern.
Il termometro serve a/per misurare la temperatura.	Das Thermometer dient dazu, die Temperatur zu messen.

Aber: *pensare di* + Inf. – gedenken/beabsichtigen

Der Infinitiv mit **a** wird nach folgenden Verben mit direktem Personenobjekt **254** gebraucht:

aiutare qd a	jdm helfen
autorizzare qd a	jdn ermächtigen
condannare qd a	jdn dazu verurteilen
convincere qd a	jdn überreden
costringere/(s)forzare qd a	jdn zwingen
decidere qd a	jdn dazu bewegen
esortare qd a	jdn ermahnen
incitare qd a	jdn anregen
incoraggiare qd a	jdn ermutigen
indurre qd a	jdn veranlassen
invitare qd a	jdn einladen
obbligare qd a	jdn verpflichten
sorprendere qd a	jdn beim ... überraschen
spingere qd a	jdn antreiben

Aiutalo a fare i compiti.	Hilf ihm bei den Hausaufgaben!
La commessa sorprese il ragazzo a rubare due dischi.	Die Verkäuferin überraschte den Jungen beim Diebstahl zweier Schallplatten.
La madre esortò il figlio a dire la verità.	Die Mutter ermahnte ihren Sohn, die Wahrheit zu sagen.
Mio zio mi ha incoraggiato a proseguire lo studio.	Mein Onkel hat mich ermutigt, das Studium fortzusetzen.
Il professore spinge gli alunni a studiare di più.	Der Lehrer treibt die Schüler an, mehr zu lernen.

255 Der Infinitiv mit **a** steht nach folgenden reflexiven Verben:

abituarsi a	sich daran gewöhnen
accingersi / apprestarsi / disporsi / prepararsi a	sich anschicken
acconciarsi / rassegnarsi a	sich damit abfinden
affrettarsi a	sich beeilen
arrischiarsi / avventurarsi / azzardarsi a	sich getrauen
decidersi / risolversi a	sich entschließen
divertirsi a	Freude daran haben
esercitarsi a	sich üben
fermarsi a	stehenbleiben
impegnarsi a	sich verpflichten
limitarsi a	sich beschränken
mettersi / porsi a	anfangen
provarsi a	sich unterstehen
trattenersi a	sich damit aufhalten

Ci siamo decisi a passare le vacanze al mare.	Wir haben uns entschlossen, die Ferien am Meer zu verbringen.
Si sono divertiti a giocare a carte.	Sie haben mit Vergnügen Karten gespielt.
Mi apprestavo ad uscire.	Ich schickte mich an hinauszugehen.
Provati a farlo!	Unterstehe dich, das zu machen!
La bambina si è messa a piangere.	Das Mädchen hat zu weinen angefangen.

256 Der Infinitiv mit **a** steht nach folgenden Ausdrücken und Wendungen:

fare attenzione a	achtgeben
avere difficoltà a	Schwierigkeiten haben
fare / durare fatica a	Mühe haben / schwerfallen
trovarci gusto a	Spaß daran haben
non aver alcun interesse a	kein Interesse daran haben
c'è luogo a	es besteht Grund
Che male c'è a ...?	Was ist denn dabei, wenn man ...?
metterci (un mese) a / per	(einen Monat) brauchen
passare (due giorni) a	(zwei Tage) damit verbringen
perdere (due ore) a	(zwei Stunden) damit vergeuden
non avere problemi a	keine Schwierigkeiten haben
Che soddisfazione c'è a ...?	Was hat man davon, wenn man ...?
fare in tempo a	etw. noch rechtzeitig tun
avere tendenza a	die Neigung haben / dazu neigen
ci vuole molto / poco a	es gehört viel / wenig dazu, ...

Abbiamo fatto in tempo a prendere il treno.	Wir haben den Zug noch rechtzeitig bekommen.
Quanto tempo ci hai messo a/per fare questo vestito?	Wie lange hast du für dieses Kleid gebraucht?
Faccio fatica a salire le scale.	Das Treppensteigen fällt mir schwer.
Mio marito ha tendenza a ingrassare.	Mein Mann neigt zum Dickwerden.
Fate bene attenzione a non perdere i soldi.	Gebt gut acht, daß ihr das Geld nicht verliert!
Non ho alcun interesse a comprare quel terreno.	Ich habe kein Interesse daran, dieses Grundstück zu kaufen.
Non ho difficoltà a pronunciare queste parole.	Ich habe keine Schwierigkeiten, diese Wörter auszusprechen.

Der Infinitiv mit **a** steht nach einigen Adjektiven zum Ausdruck des Zwecks: **257**

abile a	geschickt
abituato a	gewohnt
adatto/atto a	geeignet
bravo a	gut/tüchtig
costretto a	gezwungen
deciso a	entschlossen
disposto/pronto a	bereit
imbarazzato a	verlegen
inabile a	unfähig
incline/proclive a	geneigt
intento/occupato a	beschäftigt
lento a	langsam
obbligato a	verpflichtet
preparato a	vorbereitet
tenuto a	gehalten

Lui non è mai imbarazzato a trovare una scusa.	Er ist nie um eine Ausrede verlegen.
Angelo è bravo a giocare a scacchi.	Angelo ist gut im Schachspielen.
Mi sento obbligato ad aiutarlo.	Ich fühle mich verpflichtet, ihm zu helfen.
Ero intento a tradurre un brano dal tedesco in francese.	Ich war damit beschäftigt, einen Abschnitt aus dem Deutschen ins Französische zu übersetzen.

Der Infinitiv mit **a** steht außerdem nach: **258**

il primo a	der erste, der
il solo a	der einzige, der
l'ultimo a	der letzte, der
l'unico a	der einzige, der

Roberto è sempre il primo ad alzarsi.	Robert ist immer der erste, der aufsteht/steht immer als erster auf.
Maria è l'unica a saperlo.	Maria ist die einzige, die es weiß.

(Zu **a** + Infinitiv als Mittel der Hervorhebung vgl. § 340.4)

259 Der Infinitiv mit **a** ist Bestandteil folgender Wendungen:

a dire il vero	offen gestanden/ehrlich gesagt
a/per dire la verità	um die Wahrheit zu sagen
a dir poco	mindestens
non è a dire che + Konjunktiv	das soll nicht heißen, daß
a/per farla corta	um es kurz zu machen
a giudicare dall'apparenza	dem Schein nach zu urteilen
Come sarebbe a dire?	Was soll das heißen?
Solo a pensarci	Wenn man nur daran denkt, ...

Non è a dire che io non voglia farlo.	Das soll nicht heißen, daß ich es nicht tun will.
Solo a pensarci mi vengono i brividi.	Wenn ich nur daran denke, schaudert es mich.

Der Infinitiv mit *da*

260 Der Infinitiv mit *da* steht

1. nach Nomina zur Angabe des Zwecks oder der Bestimmung:

una macchina da scrivere	eine Schreibmaschine
Il problema da risolversi è questo: ...	Das Problem, das gelöst werden muß, ist folgendes: ...
le misure da prendersi	die zu ergreifenden Maßnahmen

2. zur Angabe der Bestimmung nach *che cosa, qualcosa, niente, molto, poco,* oder wenn eines dieser Pronomen zu ergänzen ist:

Portami (qualcosa) da bere.	Bringe mir etwas zu trinken!
Che cosa desidera da mangiare?	Was möchten Sie essen?
Non ho (niente) da fare.	Ich habe nichts zu tun.
Trovi da ridire su tutto.	Du hast an allem etwas auszusetzen.

Merke: *pagare da bere* – einen ausgeben

3. zur Angabe der Folge nach *così* und *tanto* + Adjektiv oder Adverb, oder wenn eines dieser Wörter zu ergänzen ist:

Chi è così/tanto gentile da accompagnarmi?	Wer ist so freundlich und begleitet mich?
Era una ragazza brutta da far paura.	Sie war ein grundhäßliches Mädchen.

Merke auch folgende Wendungen mit konsekutivem Sinn:

C'è da impazzire/disperare.	Es ist zum Verrücktwerden/Verzweifeln.
C'è poco da ridere.	Da gibt es nichts zu lachen.
Fa un caldo da morire.	Es ist mörderisch heiß.
Abbiamo tempo da vendere.	Wir haben sehr viel Zeit.

4. nach *ẹssere* mit passivischer Bedeutung:

Questa lẹttera è da tradurre.	Dieser Brief ist zu übersetzen.
Questa casa è da vẹndere.	Dieses Haus ist zu verkaufen.

5. nach **avere** in der Bedeutung «müssen»:

Ho da scrịvere una lẹttera/una lẹttera	Ich muß einen Brief schreiben.
da scrịvere.	

Merke: *Mi viene da piạngere/rịdere/starnutire.* - Ich muß weinen/lachen/niesen.

Die mit dem bestimmten Artikel verbundene Präposition **da** steht vor dem In- **261**
finitiv

1. nach folgenden Verben:

astenersi da	sich enthalten
diffidare qd da	jdn warnen
dispensare qd da	es jdm erlassen
dissuadere/sconsigliare qd da	jdm davon abraten
distọgliere qd da	jdn davon abbringen
guardarsi da	sich hüten
trattenersi da	sich zurückhalten

Mi astengo dal rispọndere a una domanda cosÌ sciocca.	Ich nehme davon Abstand, auf eine so törichte Frage zu antworten.
Il mẹdico lo dissuase dal passare le vacanze in montagna.	Der Arzt riet ihm davon ab, die Ferien in den Bergen zu verbringen.
La sconsiglio dal comprare questa mạcchina.	Ich rate Ihnen vom Kauf dieses Autos ab.

2. nach den Adjektiven *lontano* und (seltener) *lungi*:

Sono lontano/lungi dal pensare una cosa sịmile.	Ich bin weit davon entfernt, so etwas zu denken.

Der Infinitiv steht nach weiteren Präpositionen und präpositionalen Wendungen, **262**
wenn das Subjekt des Infinitivs und das Subjekt des Hauptsatzes übereinstimmen.

1. temporale Präpositionen:

Dopo *aver fatto colazione siamo andati in piscina.*	Nachdem wir gefrühstückt hatten, sind wir ins Schwimmbad gegangen.
Prima di *andare al cịnema devo fare i cọmpiti.*	Bevor ich ins Kino gehe, muß ich die Hausaufgaben machen.
Nel *camminare inciampai in un sasso.*	Beim Gehen stolperte ich über einen Stein.

2. konditionale Präpositionen:

Sono pronto ad aiutarti **a condizione** *di riceverne la metà.*	Ich bin bereit, dir zu helfen unter der Bedingung, daß ich die Hälfte davon bekomme.
Non lo farò, **a meno di** *esserne pregato.*	Ich werde es nicht machen, es sei denn, daß ich darum gebeten werde.
Gli parlerò **a costo di / a rischio di** *attendere tre ore.*	Ich werde mit ihm sprechen, auch auf die Gefahr hin, drei Stunden warten zu müssen.

3. finale Präpositionen:

Il mio amico è a Perugia **per** *studiare l'italiano.*	Mein Freund ist in Perugia, um Italienisch zu lernen.
Devi esprimerti **in modo (tale) da** *essere capito da tutti.*	Du mußt dich so ausdrücken, daß du von allen verstanden wirst.
Mi ha scritto la lettera **allo/con lo scopo di** *farmi cambiare idea.*	Er hat mir den Brief geschrieben, mit dem Ziel, mich umzustimmen.

Anmerkung: Die Präposition **per** wird auch in kausaler Bedeutung gebraucht: *Mario fu punito per non aver detto la verità.* - Mario wurde bestraft, weil er nicht die Wahrheit gesagt hatte. *Il ragazzo non disse niente* **per paura di** *essere sgridato.* - Der Junge sagte nichts, aus Angst, gescholten zu werden.

4. konsekutive Präpositionen:

Gridava **fino a** *restare senza voce.*	Er schrie, bis ihm die Stimme versagte.
Era ubriaco **a tal punto da** *non essere più capace di camminare.*	Er war so betrunken, daß er nicht mehr gehen konnte.

5. sonstige Präpositionen:

Col *nuotare si irrobustisce il corpo.*	Durch Schwimmen kräftigt man den Körper.
A forza / [stärker] **furia di** *fumare ci si rovina la salute.*	Durch zu vieles Rauchen ruiniert man seine Gesundheit.
Invece di/Anziché *studiare ha giocato a calcio.*	Anstatt zu lernen, hat er Fußball gespielt.
Oltre a *conoscere tre lingue romanze, mio padre sa anche due lingue slave.*	Außer drei romanischen Sprachen kann mein Vater auch zwei slawische Sprachen.
Se ne andò **col pretesto /con la scusa** *di aver ancora da fare.*	Er ging unter dem Vorwand weg, er habe noch zu tun.
Sarebbe capace di tutto, **pur di** *arricchirsi.*	Er wäre zu allem fähig, nur um sich zu bereichern.
Sono partiti **senza** *salutarci.*	Sie sind abgereist, ohne sich von uns zu verabschieden.
Nella speranza di *vederti presto ...*	In der Hoffnung, dich bald zu sehen, ...

Kapitel 19 Der Gebrauch der Zeiten (L'uso dei tempi)

Das Präsens (Il presente)

1. Das Präsens bezeichnet Zustände oder Handlungen der unmittelbaren Gegenwart, Geschehen, die bis in die Gegenwart andauern, sowie Gewohnheiten und Feststellungen, die zeitlose Gültigkeit besitzen:

Voglio bene a Maria.	Ich habe Maria gern.
Fa bel tempo.	Es ist schönes Wetter.
Conosco Mario da cinque anni.	Ich kenne Mario seit fünf Jahren.
Vado al mercato ogni giovedì.	Ich gehe jeden Donnerstag auf den Markt.
La terra gira intorno al sole.	Die Erde dreht sich um die Sonne.
L'uomo propone e Dio dispone.	Der Mensch denkt, Gott lenkt.

2. Will man betonen, daß ein Vorgang im Augenblick des Sprechens abläuft, verwendet man *stare* + *gerundio* (vgl. § 217.1):

La mamma sta preparando la cena.	Mama bereitet gerade das Abendessen zu.

3. In der Umgangssprache kann das Präsens auch eine zukünftige Handlung bezeichnen, wenn ein konkreter Zeitpunkt genannt wird und die Durchführung der Handlung als sicher angesehen wird:

Fra quindici giorni parto per Milano.	In vierzehn Tagen fahre ich nach Mailand.
Domani faccio la patente.	Morgen mache ich den Führerschein.

4. Um eine Erzählung aufzulockern oder lebhafter zu gestalten, kann man das historische Präsens (presente storico) anstelle eines Vergangenheitstempus verwenden:

Dante nasce a Firenze nel 1265.	Dante wird 1265 in Florenz geboren.
Andavamo a spasso, quando mio fratello scopre una lucertola.	Wir gingen spazieren, als mein Bruder eine Eidechse entdeckt.

Das Perfekt (Il passato prossimo)

Das *passato prossimo* gibt Handlungen an, die

1. sich in der Vergangenheit vollzogen haben, deren Folgen aber in der Gegenwart noch andauern:

Mi sono ferito al ginocchio. Non posso giocare.	Ich habe mich am Knie verletzt. Ich kann nicht spielen.

2. sich kurz vor der Gegenwart abgespielt haben:

Siamo arrivati un quarto d'ora fa.	Wir sind vor einer Viertelstunde an-gekommen.
Ho appena finito i compiti.	Ich bin gerade mit den Hausaufgaben fertig geworden.

3. sich in einem noch andauernden Zeitraum ereignet haben:

A che ora ti sei alzato stamattina?	Um wieviel Uhr bist du heute morgen aufgestanden?
Gli affari sono andati bene quest'anno.	Die Geschäfte sind dieses Jahr gut gegangen.
Oggi ho fumato troppo.	Heute habe ich zuviel geraucht.
Questa settimana sono andato due volte al cinema.	Diese Woche bin ich zweimal ins Kino gegangen.
Non ho ancora pagato la fattura.	Ich habe die Rechnung noch nicht bezahlt.
Finora non l'ho visto.	Bis jetzt habe ich ihn nicht gesehen.

Merke: *Sono due mesi che non lo vedo.* - Ich habe ihn seit zwei Monaten nicht mehr gesehen.

265 Das *passato remoto*

Das *passato remoto* wird zur Wiedergabe eines in der Vergangenheit abge-schlossenen Vorgangs gebraucht. Dabei ist die Dauer oder die Häufigkeit des Vorgangs ohne Bedeutung:

Pirandello morì nel 1936.	Pirandello starb 1936.
Quella notte non dormii a lungo.	Jene Nacht schlief ich nicht lange.
Quel giorno non riuscì a concentrarsi.	An jenem Tag konnte er sich nicht konzentrieren.
L'anno scorso visitammo gli Uffizi.	Letztes Jahr besuchten wir die Uffizien.

Anmerkung: In der gesprochenen Sprache wird anstelle des *passato remoto* immer häufiger das *passato prossimo* gebraucht. In Norditalien bedient man sich fast nur des *passato prossimo*, während in Süditalien sowohl das *passato remoto* als auch das *passato prossimo* Verwendung finden: *L'anno scorso abbiamo passato/ passammo le vacanze in Grecia.* - Letztes Jahr haben wir die Ferien in Griechenland verbracht/Letztes Jahr verbrachten wir die Ferien in Griechenland. *L'altro giorno ho incontrato/incontrai Luisa.* - Neulich habe ich Luisa getroffen/Neulich traf ich Luisa.

Das Imperfekt (L'imperfetto)

Das Imperfekt wird verwendet

1. zur Beschreibung vergangener Handlungen, Vorgänge oder Zustände, die als nicht abgeschlossen angesehen werden:

Mio padre era gentile con tutti.	Mein Vater war zu allen freundlich.
Gli uccelli cinguettavano.	Die Vögel zwitscherten.
I miei genitori non stavano bene.	Meinen Eltern ging es nicht gut.
Pioveva a dirotto.	Es regnete in Strömen.
I bambini dormivano ancora.	Die Kinder schliefen noch.

2. zur Bezeichnung von Handlungen, die sich in der Vergangenheit regelmäßig wiederholt haben:

I miei amici venivano a trovarmi ogni giorno.	Meine Freunde besuchten mich jeden Tag.
Mio fratello andava al cinema almeno una volta alla settimana.	Mein Bruder ging mindestens einmal in der Woche ins Kino.
Durante le vacanze non mi alzavo mai prima delle nove.	Während der Ferien stand ich nie vor neun Uhr auf.

Besonderer Gebrauch des Imperfekts

1. Das Imperfekt kann zum Ausdruck einer höflichen Bitte verwendet werden:

Volevo chiederti un favore.	Ich wollte dich um einen Gefallen bitten.

2. Wenn Kinder ein Rollenspiel planen, verwenden sie das Imperfekt:

Tu eri il maestro e io venivo a chieder- ti se mio figlio era bravo a scuola.	Du wärst der Lehrer, und ich würde kommen und dich fragen, ob mein Sohn gut in der Schule ist.

3. Bei lebhafter Schilderung wird zuweilen das *imperfetto* anstelle des *passato remoto* gebraucht. In diesem Falle wird der Vorgang nicht einfach festgestellt, sondern mit einer affektiven Nuance versehen. Meist wird dabei das Imperfekt von einer adverbialen Zeitangabe begleitet:

Nel 1789 scoppiava la Rivoluzione francese.	1789 brach die französische Revolution aus.
A questo pensiero mi sentivo assalire da un forte dubbio.	Bei diesem Gedanken fühlte ich, wie ich von einem starken Zweifel befallen wurde.

4. In der Umgangssprache wird das Imperfekt auch anstelle des Konditional II verwendet. Im Bedingungssatz ersetzt es auch den Konjunktiv Plusquamperfekt:

Potevi dirmelo (= Avresti potuto dirmelo) prima.	Du hättest es mir früher sagen können.
Dovevo prendere (= Avrei dovuto prendere) il treno delle sei.	Ich hätte den Sechs-Uhr-Zug nehmen sollen.
Se davi (= avessi dato) retta a me, non succedeva (= sarebbe successo).	Wenn du auf mich gehört hättest, wäre es nicht passiert.

268 Gegenüberstellung von *imperfetto* und *passato remoto*

Dem deutschen Präteritum (Erzählzeit) entsprechen im Italienischen zwei Tempora, das *imperfetto* oder das *passato remoto*.

1. Bei einigen italienischen Verben ergibt sich, je nachdem ob sie im *imperfetto* oder im *passato remoto* stehen, ein Bedeutungsunterschied, der im Deutschen durch zwei verschiedene Verben wiedergegeben wird:

Avevo paura.	Ich hatte Angst.
Ebbi paura.	Ich bekam Angst.
Il ponte era costruito.	Die Brücke war gebaut.
Il ponte fu costruito.	Die Brücke wurde gebaut.
La conoscevo da molto tempo.	Ich kannte sie seit langem.
La conobbi due anni fa.	Ich lernte sie vor zwei Jahren kennen.
Non lo sapevo.	Ich wußte es nicht.
Lo seppi da Mario.	Ich erfuhr es von Mario.
Tutti tacevano.	Alle schwiegen.
Tutti tacquero.	Alle verstummten.
Quando ci vedeva, ...	Wenn er uns sah, ...
Quando ci vide, ...	Als er uns erblickte, ...

2. Wenn mehrere Handlungen gleichzeitig ablaufen, wird das *imperfetto* gebraucht:

La mamma stirava, mio fratello leggeva e io dipingevo.	Mama bügelte, mein Bruder las, und ich malte.
Mentre io mi riposavo un po', mia moglie guardava la tv .	Während ich mich ein wenig ausruhte, sah meine Frau fern.

3. Setzt eine Handlung ein, während die andere weiterläuft und noch nicht abgeschlossen ist, so steht die neueinsetzende im *passato remoto*, die noch im Ablauf begriffene im *imperfetto*:

Stavamo cenando, quando sentimmo un rumore.	Wir aßen gerade zu Abend, als wir ein Geräusch hörten.
Mentre giocavamo a carte, suonò il telefono.	Während wir Karten spielten, läutete das Telefon.

4. Folgen zwei oder mehr Handlungen unmittelbar aufeinander, so daß eine Handlung durch den Beginn der nächsten Handlung abgeschlossen wird, so wird das *passato remoto* verwendet: *Cat.: veni, vidi, vici.*

A quella notizia Mario arrossì, scattò in piedi e uscì correndo di casa.	Bei dieser Nachricht wurde Mario rot, sprang auf und rannte aus dem Haus.
Mio padre trasse di tasca una sigaretta, l'accese e si mise a fumare.	Mein Vater zog eine Zigarette aus der Tasche, zündete sie an und fing an zu rauchen.

Die folgende Fabel von Mario Pratesi möge den Gebrauch von *imperfetto* und *passato remoto* im Textzusammenhang veranschaulichen:

La volpe nel pozzo	Der Fuchs im Brunnen
In un pozzo c'erano due secchi, attaccati a una fune che passava sopra una carrucola alla bocca del pozzo: quando un secchio saliva, l'altro scendeva.	In einem Brunnen waren zwei Eimer, die an einem Seil befestigt waren, das an der Brunnenöffnung über eine Rolle lief: Wenn ein Eimer heraufkam, ging der andere hinunter.
Un giorno la volpe entrò in uno dei secchi e cadde nel fondo del pozzo. Ogni volta che cercava di uscir fuori si bagnava tutta e faceva un gran rumore. Il lupo udì questo e corse a vedere che cosa era successo.	Eines Tages sprang der Fuchs in einen der Eimer und fiel auf den Boden des Brunnens. Jedesmal, wenn er herauszukommen versuchte, wurde er ganz naß und machte einen großen Lärm. Der Wolf hörte das und lief, um zu sehen, was geschehen war.
- Che state facendo laggiù, sorella volpe? - domandò.	«Was macht ihr da unten, Bruder Fuchs?», fragte er. «Ich fische», antwortete der Fuchs. «Kommt herunter und helft mir.» «Und wie kann ich hinunterkommen?», fragte der Wolf.
- Sto pescando - rispose la volpe. - Venite giù ad aiutarmi.	
- E come posso scendere? - chiese il lupo.	
- Saltate nel secchio che è lassù - replicò la volpe - e in un minuto sarete qui.	«Springt in den Eimer, der da oben ist», erwiderte der Fuchs, «und in einem Augenblick werdet ihr hier sein.»
Il lupo fu tanto sciocco che ubbidì, entrò nel secchio, e poiché egli era più pesante di lei, in un momento fu in fondo al pozzo, mentre la volpe saliva in cima. Quindi saltò fuori e se ne fuggì.	Der Wolf war so töricht, daß er gehorchte; er sprang in den Eimer, und da er schwerer war als der Fuchs, befand er sich im Nu auf dem Boden des Brunnens, während der Fuchs nach oben fuhr. Darauf sprang er heraus und lief davon.
- Non mi lasciate quaggiù - gridava il lupo.	«Laßt mich nicht hier unten!», schrie der Wolf. Aber der Fuchs antwortete nur: «So geht es auf der Welt: Wenn einer aufsteigt, steigt der andere ab.»
Ma la volpe rispose soltanto:	
- Questo è quanto accade nel mondo quando uno sale, l'altro scende.	

aus: De Libero/Mosillo: *Voci con voci.* Turin, [3]1957, Editori Lattes, S. 10

211

269 Das Plusquamperfekt (il trapassato prossimo)

Das *trapassato prossimo* bezeichnet einen Vorgang der Vergangenheit, der sich vor einem anderen Vorgang der Vergangenheit vollzogen hat:

Avevo appena spento il televisore, quando arrivarono gli ospiti.	Ich hatte gerade den Fernseher ausgeschaltet, als die Gäste kamen.
Poiché avevamo finito il nostro lavoro, uscimmo a prendere una boccata d'aria.	Da wir unsere Arbeit beendet hatten, gingen wir ein bißchen frische Luft schnappen.

270 Das *trapassato remoto*

Das *trapassato remoto* steht gewöhnlich nur nach den temporalen Konjunktionen **dopo che, quando, appena** und bezeichnet eine Handlung, die einer im *passato remoto* ausgedrückten Handlung unmittelbar vorausgeht:

Subito dopo che ebbi scritto la lettera, Marco andò a imbucarla.	Sofort nachdem ich den Brief geschrieben hatte, ging Marco ihn einwerfen.
Quando l'oratore ebbe terminato il suo discorso, tutti l'applaudirono.	Als der Redner seine Rede beendet hatte, klatschten ihm alle Beifall.
Appena ebbi finito di mangiare, mi misi a studiare.	Kaum war ich mit dem Essen fertig, begann ich zu lernen.

Anmerkung 1: Anstelle des *trapassato remoto* wird oft das *trapassato prossimo* verwendet. *Dopo che avevo scritto la lettera, andai ...*

Anmerkung 2: Bei Subjektgleichheit in Haupt- und Nebensatz wird meist *dopo* + Infinitiv Perfekt gebraucht. *Dopo aver scritto la lettera, andai...*

Anmerkung 3: Literarisch ist die Konstruktion mit eingeschobenem *che*: *Scritta che ebbi la lettera, andai ...* Auf die Veränderlichkeit des Partizips ist zu achten!

271 Das Futur I (il futuro semplice)

1. Das Futur I bezeichnet in der Zukunft liegende Handlungen oder Zustände:

Domani arriveranno i nonni.	Morgen werden die Großeltern kommen.
Che cosa farai da grande?	Was willst du einmal werden?

2. Das Futur I kann auch eine Vermutung oder einen Befehl ausdrücken:

Il nostro professore di latino avrà cinquanta anni.	Unser Lateinlehrer wird fünfzig Jahre alt sein.
Saranno le cinque.	Es wird fünf Uhr sein.
Non ucciderai.	Du sollst nicht töten.
Per domani farete un riassunto del racconto.	Für morgen schreibt ihr eine Zusammenfassung der Erzählung.

3. Zum Ausdruck einer unmittelbar bevorstehenden Handlung verwendet man *stare per*, *essere sul punto di* oder [selten] *essere in procinto di* + Infinitiv:

Stavamo per partire.	Wir waren im Begriff abzureisen.
Ẹrano sul punto di fare le valigie.	Sie waren im Begriff, die Koffer zu packen.

Wendung: *Starei per dire che* ... - Ich würde fast sagen, daß ...

Das Futur II (il futuro anteriore)   272

1. Steht im Hauptsatz Futur I, so steht im Nebensatz bei Vorzeitigkeit Futur II:

Ti telefoneremo appena saremo arrivati a Firenze.	Wir werden dich anrufen, sobald wir in Florenz ankommen.
Quando avrà smesso di piovere, lavoreremo nell'orto.	Wenn es aufhört zu regnen, werden wir im Garten arbeiten.
Roberto potrà giocare, solo dopo che avrà studiato.	Roberto darf erst spielen, wenn er gelernt hat.

Anmerkung: In der Umgangssprache wird in diesem Fall häufig Futur I gebraucht.

2. Das Futur II kann eine Vermutung in der Vergangenheit ausdrücken:

Saranno state le dieci.	Es wird 10 Uhr gewesen sein.
Avrai speso più di 10.000 L.	Du wirst mehr als 10.000 L ausgegeben haben.

Kapitel 20 Die Modi (I modi del verbo)

Im Italienischen unterscheidet man vier finite Modi: Indikativ (indicativo), Konjunktiv (congiuntivo), Konditional (condizionale) und Imperativ (imperativo).

Der Konjunktiv (il congiuntivo)

Während der Indikativ meist dann gebraucht wird, wenn ein Geschehen als wahr dargestellt wird (vgl. Kap. 19), erscheint der Konjunktiv, wenn eine besondere Einstellung des Sprechers zum Geschehen, wie zum Beispiel Zweifel, Unsicherheit, Hoffnung, Erwartung usw. ausgedrückt werden soll. Daneben können bestimmte Konjunktionen und Ausdrücke den Konjunktiv automatisch auslösen.

273 Der Konjunktiv im Hauptsatz

Der Konjunktiv wird im Hauptsatz gebraucht

1. in formelhaften Wendungen, die einen Wunsch, eine Verwünschung oder eine Aufforderung ausdrücken:

(Che) Dio ce la mandi buona!	Gott sei uns gnädig!
(Che) Dio vi benedica!	Gott segne euch!
(Che) sia ringraziato il Signore!	Dank sei dem Herrn!
(Che) il mio augurio vi accompagni!	Meine guten Wünsche mögen euch begleiten!
Gli venga/venisse un accidente!	Ihn soll der Schlag treffen!
Si potesse rompere il collo!	Er soll sich den Hals brechen!
Che la cosa rimanga tra noi!	Die Sache bleibt unter uns!

2. in Wünschen, die unerfüllbar sind oder für unerfüllbar gehalten werden. Dabei wird für die Gegenwart Konjunktiv Imperfekt, für die Vergangenheit Konjunktiv Plusquamperfekt verwendet:

Se fosse almeno qui!	Wenn er doch wenigstens hier wäre!
Fosse vero!	Wäre es doch wahr!
Oh se la nostra squadra vincesse!	Wenn unsere Mannschaft doch siegen würde!
Non l'avessi mai detto!	Hätte ich es doch nie gesagt!
(Magari) fosse venuto!	Wenn er doch nur gekommen wäre!

3. zum Ausdruck einer Einräumung oder eines Zugeständnisses:

caschi il mondo	mag kommen, was da will
costi quel che costi	koste es, was es wolle
che tu voglia o no	ob du willst oder nicht
vada/passi ancora per ...	es mag noch hingehen für ...

4. bei zweifelnden Überlegungen:

Che gli sia successo qualcosa?	Ob ihm etwas zugestoßen ist?
Che si sia nascosto?	Ob er sich versteckt hat?

5. als Imperativform der 3. Person Singular und Plural sowie der 1. Person Plural:

parli!	*parlino!*	sprechen Sie!	*parliamo!*	sprechen wir!
legga!	*leggano!*	lesen Sie!	*leggiamo!*	lesen wir!
senta!	*sentano!*	hören Sie!	*sentiamo!*	hören wir!
faccia!	*facciano!*	machen Sie!	*facciamo!*	machen wir!
stia!	*stiano!*	bleiben Sie!	*stiamo!*	bleiben wir!
vada!	*vadano!*	gehen Sie!	*andiamo!*	gehen wir!
dia!	*diano!*	geben Sie!	*diamo!*	geben wir!
dica!	*dicano!*	sagen Sie!	*diciamo!*	sagen wir!
sia!	*siano!*	seien Sie!	*siamo!*	seien wir!
abbia!	*abbiano!*	haben Sie!	*abbiamo!*	haben wir!
sappia!	*sappiano!*	wissen Sie!	*sappiamo!*	wissen wir!

6. bei Aufforderungen an Dritte:

Che vengano!	Sie sollen kommen!
Che lo faccia!	Er soll es machen!
Che entri!	Er soll eintreten!

7. bei Aufforderungen, die an Leser oder Zuhörer gerichtet sind:

Si pensi per esempio a ...	Man denke zum Beispiel an ...
Sia detto fra noi...	Unter uns gesagt ...
Si osservi/noti che ...	Man beachte, daß ...

Der Konjunktiv im *che*- Satz

Im *che*-Satz steht der Konjunktiv nach Verben und Ausdrücken der **Willens-** 274
äußerung (Wunsch, Verlangen, Erlaubnis, Verbot):

1. unpersönliche Ausdrücke:

bisogna/è necessario/occorre	es ist notwendig
conviene	es ist angebracht
è indispensabile	es ist unerläßlich
è inevitabile	es ist unvermeidlich
è meglio	es ist besser
è ora/tempo	es ist Zeit

È indispensabile che gli alunni si servano di un buon dizionario.	Es ist unerläßlich, daß die Schüler ein gutes Wörterbuch benutzen.
Bisogna che tutti partecipino alla riunione.	Es ist notwendig, daß alle an der Versammlung teilnehmen.

2. Verben und Verbalgefüge:

ammettere	zulassen
aspettare/ attendere	warten
fare attenzione/stare attento/ *badare (a)*	darauf achten
augurare	wünschen
chiedere/domandare	bitten/ verlangen
concedere/consentire	gestatten
curare	dafür sorgen
desiderare	wünschen
dire	sagen, daß ... **soll**
escludere	ausschließen
esigere	fordern
evitare	vermeiden
impedire	verhindern
implorare/ supplicare	flehentlich bitten
lasciare	zulassen
opporsi (a)	sich widersetzen
non veder l'ora	es nicht abwarten können
ordinare	befehlen
ottenere	erreichen
avere paura	Angst haben
permettere	erlauben
preferire	vorziehen
pregare	bitten
pretendere	fordern
procurare	zusehen
raccomandare	empfehlen/nahelegen
scongiurare	beschwören
sopportare/tollerare	dulden
sperare	hoffen
temere	fürchten
tenerci	Wert darauf legen
vietare	verbieten
volere	wollen

Aspettiamo che finisca di piovere.	Wir warten darauf, daß es aufhört zu regnen.
Procurate che questo lavoro sia fatto bene.	Seht zu, daß diese Arbeit gut gemacht wird.
Non pretendo affatto che tutti siano dello stesso parere.	Ich verlange ganz und gar nicht, daß alle derselben Meinung sind.
Non vedevamo l'ora che nostro padre tornasse a casa.	Wir konnten es nicht erwarten, bis unser Vater nach Hause kam.
Digli che rimanga/di rimanere qui.	Sage ihm, er soll hier bleiben.
Io voglio che tu sappia perché mi sono comportato così.	Ich will, daß du weißt, warum ich mich so verhalten haben.
Gli chiedemmo che ci aiutasse/di aiutarci in questa faccenda.	Wir baten ihn, uns in dieser Angelegenheit zu helfen.
Non tollero che si raccontino queste storie sul tuo conto.	Ich dulde nicht, daß man diese Geschichten über dich erzählt.

Anmerkung 1: Die Verben *ammettere, tollerare, sopportare* werden meist verneint gebraucht.

Anmerkung 2: Nach Ausdrücken der Hoffnung, Furcht und Erwartung kann im *che*-Satz auch das Futur stehen. *Temo che non dicano/diranno la verità.* – Ich fürchte, daß sie nicht die Wahrheit sagen.

Der Konjunktiv wird nach Verben und Ausdrücken der **subjektiven Bewertung** 275 eines als wahr vorausgesetzten Sachverhalts verwendet. In der Umgangssprache wird nicht selten der Indikativ gebraucht:

1. unpersönliche Ausdrücke:

è bello	es ist schön
è bene	es ist gut
mi dispiace	es tut mir leid
è essenziale	es ist wesentlich
mi dà fastidio	es stört mich
è una fortuna	es ist ein Glück
è giusto	es ist gerecht
è imperdonabile	es ist unverzeihlich
importa/ è importante	es ist wichtig
è ingiusto/un'ingiustizia	es ist ungerecht/eine Ungerechtigkeit
è insolito	es ist ungewöhnlich
è inutile	es ist unnötig
è logico	es ist logisch
è male	es ist schlecht
manca poco	es fehlt wenig und...
è naturale	es ist natürlich
è normale	es ist normal
è opportuno	es ist angebracht
(è) peccato	(es ist) schade
mi piace	es gefällt mir
mi fa piacere	es freut mich
è prudente	es ist vernünftig
è raro	es kommt selten vor
è una sfortuna	es ist ein Unglück
è lo stesso	es ist gleich, ob
è strano	es ist seltsam
è svantaggioso/uno svantaggio	es ist ein Nachteil
ciò non toglie	das ändert nichts daran
è utile	es ist nützlich
è vantaggioso/un vantaggio	es ist vorteilhaft
è una vergogna	es ist eine Schande

Peccato che tu non sia potuto venire.	Schade, daß du nicht hast kommen können.
Ciò non toglie che egli si sia comportato male.	Das ändert nichts daran, daß er sich schlecht benommen hat.
Mi dispiace che non abbiano accettato l'invito.	Es tut mir leid, daß sie die Einladung nicht angenommen haben.
Non è giusto che tu stia in ozio mentre gli altri lavorano.	Es ist nicht gerecht, daß du untätig bist, während die anderen arbeiten.
È naturale che tutti vogliano guadagnare di più.	Es ist natürlich, daß alle mehr verdienen wollen.

2. Verben und verbale Fügungen:

essere afflitto/triste	traurig sein
arrabbiarsi	böse werden/ sich ärgern
essere contento	zufrieden sein/sich freuen
essere desolato/dolente/spiacente	bedauern/leid tun
essere felice	glücklich sein
essere fiero/orgoglioso	stolz sein
godere	genießen
lagnarsi/lamentarsi	sich beklagen
essere lieto	froh sein
meravigliarsi/ stupirsi	sich wundern
preoccuparsi	besorgt sein/sich Sorgen machen
rallegrarsi /avere piacere	sich freuen
essere scontento	unzufrieden sein
essere soddisfatto	zufrieden sein
essere sorpreso	überrascht sein
vergognarsi	sich schämen

Siamo contenti che tu sia guarito.	Wir freuen uns, daß du wieder gesund bist.
Sono felice che tu sia tra noi.	Ich bin glücklich, daß du unter uns bist.
Siamo arrabbiati che ci abbia piantato in asso.	Wir sind böse, daß er uns im Stich gelassen hat.
Mi meraviglio che tu abbia rifiutato l'offerta.	Ich wundere mich, daß du das Angebot abgelehnt hast.

276 Der Konjunktiv steht nach Verben und Ausdrücken des **Zweifelns** und der **Unsicherheit**:

è una bugia	es ist eine Lüge
può darsi	es kann sein
è difficile/è improbabile	es ist unwahrscheinlich
dubitare	bezweifeln
è facile	es ist leicht möglich
è impossibile	es ist unmöglich
è incredibile	es ist unglaublich
negare	leugnen
è possibile	es ist möglich
è probabile	es ist wahrscheinlich

Può darsi che io mi sia sbagliato.	Es kann sein, daß ich mich getäuscht habe.
È difficile che mio figlio cambi idea.	Es ist unwahrscheinlich, daß mein Sohn es sich anders überlegt.
Dubito che il governo abbia preso le misure necessarie.	Ich bezweifle, daß die Regierung die notwendigen Maßnahmen ergriffen hat.

Anmerkung 1: Auch nach *non dubitare che* steht Konjunktiv: *Non dubito che tu sia sincero.* - Ich zweifle nicht daran, daß du aufrichtig bist.

Anmerkung 2: Nach den Verben des Geschehens kann auch der Indikativ stehen: *Capita/succede/avviene/accade che non mi saluta/saluti neanche.* Es kommt vor, daß er mich nicht einmal grüßt.

Nach den Verben und Ausdrücken des Glaubens und Meinens findet sich sowohl der Indikativ als auch der Konjunktiv. Während in gepflegter Ausdrucksweise der Konjunktiv vorgezogen wird, herrscht in der Umgangssprache
der Indikativ vor.

essere d'avviso/dell'opinione/ del parere	der Meinung sein
essere convinto/persuaso	überzeugt sein
credere	glauben
immaginare	vermuten/denken
immaginarsi	sich einbilden
avere l'impressione	den Eindruck haben
(mi) pare/sembra	es scheint (mir)
pensare	denken/meinen
ritenere	glauben/meinen
mi sa	es scheint mir
sospettare/supporre	vermuten
avere il sospetto	den Verdacht haben

Mi pare/sembra che Lei è/sia stanco.	Es scheint mir, daß Sie müde sind.
Ho l'impressione che la situazione è/sia cambiata in meglio.	Ich habe den Eindruck, daß sich die Lage zum Besseren gewendet hat.
Penso che tu hai/abbia fatto un buon affare.	Ich meine, daß du ein gutes Geschäft gemacht hast.

Anmerkung 1: Wenn die oben genannten Verben und Ausdrücke fragend oder
verneint gebraucht werden oder in einem Konditionalsatz stehen, überwiegt der Gebrauch des Konjunktivs.

Anmerkung 2: Nach *credere* steht der Indikativ,
1. wenn das Subjekt des Hauptsatzes und des *che*-Satzes übereinstimmen: *Credo che ho sbagliato.* - Ich glaube, daß ich
mich geirrt habe.
2. wenn *credere* «überzeugt sein» bedeutet: *Credo che Dio esi-
ste.* - Ich glaube, daß es Gott gibt.

Anmerkung 3: Nach *pensare/credere/ritenere* kann *che* entfallen, wenn das dar-
auffolgende Verb im Konjunktiv erscheint.

Anmerkung 4: *Trovare che* in der Bedeutung «finden, daß» zieht Indikativ oder
Konditional nach sich: *Trovo che hai fatto bene.* - Ich finde,
daß du es gut gemacht hast. *Trovo che dovresti cambiarti per
la cena.* - Ich finde, du solltest dich zum Abendessen umziehen.

Anmerkung 5: Nach *capire/comprendere* in der Bedeutung «geistig erfassen» steht
der Indikativ, in der Bedeutung «Verständnis haben» der Konjunktiv:
Dalle sue parole ho capito/compreso che non vuole venire. -
Aus seinen Worten habe ich verstanden, daß er nicht kommen
will. *Capisco/comprendo che non voglia venire.* - Ich verstehe/
habe Verständnis dafür, daß er nicht kommen will. Nach *si
capisce che* «natürlich» steht der Indikativ.

278 Der Konjunktiv steht nach den Ausdrücken des **Behauptens, Versicherns** und **Wissens,** wenn sie in verneinter oder fragender Form gebraucht werden:

accertare/asserire/assicurare	versichern
accorgersi	bemerken
affermare	behaupten
annunciare	ankündigen
avvertire qd	jdn benachrichtigen
è chiaro	es ist klar
comunicare	mitteilen
confessare	gestehen
dichiarare	erklären
dire	sagen/behaupten
è evidente/è ovvio	es ist offenkundig
garantire	garantieren
giurare	schwören
informare	informieren
raccontare	erzählen
rendersi conto	bemerken
ricordare	sich erinnern
sapere	wissen
significare	bedeuten
sostenere	behaupten
è vero	es ist wahr

Non sapevo che si fossero separati.	Ich wußte nicht, daß sie sich getrennt hatten.
Ciò non significa che io abbia intenzione di abbandonare il mio progetto.	Das bedeutet nicht, daß ich die Absicht hätte, meinen Plan aufzugeben.
Non è detto che superi gli esami.	Es ist nicht gesagt, daß er die Prüfung besteht.
Non è vero che io l'abbia offeso.	Es ist nicht wahr, daß ich ihn beleidigt habe.
Non ti eri reso conto che gli altri lo prendessero in giro?	Hattest du nicht bemerkt, daß die anderen ihn auf den Arm nahmen?
Chi ci garantisce che non rincarino l'affitto?	Wer garantiert uns, daß sie nicht die Miete erhöhen?
Non ho mai sostenuto che gli altri non ne fossero capaci.	Ich habe niemals behauptet, daß die anderen nicht dazu fähig seien.
Chi dice che gli altri abbiano torto?	Wer sagt, daß die anderen unrecht haben?

Anmerkung 1: Nach diesen Ausdrücken findet sich, selbst wenn sie in verneinter Form auftreten, auch der Indikativ: *Io non ho mai detto che Angelo è un bugiardo.* - Ich habe nie gesagt, daß Angelo ein Lügner sei.

Anmerkung 2: Werden diese Ausdrücke unpersönlich gebraucht, steht der Konjunktiv, besonders wenn die Unsicherheit der Aussage betont wird: *Si dice/Dicono che suo zio sia molto ricco.* - Es heißt, daß sein Onkel sehr reich sei.

Geht der *che*-Satz dem Hauptsatz voraus, so steht im *che*-Satz in der Regel der Konjunktiv. Wenn der *che*-Satz Objektsatz ist, muß er im Hauptsatz durch das Pronomen *lo* wieder aufgenommen werden:

Che tu non abbia studiato abbastanza è evidente.	Daß du nicht genug gelernt hast, ist offenkundig.
Che sia una bugia lo sanno tutti.	Daß es eine Lüge ist, wissen alle.

Anmerkung: Ebenso steht der Konjunktiv (seltener der Indikativ) nach vorausgehendem **il fatto che**: *Il fatto che non ci abbia scritto ci preoccupa molto.* – Daß er uns nicht geschrieben hat, beunruhigt uns sehr.

Der Konjunktiv wird durch bestimmte **Konjunktionen** ausgelöst (vgl. hierzu 280 auch Kap. 24 unter den jeweiligen Konjunktionen):

prima che	bevor
benché/sebbene	obwohl
affinché/perché	damit
nel caso che	falls
a condizione che	unter der Bedingung, daß
purché	nur, wenn
a meno che non	es sei denn, daß
supposto che/ammesso che	vorausgesetzt, daß
non che/non perché	nicht daß/nicht weil
senza che	ohne daß

Benché sia stanca, continua a lavorare.	Obwohl sie müde ist, arbeitet sie weiter.
Ve lo dico perché siate al corrente.	Ich sage es euch, damit ihr auf dem laufenden seid.
Rimanderemo la partenza nel caso che faccia brutto tempo.	Wir werden die Abreise verschieben, falls schlechtes Wetter herrscht.
Verrò, supposto che abbia finito l'articolo.	Ich werde kommen, vorausgesetzt daß ich den Artikel abgeschlossen habe.
Accetto l'impiego purché sia retribuito bene.	Ich nehme die Stellung nur an, wenn sie gut bezahlt wird.

Der Konjunktiv steht nach den Indefinitpronomina *chiunque* und *qualunque* 281 (vgl. §§ 94, 99) sowie den Konjunktionen *dovunque*, *comunque* und *quantunque* (vgl. § 319):

Qualunque fossero le sue ragioni, bisogna accettarle.	Welches auch immer seine Gründe waren, man muß sie akzeptieren.
Comunque sia, ...	Wie dem auch sei, ...
Dovunque tu vada, ...	Wohin du auch immer gehst, ...
Dovunque vi troviate, ...	Wo ihr auch immer euch befindet, ...
Chiunque l'abbia detto, non credo che sia vero.	Wer es auch immer gesagt haben mag, ich glaube nicht, daß es wahr ist.

Der Konjunktiv steht in Relativsätzen,

1. die einen Wunsch oder eine Forderung/Bedingung enthalten:

Cerco una segretaria che sappia il tedesco e lo spagnolo.	Ich suche eine Sekretärin, die Deutsch und Spanisch kann.
Voglio una camera che dia sulla terrazza.	Ich will ein Zimmer, das zur Terrasse gelegen ist.
Sono ammessi agli esami orali i candidati che abbiano superato le prove scritte.	Zur mündlichen Prüfung werden diejenigen Kandidaten zugelassen, die die schriftliche Prüfung bestanden haben.
Formate dieci frasi che contengano il congiuntivo.	Bildet zehn Sätze, die den Konjunktiv enthalten.

Anmerkung 1: Dagegen heißt es: *Cerco la segretaria che sa il tedesco.* - Ich suche die Sekretärin, die Deutsch kann. *Ho trovato una segretaria che sa il tedesco.* - Ich habe eine Sekretärin gefunden, die Deutsch kann.

Anmerkung 2: In der Umgangssprache wird auch dann der Indikativ gebraucht, wenn der Relativsatz einen Wunsch oder eine Forderung/Bedingung enthält.

2. wenn der Vordersatz verneint ist, eine Frage oder einen superlativischen Begriff enthält:

Non c'era nessuno che volesse venire con me.	Es gab niemanden, der mit mir kommen wollte/hätte kommen wollen.
Conoscete una medicina che possa guarirlo?	Kennt ihr eine Medizin, die ihn heilen kann/könnte?
Firenze è la città più bella che io abbia mai visitato.	Florenz ist die schönste Stadt, die ich je besucht habe.
Era la peggior risoluzione che tu potessi prendere.	Es war der schlechteste Entschluß, den du fassen konntest.

Anmerkung: Es findet sich jedoch auch der Indikativ: *Qui non c'è nessuno che parla russo.* - Hier gibt es niemanden, der Russisch spricht. *C'è qualcuno di voi che può darmi notizie di mio fratello?* - Kann jemand von euch mir von meinem Bruder berichten? *Presi la prima cosa che mi capitò sottomano.* - Ich nahm das erstbeste, was mir in die Hände kam.

3. wenn darin ein ungewöhnlicher Vergleich ausgedrückt wird:

Più che un maestro sembrate un alunno di quinta che abbia ripetuto parecchie volte (Mosca).	Eher als ein Lehrer seht Ihr aus wie ein Schüler der fünften Klasse, der mehrmals repetiert hat.

4. die konditionalen Charakter haben:

Chi osasse affermare ciò, dimostre- *rebbe di non aver capito nulla di* *quanto ho detto.*	Wer das zu behaupten wagte, würde zeigen, daß er nichts von dem ver- standen hat, was ich gesagt habe.
Chi lo avesse visto, si sarebbe spa- *ventato.*	Wer es gesehen hätte, wäre erschrocken.

Anmerkung: *Chi osasse affermare...* bedeutet soviel wie *Se uno affermasse...*
(Zum Gebrauch des Konjunktivs im indirekten Fragesatz vgl. § 346)

Die Zeitenfolge im konjunktivischen Nebensatz   283

1. Steht im Hauptsatz eine Zeit der **Gegenwartsgruppe** (presente, futuro) oder Imperativ, so steht im *che*-Satz zur Angabe der Gleichzeitigkeit und Nachzei- tigkeit *congiuntivo presente*, zur Angabe der Vorzeitigkeit *congiuntivo passato*:

Desidero che tu venga con noi.	Ich wünsche, daß du mit uns kommst.
Permetta che mi presenti.	Gestatten Sie, daß ich mich vorstelle.
Te lo racconto a condizione che tu *non lo dica a nessuno.*	Ich erzähle es dir unter der Bedingung, daß du es niemandem sagst.
Sarà meglio che torniate a casa.	Es wird besser sein, wenn ihr nach Hause zurückkehrt.
È possibile che siano già partiti.	Es ist möglich, daß sie schon abgereist sind.
Ho paura che si sia fatto male.	Ich habe Angst, daß er sich wehgetan hat.

Anmerkung: Wenn der Sachverhalt seit langem vergangen ist und nicht mehr mit der Gegenwart des Hauptsatzes zusammenhängt, kann nach einer Zeit der Gegenwartsgruppe im Hauptsatz im *che*-Satz auch *congiuntivo imperfetto* oder *congiuntivo trapassato* stehen: *Non sono convinto che lo sapesse.* - Ich bin nicht davon überzeugt, daß er es wußte. *È possibile che nel 1950 avessero già venduto la casa.* - Es ist möglich, daß sie 1950 das Haus schon verkauft hatten.

2. Steht im Hauptsatz eine Zeit der **Vergangenheitsgruppe** (imperfetto, passato prossimo, passato remoto und trapassato prossimo), so steht im *che*-Satz zur Angabe der Gleichzeitigkeit und Nachzeitigkeit *congiuntivo imperfetto*, zur Angabe der Vorzeitigkeit *congiuntivo trapassato*:

Avevo paura che ci avesse tradito.	Ich hatte Angst, er hätte uns verraten.
Pensavamo che fossero a casa.	Wir dachten, sie wären zu Hause.
Gli dissi che chiudesse la porta.	Ich sagte ihm, er solle die Tür schließen.
Ho detto a mio marito che andasse *a prendere la nonna alla stazione.*	Ich habe meinem Mann gesagt, er solle die Großmutter vom Bahnhof abholen.
Tutti avevano pensato che la zia *fosse già partita.*	Alle hatten gedacht, daß die Tante schon abgereist wäre.

Anmerkung 1: Nach den Ausdrücken der Hoffnung, Furcht und Erwartung kann im che-Satz auch das **Konditional** II gesetzt werden, wenn im Hauptsatz eine Zeit der Vergangenheitsgruppe steht: *Speravo che durante le vacanze facesse/avrebbe fatto bel tempo.* – Ich hoffte, daß während der Ferien schönes Wetter sein werde.

Anmerkung 2: Auf *passato prossimo* kann auch *congiuntivo presente* folgen, wenn der Bezug zur Gegenwart besonders betont werden soll: *Ho pensato che sia meglio rinunciarci.* – Ich habe gedacht, daß es besser sei, darauf zu verzichten.

3. Erscheinen im Hauptsatz die Verben und Ausdrücke der Willensäußerung (vgl. § 274 , der subjektiven Bewertung (vgl. § 275) sowie des Zweifelns und der Unsicherheit (vgl. § 276) im Konditional I (condizionale presente) oder Konditional II (condizionale passato), so wird im *che*-Satz zur Angabe der Gleichzeitigkeit *congiuntivo imperfetto*, zur Angabe der Vorzeitigkeit *congiuntivo trapassato* und zur Angabe der Nachzeitigkeit Konditional II (condizionale passato) gebraucht:

Vorrei che tu lo sapessi.	Ich möchte, daß du es weißt.
Sarebbe ora che ti decidessi!	Es wäre Zeit, daß du dich entscheidest.
Sarebbe lo stesso che venisse o no.	Es wäre gleich, ob er kommt oder nicht.
In quel caso avrei creduto che egli avrebbe accettato.	In diesem Fall hätte ich geglaubt, er würde annehmen.

Anmerkung: Das Konditional I eines Verbs des Sagens und Denkens im Hauptsatz, das als abgeschwächte Form des Indikativs verwendet wird, zieht im che-Satz *congiuntivo presente* oder *congiuntivo passato* nach sich: *Si direbbe che l'abbia fatto apposta.* – Man könnte meinen, er habe es absichtlich getan. *Si dovrebbe credere che guadagni abbastanza.* – Man sollte glauben, daß er genug verdient.

284 Das Konditional (il condizionale)

Das Konditional wird nicht nur in Bedingungssätzen (vgl. § 285.2) und zur Bezeichnung der Nachzeitigkeit (vgl. § 344.2) verwendet, sondern auch

1. zum Ausdruck eines Wunsches:

Vorrei fare un viaggio.	Ich möchte eine Reise machen.
Desidererei parlare con il signor Rossi.	Ich möchte gern mit Herrn Rossi sprechen.
Gli piacerebbe vedere questo film.	Er würde gern diesen Film sehen.

Anmerkung: Die Frage «Was möchten Sie?» wird im Italienischen folgendermaßen wiedergegeben: *Che cosa desidera/vuole/voleva?* (In diesem Fall ist der Gebrauch des Konditionals unzulässig.) Die Antwort lautet z.B. *Vorrei/voglio/desidero una birra.* – Ich möchte ein Bier.

2. zum Ausdruck einer höflichen Bitte oder Aufforderung:

Le dispiacerebbe chiudere la finestra?	Würden Sie bitte das Fenster schließen?
Faresti meglio a restare a casa.	Du würdest besser zu Hause bleiben.
Sarebbe tanto gentile da aiutarci?	Wären Sie so freundlich und würden uns helfen?

3. in zurückhaltenden oder abschwächenden Äußerungen:

Potrebbe darsi.	Es könnte sein.
Non si direbbe che è tedesco.	Man würde nicht meinen, daß er Deutscher ist.

4. zur vorsichtigen Wiedergabe von Mitteilungen oder Nachrichten (besonders in Presse und Rundfunk):

Il cancelliere avrebbe intenzione di recarsi nell'Unione Sovietica.	Der Kanzler soll beabsichtigen, in die Sowjetunion zu reisen.

5. zum Ausdruck der Entrüstung, des Erstaunens über eine Unterstellung oder Annahme:

Come sarebbe a dire?	Was soll das heißen?
Io avrei detto una cosa simile?	Ich soll so etwas gesagt haben?

Tempora und Modi in dem mit *se* eingeleiteten konditionalen Satzgefüge 285

Bei dem mit der Konjunktion *se* eingeleiteten konditionalen Satzgefüge (periodo ipotetico) unterscheidet man folgende Fälle: 1. die reale Hypothese 2. die mögliche Hypothese 3. die irreale Hypothese.

1. Enthält der *se*-Satz eine reale Hypothese, so steht der Indikativ; im Hauptsatz erscheint ebenfalls der Indikativ, der Imperativ oder das Konditional:

Se fa/farà bel tempo, facciamo/faremo una gita in bicicletta.	Wenn schönes Wetter ist, machen wir eine Radtour/werden wir eine R. machen.
Se credi a queste fandonie, sei un grande sciocco.	Wenn du an diese Märchen glaubst, bist du ein großer Dummkopf.
Se si è comportato così, ha sbagliato.	Wenn er sich so verhalten hat, hat er einen Fehler gemacht.
Se l'ha fatto, saprà perché.	Wenn er es gemacht hat, wird er wissen warum.
Se la porta era aperta, il ladro è potuto entrare senza difficoltà.	Wenn die Tür offen war, hat der Dieb ohne Schwierigkeit eindringen können.
Se te lo chiede, glielo darei.	Wenn er dich darum bittet, würde ich es ihm geben.
Se sbaglio, correggimi.	Wenn ich mich irre, korrigiere mich!
Se l'hai offeso, scusati.	Wenn du ihn beleidigt hast, entschuldige dich!

2. **Enthält der *se* -Satz eine mögliche Hypothese, so steht Konjunktiv Imperfekt; im Hauptsatz erscheint Konditional I:**

Mi farebbe piacere se veniste anche voi.	Ich würde mich freuen, wenn auch ihr kämt.
Se dovessero venire a trovarci, te lo faremmo sapere.	Wenn sie uns besuchen sollten, würden wir es dir mitteilen.

3. **Enthält der *se*-Satz eine irreale Hypothese, so steht Konjunktiv Imperfekt bzw. Konjunktiv Plusquamperfekt; im Hauptsatz erscheint Konditional I bzw. Konditional II:**

Se io fossi al tuo posto, non lo farei.	Wenn ich an deiner Stelle wäre, täte ich es nicht.
Se la giacca costasse meno, te la comprerei.	Wenn die Jacke weniger kosten würde, würde ich sie dir kaufen.
Se la giacca fosse costata meno, te l'avrei comprata.	Wenn die Jacke weniger gekostet hätte, hätte ich sie dir gekauft.
Se ci fossimo sbrigati, non avremmo perso il treno.	Wenn wir uns beeilt hätten, hätten wir den Zug nicht verpaßt.
Te l'avrei detto se l'avessi saputo.	Ich hätte es dir gesagt, wenn ich es gewußt hätte.

Anmerkung 1: In der Umgangssprache wird häufig Indikativ Imperfekt statt Konjunktiv Plusquamperfekt und Konditional II gebraucht: *Se lo sapevo, te lo dicevo.* - Wenn ich es gewußt hätte, hätte ich es dir gesagt (vgl. § 267.4).

Anmerkung 2: Es kann natürlich auch im *se*-Satz Konjunktiv Plusquamperfekt und im Hauptsatz Konditional I stehen:
Se tu avessi dato retta a me, non ti troveresti in questa situazione. Wenn du auf mich gehört hättest, würdest du dich nicht in dieser Situation befinden.

Anmerkung 3: Nach *se* kann nur Konditional stehen, wenn es einen indirekten Fragesatz einleitet (dt. «ob»): *Non so se verrei/sarei venuto.* - Ich weiß nicht, ob ich käme/gekommen wäre.

Anmerkung 4: Die Wendung «Wie wäre es, wenn... » wird durch *E se* + Konjunktiv Imperfekt wiedergegeben: *E se mangiassimo un boccone?* - Wie wäre es, wenn wir etwas essen würden?

Anmerkung 5: Nach den anderen konditionalen Konjunktionen steht immer der Konjunktiv (vgl. § 320).

286 Der Imperativ (l'imperativo)

1. **Der bejahte Imperativ der 2. Person Singular** ist bei den Verben der 1. Konjugation mit der 3. Person Präsens, bei den Verben der 2. und 3. Konjugation mit der 2. Person Präsens identisch:

scusa!	entschuldige!	*parla!*	sprich!
credi!	glaube!	*tieni!*	halte!
senti!	höre!	*esci!*	geh hinaus!

226

2. Unregelmäßig sind folgende Formen:

fa'/fai!	mache!	*sta'/stai!*	bleibe!
va'/vai!	gehe!	*da'/dai!*	gib!
di'!	sage!	*sii!*	sei!
abbi!	habe!	*sappi!*	wisse!

3. Der **verneinte** Imperativ der **2. Person Singular** wird mit *non* + Infinitiv gebildet:

non parlare!	sprich nicht!	*non credere!*	glaube nicht!
non sentire!	höre nicht!	*non essere!*	sei nicht!

(Zum Imperativ der Höflichkeitsform vgl. § 273.5)

4. Der Imperativ der 2. Person Plural ist mit der entsprechenden Präsensform des Indikativs identisch. In der gesprochenen Sprache ersetzt diese Form auch den Indikativ der 3. Person Plural (sehr formelle Anrede):

parlate!	sprecht!/sprechen Sie!	*leggete!*	lest!/lesen Sie!
sentite!	hört!/hören Sie!	*venite!*	kommt!/kommen Sie!

5. Unregelmäßig sind folgende Formen:

siate!	seid!/seien Sie!	*abbiate!*	habt!/haben Sie!
sappiate!	wisset!/wissen Sie!		

(Zur Stellung der Pronomina beim Imperativ vgl. § 139, zum Gebrauch des Futurs mit Imperativbedeutung vgl. § 271, zum Gebrauch des Infinitivs mit Imperativbedeutung vgl. § 239.13)

Kapitel 21 Das Passiv (Il passivo)

287 Die Bildung des Passivs

Das Passiv wird mit **essere** + **Partizip Perfekt** gebildet, das in Genus und Numerus mit dem dazugehörigen Nomen übereinstimmt. In den einfachen Zeiten kann **venire** anstelle von *essere* gebraucht werden.

Indikativ / *indicativo*	
Präsens/*presente*	**Perfekt/*passato prossimo***
(io) sono/vengo amato	(io) sono stato amato
(tu) sei/vieni amato	(tu) sei stato amato
(egli) è/viene amato	(egli) è stato amato
(noi) siamo/veniamo amati	(noi) siamo stati amati
(voi) siete/venite amati	(voi) siete stati amati
(essi) sono/vengono amati	(essi) sono stati amati
Imperfekt/*imperfetto*	**Plusquamperfekt/*trapassato prossimo***
(io) ero/venivo amato	(io) ero stato amato
(tu) eri/venivi amato	(tu) eri stato amato
(egli) era/veniva amato	(egli) era stato amato
(noi) eravamo/venivamo amati	(noi) eravamo stati amati
(voi) eravate/venivate amati	(voi) eravate stati amati
(essi) erano/venivano amati	(essi) erano stati amati
passato remoto	***trapassato remoto***
(io) fui/venni amato	(io) fui stato amato
(tu) fosti/venisti amato	(tu) fosti stato amato
(egli) fu/venne amato	(egli) fu stato amato
(noi) fummo/venimmo amati	(noi) fummo stati amati
(voi) foste/veniste amati	(voi) foste stati amati
(essi) furono/vennero amati	(essi) furono stati amati
Futur I/*futuro semplice*	**Futur II/*futuro anteriore***
(io) sarò/verrò amato	(io) sarò stato amato
(tu) sarai/verrai amato	(tu) sarai stato amato
(egli) sarà/verrà amato	(egli) sarà stato amato
(noi) saremo/verremo amati	(noi) saremo stati amati
(voi) sarete/verrete amati	(voi) sarete stati amati
(essi) saranno/verranno amati	(essi) saranno stati amati

Konjunktiv / *congiuntivo*	
Präsens/*presente*	**Perfekt/*passato***
che io sia/venga amato	che io sia stato amato
che tu sia/venga amato	che tu sia stato amato
che egli sia/venga amato	che egli sia stato amato
che (noi) siamo/veniamo amati	che (noi) siamo stati amati
che (voi) siate/veniate amati	che (voi) siate stati amati
che (essi) siano/vengano amati	che (essi) siano stati amati

Imperfekt/*imperfetto*	Plusquamperfekt/*trapassato*
che io fossi/venissi amato	che io fossi stato amato
che tu fossi/venissi amato	che tu fossi stato amato
che (egli) fosse/venisse amato	che (egli) fosse stato amato
che (noi) fossimo/venissimo amati	che (noi) fossimo stati amati
che (voi) foste/veniste amati	che (voi) foste stati amati
che (essi) fossero/venissero amati	che (essi) fossero stati amati

Konditional/*condizionale*	
Konditional I/presente	Konditional II/passato
(io) sarei/verrei amato	(io) sarei stato amato
(tu) saresti/verresti amato	(tu) saresti stato amato
(egli) sarebbe/verrebbe amato	(egli) sarebbe stato amato
(noi) saremmo/verremmo amati	(noi) saremmo stati amati
(voi) sareste/verreste amati	(voi) sareste stati amati
(essi) sarebbero/verrebbero amati	(essi) sarebbero stati amati

Aktivsatz und Passivsatz   288

Nur Verben mit direktem Objekt können ein persönliches Passiv bilden. Bei
der Umsetzung des Aktivsatzes ins Passiv erscheint das direkte Objekt des
Aktivsatzes im Passivsatz als Subjekt; das Subjekt des Aktivsatzes wird im
Passivsatz mit Hilfe der Präposition *da* ausgedrückt bzw. es entfällt:

Il camion ha investito due persone.	Der Lastwagen hat zwei Personen überfahren.
Due persone sono state investite dal camion.	Zwei Personen sind vom Lastwagen überfahren worden.
Il portiere sorprese il ladro.	Der Portier überraschte den Dieb.
Il ladro fu sorpreso dal portiere.	Der Dieb wurde vom Portier überrascht.

Anmerkung 1: *Ubbidire* und *perdonare* bilden ein persönliches Passiv: *Voglio essere ubbidito/perdonato.* – Ich will, daß man mir gehorcht/verzeiht.

Anmerkung 2: Man beachte die Umschreibung des indirekten Objekts durch *vedersi*: *Si è visto aumentare le tasse.* – Ihm sind die Steuern erhöht worden.

Vorgangspassiv und Zustandspassiv   289

Während *venire* + Partizip Perfekt immer einen Vorgang ausdrückt, kann *essere*
+ Partizip Perfekt sowohl einen Vorgang als auch einen Zustand bezeichnen.
Wenn das Verb im Passivsatz im Präsens oder Imperfekt steht und keine nähere Bestimmung bei sich hat, so wird die Satzaussage als Beschreibung eines
Zustands aufgefaßt:

La porta viene chiusa.	Die Tür wird geschlossen.
La porta è chiusa.	Die Tür ist geschlossen.
La finestra era aperta.	Das Fenster war geöffnet/stand offen.
Il sindaco è eletto.	Der Bürgermeister ist gewählt.

Il sindaco è eletto dal Consiglio comunale.	Der Bürgermeister wird vom Gemeinderat gewählt.
La porta è chiusa alle otto.	Die Tür wird um acht Uhr geschlossen.
La proposta non fu accettata.	Der Vorschlag wurde nicht angenommen.
I risultati non sono ancora stati pubblicati.	Die Ergebnisse sind noch nicht veröffentlicht worden.

Wiedergabe von dt. «man»

Das deutsche Indefinitpronomen «man» kann auf folgende Weise wiedergegeben werden:

1. durch das mit *essere/venire* gebildete Passiv. Diese Konstruktion wird im Vergleich zum Deutschen jedoch verhältnismäßig selten gebraucht: *I documenti non furono/vennero ritrovati.* – Man hat die Dokumente nicht wiedergefunden.
2. durch das *si passivante* (vgl. § 290);
3. durch das *si impersonale* (vgl. § 291);
4. durch die 3. Person Plural Aktiv (vgl. 292).

290 Folgt auf das dt. «man» ein transitives Verb, d.h. ein Verb, das mit einem direkten Objekt verbunden ist, so kann im Italienischen eine Konstruktion mit dem Reflexivpronomen *si* (**si passivante**) verwendet werden. Dabei ist zu beachten, daß sich die aktivische Verbform im Numerus und in den zusammengesetzten Zeiten auch im Genus nach dem Nomen richtet, auf das sie sich bezieht:

In Italia si parla l'italiano.	In Italien spricht man Italienisch.
In Italia si parlano molti dialetti.	In Italien spricht man viele Dialekte.
Questa parola non si usa più.	Dieses Wort gebraucht man nicht mehr.
Queste parole non si usano più.	Diese Wörter gebraucht man nicht mehr.
Non si è visto nessuno.	Man hat niemanden gesehen.
Si sono sentite le campane di San Pietro.	Man hat die Glocken von Sankt Peter gehört.
Si sono fatti molti errori.	Man hat viele Fehler gemacht.
Non si possono risolvere i problemi ignorandoli.	Man kann die Probleme nicht lösen, indem man sie ignoriert.
Purtroppo non si sono potuti risolvere tutti i problemi.	Leider hat man nicht alle Probleme lösen können.

Anmerkung 1: Beim *si passivante* steht das Verb sehr häufig vor dem Subjekt (vgl. § 334.2).

Anmerkung 2: Als nicht korrekt gilt ein Satz wie *Si vende terreni* «Man verkauft Grundstücke» gegenüber korrektem *Si vendono terreni.*

Anmerkung 3: Bei den Modalverben *potere, dovere* und *volere* ist sowohl *si passivante* als auch *si impersonale* (vgl. § 291) möglich: *Si possono/Si può mangiare tre fette di torta.* – Man kann drei Stück Kuchen essen. *Si sono potute mangiare/Si è potuto mangiare tre fette di torta.* – Man hat drei Stück Kuchen essen können.

(Zur Wiedergabe von Sätzen wie «Man kann sie [Sg./Pl.] sehen» vgl. § 137.6)

Folgt auf das dt. «man» ein intransitives oder intransitiv gebrauchtes Verb, so **291** wird es durch *si* + Verb in der 3. Person Singular (**si impersonale**) wiedergegeben:

In questo ristorante si mangia bene.	In diesem Restaurant ißt man gut.
Si è mangiato bene.	Man hat gut gegessen.
Si gioca a scacchi.	Man spielt Schach.
Si beve e si ride.	Man trinkt und lacht.

Anmerkung 1: In den zusammengesetzten Zeiten ist zu beachten, daß das Partizip Perfekt in der maskulinen Pluralform erscheint, wenn das Verb die zusammengesetzten Zeiten mit *essere* bildet: *Si è partiti alle nove.* - Man ist um neun Uhr abgefahren (vgl. auch § 161. 4).

Anmerkung 2: Immer häufiger wird der Gebrauch von *si* + 3. Person Singular anstatt der 1. Person Plural: *Dove si va stasera?* - Wohin gehen wir heute abend? Zur Betonung des Subjekts dient in diesem Falle das Personalpronomen *noi*: *Noi si pensava che...* - Wir dachten, daß ...

In bestimmten Fällen kann «man» auch durch die 3. Person Plural Aktiv aus- **292** gedrückt werden:

Lì costruiscono una nuova strada.	Dort baut man eine neue Straße.
Ti hanno imbrogliato.	Man hat dich betrogen.
Dicono/Raccontano che ...	Man sagt/Man erzählt, daß ...

In Verbindung mit bestimmten Partizipien wie *perduto, smarrito, distrutto* usw. **293** hat **andare** passive Bedeutung:

L'originale del documento è andato perduto/smarrito.	Das Original des Dokuments ist verloren gegangen.
Il raccolto andò distrutto dal fuoco.	Die Ernte wurde vom Feuer zerstört.

In den einfachen Zeiten (mit Ausnahme des *passato remoto*) kann **andare** **294** + Partizip Perfekt in der Bedeutung von *dover essere* gebraucht werden.

Questo lavoro va rifatto.	Diese Arbeit muß noch einmal gemacht werden.
La questione andrà esaminata meglio.	Die Frage wird besser untersucht werden müssen.
Il frullatore andrebbe riparato.	Der Mixer müßte repariert werden.

Kapitel 22 Das Adverb (L'avverbio)

295 Die Funktion des Adverbs

Adverbien dienen dazu, Verben, Adjektive, andere Adverbien oder ganze Sätze näher zu bestimmen:

Cerchiamo di scrivere correttamente.	Wir versuchen, korrekt zu schreiben.
Questa casa è veramente bella.	Dieses Haus ist wirklich schön.
Mario parla molto bene il tedesco.	Mario spricht sehr gut Deutsch.
Fortunatamente è guarito presto.	Glücklicherweise ist er schnell genesen.

296 Die Form des Adverbs

Nach ihrer Form werden die Adverbien in ursprüngliche, zusammengesetzte und abgeleitete Adverbien unterteilt.

Ursprüngliche Adverbien sind solche, die sich von keinem anderen Wort herleiten lassen, wie zum Beispiel: *già* schon, *più* mehr, *qui* hier.

Zusammengesetzte Adverbien sind solche, die aus zwei oder mehr Wörtern gebildet sind, wie zum Beispiel: *dappertutto* (*da per tutto*) überall, *almeno* (*al meno*) wenigstens.

Abgeleitete Adverbien sind solche, die durch Anhängen eines Suffixes von einem anderen Wort abgeleitet sind: *brevemente* (< *breve*) kurz, *carponi* (< *carpo* Handwurzel) auf allen vieren.

Neben den eigentlichen Adverbien gibt es **adverbiale Ausdrücke**, d. h. mehr oder weniger festgefügte Wortgruppen, die wie Adverbien verwendet werden, wie zum Beispiel *di rado* selten, *con grazia* anmutig.

297 Adverbtypen

Hinsichtlich ihrer Bedeutung unterscheidet man folgende Arten von Adverbien:

Adverbien der Art und Weise (*lentamente* langsam, *bene* gut),

Adverbien der Zeit (*oggi* heute, *ieri* gestern, *tardi* spät, *già* schon),

Adverbien des Ortes (*qui* hier, hierher, *dirimpetto* gegenüber, *davanti* vorn),

Adverbien des Urteils (*certamente* gewiß, *nemmeno* nicht einmal, *forse* vielleicht),

Adverbien der Menge (*molto* viel, *poco* wenig, *abbastanza* genug, *niente* nichts),

Frageadverbien (*come?* wie?, *dove?* wo, wohin?, *perché?* warum?).

298 Die Bildung der abgeleiteten Adverbien

1. Die abgeleiteten Adverbien werden gebildet, indem man an die feminine Form des Adjektivs das Suffix *-mente* anhängt:

lento	*lentamente*	langsam
perfetto	*perfettamente*	perfekt
furioso	*furiosamente*	wütend
veloce	*velocemente*	schnell

2. Die Adjektive auf *-re* und *-le* verlieren das *-e* vor *-mente*:

cordiale	*cordialmente*	herzlich
tradizionale	*tradizionalmente*	traditionell
regolare	*regolarmente*	regelmäßig
particolare	*particolarmente*	besonders

3. Abweichende Adverbbildung weisen auf:

buono	*bene*	gut
cattivo	*male*	schlecht
folle	*follemente*	verrückt
fraudolento	*fraudolentemente*	betrügerisch
violento	*violentemente*	gewaltsam
leggero	*leggermente*	leicht
benevolo	*benevolmente*	wohlwollend
malevolo	*malevolmente*	übelwollend

4. Neben der Bildung mit *-mente* gibt es einige abgeleitete Adverbien auf *-oni/* [seltener] *-one*, die die Haltung oder Lage des Körpers angeben:

Il bambino è caduto bocconi (sulla faccia).	Das Kind ist auf das Gesicht gefallen.
La bambina cammina carponi (a quattro zampe).	Das Mädchen geht auf allen vieren.
Ci mettemmo a cavalcioni della panca.	Wir setzten uns rittlings auf die Bank.
Dovevamo camminare (a) tastoni.	Wir mußten tastend gehen.

Die Steigerung der Adverbien

Wie die Adjektive, so bilden auch zahlreiche Adverbien, zumeist Adverbien der Art und Weise (außer denjenigen auf *-oni*) sowie einige Adverbien der Zeit und des Ortes, einen Komparativ und einen Superlativ (zur Wiedergabe von «als» vgl. § 167):

1. Der regelmäßige Komparativ wird durch Voranstellung von *più* gebildet:

velocemente	schnell	*più velocemente*	schneller
tardi	spät	*più tardi*	später
vicino	nahe	*più vicino*	näher

Merke: *presto o tardi* - früher oder später

2. Der absolute Superlativ der abgeleiteten Adverbien entsteht durch Anfügung von *-issimamente* an den Adjektivstamm.

lentamente	langsam	*lentissimamente*	sehr langsam

Anmerkung: Diese Form wird jedoch meist durch eine Verbindung von *molto* oder *assai* + Adverb ersetzt: *molto lentamente*.

3. Der absolute Superlativ der ursprünglichen Adverbien wird gebildet, indem der Endvokal des Adverbs durch - *issimo* ersetzt wird:

tardi	spät	*tardissimo*	sehr spät
vicino	nahe	*vicinissimo*	sehr nahe

4. Die unregelmäßige Steigerung:

bene	*meglio*	*benissimo/ottimamente*
gut	besser	sehr gut
male	*peggio*	*malissimo/pessimamente*
schlecht/schlimm	schlechter/schlimmer	sehr schlecht/schlimm
molto	*più*	*moltissimo*
viel/sehr	mehr	sehr viel
poco	*meno*	*pochissimo/minimamente*
wenig	weniger	sehr wenig
grandemente	*maggiormente*	*massimamente*
sehr/in hohem Maß	mehr/in höherem Maß	sehr/in höchstem Maß

Beachte: *Voglio più bene a Mario che a Giovanni.* – Ich habe Mario lieber als Giovanni.

5. Wendungen:

andare di bene in meglio	immer besser gehen/schöner werden [iron.]
alla meglio	so gut es (eben) geht
avere la meglio	die Oberhand haben/bekommen
andare di male in peggio	immer schlimmer werden
avere la peggio	den kürzeren ziehen
al più presto	so schnell/bald wie möglich
Più ne ha e più ne vuole.	Je mehr er hat, desto mehr will er.
Devi studiare di più.	Du mußt mehr lernen.
parlare del più e del meno	von diesem und jenem reden
Il più è fatto.	Das meiste ist getan.

6. Einen relativen Superlativ, der deutschen Ausdrücken wie «am besten, am schnellsten» usw. entspricht, gibt es im Italienischen nicht. Stattdessen bedient sich das Italienische einer Umschreibung:

Questo è il romanzo che più mi piace/	Dieser Roman gefällt mir am besten.
che mi piace di più.	
Roberto canta meglio di tutti.	Roberto singt am besten.
La materia che più mi piace è la fisica.	Am besten gefällt mir das Fach Physik.
Quella che mangia più di tutti è Lucia.	Am meisten ißt Lucia.

300 Die Stellung der Adverbien

1. Die Adverbien der **Art und Weise** stehen in den einfachen Zeiten im allgemeinen direkt nach dem Verb, in den zusammengesetzten Zeiten im allgemeinen nach dem Partizip:

Parli bene lo spagnolo.	Du sprichst gut Spanisch.
L'alunno risponde correttamente alle domande del professore.	Der Schüler beantwortet korrekt die Fragen des Lehrers.
È piovuto forte.	Es hat stark geregnet.
Ti sei comportato egoisticamente.	Du hast dich egoistisch verhalten.
Abbiamo camminato lentamente.	Wir sind langsam gegangen.

2. Bei den Verbindungen Hilfsverb + Infinitiv steht das Adverb nach dem Infinitiv:

Devi guidare prudentemente.	Du mußt vorsichtig fahren.
Voglio lavorare accuratamente.	Ich will sorgfältig arbeiten.

3. Die unbestimmten Zeitadverbien *già*, *ancora*, *quasi* und *sempre* stehen in der Regel zwischen dem Hilfsverb und dem Partizip:

Hai ancora fatto in tempo.	Du bist noch rechtzeitig gekommen.
Ho quasi finito.	Ich bin fast fertig.
Ho già letto il giornale.	Ich habe die Zeitung schon gelesen.
Abbiamo sempre vinto.	Wir haben immer gewonnen.

4. *Anche* «auch» steht vor dem Wort, das es hervorheben will:

Ho visto anche tua sorella.	Ich habe auch **deine Schwester** gesehen.
Ho anche visto tua sorella.	Ich habe deine Schwester auch **gesehen**.

5. Die Adverbien der **Menge** stehen in einfachen Zeiten im allgemeinen nach dem Verb, in den zusammengesetzten Zeiten vor, bei stärkerer Betonung nach dem Partizip:

Mangi sempre troppo.	Du ißt immer zuviel.
Ieri ho bevuto poco.	Gestern habe ich wenig getrunken.
Ci siamo divertiti molto/molto divertiti.	Wir haben uns gut amüsiert.
Ho letto così tanto che ora mi fanno male gli occhi.	Ich habe so viel gelesen, daß mir jetzt die Augen wehtun.

6. Adverbien, die sich auf den Inhalt des gesamten Satzes beziehen, stehen meist am Satzanfang:

Fortunatamente la posta era ancora aperta.	Glücklicherweise war die Post noch geöffnet.
Purtroppo non ci posso andare.	Leider kann ich nicht hingehen.
Di solito mi alzo alle sei.	Gewöhnlich stehe ich um sechs Uhr auf.

Unterscheide: *Stranamente non ha risposto alla nostra lettera.*
Seltsamerweise hat er auf unseren Brief nicht geantwortet.
Ha risposto stranamente alla nostra lettera.
Er hat auf unseren Brief seltsam geantwortet.

(Zur Stellung der Pronominaladverbien *ne* und *ci* vgl. §§ 136, 136; zur Stellung von adverbialen Bestimmungen vgl. § 338)

301 Adverbial gebrauchte Adjektive

Bestimmte Adjektive können in adverbialer Funktion gebraucht werden. Einige richten sich dabei nach dem Subjekt, andere bleiben unverändert; eine kleine Zahl adverbial gebrauchter Adjektive kommt sowohl in veränderter als auch in unveränderter Form vor.

1. Veränderlich sind:

I libri costano cari.	Die Bücher sind teuer.
Le trattative sono andate lisce.	Die Verhandlungen sind glatt verlaufen.
I ragazzi non stanno mai fermi.	Die Jungen geben nie Ruhe.
State zitti!	Seid ruhig.
Stai buona!	Sei artig/brav!
I bambini sono vestiti uguali.	Die Kinder sind gleich gekleidet.
Le ore fuggono veloci/velocemente.	Die Stunden vergehen schnell.
Andiamo diritti a casa.	Wir gehen geradewegs nach Hause.

Aber: *Signora, vada sempre diritto.* – Gehen Sie immer geradeaus!
  Dovete rigar diritto. – Ihr müßt spuren.

2. Unveränderlich sind:

Tenete duro!	Bleibt hart!
La ragazza lo guardava fisso.	Das Mädchen schaute ihn fest an.
Parlate piano!	Sprecht leise!
Andate piano!	Geht langsam!
Votate socialista!	Wählt sozialistisch!
Abbiamo dormito sodo.	Wir haben fest geschlafen.
Mia moglie veste molto giovane.	Meine Frau kleidet sich sehr jugendlich.
Sei arrivata giusto.	Du bist gerade zur rechten Zeit gekommen.
Non avete agito giusto.	Ihr habt nicht recht gehandelt.

Selten: *La ragazza lo guardava fissamente.*

3. Verändert oder unverändert treten auf:

Gli uccelli volano alti/alto.	Die Vögel fliegen hoch.
Le rondini volano basse/basso.	Die Schwalben fliegen tief.
Corremmo difilati/difilato a scuola.	Wir liefen schnurstracks in die Schule.

Anmerkung: *Altamente* bedeutet «sehr»:
  meravigliarsi altamente sich sehr wundern

Nicht immer muß einem deutschen Adverb ein italienisches Adverb entsprechen. Stattdessen werden häufig adverbiale Wendungen bzw. verbale Umschreibungen verwendet.

1. Adverbiale Wendungen, die aus Präposition + Nomen bestehen, können ein Adverb auf -*mente* ersetzen:

improvvisamente	*all'improvviso/d'improvviso*	plötzlich
perfettamente	*a perfezione*	perfekt
sicuramente	*di sicuro*	sicherlich
personalmente	*di persona*	persönlich
tirannicamente	*da tiranno*	tyrannisch
maleducatamente	*da maleducato*	ungezogen
elegantemente	*con eleganza*	elegant
regolarmente	*con regolarità*	regelmäßig
generalmente	*in generale/in genere*	im allgemeinen
specialmente	*(in) specie*	besonders
casualmente	*per caso*	zufällig
telefonicamente	*per telefono*	telefonisch
indubbiamente	*senza dubbio*	zweifellos

2. Häufig werden Umschreibungen mit Hilfe von *in modo / maniera, a passo* etc. + Adjektiv gebraucht:

spiegare qc in modo dettagliato	etw. ausführlich erklären
La popolazione cresce a ritmo accelerato.	Die Bevölkerung wächst schnell.
camminare a passo veloce	schnell gehen
pregare qd con voce supplichevole	jdn flehentlich bitten
parlare a voce bassa/alta	leise/laut sprechen
parlare in tono misterioso	geheimnisvoll sprechen
spiegare qc in maniera convincente	etw. überzeugend erklären

3. In folgenden Fällen müssen deutsche Adverbien durch einen präpositionalen Ausdruck wiedergegeben werden:

imparare a memoria	auswendig lernen
rispondere per iscritto	schriftlich antworten
conoscere qd a fondo	jdn gründlich kennen
ridere di cuore	herzlich lachen
sposarsi in chiesa	kirchlich heiraten
viaggiare in incognito	inkognito reisen

Merke: *sposarsi civilmente* od. *in/al municipio* - standesamtlich heiraten
      rispondere oralmente - mündlich beantworten
      adottare una legge all'unanimità - ein Gesetz einstimmig annehmen
      fare la doccia fredda - kalt duschen
      radersi col rasoio elettrico - sich elektrisch rasieren

4. In folgenden Fällen werden deutsche Adverbien im Italienischen mit Hilfe eines verbalen Ausdrucks umschrieben:

Comincio ad aver sonno.	Ich werde allmählich/langsam müde.
Gli ospiti non tarderanno a venire (= verranno presto).	Die Gäste werden bald kommen.
Mancò poco che cadessi (= Quasi cadevo).	Beinahe wäre ich gefallen.
Ti piace nuotare?	Schwimmst du gern?
Durante le vacanze solevamo/eravamo soliti alzarci (=ci alzavamo di solito) alle nove.	Während der Ferien standen wir gewöhnlich um 9 Uhr auf.
Speriamo di rivederti presto.	Hoffentlich sehen wir dich bald wieder.
Speriamo che il treno arrivi/arriverà in orario.	Hoffentlich kommt der Zug pünktlich.
Continua a piovere (= Piove ancora).	Es regnet immer noch.
Stiamo giocando.	Wir spielen gerade.
Preferisco andare in macchina.	Ich fahre lieber mit dem Auto.
Non fa che lavorare.	Er arbeitet nur.
La mamma finì col/per cedere. (= Alla fine la mamma cedette.)	Mama gab schließlich nach.
Torna a nevicare.	Es schneit wieder.

Merke ferner:

non poter fare a meno di fare qc	einfach etwas tun müssen
Non potei fare a meno di ridere.	Ich mußte einfach lachen.
stare per fare qc	im Begriff sein, etwas zu tun/ gerade etwas tun wollen
Sto per andare a teatro.	Ich will gerade ins Theater gehen.
stentare a fare qc	kaum etwas tun können
Stento a crederlo.	Ich kann es kaum glauben.

Anmerkung 1: Ist das Adverb «gerade» mit einem Perfekt, Plusquamperfekt oder Futur II verbunden, wird es durch *appena* wiedergegeben: *Eravamo appena arrivati.* – Wir waren gerade angekommen. *Sarà appena partito.* – Er wird gerade abgefahren sein.

Anmerkung 2: Die Verbindungen «gern essen/trinken» + direktes Objekt werden im Italienischen entweder mit Hilfe des Verbs *piacere* oder durch *mangiare/bere volentieri* ausgedrückt: *Mi piace il gelato./ Mangio volentieri il gelato.* – Ich esse gerne Eis. *Mi piace il vino./Bevo volentieri il vino.* – Ich trinke gerne Wein.

238

Kapitel 23 Verneinung und Einschränkung (Negazione e restrizione)

Die einfache Verneinung   303

1. Die Verneinung wird durch *non* ausgedrückt, das vor dem Verb und vor einem eventuellen Objektpronomen steht:

Oggi non lavoriamo.	Heute arbeiten wir nicht.
Non lo so.	Ich weiß es nicht.
Non li ho visti.	Ich habe sie nicht gesehen.

2. Das deutsche «kein» wird, außer wenn es beim Subjekt steht, gewöhnlich nur durch *non* vor dem Verb wiedergegeben:

Non abbiamo soldi.	Wir haben kein Geld.
Non hai fame?	Hast du keinen Hunger?
Non sono professore.	Ich bin kein Lehrer.
Non è italiano.	Er ist kein Italiener.

Aber: *Nessun uomo è immortale.* – Kein Mensch ist unsterblich.

Merke: *niente antipasto!* – keine Vorspeise!

Die mehrteilige Verneinung   304

Zu *non* können Adverbien/adverbiale Ausdrücke, Pronomina oder Kombinationen von Adverbien und Pronomina hinzutreten.

1. *non* + Adverb/adverbiale Ausdrücke:

non ... ancora	noch nicht/immer noch nicht
non ... più	nicht mehr
non ... mai (e poi mai)	nie (und nimmer)
non ... mica [fam.]	ja nicht/doch nicht/gar nicht
non ... affatto	durchaus nicht/ganz und gar nicht
non ... neanche/nemmeno/neppure	nicht einmal/auch nicht
non ... né ... né	weder ... noch
non ... da nessuna parte/	nirgends/nirgendwo(hin)
non ... in nessun luogo	

Non piove ancora.	Es regnet noch nicht.
Non ci vado più.	Ich gehe nicht mehr dorthin.
Non tradirei mai un amico.	Ich würde nie einen Freund verraten.
Non sono mica scemo!	Ich bin doch nicht blöd!
Non è affatto brutta.	Sie ist ganz und gar nicht häßlich.
Non ci rispondono neanche.	Sie antworten uns nicht einmal.
Lui non sa né leggere né scrivere.	Er kann weder lesen noch schreiben.
Non li trovo da nessuna parte/in nessun luogo.	Ich finde sie nirgends.

Anmerkung 1: Das Adverb *mai* wird in der Bedeutung von «jemals» in folgen-
den Fällen gebraucht: 1. in Fragen: *Sei mai stato in Italia?* -
Bist du jemals in Italien gewesen? *Chi l'avrebbe mai detto?* -
Wer hätte das jemals gesagt? 2. nach hypothetischem *se*: *Se
mai capiti a Roma, vieni a trovarci.* - Wenn du jemals nach
Rom kommst, besuche uns.
Anmerkung 2: Erscheint *mica* im Fragesatz, so hat es die Bedeutung «zufällig»:
Non hai mica visto Angelo? - Hast du nicht zufällig Angelo
gesehen?
Anmerkung 3: In Antworten hat *affatto* die Bedeutung «überhaupt nicht»: *Hai
freddo?* - *Affatto.* - Ist dir kalt? - Überhaupt nicht. Als kor-
rekter gilt aber: *nient'affatto* oder *per niente*.

2. *non* + Pronomina:

non ... niente/nulla	nichts
non ... nessuno/alcuno	niemand/ (adj.) kein einziger/ gar keiner

Non farei niente/nulla.	Ich würde nichts machen.
Non conoscerà nessuno/alcuno.	Er wird niemand(en) kennen.
Non c'è nessun/alcun dubbio.	Es gibt (gar) keinen Zweifel.

3. *non* + Kombination von Adverb + Pronomen/Adverb:

non ... mai più	nie mehr
non ... mai niente/nulla	nie etwas
non ... mai nessuno	nie jemand/ (adj.) nie irgendein
non ... mica niente	ja/doch nichts
non ... mica nessuno	ja/doch niemand/ (adj.) ja/doch gar kein
non ... più niente/nulla	nichts mehr
non ... più nessuno	niemand mehr/ (adj.) gar kein ... mehr
non ... ancora niente/nulla	noch nichts
non ... ancora nessuno	noch niemand/ (adj.) noch gar kein
non ... per niente/nulla	überhaupt nicht
non ... neanche più	nicht einmal mehr/auch nicht mehr

Non l'inviterò mai più.	Ich werde ihn nie mehr einladen.
Non fa mai niente di buono.	Er macht nie etwas Gutes.
Non ci credo per niente.	Ich glaube das überhaupt nicht.
Non aiuti mai nessuno.	Du hilfst nie jemand(em).
Non faremo più niente.	Wir werden nichts mehr machen.
Non c'è ancora nessun cliente.	Es ist noch gar kein Kunde da.
Non è ancora venuto nessuno.	Es ist noch niemand gekommen.
Non mi saluta neanche più.	Er grüßt mich nicht einmal mehr/auch nicht mehr.

Merke: *non per niente, ma ...* - Verzeihung, aber ...

Die Stellung der mehrteiligen Negationsausdrücke 305

1. In den zusammengesetzten Zeiten stehen die Negationsadverbien in der Regel vor dem Partizip Perfekt. Bei Betonung der Negationsadverbien ist auch Endstellung möglich, aber nicht bei nominalem Objekt:

Non ci sono mai andato./Non ci sono andato mai.	Ich bin niemals dorthin gegangen.
Non ho più visto Roberto.	Ich habe Roberto nicht mehr gesehen.
Non si è più fatto vivo./Non si è fatto più vivo.	Er hat nichts mehr von sich hören lassen.

2. Die Negationspronomina stehen in den zusammengesetzten Zeiten immer nach dem Partizip Perfekt:

Non ho visto niente.	Ich habe nichts gesehen.
Non è venuto nessuno.	Es ist niemand gekommen.

3. Bei den Kombinationen von Adverb + Pronomen/Adverb wird gemäß den beiden vorausgehenden Regeln verfahren:

Non l'ho mai più invitato/ Non l'ho invitato mai più.	Ich habe ihn nie mehr eingeladen.
Non ha mai fatto niente di buono/ Non ha fatto mai niente di buono.	Er hat nie etwas Gutes getan.
Non mi ha neanche più salutato/ Non mi ha salutato neanche più.	Er hat mich nicht einmal mehr gegrüßt.

4. Am Satzanfang können stehen: *mai, mica, neanche/nemmeno/neppure, niente/ nulla, nessuno.* In diesem Fall entfällt *non*:

Niente è successo.	Nichts ist passiert.
Mai gliel'avrei detto.	Niemals hätte ich es ihm gesagt.
Mica sono pazzo.	Ich bin doch nicht verrückt.
Nemmeno io lo farei.	Nicht einmal ich würde es machen./ Auch ich würde es nicht machen.

Der pleonastische Gebrauch von *non* 306

In folgenden Fällen kann *non* stehen, ohne daß es verneinende Wirkung hat:

Aspetta finché io (non) sia tornata.	Warte, bis ich zurück bin.
Questo prodotto si vende più in Italia che (non) in Francia.	Dieses Produkt wird mehr in Italien als in Frankreich verkauft.
(Non) appena saprò qualcosa, ti scriverò.	Sobald ich etwas weiß, werde ich dir schreiben.
Non posso impedire che (non) lo faccia.	Ich kann nicht verhindern, daß er es tut.

241

Merke: *Ci mancò poco che (non) cadesse.* - Es fehlte wenig, und er wäre hin-
gefallen.

in men che non si dica - im Nu/im Handumdrehen

a meno che non + Konjunktiv - es sei denn, daß ...

307 Der Gebrauch von *no*

No wird gebraucht

1. in der Bedeutung «nein»:

Hai tempo? - No, non ho tempo.	Hast du Zeit? – Nein, ich habe keine Zeit.
Suo padre non può dire di no.	Sein Vater kann nicht nein sagen.

2. in der Bedeutung «nicht» in folgenden Fällen:

Luigi va al cinema, io no.	Luigi geht ins Kino, ich nicht.
Ci aiuti o no?	Hilfst du uns oder nicht?
Perché no?	Warum nicht?
Vuoi questa mela? Se no la mangio io.	Willst du diesen Apfel? Wenn nicht, esse ich ihn.
Ce la farai? - Credo di no.	Wirst du es schaffen? – Ich glaube nicht.
Sarai bocciato? - Spero di no.	Wirst du durchfallen? – Ich hoffe nicht

Merke: *Vai al cinema? - No. - Neanch'io/nemmeno io/neppure io.* - Gehst du
ins Kino? – Nein. – Ich auch nicht.

308 Die Einschränkung

1. Zur Einschränkung des Subjekts und Objekts werden *solo/soltanto/sola-
mente* oder *non ... che* gebraucht, wobei zu bemerken ist, daß zwischen *non
... che* nur ein Verb stehen kann, kein Nomen und kein Pronomen:

Solo Mario lo sa.	Nur Mario weiß es.
Solo lui lo sa.	Nur er weiß es.
Non ho che mille lire.	Ich habe nur tausend Lire.
Non è che una leggera malattia.	Es ist nur eine leichte Krankheit.

2. Vor einem Objektsatz, Infinitiv, Adjektiv oder einem Nomen ohne Artikel
wird «nur» durch *solo, soltanto* oder *solamente* wiedergegeben:

Dico solo che ...	Ich sage nur, daß ...
Vogliamo soltanto giocare.	Wir wollen nur spielen.
Sono solamente stanco.	Ich bin nur müde.
Ho solo paura.	Ich habe nur Angst.

3. Bezieht sich «nur» auf ein finites Verb, so wird es durch **non fare (altro/nient'altro) che** + Infinitiv ausgedrückt:

Giovanni non fa che dormire.	Hans schläft nur.
Tu non fai altro che lamentarti.	Du beklagst dich nur.

4. Bezieht sich «nur» auf einen ganzen Satz, so verwendet man **ma** oder **però**:

Glielo puoi offrire, ma io non so se accetterà.	Du kannst es ihm anbieten, nur weiß ich nicht, ob er annehmen wird.

5. Wendungen:

Basta che tu glielo dica./Devi solo dirglielo./Non hai che da dirglielo.	Du brauchst es ihm nur zu sagen.
Entri pure!	Kommen Sie nur herein!
Almeno piovesse./Ah se piovesse!	Wenn es nur regnete!
Niente paura!	Nur keine Angst!
tanto per fare un esempio	nur um ein Beispiel zu geben
Come si fa ad essere così stupidi?	Wie kann man nur so dumm sein?
Non mi restano che due frasi da tradurre./Mi rimangono solo ...	Ich habe nur noch zwei Sätze zu übersetzen.

Kapitel 24 Die Konjunktionen (Le congiunzioni)

Mit Hilfe von Konjunktionen werden Sätze oder Satzglieder miteinander verbunden. Man unterscheidet beiordnende Konjunktionen (congiunzioni coordinanti), die gleichrangige Sätze oder Satzglieder verbinden, und unterordnende Konjunktionen (congiunzioni subordinanti), die Nebensätze einleiten.

Beiordnende Konjunktionen

309 Aneinanderreihende Konjunktionen (congiunzioni copulative)

e (ed)	und
nonché	sowie/und auch
né	und nicht/ auch nicht

Mario e Giovanni giocano.	Mario und Giovanni spielen.
Io tacevo ed egli parlava.	Ich schwieg, und er sprach.
Saranno presenti il cancelliere, nonché il ministro degli esteri.	Es werden der Kanzler sowie der Außenminister anwesend sein.
Noi non abbiamo mangiato né bevuto.	Wir haben nicht gegessen und nicht getrunken.

Anmerkung: Man beachte die Kongruenz der Verbform bei zwei durch die Konjunktion *e(d)* verbundenen Subjekten: *Io e Mario ci andremo.* - Ich und Mario werden dorthin gehen.

310 Ausschließende Konjunktionen (congiunzioni disgiuntive)

o (od)	oder
ovvero/oppure	oder [stärker]

Vieni o resti a casa?	Kommst du oder bleibst du zu Hause?
Sono arrivato settimo od ottavo.	Ich bin als siebter oder achter angekommen.
Riccardo o Paolo ti aiuterà.	Riccardo oder Paolo wird dir helfen.
Parli sul serio, ovvero scherzi?	Meinst du es ernst oder scherzt du?

311 Entgegensetzende Konjunktionen (congiunzioni avversative)

ma/però	aber/ jedoch
tuttavia/pure	trotzdem/ dennoch
nondimeno	nichtsdestoweniger/trotzdem
eppure	und doch/aber doch

Siamo stanchi, ma verremo lo stesso.	Wir sind müde, aber wir werden trotzdem kommen.
Ti avevo avvertito, eppure ci sei andato.	Ich hatte dich gewarnt, und doch bist du hingegangen.
È tardi, tuttavia mi fermo ancora un po'.	Es ist spät, trotzdem bleibe ich noch ein wenig.
Questa giacca è caruccia, però la prendo.	Diese Jacke ist etwas teuer, aber ich nehme sie.

Anmerkung 1: Im Unterschied zu *ma* braucht *però* nicht am Satzanfang zu stehen.

Anmerkung 2: In der Umgangssprache werden *ma* und *però* oft zusammen gebraucht.

Anmerkung 3: Die Konjunktion *ma* dient auch zur Wiedergabe von dt. «sondern».
Non vado al cinema ma a teatro. – Ich gehe nicht ins Kino, sondern ins Theater.

Folgernde Konjunktionen (congiunzioni conclusive) 312

allora/dunque/quindi	also/ folglich
perciò/pertanto	daher/ deshalb

Penso, dunque sono.	Ich denke, also existiere ich.
Abbiamo finito tutto, quindi possiamo andare.	Wir sind mit allem fertig, folglich können wir gehen.
Mi sono ferito al ginocchio, perciò non mi posso allenare questa settimana.	Ich habe mich am Knie verletzt, daher kann ich diese Woche nicht trainieren.

Erläuternde Konjunktionen (congiunzioni dichiarative) 313

cioè	das heißt
infatti	tatsächlich/ nämlich/ denn
ossia	oder/ besser gesagt/ beziehungsweise

Gli ho raccontato tutto, ossia quasi tutto.	Ich habe ihm alles erzählt, besser gesagt, fast alles.
Verrò a trovarti dopodomani, cioè sabato.	Ich werde dich übermorgen besuchen, das heißt am Samstag.
Mio figlio è stato bocciato, infatti non aveva studiato.	Mein Sohn ist durchgefallen, er hatte nämlich nicht gelernt.

Korrelative Konjunktionen (congiunzioni correlative) 314

e ... e	sowohl ... als auch
né ... né	weder ... noch
o ... o	entweder ... oder
sia ... sia/che	sowohl ... als auch
non solo ... ma anche	nicht nur ... sondern auch

Non mangio né carne né uova.	Ich esse weder Fleisch noch Eier.
O mi dici la verità o tra noi è finita.	Entweder sagst du mir die Wahrheit oder zwischen uns ist es aus.
Angela non è solo bella, ma anche molto intelligente.	Angela ist nicht nur schön, sondern auch sehr intelligent.
Angela è una ragazza e bella e molto intelligente.	Angela ist sowohl ein schönes, als auch ein sehr intelligentes Mädchen.
Abbiamo invitato sia i nostri parenti sia i nostri vicini.	Wir haben sowohl unsere Verwandten als auch unsere Nachbarn eingeladen.

Unterordnende Konjunktionen

315 Temporale Konjunktionen (congiunzioni temporali)

quando	als/(jedesmal) wenn
allorché [lit.]	als
ogni volta che	jedesmal wenn
da quando/dacché [lit.]	seitdem
dal momento che	seit dem Augenblick, als
nel momento in cui	in dem Augenblick, als
fino a quando	solange
(non) appena (che)/tosto che [lit.]	sobald
come	(so)wie/ als/ sobald
prima che + Konjunktiv	bevor/ehe
dopo che	nachdem
mentre/intanto che	während
finché (non)/fino a che (non)/ fintantoché + Konjunktiv	bis

Quando l'ho visto, gli sono andato incontro.	Als ich ihn gesehen habe, bin ich ihm entgegengegangen.
Quando Roberto mi incontrava si girava dall'altra parte per non salutarmi.	Wenn Robert mir begegnete, wandte er sich zur anderen Seite, um mich nicht zu grüßen/grüßen zu müssen.
Come esco dal negozio vedo che qualcuno vuole rubarmi la bicicletta.	Wie ich das Geschäft verlasse, sehe ich, daß jemand mir mein Fahrrad stehlen will.
Mentre suonavo il pianoforte, bussarono alla porta.	Während ich Klavier spielte, klopfte es an die Tür.
Appena la partita sarà finita, verrò da te.	Sobald das Spiel zu Ende ist, werde ich zu dir kommen.
Avevo finito prima che tu venissi.	Ich war fertig, bevor du kamst.
Ogni volta che vado in libreria spendo un sacco di soldi.	Jedesmal wenn ich in eine Buchhandlung gehe, gebe ich eine Menge Geld aus.
Dopo che noi eravamo andati a scuola la mamma andava a fare la spesa.	Nachdem wir in die Schule gegangen waren, ging Mama (immer) einkaufen.
Cercate la chiave finché (non) la troviate.	Sucht den Schlüssel, bis ihr ihn findet.

Anmerkung 1: *Quando* kann auch kausale Bedeutung haben: *Quando ti dico che non lo so, non lo so davvero.* - Wenn ich dir sage, daß ich es nicht weiß, weiß ich es wirklich nicht.

Anmerkung 2: *Dal momento che* kann auch in kausalem Sinn verwendet werden: *Dal momento che non ho soldi, non mi posso comprare una macchina nuova.* - Da ich kein Geld habe, kann ich mir kein neues Auto kaufen.

Anmerkung 3: *Mentre* wird auch adversativ gebraucht: *So che mi disprezzi, mentre dovresti essermi grato.* - Ich weiß, daß du mich verachtest, während du mir dankbar sein müßtest.

Anmerkung 4: Nach *finché* in der Bedeutung «solange» steht der Indikativ: *Andate a giocare finché c'è il sole.* - Geht spielen, solange die Sonne scheint.

Ebenso steht der Indikativ, wenn der mit *finché* eingeleitete Nebensatz eine Tatsache ausdrückt: *Non lo riconobbe finché non gli fu vicino.* - Er erkannte ihn nicht eher, als bis er in seine Nähe kam.

Anmerkung 5: Temporale Funktion hat *che* nach den Verben der Wahrnehmung: *La vidi che scendeva le scale (= La vidi scendere le scale).* - Ich sah, wie sie die Treppe herunterkam.

Beachte auch: *Dov'è Maria? - È in giardino che annaffia i fiori.* - Wo ist Maria? - Sie ist im Garten und gießt die Blumen.

Kausale Konjunktionen (congiunzioni causali)   316

siccome/giacché/poiché/perché/ *dal momento che/dato che/visto che/* *in quanto (che)/per il fatto che/* *per la ragione che*	da/ weil
ché/che	denn
non che/non perché + Konjunktiv	nicht daß/ nicht als ob/ nicht weil

Siccome non lo so, non te lo posso dire.	Da ich es nicht weiß, kann ich es dir nicht sagen.
Non posso venire perché non ho tempo.	Ich kann nicht kommen, weil ich keine Zeit habe.
Andiamo ché/che è tardi.	Gehen wir, denn es ist spät.
È inutile avvisarlo, tanto più che è probabile che non venga.	Es ist zwecklos, ihn zu verständigen, zumal er wahrscheinlich nicht kommt.
Non sono andato a scuola, non perché mi sentissi male, ma perché non avevo studiato.	Ich bin nicht in die Schule gegangen, nicht weil ich mich schlecht fühlte, sondern weil ich nicht gelernt hatte.
Poiché voi tacete, parlerò io.	Da ihr schweigt, werde ich sprechen.

Anmerkung 1: Ein mit *siccome/giacché/dato che/visto che* eingeleiteter Kausalsatz geht meist dem Hauptsatz voraus.

Anmerkung 2: Nach *non che/non perché* wird in der Umgangssprache immer häufiger der Indikativ verwendet.

317 Finale Konjunktionen (congiunzioni finali)

affinché/perché/acciocché [lit.] + Konj. damit
per paura che + Konjunktiv aus Angst, daß

Dobbiamo fare dei grandi sacrifici perché nostro figlio possa frequentare l'università.	Wir müssen große Opfer bringen, damit unser Sohn die Universität besuchen kann.
La ragazza nasconde il suo diario per paura che i genitori lo leggano.	Das Mädchen versteckt sein Tagebuch, aus Angst, daß seine Eltern es lesen.

Anmerkung: Ebenso steht der Konjunktiv nach *troppo* + Adj./Adv. + *perché* mit konsekutiver Bedeutung: *Era troppo buio perché io lo potessi riconoscere.* – Es war zu dunkel, als daß ich ihn hätte erkennen können. *La squadra italiana giocò troppo bene perché la squadra tedesca la potesse battere.* – Die italienische Mannschaft spielte zu gut, als daß die deutsche Mannschaft sie hätte schlagen können. Bei Subjektgleichheit kann die Präposition *da* oder *per* + Infinitiv verwendet werden: *Mario è troppo furbo da/per non accorgersene.* – Mario ist zu schlau, als daß er es nicht merken würde.

318 Konsekutive Konjunktionen (congiunzioni consecutive)

di/in modo che/di/in maniera che/ cosicché so, daß
a (tal) segno che/a tal punto che so sehr, daß
(co)sì ... che/talmente ... che/ so ..., daß
tanto ... che
tale che so, daß
tanto che so viel/sehr, daß

Eravamo così commossi che non riuscivamo a pronunciar parola.	Wir waren so bewegt, daß wir kein Wort herausbrachten.
C'era una tale nebbia che non ci si vedeva a due metri di distanza.	Es war ein solcher Nebel, daß man keine zwei Meter weit sehen konnte.
Quel film era talmente noioso che ce ne siamo andati.	Der Film war so langweilig, daß wir gegangen sind.
Quest'anno mio figlio ha fatto tante assenze che dovrà ripetere la classe.	Dieses Jahr hat mein Sohn so oft gefehlt, daß er die Klasse wird wiederholen müssen.

Anmerkung 1: In Konsekutivsätzen steht der Konjunktiv, wenn auf etwas Erwünschtes hingedeutet wird: *Spiegamelo in modo che io lo capisca.* – Erkläre es mir so, daß ich es verstehe!

Anmerkung 2: Wird eine Möglichkeit ausgedrückt, so gebraucht man das Konditional: *I Rossi sono tanto ricchi che si potrebbero permettere qualsiasi lusso.* – Die Rossis sind so reich, daß sie sich jeden Luxus leisten könnten.

benché/sebbene/quantunque/ancorché/	
nonostante (che)/malgrado (che)/	obwohl/ obgleich
con tutto che + Konjunktiv	
per + Adj./Adv. + *che* + Konjunktiv	wie ... auch
per quanto + Konjunktiv	wie ... auch/ soviel ... auch

Benché avesse ragione, mio fratello non riuscì a convincere gli altri.	Obwohl mein Bruder recht hatte, gelang es ihm nicht, die anderen zu überzeugen.
Per quanto lui studi, non ottiene risultati soddisfacenti.	Soviel er auch lernt, er erreicht keine befriedigenden Ergebnisse.
Per intelligente che sia/per quanto intelligente sia, non ce la farà.	Wie intelligent er auch ist, er wird es nicht schaffen.
Sebbene conoscessimo le difficoltà, volemmo fare un tentativo.	Obwohl wir die Schwierigkeiten kannten, wollten wir einen Versuch machen.
Mio marito continua a fumare molto nonostante (che) il medico glielo abbia proibito.	Mein Mann raucht weiterhin viel, obwohl der Arzt es ihm verboten hat.

Anmerkung: *Anche se* «auch wenn» und *neanche se* «nicht einmal wenn» verhalten sich bezüglich des Modus wie die konditionalen *se* - Sätze (vgl. § 285): *Non te lo direi anche se lo sapessi.* - Ich würde es dir nicht sagen, auch wenn ich es wüßte. *Resto ancora un po' anche se è già tardi.* - Ich bleibe noch ein bißchen, auch wenn es schon spät ist.

Konditionale Konjunktionen (congiunzioni condizionali) **320**

se	wenn/ falls
(Zu den Tempora und Modi im *se*-Satz vgl. § 285)	

Immer mit Konjunktiv werden verbunden:

qualora/quando/nel caso che/caso mai	wenn/ falls
a meno che non	es sei denn, daß/ außer wenn
a condizione che/a patto che	unter der Bedingung, daß
purché	nur, wenn
ammesso che/supposto che	vorausgesetzt, daß

Chiamami, qualora ci sia bisogno di me.	Rufe mich, wenn man mich braucht!
Faremo una gita, a meno che non piova.	Wir werden einen Ausflug machen, es sei denn, daß es regnet.
Verrò anch'io, a patto che non ci sia Gianni.	Ich werde auch kommen, unter der Bedingung, daß Hans nicht da ist.
Te lo do, purché tu non dica niente a nessuno.	Ich gebe es dir nur, wenn du niemandem etwas sagst.
Ti aiuterò supposto che sia come dici tu.	Ich werde dir helfen, vorausgesetzt es ist so, wie du sagst.

321 Modale Konjunktionen (congiunzioni modali)

come	wie
man mano che	so wie
a misura che	in dem Maße wie
secondo che + Konjunktiv	je nachdem, ob
senza che + Konjunktiv	ohne daß
tranne che/salvo che/eccetto che + Konjunktiv	es sei denn, daß/ außer wenn

Verrò, eccetto che (non) accada qualche imprevisto.	Ich werde kommen, es sei denn, daß etwas Unvorhergesehenes passiert.
Come Le ho detto, non c'è niente da fare.	Wie ich Ihnen gesagt habe, ist nichts zu machen.
Man mano che i turisti arrivavano, la direzione del campeggio li accoglieva.	So wie die Touristen ankamen, wurden sie von der Leitung des Campingplatzes empfangen.
Andarono al cinema senza che lo sapessero i genitori.	Sie gingen ins Kino, ohne daß es die Eltern wußten.

Übersicht über die Präpositionen und präpositionalen Fügungen

a	vgl. § 323	
accanto a	accanto alla casa	neben dem Haus
a causa di	a causa della pioggia	wegen des Regens
a destra di	a destra della chiesa	rechts von der Kirche
ad eccezione di	ad eccezione di Carlo	mit Ausnahme von Karl
a favore di	a favore degli handicappati	zugunsten der Behinderten
a partire da	a partire dalle otto	ab acht Uhr
a scapito di	a scapito del cliente	zu Lasten des Kunden
a seconda di	a seconda delle circostanze	je nach den Umständen
a sinistra di	a sinistra della posta	links von der Post
a svantaggio di	a svantaggio dei professori	zum Nachteil der Lehrer
a vantaggio di	a vantaggio degli scolari	zum Vorteil der Schüler
al di là di	al di là del fiume	jenseits des Flusses
al di qua di	al di qua del Reno	diesseits des Rheins
al di sopra di	al di sopra del paese	oberhalb des Dorfes
al di sotto di	al di sotto del castello	unterhalb des Schlosses
assieme a/con	assieme ai/con i figli	zusammen mit den Söhnen
attorno a	attorno alla casa	um das Haus herum
attraverso	attraverso il parco	quer durch den Park
con	vgl. § 324	
contro	contro la parete/contro di me	gegen die Wand/gegen mich
da	vgl. § 325	
davanti a	davanti al monumento	vor dem Denkmal
dentro (a)	dentro la/alla scatola	in der Schachtel (drin)
di	vgl. § 326	
di faccia a	di faccia al museo	gegenüber dem Museum
di fronte a	di fronte alla prigione	gegenüber dem Gefängnis
	di fronte a questa situazione	angesichts dieser Situation
dietro (a)	dietro la scrivania	hinter dem Schreibtisch
dinanzi a	dinanzi all'uscita	vor dem Ausgang
dirimpetto a	dirimpetto al campanile	gegenüber dem Kirchturm
dopo	dopo le cinque/dopo di me	nach fünf Uhr/nach mir
	la prima casa dopo la posta	das erste Haus nach der Post
durante	durante la festa	während des Festes
eccetto	tutti eccetto Maria	alle außer Maria
entro	entro il 15 aprile	bis spätestens 15. April
	entro un mese	innerhalb eines Monats
fa	dieci minuti fa	vor zehn Minuten
fin(o) a	fino alle nove	bis neun Uhr
	fino al cimitero	bis zum Friedhof
	fino a qui/fin qui	bis hierher
	fin all'America	bis nach Amerika

fin da	*fin dall'infanzia*	von Kindesbeinen an
	fin da ieri	seit gestern
fra	vgl. § 327	
fuorché	*tutti fuorché Mario*	alle außer Mario
fuori	vgl. § 328	
grazie a	*grazie al tuo aiuto*	dank deiner Hilfe
in	vgl. § 329	
in base a	*in base alle prove*	aufgrund der Beweise
in luogo di	*in luogo del sostantivo*	anstelle des Substantivs
in mezzo a	*in mezzo alla strada*	mitten auf der Straße
in seguito a	*in seguito a un incidente*	infolge eines Unfalls
incontro a	*andare incontro ai desideri*	jds Wünschen entgegen-
	di qd	kommen
insieme a/con	*insieme al/col nonno*	zusammen mit dem Großvater
intorno a	*intorno al giardino*	um den Garten herum
	intorno al 1800	um 1800 herum
invece di	*invece della bambina*	statt des Mädchens
lontano da	*lontano dalla stazione*	weit entfernt vom Bahnhof
lungo	*lungo la costa*	die/der Küste entlang
malgrado	*malgrado le difficoltà*	trotz der Schwierigkeiten
mediante	*mediante l'allenamento*	mittels Training
meno	*tutti i ragazzi meno Roberto*	alle Jungen außer Robert
nonostante	*nonostante la pioggia*	trotz des Regens
oltre (a)	*oltre il Po*	jenseits des Po
	oltre due ore	über zwei Stunden
	Oltre ai libri mi regalò anche	Außer den Büchern schenkte
	una cravatta.	er mir auch eine Krawatte.
per	vgl. § 330	
per mezzo di	*per mezzo dello zio*	durch seinen Onkel
presso	*presso il teatro*	nahe beim Theater
	presso Neri/presso di noi	bei Neri/bei uns
prima di	*prima di Pasqua*	vor Ostern
	Sono arrivato prima di te.	Ich bin vor dir angekommen.
quanto a	*quanto a questo problema*	was dieses Problem angeht
riguardo a	*riguardo alla pronuncia*	was die Aussprache betrifft
rispetto a	*rispetto alla sua età*	im Vergleich zu seinem Alter
salvo	*Tutti sono malati, salvo lei.*	Alle sind krank, außer ihr.
secondo	*secondo me*	meiner Meinung nach
	secondo le regole	nach den Regeln
senza	*senza mio marito/senza di lui*	ohne meinen Mann/ohne ihn
sino a	vgl. *fino a*	
sopra	*due gradi sopra zero*	zwei Grad über Null
	sopra il tavolo/sopra di noi	über dem Tisch/über uns
sotto	*sotto l'armadio/sotto di noi*	unter dem Schrank/unter uns
	sotto questo punto di vista	unter diesem Gesichtspunkt
	sotto le vacanze	in der Ferienzeit
su	vgl. § 331	

tra	vgl. *fra*	
tramite	*tramite tuo fratello*	durch deinen Bruder
tranne	*tutte le regioni tranne la Puglia*	alle Regionen außer Apulien
verso	*verso sud/verso le nove*	gegen Süden/gegen neun Uhr
	verso di me	zu mir/mir gegenüber
vicino a	*vicino alla scuola*	in der Nähe der Schule

Die Präposition *a* wird verwendet

1. zur Angabe des indirekten Objekts (Dativobjekts):

Il cameriere ha portato il vino a mio padre.	Der Kellner hat meinem Vater den Wein gebracht.
Che cosa hai detto ai tuoi genitori?	Was hast du deinen Eltern gesagt?
Non l'ho dato a lui.	Ich habe es **ihm** nicht gegeben.

2. zur Ortsangabe (wo?):

essere a/in casa	zu Hause sein
abitare a Roma/al terzo piano	in Rom/im dritten Stock wohnen
essere seduto al sole/all'ombra	in der Sonne/im Schatten sitzen
stare all'albergo Astor	im Hotel Astor wohnen
all'angolo della strada	an der Straßenecke
lavorare alla/presso la Fiat	bei Fiat arbeiten
a pagina cinque	auf Seite fünf

(Zu Länder- und Regionennamen vgl. auch § 48)

3. zur Richtungsangabe (wohin?):

andare	gehen/fahren
a Firenze/all'estero	nach Florenz/ins Ausland
a Capri/a(d) Ischia/a Creta/a Rodi	nach Capri/Ischia/Kreta/Rhodos
a casa/a scuola/a teatro	nach Hause/in die Schule/ins Theater
al liceo/al museo/al cinema	ins Gymnasium/ins Museum/ins Kino
al bar/al ristorante	in die Bar/ins Restaurant
al mare/alla/in spiaggia	ans Meer/an den Strand
alla posta/al mercato	zur Post/auf den Markt

(Zu Länder- und Regionennamen vgl. auch § 48)

4. zur Angabe der Zeit:

alle tre	um drei Uhr
alla stessa ora	zur selben Stunde
a mezzogiorno/a mezzanotte	am Mittag/um Mitternacht
all'alba/allo spuntar del sole	bei Tagesanbruch/bei Sonnenaufgang
al tramonto (del sole)	bei Sonnenuntergang
oggi a otto	heute in acht Tagen
Ciao, a domani/a più tardi/a venerdì!	Tschüs bis morgen/später/Freitag!
all'inizio della settimana	am Anfang der Woche
alla fine della settimana/a fine s.	am Ende der Woche
alla metà di agosto/a metà agosto	Mitte August
ai tempi dell'imperatore Augusto	zur Zeit des Kaisers Augustus
a quei tempi/a quel tempo	zu jener Zeit
al tempo attuale/al tempo d'oggi	heutzutage
a Natale/a Pasqua/a Pentecoste	an Weihnachten/Ostern/Pfingsten
all'indomani del suo arrivo	am Tage nach seiner Ankunft
al/per il momento	im Augenblick
al più presto	so schnell wie möglich

5. zur Angabe der Art und Weise:

parlare ad alta voce/a bassa voce	laut/leise sprechen
risotto alla milanese	Reis nach Mailänder Art
guardare a bocca aperta	mit offenem Mund schauen
andare a braccetto	Arm in Arm gehen
accogliere qd a braccia aperte	jdn mit offenen Armen empfangen
fare qc a casaccio	etw. aufs Geratewohl tun
piove a catinelle	es regnet in Strömen
lavorare a cottimo	(im) Akkord arbeiten
a cuor leggero	leichten Herzens
piovere a dirotto	in Strömen regnen
tagliare a fette	in Scheiben schneiden
a fatica/a stento	mit Mühe
vivere alla giornata	in den Tag hinein leben
a mani vuote	mit leeren Händen
imparare a memoria	auswendig lernen
sapere qc a menadito	etw. aus dem Effeff können
Gli affari vanno a meraviglia.	Die Geschäfte gehen glänzend.
fare le cose a metà	alles nur halb machen
ad ogni modo	auf jeden Fall, jedenfalls
sognare a occhi aperti	mit offenen Augen träumen
parlare con qd a quattr'occhi	mit jdm unter vier Augen sprechen
comprare a rate	auf Raten kaufen
a piacere	nach Belieben
suonare uno strumento a perfezione	ein Instrument perfekt spielen
a scelta/volontà	nach Wahl/Belieben

6. zur Angabe des Mittels:

scrivere a macchina	mit der Maschine schreiben
fatto a mano	handgearbeitet
chiudere la porta a chiave	die Tür abschließen
mostrare a dito qd	mit dem Finger auf jdn zeigen
lavorare all'uncinetto	häkeln
giocare a carte	Karten spielen
andare a cavallo	reiten
andare a piedi	zu Fuß gehen

7. zur Angabe des Preises:

vendere a cinquemila lire il chilo	das Kilo zu 5000 L verkaufen
vendere a (un) prezzo ridotto	zu einem ermäßigten Preis verkaufen

8. zur Angabe der Entfernung:

Francoforte è a 70 km da Mannheim.	Frankfurt ist 70 km von Mannheim entfernt.
La scuola è a due passi da qui.	Die Schule ist ein paar Schritte/ein Katzensprung von hier.

9. zur Angabe des Alters:

sposarsi a trent'anni/all'età di trenta anni	mit dreißig (Jahren) heiraten
alla tenera età di sei anni	im zarten Alter von sechs Jahren

Aber: *in tenera età* - in zartem Alter

10. zur Angabe des Grundes:

A quel grido si voltò.	Bei diesem Schrei drehte er sich um.
A quelle parole il fratello impallidì.	Bei diesen Worten wurde der Bruder blaß.

11. in distributiver Bedeutung:

Le mele costano mille lire al chilo.	Die Äpfel kosten 1000 L das Kilo.
guadagnare 10000 lire all'ora	10000 L in der Stunde verdienen
due volte alla settimana/al mese	zweimal in der Woche/im Monat
andare a 100 chilometri all'ora	100 km in der Stunde fahren
a centinaia	zu Hunderten

Auch: *il chilo/l'ora*

12. zur Angabe, in welcher Hinsicht eine Aussage zutrifft:

No sto bene a quattrini.	Ich bin nicht gut bei Kasse.
A parole è molto bravo.	Er kann sehr gut Worte machen.
A parlare me la cavo, ma a scrivere	Mit dem Sprechen geht es, aber mit
non tanto.	dem Schreiben nicht so sehr.

13. zur Angabe des Zweckes, des Beweggrundes:

andare a caccia/a pesca	auf die Jagd gehen/fischen gehen
andare a passeggio	spazierengehen
andare a lezione/al corso	in den Unterricht/Kurs gehen
andare a ripetizione	in die Nachhilfestunde gehen

(Adjektive mit *a* vgl. § 174.1, Verben mit *a* - Objekt vgl. §§ 221-224, Infinitiv mit *a* vgl. §§ 249-259)

324 Die Präposition *con*

Die Präposition *con* wird gebraucht

1. zur Angabe der Begleitung:

Resto a casa con i bambini.	Ich bleibe mit den Kindern zu Hause.
Abito ancora con i genitori.	Ich wohne noch bei den Eltern.
Carlo gioca con Roberto.	Karl spielt mit Robert.
Esco sempre con l'ombrello.	Ich habe immer den Regenschirm dabei.

2. zur Angabe des Mittels:

scrivere con l'inchiostro/con la matita	mit Tinte/mit Bleistift schreiben
condire l'insalata con (l')olio e (l')aceto	den Salat mit Essig und Öl anmachen
Con le olive si fa l'olio.	Aus Oliven macht man Öl.
mangiare con le dita	mit den Fingern essen
farsi la barba col rasoio elettrico	sich elektrisch rasieren
viaggiare col/in treno	mit dem Zug reisen
una scusa tirata coi denti	eine an den Haaren herbeigezogene Entschuldigung

3. zur Angabe des Grundes:

Non riesco a dormire con questo rumore.	Ich kann bei diesem Lärm nicht schlafen.
Con la neve così alta è impossibile continuare.	Bei so hohem Schnee kann man unmöglich weitergehen/-fahren.

4. zur Angabe der Art und Weise:

lavorare con cura	sorgfältig arbeiten
esprimersi con chiarezza	sich klar ausdrücken
fare qc con intenzione	etw. mit Absicht tun
Faccia pure con comodo!	Lassen Sie sich nur Zeit!
parlare l'italiano con accento tedesco	Italienisch mit deutschem Akzent sprechen
parlare col naso	durch die Nase sprechen
con sentimenti contrastanti	mit gemischten Gefühlen
Studierai con le buone o con le cattive.	Du wirst lernen, ob du willst oder nicht.
guardare con fiducia all'avvenire	der Zukunft zuversichtlich entgegenschauen

5. zur Angabe des Begleitumstands:

dormire con le finestre aperte	bei offenem Fenster schlafen
parlare con la bocca piena	mit vollem Mund sprechen
con le lagrime agli occhi	mit Tränen in den Augen
È pericoloso attraversare la strada con questo traffico.	Es ist gefährlich, die Straße bei diesem Verkehr zu überqueren.
Ho preso una multa perché sono passato con il rosso.	Ich habe eine Geldstrafe bekommen, weil ich bei Rot durchgefahren bin.
essere nato con la camicia	ein Glückspilz sein
col favore delle tenebre	unter dem Schutz der Dunkelheit

6. in konzessiver Bedeutung:

Lo amo con tutti i suoi difetti.	Ich liebe ihn mit all seinen Fehlern.
L'aereo è partito con la nebbia.	Das Flugzeug ist bei Nebel abgeflogen

7. zur Angabe eines Merkmals, einer Eigenschaft:

un bambino con gli occhi azzurri e con i capelli ricciuti	ein Kind mit blauen Augen und Locken
Mi piacciono le scarpe col tacco alto.	Mir gefallen Schuhe mit hohem Absatz.

(Adjektive mit *con* vgl. § 174.2, Verben mit *con* -Objekt vgl. § 230, Infinitiv mit *con* vgl. § 262.5)

Die Präposition *da*

325

Die Präposition *da* wird verwendet

1. in Verbindung mit Personen zur Angabe, bei wem man sich befindet oder zu wem man geht:

Siamo da Mario.	Wir sind bei Mario.
Vado dal medico.	Ich gehe zum Arzt.

2. zur Angabe der Herkunft und der Trennung (vgl. aber § 326.6):

Da dove vieni? - Vengo da Milano.	Woher kommst du? - Ich komme aus Mailand.
Vengo dal medico.	Ich komme vom Arzt.
Siamo partiti da Roma alle otto.	Wir sind um 8 Uhr von Rom abgefahren.
A che ora torni dall'ufficio?	Um wieviel Uhr kommst du aus dem Büro?
il treno da Roma	der Zug aus Rom
La nave traghetto salpa da Olbia alle 19.	Das Fährschiff fährt um 19 Uhr von Olbia ab.
Il camion è sbucato da una via laterale.	Der Lastwagen ist aus einer Seitenstraße gekommen.
La sua fidanzata proviene da una famiglia di medici.	Seine Verlobte stammt aus einer Arztfamilie.
Da chi l'hai saputo?	Von wem hast du es erfahren?
Ho ricevuto una cartolina da Maria.	Ich habe von Maria eine Karte bekommen.
Sono caduto dalla bicicletta.	Ich bin vom Fahrrad gefallen.
Da quale rivista hai ritagliato questo articolo?	Aus welcher Zeitschrift hast du diesen Artikel ausgeschnitten?
tradurre dal tedesco in italiano	aus dem Deutschen ins Italienische übersetzen

Merke: *Passiamo dall'altro lato.* - Gehen wir auf die andere Seite!
dalle nostre parti - in unserer Gegend

3. zur Wiedergabe der Präposition «seit»:

Sua moglie è malata da cinque anni.	Seine Frau ist seit fünf Jahren krank.
Da quando siete in Germania?	Seit wann seid ihr in Deutschland?

Beachte: *da sempre* - schon immer

4. zur Angabe des Grundes:

ridere dalla gioia	vor Freude lachen
piangere dalla commozione	vor Rührung weinen
tenersi la pancia dalle risa	sich vor Lachen den Bauch halten
svenire dallo spavento	vor Schreck ohnmächtig werden

5. zur Angabe des Zwecks:

la vasca da bagno	die Badewanne
la macchina da corsa	das Rennauto
la sveglia da viaggio	der Reisewecker
il ferro da stiro	das Bügeleisen
il cane da caccia	der Jagdhund

6. beim Passiv zur Angabe des Urhebers oder der Ursache:

L'alunno fu lodato dal maestro.	Der Schüler wurde vom Lehrer gelobt.
Il ragazzo fu preso dalla paura.	Der Junge wurde von der Angst gepackt.

7. zur Angabe eines Merkmals:

una ragazza dagli occhi celesti	ein Mädchen mit blauen Augen
un ragazzo dai capelli lunghi	ein Junge mit langem Haar

8. zur Angabe des Wertes:

un francobollo da cento lire	eine Hundert-Lire-Briefmarke
un biglietto da mille lire	ein Tausend-Lire-Schein

9. zum Ausdruck einer Einschränkung:

essere sordo da un orecchio	auf einem Ohr taub sein
zoppicare da una gamba	auf einem Bein hinken
essere paralizzato dal lato destro	rechtsseitig gelähmt sein

10. in prädikativer Funktion:

Te lo dico da amico.	Ich sage es dir als Freund.
Sono stato a Firenze da studente.	Ich war als Student in Florenz.

11. zur Angabe der Art und Weise:

vivere da re	wie ein König leben
morire da eroe	wie ein Held sterben
comportarsi da maleducato	sich ungezogen benehmen

12. in Wendungen:

Roberto fa tutto da sé.	Robert macht alles allein.
Fai da te!	Do it yourself!
Servitevi da soli! (Tankstelle)	Selbsttanken
fare da interprete	dolmetschen
cadere dalla padella nella brace	vom Regen in die Traufe kommen
Lontan dagli occhi, lontan dal cuore.	Aus den Augen, aus dem Sinn.

(Adjektive mit **da** vgl. § 174.3, Verben mit **da** - Objekt vgl. § 227, Infinitiv mit **da** vgl. §§ 260-261)

Die Präposition *di* wird verwendet

1. zur Wiedergabe des deutschen Genitivs:

i giocattoli del bambino	die Spielsachen des Kindes
le vetrine dei negozi	die Schaufenster der Geschäfte

2. zur Wiedergabe zusammengesetzter Nomina:

le chiavi della macchina	die Autoschlüssel
il professore di tedesco	der Deutschlehrer
il padrone di casa	der Hausherr
la bombola del gas	die Gasflasche

Beachte: *una bombola di gas* – eine Gasflasche

3. zur näheren Bestimmung eines Nomens:

la città di Milano	die Stadt Mailand
la provincia di Matera	die Provinz Matera
il nome di Pietro	der Name Peter
la battaglia di Lipsia	die Schlacht bei Leipzig
la virtù della pazienza	die Tugend der Geduld

4. in partitiver Funktion:

alcuni di noi	einige von uns
migliaia di uomini	Tausende von Menschen
qualcosa di buono	etwas Gutes
due etti di zucchero	200 Gramm Zucker
un sacco di cipolle	ein Sack Zwiebeln
mezzo quintale di patate	ein Zentner Kartoffeln
il più intelligente di tutti	der Intelligenteste von allen

5. zur Angabe des Vergleichs (vgl. § 167.1):

Il sole è più grande della luna.	Die Sonne ist größer als der Mond.

6. zur Angabe der Herkunft (vgl. aber § 325.2):

Di dove sei? – Sono di Venezia.	Woher bist du? – Ich bin aus Venedig.
Sono nativo/oriundo di Napoli.	Ich stamme aus Neapel.

7. zur Angabe des Themas:

un libro di storia	ein Geschichtsbuch
un corso di tedesco	ein Deutschkurs
parlare di letteratura	über Literatur sprechen

8. zur Angabe der Art und Weise:

ringraziare di cuore	von Herzen danken
di nascosto	heimlich
venire di corsa	angerannt kommen
vedere qd di buon occhio	jdn gern sehen
vincere di misura	knapp gewinnen
acconsentire di mala voglia	ungern zustimmen

9. zur Angabe der Zeit:

di mattina/la mattina	morgens
di giorno/di notte	am Tag/bei Nacht
di lunedì/il lunedì	montags
d'estate/in estate	im Sommer

10. zur Angabe des Grundes:

tremare di paura	vor Angst zittern
piangere di gioia	vor Freude weinen
morire di polmonite	an Lungenentzündung sterben
soffrire di emicrania	unter Migräne leiden

Auch: *tremare dalla/per la paura*

11. zur Angabe einer Eigenschaft:

un ragazzo di spirito	ein geistreicher Junge
una ragazza di buon senso	ein Mädchen mit gesundem Menschen-verstand
un uomo di valore	ein tüchtiger Mann
un pittore di talento	ein talentierter Maler

12. zur Angabe des Alters und des Maßes:

una bambina di cinque anni	ein fünfjähriges Mädchen
un grattacielo di duecento metri	ein zweihundert Meter hoher Wolken-kratzer

13. zur Angabe des Materials:

un tavolo di marmo	ein Marmortisch
oggetti di peltro	Gegenstände aus Zinn
un paio di guanti di camoscio	ein Paar Wildlederhandschuhe
avere un cuore di pietra	ein Herz aus Stein haben

(Adjektive mit *di* vgl. § 174.4, Verben mit *di* - Objekt vgl. §§ 225-226, Infinitiv mit *di* vgl. §§ 240-248, Präp. + *di* + Personalpronomen vgl. 129.3 Anm.1)

327 Die Präpositionen *fra/tra*

Die Präpositionen *fra/tra* werden unterschiedslos gebraucht. Um Anlautwiederholungen zu vermeiden, wird gelegentlich einer der beiden Formen der Vorzug gegeben. So sagt man beispielsweise stets *tra fratelli* «unter Brüdern» aber *fra tre ore* «in drei Stunden».

Die Präpositionen *fra/tra* dienen

1. zur Wiedergabe der deutschen Präpositionen «zwischen» und «unter» (mehreren):

Fra le due case c'è un cortile.	Zwischen beiden Häusern liegt ein Hof.
Sedeva fra i genitori.	Er saß zwischen den Eltern.
Sarà tra noi anche il vescovo.	Es wird auch der Bischof unter uns sein.
Tra noi è finita.	Zwischen uns ist es aus.
sia detto fra noi	unter uns gesagt
mescolarsi fra la gente	sich unter die Leute mischen
la pace tra le nazioni	der Friede unter den Nationen

2. zur Angabe eines partitiven Verhältnisses:

C'è qualcuno tra (di) voi che conosce il suo indirizzo?	Kennt jemand von euch seine Adresse?
La leva è uno fra gli/degli strumenti più importanti inventati dall'uomo.	Der Hebel ist eines der bedeutendsten Werkzeuge, die vom Menschen erfunden wurden.

3. zur Wiedergabe der deutschen Präposition «in» in der Bedeutung von «nach Ablauf von»:

Mio fratello tornerà fra una settimana.	Mein Bruder wird in einer Woche zurückkommen.
Tra pochi chilometri ci dev'essere una stazione di servizio.	Nach wenigen Kilometern muß es eine Tankstelle geben.
Lo vedremo fra quindici giorni.	Wir werden ihn in vierzehn Tagen sehen.
Tra poco verrà la mia fidanzata.	Bald wird meine Verlobte kommen.

4. in Wendungen:

tra le lagrime/fra i singhiozzi	unter Tränen/unter Schluchzen
tra l'altro	unter anderem
parlare fra sé (e sé)	vor sich hin sprechen
essere tra la vita e la morte	zwischen Leben und Tod schweben
Fra mangiare e bere ho speso dieci-	Für Essen und Trinken habe ich
mila lire.	10000 Lire ausgegeben.
Mi rispose fra allegro e ironico che ...	Er antwortete mir halb ironisch, daß ...
Tra il dire e il fare/Dal dire al fare	Gesagt ist noch lange nicht getan.
c'è di mezzo il mare.	

Die Präposition *fuori*   **328**

1. In der Regel wird die Präposition ***fuori*** mit der Präposition ***di*** verbunden:

fuori di Roma	außerhalb Roms
fuori d'Italia	außerhalb Italiens
fuori delle mura	außerhalb der Stadtmauern

Anmerkung: Folgt auf *fuori* ein Ortsadverb, so muß ebenfalls *di* stehen:
   Fuori di qui! – Hinaus!

2. Bei einigen Ausdrücken kann die Präposition *di* wegfallen:

fuori (di) città	außerhalb der Stadt
fuori (di) mano	abgelegen (Ortschaft)
fuori (di) programma	außerhalb des Programms

3. In folgenden Wendungen fehlt stets die Präposition *di*:

fuori combattimento	außer Gefecht
fuori gioco	abseits (Fußballspiel)
fuori pericolo	außer Gefahr
fuori concorso	außer Konkurrenz
fuori servizio	außer Betrieb
fuori luogo	unangebracht/fehl am Platz
fuori orario	außerplanmäßig (Zug)

4. Zur Bezeichnung der Herkunft wird die Präposition ***fuori*** mit der Präposition ***da*** verbunden:

Il ragazzo saltò fuori dalla cabina.	Der Junge sprang aus der Kabine.

329 Die Präposition *in*

Die Präposition *in* wird gebraucht

1. zur Angabe des Ortes (wo?):

ẹssere in Spagna	in Spanien sein
nel centro di Torino	im Zentrum Turins
nei dintorni di Roma	in der Umgebung Roms
ẹssere in città	in der Stadt sein
abitare in via Manzoni	in der Manzonistraße wohnen
incontrarsi in piazza San Pietro	sich auf dem Petersplatz treffen
lavorare in fạbbrica	in der Fabrik arbeiten
ẹssere in ufficio	im Büro sein
vịvere in campagna	auf dem Land leben
Ho trovato questo passo nel Boccaccio.	Ich habe diese Stelle bei Boccaccio gefunden.

2. zur Richtungsangabe (wohin?):

andare in Francia/Toscana	nach Frankreich/in die Toskana fahren
uscire in/sulla terrazza	auf die Terrasse hinausgehen
scẹndere in cantina.	in den Keller hinuntergehen
andare in farmacịa/discoteca	in die Apotheke/Diskothek gehen
entrare in porto	in den Hafen einfahren
andare in montagna	in die Berge fahren

3. zu Angabe der Zeit:

nell'ụltima guerra	im letzten Krieg
in primavera/giugno	im Frühling/Juni
in giornata/mattinata	im Laufe des Tages/vormittags
Ho letto il romanzo in cinque ore.	Ich habe den Roman in fünf Stunden gelesen.
in un bạtter d'occhio	im Nu
nello/allo stesso tempo	zur selben Zeit

4. zur Angabe der Art und Weise:

vestirsi in fretta	sich in Eile anziehen
guardarsi in silenzio	sich schweigend ansehen
dire qc in tono scherzoso	etw. in scherzhaftem Ton sagen
camminare in punta di piedi	auf Zehenspitzen gehen
stampato in corsivo	kursiv gedruckt
in questo modo	auf diese Weise
rispọndere in coro	im Chor antworten

5. zur Angabe des Fortbewegungsmittels:

andare in bicicletta/macchina/treno	mit dem Fahrrad/Auto/Zug fahren
andare in autobus/pullman/aereo	mit dem Bus/Reisebus fahren/fliegen

Anmerkung: In diesen Fällen ist auch die Verwendung der Präposition *con* + Artikel möglich (vgl. §§ 50.8 Anm.1 u. 2, 324.2).

6. zur Angabe des Materials:

una statua in marmo	eine Marmorstatue
un cancello in ferro battuto	ein schmiedeeisernes Gartentor

7. Wendungen:

in coda al treno	am Zugende
essere in cerca di lavoro	auf Arbeitssuche sein
arrivare in anticipo/tempo/ritardo	zu früh/rechtzeitig/zu spät ankommen
Tutti i documenti sono in regola.	Alle Papiere sind in Ordnung.
essere in quattro	zu viert sein
La Fiat mi ha preso in pieno.	Der Fiat hat mich voll erwischt.
In fondo hai ragione.	Im Grunde hast du recht.
Acqua in bocca!	Still!/Kein Wort darüber!
In bocca al lupo.	Hals- und Beinbruch!
cogliere qd in fallo	jdn auf frischer Tat ertappen
prendere qd in parola	jdn beim Wort nehmen
essere in stato interessante	in anderen Umständen sein
essere/stare in piedi	stehen
bere qc in un sorso	etw. mit einem Schluck trinken
Ti voglio chiedere due libri in prestito.	Ich möchte mir von dir zwei Bücher ausleihen.
ricevere qc in regalo	etw. geschenkt bekommen

Die Präposition *per*

Die Präposition *per* dient

1. zur Angabe des Ortes (wo?):

Il bambino era seduto per terra.	Das Kind saß auf dem Boden.
Sono caduto per le scale.	Ich bin auf der Treppe gefallen.

2. zur Angabe der Richtung in Verbindung mit bestimmten Verben (wohin?):

partire per Roma/per la Francia	nach Rom/Frankreich fahren/reisen
imbarcarsi per la Grecia	sich nach Griechenland einschiffen
La nave è salpata per Olbia.	Das Schiff ist nach Olbia abgefahren.
L'aereo prosegue per Milano.	Das Flugzeug fliegt nach Mailand weiter.
cadere/buttare per/terra	auf den Boden fallen/werfen

3. zur Angabe der Bewegung durch einen Raum:

Abbiamo viaggiato per l'Italia.	Wir sind durch Italien gereist.
Passarono per questo ponte.	Sie gingen über diese Brücke.
Il fiume Arno passa per Firenze.	Der Arno fließt durch Florenz.
Il bosco si estende per qualche chilometro.	Der Wald erstreckt sich über einige Kilometer.
per monti e per valli	über Berg und Tal

4. zur Angabe der Zeitdauer:

Sono andato a scuola in bicicletta per tutto l'inverno.	Ich bin den ganzen Winter über mit dem Fahrrad in die Schule gefahren.
Ho atteso il tram per mezz'ora.	Ich habe eine halbe Stunde lang auf die Straßenbahn gewartet.
La cura dentaria si è protratta per tre settimane.	Die Zahnbehandlung hat sich über drei Wochen hingezogen.
Il calciatore tedesco ha firmato un contratto per due anni.	Der deutsche Fußballspieler hat einen Zweijahresvertrag unterschrieben.

5. zur Angabe des Grundes:

sposarsi per amore	aus Liebe heiraten
piangere per un nonnulla	wegen jeder Kleinigkeit weinen
uccidere per gelosia	aus Eifersucht töten
fare qc per dispetto/distrazione	etw. aus Trotz/Versehen tun
prendere una multa per eccesso di velocità	wegen Geschwindigkeitsübertretung eine Geldstrafe bekommen
per ragioni di famiglia/salute	aus familiären/gesundheitlichen Gründen
Per quale ragione?	Aus welchem Grund?
Questa è la ragione per cui ...	Das ist der Grund, weshalb ...
per paura dell'Aids	aus Angst vor Aids
Grazie per la sua gentilezza.	Danke für Ihre Freundlichkeit.
chiuso per lutto	wegen Trauerfalls geschlossen

6. zur Angabe des Mittels:

comunicare qc per telefono/tele-gramma/lettera	etw. telefonisch/telegrafisch/brieflich mitteilen
rispondere per iscritto	schriftlich antworten
mandare qc per posta/via aerea	etw. mit der Post/auf dem Luftweg schicken
afferrare qd per i capelli	jdn an den Haaren packen
prendere un bambino per mano	ein Kind an die Hand nehmen

7. zur Angabe der Art und Weise:

dire qc per (i)scherzo	etw. im Spaß sagen
per le vie diplomatiche	auf diplomatischem Wege
Ognuno paga per conto suo.	Jeder zahlt für sich.

8. zur Angabe des Ziels und des Zwecks:

Mio marito è in Francia per affari.	Mein Mann ist geschäftlich in Frankreich.
un vestito per tutte le occasioni	ein Kleid für alle Gelegenheiten
la lotta per l'esistenza	der Kampf ums Dasein
combattere/lottare per la giustizia	für die Gerechtigkeit kämpfen
sacrificarsi per la famiglia	sich für die Familie aufopfern
studiare per l'esame	für die Prüfung lernen
allenarsi per le Olimpiadi	für die Olympiade trainieren
Abbiamo risparmiato per (fare) questo viaggio.	Wir haben für diese Reise gespart.

9. zur Angabe, in welcher Hinsicht eine Aussage zutrifft:

superare qd per intelligenza	jdn an Intelligenz übertreffen
Maria è molto grande per la sua età.	Maria ist sehr groß für ihr Alter.
essere simile per carattere	dem Charakter nach ähnlich sein

10. Wendungen:

Per carità!	Um Himmelswillen!
per la verità	offen gestanden
Per poco finivo sotto il tram.	Beinahe wäre ich unter die Straßenbahn gekommen.
Che cosa s'intende per «nepotismo»?	Was versteht man unter «Nepotismus»?
Non lo farei per tutto l'oro del mondo.	Ich würde es um alles in der Welt nicht tun.
Occhio per occhio, dente per dente.	Auge um Auge, Zahn um Zahn.
per la prima volta	zum ersten Mal
per/ad esempio	zum Beispiel
il dieci per cento	zehn Prozent
per forza	notgedrungen
per quanto mi riguarda	was mich betrifft
per quanto grande sia	wie groß er auch sein mag
Chiudi la finestra, per favore.	Schließe bitte das Fenster!
per contorno patate e piselli	als Beilagen Kartoffeln und Erbsen

(Adjektive mit *per* vgl. § 174.5, Verben mit *per* - Objekt vgl. § 231, Infinitiv mit *per* vgl. § 262.3)

Die Präposition *su* wird gebraucht

1. zur Angabe des Ortes (wo?):

Il libro è sul banco/sulla scrivania.	Das Buch liegt auf der Bank/dem Schreibtisch.
essere/stare seduto sulla sedia	auf dem Stuhl sitzen
essere sdraiato sull'erba	im Gras liegen
camminare sulla neve	im Schnee gehen
giocare sul pavimento	auf dem Fußboden spielen
Heidelberg si trova sul Neckar.	Heidelberg liegt am Neckar.
La nave naufragò sulla costa francese.	Das Schiff erlitt vor der französischen Küste Schiffbruch.
Questo paese è a trecento metri sul livello del mare.	Dieses Dorf liegt dreihundert Meter über dem Meeresspiegel.
sull'autostrada Firenze-Bologna	auf der Autobahn Florenz-Bologna
sull'orlo della strada	am Straßenrand
sulle sponde del Mar Adriatico	an der Adriaküste
Lui sta sempre sui libri.	Er sitzt immer über den Büchern.
Che cosa c'è di nuovo sul giornale?	Was gibt es Neues in der Zeitung?
Non riesco a trovare il suo numero sull'elenco telefonico.	Ich kann seine Nummer im Telefonverzeichnis nicht finden.
L'ho incontrato sul treno.	Ich habe ihn im Zug getroffen.
avere una cicatrice sul viso/ginocchio	eine Narbe im Gesicht/am Knie haben
sul retro del formulario	auf der Rückseite des Formulars
Ce l'ho sulla punta della lingua.	Es liegt mir auf der Zunge.
Trasmettono il concerto sulla rete 2, alle 21.	Das Konzert wird um 21 Uhr im 2. Programm übertragen.
sul mercato internazionale	auf dem internationalen Markt

Aber: *Le mele le compro al mercato.* - Die Äpfel kaufe ich auf dem Markt.

2. zur Angabe der Richtung (wohin?):

salire sul Vesuvio/tram/treno	auf den Vesuv/in die Straßenbahn/in den Zug steigen
arrampicarsi sull'albero	auf den Baum klettern
uscire sul balcone/sulla/in terrazza/ sulla/in veranda	auf den Balkon/die Terrasse/die Veranda gehen
andare sulla Costa azzurra	an die Côte d'Azur fahren

Merke auch: *La finestra dà sul cortile.* - Das Fenster geht auf den Hof.

3. zur ungefähren Zeit-, Alters-, Zahl- und Gewichtsangabe:

sul mezzogiorno	um die Mittagszeit
sul volgere del secolo	um die Jahrhundertwende
sul far del giorno	bei Tagesanbruch
un uomo sui trenta	ein Mann um die dreißig
Ho speso sulle diecimila lire.	Ich habe an die 10000 L ausgegeben.
Peso sui novanta chili.	Ich wiege um die neunzig Kilo.

4. zur Angabe des Themas:

un film sulla vita dei pescatori	ein Film über das Leben der Fischer
un articolo sull'inquinamento delle acque	ein Artikel über die Verunreinigung der Gewässer
tenere una conferenza sulla tutela dell'ambiente	einen Vortrag über den Umweltschutz halten
discutere su problemi economici	über wirtschaftliche Probleme diskutieren
parlare sulla scoperta dell'America	über die Entdeckung Amerikas sprechen
informazioni sul volo	Informationen über den Flug
Voglio dire la mia opinione su questo argomento.	Ich will meine Meinung zu diesem Thema sagen.

5. Wendungen mit *su*:

cogliere qd sul fatto	jdn auf frischer Tat ertappen
essere sulla bocca di tutti	in aller Munde sein
sul serio	im Ernst
un vestito fatto su misura	ein Anzug nach Maß
stare sull'avviso	auf der Hut sein
su invito di qd	auf jds Einladung
sull'esempio di qd	nach jds Beispiel
su/dietro appuntamento	nach Vereinbarung
su proposta di qd	auf jds Antrag
essere sul punto di fare qc	im Begriff sein, etw. zu tun
Gli batté la porta sul muso.	Er schlug ihm die Tür vor der Nase zu.
Hai fatto errori su errori.	Du hast Fehler über Fehler gemacht.
cinque italiani su dieci	fünf von zehn Italienern
Siamo tutti sulla stessa barca.	Wir sitzen alle im gleichen Boot.
riportare la vittoria su qd	den Sieg über jdn davontragen
L'autore gioca sul doppio senso della parola.	Der Autor spielt mit der doppelten Bedeutung des Wortes.
la vendetta su qd	die Rache an jdm
avere un vantaggio su qd	einen Vorteil vor jdm haben
il diritto su qc	das Recht auf etw.

(Verben mit *su* - Objekt vgl. § 229)

Eine Reihe von Präpositionen können adverbial gebraucht werden:

Abitiamo accanto/sotto/sopra/ *vicino/lontano/a destra/a sinistra.*	Wir wohnen nebenan/unten/oben/ in der Nähe/weit weg/rechts/links.
Mario stava seduto davanti/dietro/ *di fronte.*	Mario saß vorn/hinten/ gegenüber.
Andiamo fuori/dentro.	Gehen wir hinaus/hinein!
Ho votato contro.	Ich habe dagegen gestimmt.
Ci penserò su.	Ich werde darüber nachdenken.
Vieni su?	Kommst du hoch?
Allora faremo senza.	Dann werden wir ohne auskommen.

Kapitel 26 Die Wortstellung (L'ordine delle parole)

Die regelmäßige Reihenfolge der Satzglieder im Aussagesatz   333

1. Die regelmäßige Reihenfolge der Satzglieder lautet im Italienischen:

    Subjekt – Prädikat – direktes Objekt – indirektes Objekt

Il medico (Subjekt) *ha dato* (Prädikat) *questo consiglio* (direktes Objekt) *al mio amico* (indirektes Objekt).	Der Arzt hat meinem Freund diesen Rat gegeben.

2. Dieselbe Reihenfolge gilt auch im Nebensatz:

Mio padre è arrabbiato perché suo fratello ha raccontato la faccenda a tutti.	Mein Vater ist böse, weil sein Bruder allen die Angelegenheit erzählt hat.

3. Grundsätzlich geht das Subjekt dem Prädikat voraus, auch dann, wenn eine adverbiale Bestimmung am Anfang des Satzes steht:

La settimana scorsa Roberto scrisse una lettera ai genitori.	Letzte Woche schrieb Robert seinen Eltern einen Brief.

4. Geht der Nebensatz dem Hauptsatz voraus, so kann im Gegensatz zum Deutschen das nominale Subjekt im Hauptsatz erscheinen:

Benché avesse ottanta anni, suo padre era ancora arzillo/Benché suo padre avesse ottanta anni, ...	Obwohl sein Vater 80 Jahre alt war, war er noch rüstig.

Die Umkehrung der Reihenfolge von Subjekt und Prädikat   334

Abweichend von der Grundregel steht das Subjekt nach dem Prädikat

1. wenn das Subjekt den Schwerpunkt der Aussage bildet:

Entra in campo il numero 15.	Es kommt die Nummer 15 aufs Spielfeld.
Sarà stato lui/Angelo.	Er/Angelo wird es gewesen sein.
In quel momento venne fuori Mario.	In diesem Augenblick kam Mario heraus.
Poi seguì il silenzio.	Dann folgte Schweigen.
In un incidente sull'autostrada hanno perso la vita quattro persone.	Bei einem Unfall auf der Autobahn sind vier Menschen ums Leben gekommen.
Mancano cinque minuti alla fine del primo tempo.	Es bleiben noch fünf Minuten bis zum Ende der ersten Halbzeit.

271

2. sehr häufig beim *si passivante*:

Si costruisce un nuovo municipio.	Ein neues Rathaus wird gebaut.
In Spagna si parlano quattro lingue.	In Spanien werden vier Sprachen gesprochen.

3. bei der absoluten Partizipialkonstruktion und beim Gerundium:

Superate le difficoltà iniziali ...	Nachdem die Anfangsschwierigkeiten überwunden waren, ...
Essendo morta la madre ...	Nachdem die Mutter gestorben war, ...

4. bei Sätzen, die in die direkte Rede eingeschoben bzw. nachgestellt werden:

«Io non vado via» disse Giulia.	«Ich gehe nicht weg», sagte Julia.
«No», rispose il ragazzo, «non è vero».	«Nein», antwortete der Junge, «es ist nicht wahr».

Anmerkung: Ist das Subjekt ein Personalpronomen, kann es dem Prädikat vorausgehen oder folgen: *«Non c'ero perché non ho tempo da perdere» egli rispose adirato* (Silone). – «Ich war nicht da, weil ich keine Zeit zu verlieren habe», antwortete er zornig. *«Tu ci hai imbrogliato» io gli gridai/*[seltener] *gli gridai io.* – «Du hast uns betrogen», schrie ich ihn an.

5. in Fragesätzen:

È finita la partita?	Ist das Spiel aus?
Perché non è venuta tua sorella?	Warum ist deine Schwester nicht gekommen?
Che cosa ha detto tuo padre?	Was hat dein Vater gesagt?

Anmerkung: Fragesätze ohne Fragewort und Fragesätze mit *perché* haben oft die regelmäßige Wortstellung des Aussagesatzes: *La partita è finita? / Perché tua sorella non è venuta?*

335 Bemerkungen zur Stellung des direkten Objekts

1. In der Regel folgt das direkte Objekt unmittelbar auf das Prädikat. Zwischen Prädikat und direktes Objekt können jedoch Adverbien oder präpositionale Fügungen, die mit dem Verb eine enge Verbindung bilden, eingeschoben werden:

Angela parla correntemente l'inglese.	Angela spricht fließend Englisch.
Non capisco bene la sua spiegazione.	Ich verstehe seine Erklärung nicht ganz.
Giovanni trasse di tasca mille lire.	Hans zog 1000 Lire aus der Tasche.
Il signor Rossi ha promesso in premio una bicicletta a suo figlio.	Herr Rossi hat seinem Sohn als Belohnung ein Fahrrad versprochen.

2. Das direkte Objekt kann auch am Satzanfang erscheinen, wobei es in der Regel durch das entsprechende Personalpronomen wieder aufgenommen wird (vgl. auch 132.4; Ausnahmen vgl. 335.3):

Mia moglie l'ho conosciuta a Londra.	Meine Frau habe ich in London kennengelernt.
Questa macchina l'abbiamo comprata l'anno scorso.	Dieses Auto haben wir letztes Jahr gekauft.
Il giornale l'ho già letto.	Die Zeitung habe ich schon gelesen.
Lui lo vedo ogni giorno.	Ihn sehe ich jeden Tag.
Questo non lo sapevo.	Das wußte ich nicht.
(Di) fichi non ne ho mangiati.	Feigen habe ich keine gegessen.

3. Geht dem vorangestellten direkten Objekt der unbestimmte Artikel, der Teilungsartikel, ein Indefinitadjektiv oder ein Zahlwort voraus, so unterbleibt die Wiederaufnahme durch das Personalpronomen. Diese Regel gilt auch, wenn das direkte Objekt ein Indefinitpronomen oder ein Infinitiv ist oder wenn es sich um eine kontrastive Hervorhebung handelt:

La sua casa ho visto (non la sua macchina).	Sein Haus habe ich gesehen (nicht sein Auto).
Una proposta fece il canonico don Abbacchio, un'altra il notaio, un'altra il collettore delle imposte (Silone).	Einen Vorschlag machte der Chorherr Don Abbacchio, einen anderen der Notar, einen weiteren der Steuereintreiber.
Dei pomodori marci ho trovato nella borsa.	Faule Tomaten habe ich in der Tasche gefunden!
Tante case possiede.	So viele Häuser besitzt er!
Dieci pagine ho letto.	Zehn Seiten habe ich gelesen!
Tutto ho capito.	Alles habe ich verstanden!
Nessuno ho visto.	Niemanden habe ich gesehen!
Molto non ho bevuto.	Viel habe ich nicht getrunken!
Tanto disse e tanto fece che riuscì a convincerlo.	Er ließ nichts unversucht, bis er ihn überzeugt hatte.
Tanto può la volontà.	So viel vermag der Wille.
Nuotare so.	Schwimmen kann ich!

4. In der gesprochenen Sprache kann ein direktes Objekt durch ein vorangestelltes Personalpronomen vorweggenommen werden. In diesem Fall wird das direkte Objekt zur Verdeutlichung des Gemeinten nachgeschoben:

Li hai già visti, i miei giocattoli?	Hast du sie schon gesehen, meine Spielsachen?
Le avete mangiate, le caramelle?	Habt ihr sie gegessen, die Bonbons?

1. Im Gegensatz zum Deutschen steht das indirekte Objekt gewöhnlich nach dem direkten Objekt:

Hai restituito i soldi a Franco?	Hast du Frank das Geld zurückgegeben?
Ho spiegato tutto a mio padre.	Ich habe meinem Vater alles erklärt.

2. Das direkte Objekt steht nach dem indirekten Objekt, wenn es durch einen Relativsatz erweitert ist, wenn es bedeutend länger oder besonders betont ist:

Ho restituito a Franco i soldi che mi aveva prestato.	Ich habe Frank das Geld zurückgegeben, das er mir geliehen hatte.
La banca ha concesso a mio zio un prestito alle solite condizioni.	Die Bank hat meinem Onkel ein Darlehen zu den üblichen Bedingungen gewährt.
Auguro a tutti buone feste.	Ich wünsche allen frohe Feiertage!

Anmerkung: Bildet das direkte Objekt mit dem Verb eine feste Wendung, so kann es nicht nachgestellt werden, wie z.B. bei *porre fine a qc* einer Sache ein Ende bereiten, *fare la corte a qd* jdm den Hof machen, *fare piacere a qd* jdm (eine) Freude machen.

3. Das indirekte Objekt kann am Satzanfang stehen:

A mio fratello piacciono le lingue slave, a me invece no.	Meinem Bruder gefallen die slawischen Sprachen, mir dagegen nicht.
A mio figlio servirebbe un paio di scarpe.	Mein Sohn könnte ein Paar Schuhe brauchen.
A me piace la minestra.	Mir schmeckt die Suppe.

Anmerkung: Als nicht korrekt gilt die Wiederaufnahme des indirekten Objekts durch ein unbetontes Personalpronomen : *A mio fratello gli piacciono le lingue slave. / A me mi piace la minestra.*

4. In der gesprochenen Sprache kann ein indirektes Objekt durch ein vorangestelltes Personalpronomen vorweggenommen werden:

Le avete restituito i libri, a mia sorella?	Habt ihr ihr die Bücher zurückgegeben, meiner Schwester?

337 Zur Stellung des Präpositionalobjekts

1. Das Präpositionalobjekt steht in der Regel nach dem Prädikat. Zwischen Prädikat und Präpositionalobjekt können Adverbien oder adverbiale Ausdrücke eingeschoben werden:

Stanno parlando di politica.	Sie reden gerade über Politik.
Questa parola deriva senza dubbio dal latino.	Dieses Wort kommt zweifellos aus dem Lateinischen.
Penso spesso a lei.	Ich denke oft an sie.

2. Das Präpositionalobjekt kann am Satzanfang erscheinen. Zur Verstärkung kann Wiederaufnahme durch die Pronominaladverbien *ne* bzw. *ci* (vgl. §§ 135.5, 136.4) erfolgen:

Di questo problema (ne) abbiamo parlato molte volte.	Über dieses Problem haben wir oftmals gesprochen.
Su questo punto non (ci) voglio ritornare.	Auf diesen Punkt möchte ich nicht zurückkommen.
A lei penso spesso.	An sie denke ich oft.

3. In der gesprochenen Sprache kann ein Präpositionalobjekt durch ein vorangestelltes Pronominaladverb vorweggenommen werden:

Ne parlano sempre, del progetto.	Es wird immer noch davon gesprochen, von dem Plan.

Zur Stellung der adverbialen Bestimmung

338

1. Wie im Deutschen können adverbiale Bestimmungen entweder am Satzanfang oder am Satzende stehen. Die Stellung hängt vom Schwerpunkt der Mitteilung ab. Was am Satzende erscheint, hat stärkeres Gewicht:

Da alcuni giorni non mi sento bene.	Seit einigen Tagen fühle ich mich nicht wohl.
Mia figlia tornerà fra una settimana.	Meine Tochter wird in einer Woche zurückkommen.
Sulle spiagge si vedono sempre più donne a seno nudo.	An den Stränden sieht man immer mehr Frauen mit nacktem Busen.
Li abbiamo incontrati alla spiaggia.	Wir haben sie am Strand getroffen.
A quelle parole si mise a ridere.	Bei diesen Worten fing er an zu lachen.
Ho avuto un incidente per la nebbia.	Wegen des Nebels habe ich einen Unfall gehabt.

2. Adverbiale Bestimmungen, die eine Aussage bewerten, stehen gewöhnlich am Satzanfang:

A mio parere non hai studiato abbastanza.	Meiner Meinung nach hast du nicht genug gelernt.
Per fortuna sono arrivato in tempo.	Zum Glück bin ich rechtzeitig angekommen.

3. Adverbiale Bestimmungen, die das Verb wie ein Objekt ergänzen, können nicht am Satzanfang stehen:

Mio padre lavora alla Fiat.	Mein Vater arbeitet bei Fiat.
Il treno è arrivato alle cinque.	Der Zug ist um fünf Uhr angekommen.
Ci andiamo in treno.	Wir fahren mit dem Zug hin.
Bisogna guidare con prudenza.	Man muß vorsichtig fahren.

4. Treffen mehrere adverbiale Bestimmungen aufeinander, so stehen Ortsangaben im Gegensatz zum Deutschen vor weiteren Angaben:

Mio padre è nato ad Amburgo nel 1924.	Mein Vater wurde 1924 in Hamburg geboren.
Ti aspetto a casa fra mezz'ora.	Ich erwarte dich in einer halben Stunde zu Hause.
Il treno è partito da Milano con venti minuti di ritardo.	Der Zug ist mit zwanzig Minuten Verspätung von Mailand abgefahren.
Siamo andati a Roma in macchina.	Wir sind mit dem Auto nach Rom gefahren.
Mio fratello è in Italia per affari.	Mein Bruder ist geschäftlich in Italien.

5. Abgesehen von den oben aufgeführten Regeln herrscht bezüglich der Stellung adverbialer Bestimmungen im Italienischen eine gewisse Freiheit. Sowohl am Satzanfang als auch am Satzende können mehrere adverbiale Bestimmungen aufeinanderfolgen, ebenso sind auch Einschübe möglich:

In Italia, per lo sciopero oggi non viaggiano treni.	In Italien verkehren heute wegen Streiks keine Züge.
A volte la sera, in montagna, mio padre si preparava per gite o ascensioni (Ginzburg).	Manchmal bereitete sich abends im Gebirge mein Vater auf Ausflüge oder Bergbesteigungen vor.
Prendevamo una casa in affitto, per tre mesi, da luglio a settembre (Ginzburg).	Wir mieteten ein Haus für drei Monate, von Juli bis September.
Mia nonna Pina, negli ultimi anni, stava a Firenze (Ginzburg).	Meine Großmutter Pina wohnte in den letzten Jahren in Florenz.

339 Bemerkungen zur Stellung der prädikativen Ergänzung

1. Prädikative Ergänzungen stehen in der Regel nach dem Prädikat:

Non è stupido.	Er ist nicht dumm.
Mio zio è macellaio.	Mein Onkel ist Metzger.
La sua commozione fu tale che proruppe in pianto.	Seine Ergriffenheit war so groß, daß er in Tränen ausbrach.

2. Prädikative Ergänzungen können - wenn auch selten - bei Hervorhebung am Satzanfang stehen:

Stupido non è.	Dumm ist er nicht.
Poche sono le eccezioni.	Es gibt nur wenige Ausnahmen.
Sono sindaco e sindaco resterò.	Ich bin Bürgermeister und werde es bleiben.
Tale fu là sua commozione che ...	So groß war seine Ergriffenheit, daß ...

Möglichkeiten der Hervorhebung von Satzgliedern

Das Subjekt kann hervorgehoben werden durch

340

1. Nachstellung (vgl. § 334):

Sono entrati tutti.	Es sind alle hereingekommen.

2. Wiederaufnahme mittels eines betonten Personalpronomens (Umgangssprache):

Roberto, lui non è venuto.	**Roberto** ist nicht gekommen.

3. eine Umschreibung mit *essere ... che*. Hierbei muß die Form von *essere* in Person und Numerus, in den zusammengesetzten Zeiten auch im Genus, mit dem Subjekt übereinstimmen:

È stato Angelo che ci ha tradito.	**Angelo** hat uns verraten.
È stata lei che l'ha detto.	**Sie** hat es gesagt.
Sono io che vado sempre a fare la spesa.	**Ich** gehe immer einkaufen.
Sei tu che trovi da ridire su tutto.	**Du** hast an allem etwas auszusetzen.

4. Infinitiv mit *a*:

È stato Angelo a tradirci.	**Angelo** hat uns verraten.
Non è stata tua sorella a dirmelo.	**Deine Schwester** hat es mir nicht gesagt.
Sono stati loro a offenderci.	**Sie** haben uns beleidigt.

5. *ecco*:

Ecco Giovanni che mi ha regalato il pallone.	Da ist Giovanni, der mir den Fußball geschenkt hat.

341 Das direkte und indirekte Objekt sowie das Präpositionalobjekt können durch *è/sono* ... *che* hervorgehoben werden:

Sono le chiavi che non riesco a trovare.	Die Schlüssel kann ich nicht finden.
È a tua cugina che ho telefonato.	Deine Kusine habe ich angerufen.
È del tuo cattivo comportamento che mi lamento.	Über dein schlechtes Benehmen beklage ich mich.

342 Adverbien und adverbiale Bestimmungen können durch *è* ... *che* hervorgehoben werden:

È a Firenze che ci siamo conosciuti.	In Florenz haben wir uns kennengelernt.
È qui che dovete entrare.	Hier müßt ihr hineineingehen.

Kapitel 27 Die indirekte Rede (Il discorso indiretto)

Eine Äußerung kann in direkter oder in indirekter Rede erfolgen: **343**

direkte Rede	indirekte Rede
Roberto dice: «Non ho voglia di studiare». Roberto sagt: «Ich habe keine Lust zu lernen.»	*Roberto dice che non ha voglia di studiare.* Roberto sagt, er habe keine Lust zu lernen.
Maria disse: «Non mi sento bene». Maria sagte: «Ich fühle mich nicht wohl.»	*Maria disse che non si sentiva bene.* Maria sagte, daß sie sich nicht wohl fühle.

Bei der Umsetzung von der direkten Rede in die indirekte Rede sind folgende **344** Regeln zu beachten:

1. Steht im einleitenden Satz eine Zeit der **Gegenwartsgruppe (Präsens/Futur)**, so wird im abhängigen Satz die Zeit gesetzt, die auch im unabhängigen Satz steht. Imperativ wird zu Konjunktiv Präsens (schriftsprachlich), zu Infinitiv, eingeleitet mit *di*, oder wird mit Hilfe von *dovere* umschrieben; ein Vokativ wird dabei zum indirekten Objekt des Verbs im einleitenden Satz. Wie im Deutschen erfolgt die Veränderung in der Person des Subjekts, wenn sie sinngemäß erforderlich wird:

direkte Rede	indirekte Rede
Giovanni dice:«Vengo subito». Giovanni sagt: «Ich komme sofort.» *Silvia risponde:«La maestra mi ha punita».* Silvia antwortet: «Die Lehrerin hat mich bestraft.»	*Giovanni dice che viene subito.* Giovanni sagt, er komme sofort. *Silvia risponde che la maestra l'ha punita.* Silvia antwortet, daß die Lehrerin sie bestraft habe.
Gli dirò:«Non lo so». Ich werde ihm sagen:«Ich weiß es nicht.»	*Gli dirò che non lo so.* Ich werde ihm sagen, daß ich es nicht wisse.
Il signor Bianchi mi dice:«Domani m'incontrerò con il mio collega». Herr Bianchi sagt mir:«Morgen werde ich mich mit meinem Kollegen treffen.»	*Il signor Bianchi dice che domani s'incontrerà con il suo collega.* Herr Bianchi sagt mir, daß er sich morgen mit seinem Kollegen treffen werde.
La mamma dice:«Maria, studia di più». Mama sagt:«Maria, lerne mehr!»	*La mamma dice a Maria che studi/ di studiare/che deve studiare di più.* Mama sagt zu Maria, sie solle mehr lernen.
Lo zio dice:«Che venga». Der Onkel sagt:«Er soll kommen.»	*Lo zio dice che egli/lui venga.* Der Onkel sagt, er solle kommen.

279

2. Steht im einleitenden Satz eine Zeit der **Vergangenheitsgruppe (Imperfekt/ Passato remoto/Perfekt/Plusquamperfekt)**, so ergeben sich im abhängigen Satz folgende Veränderungen:

Präsens wird zu Imperfekt.
Passato remoto und Perfekt werden zu Plusquamperfekt.
Futur I und Konditional I werden zu **Konditional II**!
Imperativ wird zu Konjunktiv Imperfekt (schriftsprachlich), zu Infinitiv, eingeleitet mit *di*, oder wird mit Hilfe von *dovere* umschrieben.
Unverändert bleiben Imperfekt und Plusquamperfekt.

direkte Rede	indirekte Rede
Risposi: « Mario ha ragione ».	*Risposi che Mario aveva ragione.*
Ich antwortete: « Mario hat recht.»	Ich antwortete, daß Mario recht habe.
Risposi: « Mario aveva ragione ».	*Risposi che Mario aveva ragione.*
Ich antwortete: « Mario hatte recht.»	Ich antwortete, daß Mario recht hatte.
Carlo mi disse: « Gli ho dato mille lire ».	*Carlo mi disse che gli aveva dato mille lire.*
Carlo sagte mir: « Ich habe ihm 1000 Lire gegeben.»	Carlo sagte mir, er habe ihm 1000 Lire gegeben.
Maria mi disse: « Andrò a prendere la zia alla stazione ».	*Maria mi disse che sarebbe andata a prendere la zia alla stazione.*
Maria sagte mir: « Ich werde die Tante vom Bahnhof abholen.»	Maria sagte mir, daß sie die Tante vom Bahnhof abholen werde.
Silvia rispose: « Glielo direi ».	*Silvia rispose che glielo avrebbe detto.*
Silvia antwortete: « Ich würde es ihm sagen.»	Silvia antwortete, daß sie es ihm sagen würde.
Il papà mi disse: « Va' a casa!»	*Il papà mi disse che andassi/ di andare/che dovevo andare a casa.*
Papa sagte mir: « Geh nach Hause!»	Papa sagte mir, ich solle nach Hause gehen.
Il papà mi disse: « Che vadano a casa!»	*Il papà mi disse che andassero a casa.*
Papa sagte mir: « Sie sollen nach Hause gehen!»	Papa sagte mir, sie sollen nach Hause gehen.

Anmerkung 1: Nach einem Perfekt braucht keine Zeitenverschiebung einzutreten, wenn im abhängigen Satz der Bezug zur Gegenwart betont wird: *Stamattina mi ha telefonato il mio amico e mi ha detto che gli dispiace, ma oggi non può venire da me.* – Heute morgen hat mich mein Freund angerufen und mir gesagt, daß es ihm leid tue, aber er könne heute nicht zu mir kommen.
Anmerkung 2: Handelt es sich im abhängigen Satz um eine allgemein gültige Aussage, so steht auch nach einer Zeit der Vergangenheitsgruppe Präsens: *Il professore ci spiegò che l'acqua bolle a cento gradi.* – Der Lehrer erklärte uns, daß Wasser bei hundert Grad kocht.

3. Das Futur I in einem Temporalsatz oder in einem Bedingungssatz wird zum **Konjunktiv Plusquamperfekt**:

direkte Rede	indirekte Rede
Mio cugino mi disse:«Ti restituirò il libro appena potrò». Mein Vetter sagte mir:«Ich werde dir das Buch zurückgeben, sobald ich kann.»	*Mio cugino mi disse che mi avrebbe restituito il libro appena avesse potuto.* Mein Vetter sagte mir, er werde mir das Buch zurückgeben, sobald er könne.
Maria ci disse:«Mi immagino la gioia che proverà mio marito quando riceverà il regalo». Maria sagte uns:«Ich stelle mir die Freude vor, die mein Mann empfinden wird, wenn er das Geschenk erhält.»	*Maria ci disse che si immaginava la gioia che avrebbe provato suo marito quando avesse ricevuto il regalo.* Maria sagte uns, sie stelle sich die Freude vor, die ihr Mann empfinden werde, wenn er das Geschenk erhalte.
Io gli risposi:«Ci saranno dei guai se lo farai». Ich antwortete ihm:«Es wird Ärger geben, wenn du das machst».	*Io gli risposi che ci sarebbero stati dei guai se l'avesse fatto.* Ich antwortete ihm, daß es Ärger geben werde, wenn er das mache.

Amerkung: Der Satz *Io gli risposi che ci sarebbero stati dei guai se l'avesse fatto* kann aber auch bedeuten: Ich antwortete ihm, daß es Ärger geben würde, wenn er das machen würde **und** ..., daß es Ärger gegeben hätte, wenn er das gemacht hätte.

Bei den Adverbien und den Demonstrativpronomina ergeben sich folgende Veränderungen:

direkte Rede		indirekte Rede	
qui/qua	hier	*lì/là*	da/dort
ora	jetzt	*allora*	damals
oggi	heute	*quel giorno*	an jenem Tag
ieri	gestern	*il giorno prima*	am Vortag/tags zuvor
domani	morgen	*il giorno seguente/ dopo/successivo/ l'indomani*	am folgenden Tag
stamattina/ questa mattina	heute morgen	*quella mattina*	an jenem Morgen
stasera/ questa sera	heute abend	*quella sera*	an jenem Abend
ieri sera	gestern abend	*la sera prima/ precedente/avanti*	am Abend zuvor
la prossima settiman/la s. pr.	nächste Woche	*la settimana dopo/ seguente/successiva*	in der darauffolgenden Woche
due mesi fa	vor zwei Monaten	*due mesi prima*	zwei Monate zuvor

direkte Rede	indirekte Rede
Ci risposero: «Questa volta non possiamo restare qui a cena». Sie antworteten uns: «Dieses Mal können wir nicht zum Abendessen hierbleiben.»	*Ci risposero che quella volta non potevano restare lì a cena.* Sie antworteten uns, daß sie dieses Mal nicht zum Abendessen dableiben könnten.
Giorgio mi disse: «Non potrò venire da te domani». Giorgio sagte mir: «Ich werde morgen nicht zu dir kommen können.»	*Giorgio mi disse che non sarebbe potuto venire da me il giorno seguente.* Giorgio sagte mir, daß er am folgenden Tag nicht zu mir werde kommen können.
Claudia mi disse: «Oggi non ti posso accompagnare». Claudia sagte mir: «Heute kann ich dich nicht begleiten.»	*Claudia mi disse che quel giorno non mi poteva accompagnare.* Claudia sagte mir, daß sie an jenem (besagten) Tag mich nicht begleiten könne.
Mario rispose: «Ieri sera ho visto un bel film». Mario antwortete: «Gestern abend habe ich einen schönen Film gesehen.»	*Mario rispose che la sera prima aveva visto un bel film.* Mario antwortete, daß er am Abend zuvor einen schönen Film gesehen habe.

346 Die indirekte Frage

Die indirekte Frage wird an ein Verb des Sagens oder Fragens angeschlossen und durch die Konjunktion *se* bzw. durch Fragewörter eingeleitet, die dieselben sind wie in der direkten Frage (vgl. § 114). Steht im einleitenden Satz eine Zeit der Gegenwartsgruppe, so steht in der Regel der Indikativ, während nach einer Zeit der Vergangenheitsgruppe sowohl Indikativ als auch Konjunktiv möglich sind:

direkte Frage	indirekte Frage
Dov'è Via Dante? Wo ist die Dantestraße?	*Mi sa dire dov'è Via Dante?* Können Sie mir sagen, wo die D. ist?
Andrai in montagna con i tuoi genitori? Wirst du mit deinen Eltern in die Berge fahren?	*Claudia mi domandò se sarei andato in montagna con i miei genitori.* Claudia fragte mich, ob ich mit meinen Eltern in die Berge fahren würde.
Quanti volumi sono già usciti? Wie viele Bände sind schon erschienen?	*Domandai al libraio quanti volumi erano/fossero già usciti.* Ich fragte den Buchhändler, wie viele Bände schon erschienen seien.
Dov'è andato a finire il mio martello? Wo ist mein Hammer hingekommen?	*Non so dov'è/dove sia andato a finire il mio martello.* Ich weiß nicht, wo mein Hammer hingekommen ist.

Anmerkung: *Come* kommt literarisch auch mit der Bedeutung von *che* «daß» vor. In diesem Fall erscheint das Verb fast immer im Konjunktiv: *Mario mi raccontò come avesse intenzione di cambiare mestiere.* - Mario erzählte mir, daß er die Absicht habe, den Beruf zu wechseln. *È noto come il sole sorge ad est.* - Es ist bekannt, daß die Sonne im Osten aufgeht.

Merke: Ich bin neugierig, ob ...   *Sono curioso di sapere se*
Es geht darum, wer ...   *Si tratta di sapere chi ...*
Es würde mich interessieren, wie ...   *Mi interesserebbe sapere come ...*

Drückt die indirekte Frage Zweifel oder Unsicherheit aus, so steht meist der **347** Infinitiv (vgl. § 239.11):

Non sappiamo se accettare o rifiutare la loro proposta.	Wir wissen nicht, ob wir ihren Vorschlag annehmen oder ablehnen sollen.

Kapitel 28 Die Wortbildung (La formazione delle parole)

Wörter können mit Hilfe von Suffixen, Präfixen oder durch Zusammensetzung von zwei oder mehr Wörtern gebildet werden. Ausgangsbasis kann ein Nomen, ein Adjektiv oder ein Verb sein. Im folgenden werden die dem Italienischen zur Verfügung stehenden Möglichkeiten der Wortbildung aufgezeigt, wobei aber keine Aussagen über die Lebendigkeit der einzelnen Präfixe und Suffixe gemacht werden.

Wortbildung mittels Suffixen

348 Vom Nomen zum Nomen

-aio	1. Beruf, Tätigkeit 2. Raum, der etwas aufnehmen kann	orologio bagaglio	orologiaio bagagliaio	Uhrmacher Kofferraum/ Gepäckraum
-aro	Beruf, Tätigkeit	campana	campanaro	Glöckner
-ario	1. Beruf, Tätigkeit 2. Gegenstand, der aus vielen Teilen besteht	biblioteca vocabolo	bibliotecario vocabolario	Bibliothekar Wörterbuch
-iere	1. Beruf, Tätigkeit 2. Behälter, Instrument	giardino brace candela	giardiniere braciere candeliere	Gärtner Kohlenbecken Kerzenhalter
-ante	Beruf, Tätigkeit	braccia	bracciante	Tagelöhner
-ino	1. Beruf, Tätigkeit 2. Schmuckstück	posta orecchio	postino orecchino	Briefträger Ohrring
-ista	Beruf, Tätigkeit	tassi	tassista	Taxifahrer
-ano	Person, die an einem bestimmten Ort lebt oder arbeitet	sagrestia castello	sagrestano castellano	Mesner Schloßherr
-eria	Ort, wo etw. hergestellt od. vertrieben wird	pizza libro	pizzeria libreria	Pizzeria Buchhandlung
-ificio	Ort, wo etw. hergestellt wird	mobile calza	mobilificio calzificio	Möbelfabrik Strumpffabrik
-ile	Ort, wo etw. aufbewahrt wird	cane fieno	canile fienile	Hundehütte Heuschober
-ato	hohes Amt; Ort, wo das Amt seinen Sitz hat	console	consolato	Konsulat
-ale	nützlicher Gegenstand, Schmuckstück	schiena braccio	schienale bracciale	Rückenlehne Armband
-iera	1. Gefäß 2. Ort, wo etw. bearbeitet wird 3. Gegenstand, der aus vielen Teilen besteht	tè carta tasto	teiera cartiera tastiera	Teekanne Papierfabrik Tastatur

-ata	1. Inhalt 2. ein Ganzes, das aus vielen Elementen besteht 3. Schlag, der mit etw. gegeben wird 4. Handlung 5. verstärkende Bedeutung 6. Dauer	cucchiaio	cucchiaiata	1. Löffel(voll) 2. Schlag mit dem Löffel
		scalino	scalinata	Freitreppe
		birbone	birbonata	Gaunerei
		fiamma	fiammata	Flamme/Feuer
		anno	annata	Jahr(esdauer)
-aggine	oft negative Eigenschaft	buffone	buffonaggine	Albernheit
-eto/eta	Ort, wo etw. (bes. Pflanzen) in großer Zahl auftritt	frutto	frutteto	Obstgarten
		pino	pineta	Pinienhain
-ame	kollektive Bedeutung, oft verächtlich gebraucht	bestia	bestiame	Vieh
		scatola	scatolame	Schachteln
-ume	kollektive Bedeutung, fast immer verächtlich gebr.	polvere	polverume	Staub/staubiges Zeug
-aglia	kollektive Bedeutung, oft verächtlich gebraucht	muro	muraglia	Mauerwerk
		gente	gentaglia	Gesindel
-aia	1. kollektive Bedeutung 2. Ort, wo sich etw. befindet	abete	abetaia	Tannenwald
		piccione	piccionaia	Taubenschlag

Vom Nomen zum Adjektiv

-ato		dente	dentato	gezähnt
-uto	etw. haben	pancia	panciuto	dickbäuchig
-ito		crine	crinito	dichtbehaart
-oso		rabbia	rabbioso	wütend

Anmerkung: In einigen Fällen kann -oso bedeuten, daß etw. in hohem Maße hervorgerufen wird: noioso - langweilig/lästig. Es gibt auch Adjektive auf -oso, die beide Bedeutungen haben: pauroso 1. ängstlich 2. angsterregend.

-are		parlamento	parlamentare	parlamentarisch
-ario		ferrovia	ferroviario	Eisenbahn...
-ale		musica	musicale	musikalisch
-ano		Italia	italiano	italienisch
-aceo		perla	perlaceo	perlfarben
-aneo		cute	cutaneo	Haut...
-ineo		sangue	sanguineo	blutrot
-igno	mit etw. in Zusammenhang stehen	terra	terrigno	erdfarben
-ile		primavera	primaverile	Frühlings...
-ino		pecora	pecorino	Schaf...
-izio		reddito	redditizio	einträglich
-estre		terra	terrestre	Erd...
-iero		petrolio	petroliero	Erdöl...
-ivo		festa	festivo	Feier...
-evole		colpa	colpevole	schuldig

-ico		atomo	atomico	Atom...
-istico		arte	artistico	künstlerisch
-ese		Francia	francese	französich
-ifico		pace	pacifico	friedlich
-torio/ -sorio		preparazione	preparatorio	Vorbereitungs...
		divisione	divisorio	Trenn...
-esco	(meist verächtlich gebr.)	bambino	bambinesco	kindisch

350 Vom Nomen zum Verb

-are (-iare/ -icare		azione	azionare	betätigen
		differenza	differenziare	differenzieren
		neve	nevicare	schneien
-ire		arrosto	arrostire	braten
-eggiare	oft mit expressiver Bed.	onda	ondeggiare	wogen
-izzare	eine bestimmte Wirkung	terrore	terrorizzare	terrorisieren
-ificare	erzeugen	persona	personificare	personifizieren

Sehr viele von diesen abgeleiteten Verben nehmen zusätzlich noch ein Präfix zu sich. Folgende Präfixe kommen dabei in Frage:

a-	braccio	abbracciare	umarmen
	fetta	affettare	in Scheiben schneiden
	unghia	adunghiare	mit den Krallen packen
de-	caffeina	decaffeinare	das Koffein entziehen
	trono	detronizzare	entthronen
in-	amore	innamorarsi	sich verlieben
	padrone	impadronirsi	sich bemächtigen
	lume	illuminare	erleuchten
	scatola	inscatolare	in Dosen füllen
	scheletro	ischeletrire	zum Skelett machen/werden
rin-	faccia	rinfacciare	vorhalten/vorwerfen
	patria	rimpatriare	in die Heimat zurückkehren/ abschieben
s-	buccia	sbucciare	schälen
	polpa	spolpare	vom Fleisch lösen
	facchino	sfacchinare	sich abschinden
di-	ramo	diramarsi	sich verzweigen
dis-	colpa	discolpare	rechtfertigen
tra-/ tras-	vaso	travasare	umfüllen
	cura	trascurare	vernachlässigen
per-	notte	pernottare	übernachten
stra-	ripa	straripare	über die Ufer treten

286

Anmerkung 1: Bei a- wird der folgende Konsonant verdoppelt. Beginnt das Grundwort Vokal, so lautet die Vorsilbe *ad-*.

Anmerkung 2: Das Präfix *in-/rin-* gleicht sich dem folgenden Konsonanten an.

Anmerkung 3: Das Präfix *s-* kann bezeichnen 1. ein Wegnehmen, ein Entfernen: *forno - sfornare* aus dem Backofen herausnehmen 2. eine Intensivierung: *bandiera - sbandierare* schwingen/ schwenken.

Vom Adjektiv zum Nomen 351

-ezza	bello	bellezza	Schönheit
-ia	geloso	gelosia	Eifersucht
-ia	misero	miseria	Elend
-izia	pigro	pigrizia	Faulheit
-itá/	vero	veritá	Wahrheit
-etá/	contrario	contrarietá	Widerstreit
-tá	reale	realtá	Wirklichkeit
-itù	servo	servitù	Knechtschaft
-tù	giovane	gioventù	Jugend
-itudine	grato	gratitudine	Dankbarkeit
-ura	verde	verdura	Gemüse
-ore	rosso	rossore	Röte
-aggine	sfacciato	sfacciataggine	Frechheit
-eria	furbo	furberia	Schlauheit
-ume	sudicio	sudiciume	Schmutz
-anza/	elegante	eleganza	Eleganz
-enza	paziente	pazienza	Geduld
-ismo/	sociale	socialismo	Sozialismus
-esimo	cristiano	cristianesimo	Christentum
-ione	preciso	precisione	Genauigkeit
-ato	volontario	volontariato	Volontariat

Vom Adjektiv zum Verb (vgl. § 350) 352

calmo	calmare	beruhigen	marcio	marcire	faulen
fraterno	fraternizzare	s. verbrüdern	scarso	scarseggiare	knapp sein
dolce	dolcificare	süßen	scuro	scurire	verdunkeln
lontano	allontanare	entfernen	magro	dimagrire	abnehmen
grande	ingrandire	vergrößern	folto	sfoltire	lichten
bianco	sbiancare	bleichen	acerbo	disacerbare	lindern
allegro	rallegrare	erfreuen	caro	rincarare	(s.) verteuern

Vom Verb zum Nomen 353

1. Folgende Suffixe drücken eine Handlung oder einen Zustand aus:

-zione	circolare	circolazione	Verkehr
	punire	punizione	Strafe/ Bestrafung

-sione	dividere	divisione	Teilung/ Einteilung
	invadere	invasione	Invasion/ Einfall
	aggredire	aggressione	Überfall/ Angriff
-gione	guarire	guarigione	Genesung/ Heilung
-aggio	lavare	lavaggio	Waschen
-mento	insegnare	insegnamento	Unterricht
	rifornire	rifornimento	Versorgung/Beschaffung
-ura	leggere	lettura	Lesen/ Lektüre
	cucire	cucitura	Nähen/ Naht
	cuocere	cottura	Kochen/ Backen
-anza	somigliare	somiglianza	Ähnlichkeit
-enza	dipendere	dipendenza	Abhängigkeit
	diffidare	diffidenza	Mißtrauen
-io	brontolare	brontolio	Gebrumm/ Gemurre
-ato	ululare	ululato	Geheul/ Heulen
-ito	ruggire	ruggito	Gebrüll/ Brüllen
-ata	telefonare	telefonata	Anruf/ Telephongespräch
-uta	cadere	caduta	Fallen/ Fall
-ita	dormire	dormita	Schlaf
-ito	lasciare	lascito	Vermächtnis
-ita	nascere	nascita	Geburt

Anmerkung: Kein Suffix weisen z.B. auf *abbandono* Im-Stich-Lassen/ Verlassen-sein, *comando* Befehl/ Kommando u.a.

2. Folgende Suffixe bezeichnen die handelnde Person:

-tore/	giocare	giocatore/giocatrice	Spieler/Spielerin
-trice	dirigere	direttore/direttrice	Direktor/Direktorin
-sore	difendere	difensore	Verteidiger
	invadere	invasore	eindringender Feind
	aggredire	aggressore	Angreifer
-ante,	cantare	cantante	Sänger(in)
-ente	reggere	reggente	Regent(in)
-ino	spazzare	spazzino	Straßenkehrer
	imbiancare	imbianchino	Anstreicher/ Tüncher
-one	brontolare	brontolone	Brummbär
	mangiare	mangione	starker Esser/ Fresser

Anmerkung 1: Das Suffix *-tore/-trice* kann auch Instrumente und Maschinen angeben, z.B. *amplificatore* Verstärker, *copiatrice* Kopierer.
Anmerkung 2: Nomina auf *-tore/-trice* und auf *-sore* werden oft adjektivisch gebraucht, z.B. *avvocato difensore* Strafverteidiger, *classe lavoratrice* Arbeiterklasse.
Anmerkung 3: Nomina auf *-ante* und *-ente* können auch Dinge bezeichnen, z.B. *colorante* Farbstoff, *stupefacente* Rauschgift.

Anmerkung 4: Nomina auf *-ante* und *-ente* finden sich auch mit adjektivischer Bedeutung, z.B. *corpo insegnante* Lehrkörper, *carta assorbente* Löschpapier.

Anmerkung 5: Das Suffix *-ino* kann auch Dinge bezeichnen, z.B. *frullino* Quirl, *accendino* Feuerzeug

Anmerkung 6: Das Suffix *-one* hat verächtliche Bedeutung, s. Beispiele.

3. Folgende Suffixe bezeichnen den Ort, wo die Handlung stattfindet:

-toio	galoppare	galoppatoio	Reitbahn/ Rennbahn
-torio	dormire	dormitorio	Schlafsaal
	osservare	osservatorio	Observatorium
-eria	fondere	fonderia	Gießerei

Anmerkung:Das Suffix *-toio* kann auch ein Gerät bezeichnen, z.B. *essiccatoio* Trockner/Trockenraum.

Vom Verb zum Adjektiv   354

-ante	affascinare	affascinante	bezaubernd
-ente	diffidare	diffidente	mißtrauisch
	compiacere	compiacente	gefällig/ entgegenkommend
-bile	amare	amabile	liebenswürdig
	realizzare	realizzabile	verwirklichbar/durchführbar
	temere	temibile	zu (be)fürchtend
-evole	piacere	piacevole	erfreulich/ angenehm
-ivo	eludere	elusivo	ausweichend
	fuggire	fuggitivo	flüchtend

Anmerkung: Die mit dem Suffix *-bile* gebildeten Adjektive drücken eine Möglichkeit aus.

Modifizierende Suffixe   355

1. Das Italienische ist sehr reich an Suffixen, mit denen man einem Nomen oder einem Adjektiv eine bestimmte Färbung verleihen kann. Man unterscheidet vier Gruppen: Vergrößerungsformen (accrescitivi), Verkleinerungsformen (diminutivi), Koseformen (vezzeggiativi) und Suffixe, die einen abwertenden Sinn haben (peggiorativi). In vielen Fällen ist jedoch die Zuordnung eines Suffixes zu einer dieser Gruppen schwierig, da die Bedeutung einer Ableitung von der Bedeutung des Grundwortes beeinflußt wird. Manchmal gibt auch der Kontext Aufschluß darüber, wie eine Ableitung zu deuten ist.

Im folgenden wird eine alphabetische Liste der Suffixe gegeben:

-acchione	furbo	furbacchione	Schlaumeier
-acchiotto	orso	orsacchiotto	junger Bär/Bärchen
-accio	avaro	avaraccio	Geizkragen
-astro	giovine	giovinastro	liederlicher Bursche
-azzo	amore	amorazzo	(Liebes-)Affäre
-ello	asino	asinello	kleiner Esel
-erello	fatto	fatterello	unbedeutender Vorfall
-etto	bacio	bacetto	Küßchen
-iccio	malato	malaticcio	kränklich
-icci(u)olo	strada	stradicciola	Gasse
-icello	campo	campicello	kleines Stück Feld
-iciattolo	uomo	omiciattolo	Knirps
-icino	cuore	cuoricino	Herzchen
-ino	ragazza	ragazzina	kleines/junges Mädchen
-occio	grasso	grassoccio	pummelig
-ognolo	amaro	amarognolo	etwas bitter
-olino	cane	cagnolino	Hündchen
-(u)olo	montagna	montagnola	kleiner Berg
-one	libro	librone	dickes Buch
-otto	lepre	leprotto	junger Hase
-uccio	caro	caruccio	ziemlich teuer/nett
-ucolo	poeta	poetucolo	unbedeutender Dichter

Anmerkung 1: In einigen Fällen ändert sich der Wortstamm, wie z. B. bei *cane* - *cagnolino*, *uomo* - *omiciattolo*.

Anmerkung 2: Bei Wörtern auf *-one* wird vor dem Suffix *-ino* ein *c* eingefügt: *bastone* - *bastoncino* Stöckchen.

Anmerkung 3: Es kann Genuswechsel eintreten: *la donna* - *il donnone* dicke Frau, *la strada* - *lo stradone* Landstraße.

Anmerkung 4: Auch an einige Adverbien können Suffixe treten: *bene* - *benone* ausgezeichnet, *presto* - *prestino* ziemlich früh, *tardi* - *tarduccio* ziemlich spät.

Anmerkung 5: Die Suffixe *-astro*, *-iccio* und *-ognolo*, an Farbadjektive angehängt, entsprechen dt. -lich: *verde* - *verdastro* grünlich, *rosso* - *rossiccio* rötlich, *azzurro* -*azzurrognolo* bläulich.

Anmerkung 6: Das Suffix kann seine ursprüngliche Bedeutung verlieren. So bedeutet *cucchiaino* Kaffeelöffel/Teelöffel und nicht *kleiner Löffel.

Anmerkung 7: Manchmal hat sich die Bedeutung der Ableitung von der des Grundwortes entfernt: *busta* Kuvert - *bustarella* Schmiergeld

Anmerkung 8: In einigen Fällen liegt eine scheinbare Vergrößerung bzw. Verkleinerung vor: *burrone* Schlucht, *manette* Handschellen (kleine Hand *manina*).

Anmerkung 9: Es können auch mehrere Suffixe an ein Wort treten, z. B. *grassottello* dicklich, *libraccione* Schmöker.

2. Auch Verben können durch Anhängen von Suffixen in ihrer Bedeutung verändert werden:

-(er)ellare	giocare giocherellare	spielen/ tändeln
	saltare salterellare/saltellare	hüpfen
-ettare	fischiare fischiettare	vor sich hin pfeifen
-ottare	parlare parlottare	tuscheln/ flüstern
-icchiare	cantare canticchiare	vor sich hin singen
-acchiare	rubare rubacchiare	stehlen/ stibitzen
-ucchiare	mangiare mangiucchiare	naschen/ mit Unlust essen

Wortbildung mittels Präfixen

Präfix + Nomen/Adjektiv

ante-/anti-	vor (zeitlich oder räumlich)	anteguerra	Vorkriegszeit
		anticamera	Vorzimmer
anti-	gegen, Widerstand	antifurto	Diebstahlsicherung
arci-	1. höherer Grad	arcivescovo	Erzbischof
	2. äußerst	arcicontento	sehr zufrieden
bi(s)-	zweimal	bimensile	zweimonatlich
con-	zusammen	compaesano	Landsmann
		connazionale	Landsmann
contro-/	gegen, Widerstand	controsenso	Widersinn
contra-		contrappeso	Gegengewicht
dis-	1. Entfernung	dislivello	Höhenunterschied
	2. Verneinung	disonesto	unehrlich
extra-	1. außerhalb	extraparla-	außerparlamen-
	2. äußerst	mentare	tarisch
		extrafino	extrafein
fuori-	außerhalb	fuoribordo	Außenbordmotor
in-	Verneinung	incapace	unfähig
		illogico	unlogisch
inter-	zwischen	interplane-	interplanetarisch
		tario	
iper-	höchster Grad von, über-	ipersensibile	überempfindlich
non	Verneinung	nonsenso	Unsinn
		non credente	Ungläubige
oltre-	jenseits	oltralpe	jenseits der Alpen
		oltretomba	Jenseits
post-	nach	postbellico	Nachkriegs...
pre-	vor	preavviso	Voranzeige
pro-	anstatt	prorettore	Prorektor
retro-		retrocamera	Hinterzimmer
		retromarcia	Rückwärtsgang
s-	Verneinung	scontento	unzufrieden
semi-	halb	semicerchio	Halbkreis
		semifreddo	halbgefroren

senza	ohne, -los	senzatetto Obdachlose
sopra-/sovra-	oben, Überlegenheit	sopraindicato obenerwähnt soprannatu- übernatürlich rale sovrapprodu- Überproduktion zione
sotto-	unter	sottoccupa- Unterbeschäfti- zione gung sottopassag- Unterführung gio
stra-	äußerst	stravecchio äußerst alt
sub-	unter	subaffitto Untermiete
super-	Übermaß, Überlegenheit	superdotato übermäßig begabt superuomo Übermensch
trans-	1. jenseits 2. durch	transalpino transalpin transiberiano transsibirisch
ultra-	1. jenseits 2. äußerst	ultraterreno überirdisch ultrarapido sehr schnell

Anmerkung: Nach *contra*- und *sopra-/sovra*- wird der nachfolgende Konsonant verdoppelt (Vgl. § 5.3).

357 Präfix + Verb

a-	correre	accorrere	herbeilaufen
co(n)-	fondere	confondere	vermischen
contro-/ contra-	battere porre	controbattere contrapporre	zurückschlagen entgegensetzen
de-	colorare	decolorare	entfärben
di-	sperare	disperare	verzweifeln
dis-	armare	disarmare	entwaffnen
fra-	mischiare	frammischiare	vermischen
in-	mettere	immettere	einlassen
inter-	venire	intervenire	eingreifen
r-	assicurare	rassicurare	beruhigen
re-	integrare	reintegrare	wiederherstellen
ri-	scrivere	riscrivere	noch einmal schreiben
s-	battere caricare	sbattere scaricare	zuschlagen entladen
sotto-	porre	sottoporre	unterbreiten
stra-	cuocere	stracuocere	zu lange kochen
tra-	forare	traforare	durchbohren
tra(s)-	piantare formare	trapiantare trasformare	verpflanzen verwandeln

Anmerkung 1: Die Präfixe *de*-, *di*- und *dis*- haben negative Bedeutung.

Anmerkung 2: Die Präfixe *r-*, *s-* und *stra-* haben intensivierende, *s-* außerdem
noch negative Bedeutung.

Anmerkung 3: Die Präfixe *re-* und *ri-* bedeuten meist «noch einmal/wieder».

**Wiedergabe deutscher zusammengesetzter Nomina im Italienischen, nach Typen 358
geordnet**

1. präpositionale Fügungen

Fügungen mit *di*:

il professore di tedesco	der Deutschlehrer
il pericolo di morte/vita	die Lebensgefahr
la casa dello studente	das Studentenwohnheim
la febbre della partenza	das Reisefieber

Fügungen mit *a*:

la barca a vela	das Segelboot
il viaggio a Firenze	die Florenzfahrt
la visita al museo	der Museumsbesuch
il tappo a vite	der Schraubverschluß
strada a senso unico	Einbahnstraße
il televisore a colori	der Farbfernseher
il guasto al motore	der Motorschaden
la corsa agli armamenti	das Wettrüsten

Fügungen mit *da*:

gli scarponi da sci	die Skischuhe
la vasca da bagno	die Badewanne
la carta da lettere	das Briefpapier
l'avvelenamento da funghi	die Pilzvergiftung

Fügungen mit *per*:

lo scompartimento per non fumatori	das Nichtraucherabteil
il corso per principianti	der Anfängerkurs
la conferenza per il disarmo	die Abrüstungskonferenz
la società per azioni (S.p.A.)	die Aktiengesellschaft (AG)

Fügungen mit *in*:

il viaggio in Italia	die Italienreise
il giro in bicicletta	die Radtour
il latte in scatola	die Dosenmilch
il ballo in maschera	der Maskenball
la statua in marmo	die Marmorstatue
i paesi in via di sviluppo	die Entwicklungsländer

Fügungen mit *su*:

l'hockey su ghiaccio	das Eishockey
l'infortunio sul lavoro	der Arbeitsunfall
l'imposta sul reddito	die Einkommensteuer
il vestito su misura	der Maßanzug

Fügungen mit *contro*:

| l'assicurazione contro il furto | die Diebstahlversicherung |
| l'assicurazione contro gli incendi | die Feuerversicherung |

Fügungen mit *con*:

| l'uovo con la sorpresa | das Überraschungsei |
| l'osso col midollo | der Markknochen |

Fügungen mit *senza*:

| via senza uscita | Sackgasse |
| vuoto senza resa | Einwegflasche |

2. Aneinanderreihung von Nomina

la conferenza stampa	die Pressekonferenz
la busta paga	die Lohntüte
Gesù Bambino	das Christkind
la musica Jazz	die Jazzmusik
la temperatura ambiente	die Zimmertemperatur
il vagone ristorante	der Speisewagen
il caso limite	der Grenzfall
il redattore capo	der Chefredakteur
la tartaruga gigante	die Riesenschildkröte
la città satellite	die Satellitenstadt
la squadra ospite	die Gastmannschaft

3. Nomen + Nomen

l'arcobaleno	der Regenbogen
il capolavoro	das Meisterwerk
la ferrovia	die Eisenbahn

4. Verb + Nomen

lo stuzzicadenti	der Zahnstocher
il portalettere	der Briefträger
la lavastoviglie	die Geschirrspülmaschine
il tergicristallo	der Scheibenwischer

5. Adjektiv + Nomen

il francobollo	die Briefmarke
il mezzosoprano	der Mezzosopran

6. Nomen + Adjektiv

la lingua straniera	die Fremdsprache
il segreto professionale	das Berufsgeheimnis
la medaglia commemorativa	die Gedenkmedaille
il piano quinquennale	der Fünfjahresplan

7. Nomen + Partizip Präsens

la pianta rampicante	die Kletterpflanze
il salice piangente	die Trauerweide
il conto corrente	das Girokonto

8. Nomen + Partizip Perfekt

le forze armate	die Streitkräfte
i prodotti finiti	die Endprodukte
il riso soffiato	der Puffreis

9. Nomen + präpositionaler Infinitiv

la macchina da scrivere	die Schreibmaschine
il posto a sedere	der Sitzplatz
la sete di sapere	der Wissensdurst

10. Nomen + Suffix

la scopetta	der Handbesen
il formicaio	der Ameisenhaufen
il tempaccio	das Sauwetter
il pallone	der Fußball

11. einfaches Nomen

il guanto	der Handschuh
la lavatrice	die Waschmaschine

Anhang

Alphabetische Liste der wichtigsten unregelmäßigen Verben

accadere	geschehen *(essere)*	s. *cadere*
accendere	anzünden	s. *prendere*
accingersi	sich anschicken *(essere)*	s. *cingere*
accludere	beilegen	s. *chiudere*
accogliere	aufnehmen	s. *cogliere*
accorgersi	bemerken *(essere)*	s. *porgere*
accorrere	herbeieilen *(essere)*	s. *correre*
accrescere	vermehren	s. *crescere*
addurre	anführen	s. *condurre*
affiggere	anschlagen	part. pass.: *affisso*
	pass. rem.: *affissi, affiggesti, affisse, affiggemmo, affiggeste, affissero*	
affliggere	betrüben	part. pass.: *afflitto*
	pass. rem.: *afflissi, affliggesti, afflisse, affliggemmo, affliggeste, afflissero*	
aggiungere	hinzufügen	s. *giungere*
alludere	anspielen	s. *chiudere*
ammettere	zulassen	s. *mettere*
andare	gehen *(essere)*	part. pass.: *andato*
	indic. pres.: *vado (vo), vai, va, andiamo, andate, vanno*	
	futuro: *andrò, andrai, andrà, andremo, andrete, andranno*	
	condiz.: *andrei, andresti, andrebbe, andremmo, andreste, andrebbero*	
	imperativo: *va'/vai, vada, andiamo, andate, vadano*	
	cong. pres.: *vada, vada, vada, andiamo, andiate, vadano*	
annettere	beilegen	part. pass.: *annesso*
	pass. rem.: *annettei/annessi, annettesti, annetté/annesse, annettemmo, annetteste, annetterono/annessero*	
anteporre	vorziehen	s. *porre*
ardere	(ver)brennen	part pass.: *arso*
	pass. rem.: *arsi, ardesti, arse, ardemmo, ardeste, arsero*	
apparire	erscheinen *(essere)*	part. pass.: *apparso*
	indic. pres.: *apparisco/appaio, apparisci/appari, apparisce/appare, appariamo/apparite, appariscono/appaiono*	
	pass. rem.: *apparii/apparvi/apparsi, apparisti, apparì/apparve/apparse, apparimmo, appariste, apparirono/apparvero/apparsero*	
	imperat.: *appari/apparisci, appaia/apparisca, appariamo, apparite, appariscano/appaiano*	
appartenere	gehören *(essere/avere)*	s. *tenere*
appendere	aufhängen	s. *prendere*
apprendere	lernen/ erfahren	s. *prendere*

296

aprire	öffnen	part. pass.: *aperto*
	pass. rem.: *aprii/apersi, apristi, aprì/aperse, aprimmo, apriste, aprirono/apersero*	
arrendersi	sich ergeben *(essere)*	s. *prendere*
aspergere	besprengen	s. *emergere*
assalire	angreifen	s. *salire*
	Anm.: indic. pres. und cong. pres. auch *assalisco* bzw. *assalisca*	
assistere	teilnehmen	part. pass.: *assistito*
assolvere	freisprechen	part. pass.: *assolto*
	pass. rem.: *assolsi, assolvesti, assolse, assolvemmo, assolveste, assolsero*	
assumere	übernehmen	part. pass.: *assunto*
	pass. rem.: *assunsi, assumesti, assunse, assumemmo, assumeste, assunsero*	
astenersi	sich enthalten *(essere)*	s. *tenere*
attendere	(er)warten	s. *prendere*
attenersi	sich halten *(essere)*	s. *tenere*
attingere	schöpfen	s. *cingere*
attrarre	anziehen	s. *trarre*
avere	(§ 187)	part. pass.: *avuto*
avvalersi	Gebrauch machen von *(essere)*	s. *valere*
avvedersi	bemerken *(essere)*	s. *vedere*
	Anm.: part. pass. nur: *avveduto*	
avvenire	sich ereignen *(essere)*	s. *venire*
avvolgere	einwickeln	s. *volgere*
benedire	segnen	s. *dire*
	Anm.: imperat. 2. Pers. : *benedici*; imperf. auch: *benedivo*; pass. rem. auch: *benedii*	
bere	trinken	part. pass.: *bevuto*
	indic. pres.: *bevo, bevi, beve, beviamo, bevete, bevono*	
	pass. rem.: *bevvi/bevetti, bevesti, bevve/bevette, bevemmo, beveste, bevvero/bevettero*	
	imperf.: *bevevo, bevevi, beveva, bevevamo, bevevate, bevevano*	
	futuro: *berrò, berrai, berrà, berremo, berrete, berranno*	
	condiz.: *berrei, berresti, berrebbe, berremmo, berreste, berrebbero*	
	cong. pres.: *beva, beva, beva, beviamo, beviate, bevano*	
	cong. imperf.: *bevessi, bevessi, bevesse, bevessimo, beveste, bevessero*	
	part. pres.: *bevente* gerundio: *bevendo*	
cadere	fallen *(essere)*	part. pass.: *caduto*
	pass. rem.: *caddi, cadesti, cadde, cademmo, cadeste, caddero*	
	futuro: *cadrò, cadrai, cadrà, cadremo, cadrete, cadranno*	
	condiz.: *cadrei, cadresti, cadrebbe, cadremmo, cadreste, cadrebbero*	
chiedere	fragen	part. pass.: *chiesto*
	pass. rem.: *chiesi, chiedesti, chiese, chiedemmo, chiedeste, chiesero*	
chiudere	schließen	part. pass.: *chiuso*
	pass. rem.: *chiusi, chiudesti, chiuse, chiudemmo, chiudeste, chiusero*	

cingere	umschließen	part. pass. *cinto*
	pass. rem.: *cinsi, cingesti, cinse, cingemmo, cingeste, cinsero.*	
cogliere	pflücken	part. pass.: *colto*
	indic. pres.: *colgo, cogli, coglie, cogliamo, cogliete, colgono*	
	pass. rem.: *colsi, cogliesti, colse, cogliemmo, coglieste, colsero*	
	imperat.: *cogli, colga, cogliamo, cogliete, colgano*	
	cong. pres.: *colga, colga, colga, cogliamo, cogliate, colgano*	
commettere	begehen	s. *mettere*
commuovere	rühren/ergreifen	s. *muovere*
compiere	vollenden	part. pass.: *compiuto*
	indic. pres.: *compio, compi, compie, compiamo, compite, compiono*	
	imperf.: *compivo, compivi, compiva, compivamo, compivate, compivano*	
	pass. rem.: *compii, compisti, compì, compimmo, compiste, compirono*	
	Imperat.: *compi, compia, compiamo, compite, compiano*	
	cong. pres.: *compia, compia, compia, compiamo, compiate, compiano*	
	cong. imperf.: *compissi, compissi, compisse, compissimo, compiste, compissero*	
comporre	zusammensetzen	s. *porre*
comprendere	verstehen	s. *prendere*
comprimere	zusammendrücken	s. *esprimere*
compromettere	gefährden/ bloßstellen	s. *mettere*
concedere	gewähren	part. pass.: *concesso/conceduto*
	pass. rem.: *concessi/concedei/concedetti, concedesti, concesse/ concedé/concedette, concedemmo, concedeste, concessero/ concederono/concedettero*	
concludere	abschließen/ beenden	part. pass.: *concluso*
	pass. rem.: *conclusi, concludesti, concluse, concludemmo, concludeste, conclusero*	
concorrere	beitragen/sich bewerben	s. *correre*
condividere	teilen (Ansicht)	s. *decidere*
condurre	führen	part. pass.: *condotto*
	indic. pres.: *conduco, conduci, conduce, conduciamo, conducete, conducono*	
	imperf.: *conducevo, conducevi, conduceva, conducevamo, conducevate, conducevano*	
	pass. rem.: *condussi, conducesti, condusse, conducemmo, conduceste, condussero*	
	futuro: *condurrò, condurrai, condurrà, condurremo, condurrete, condurranno*	
	condiz.: *condurrei, condurresti, condurrebbe, condurremmo, condurreste, condurrebbero*	
	cong. pres.: *conduca, conduca, conduca, conduciamo, conduciate, conducano*	
	cong. imperf.: *conducessi, conducessi, conducesse, conducessimo, conduceste, conducessero*	
	imperat.: *conduci, conduca, conduciamo, conducete, conducano*	
	part. pres.: *conducente* gerundio: *conducendo*	

298

confondere	verwechseln/ verwirren	s. *fondere*
connettere	verbinden/ verknüpfen	s. *annettere*
conoscere	kennen(lernen)	part. pass.: *conosciuto*
	pass. rem.: *conobbi, conoscesti, conobbe, conoscemmo, conosceste, conobbero*	
consistere	bestehen *(essere)*	s. *assistere*
contenere	enthalten	s. *tenere*
contraddire	widersprechen	s. *dire*
	Anm.: imperat. 2. Pers.: *contraddici*	
contraffare	nachmachen/ fälschen	s. *fare*
contravvenire	zuwiderhandeln *(avere)*	s. *venire*
convenire	zusammenkommen (§ 193)	s. *venire*
convincere	überzeugen	s. *vincere*
coprire	bedecken	s. *aprire*
correggere	verbessern	s. *leggere*
correre	laufen	part. pass.: *corso* (§ 193)
	pass. rem.: *corsi, corresti, corse, corremmo, correste, corsero*	
corrispondere	entsprechen	s. *rispondere*
corrompere	verderben/ bestechen	s. *rompere*
cospargere	bestreuen	s. *spargere*
costringere	zwingen	s. *stringere*
crescere	wachsen *(essere)*	part. pass.: *cresciuto*
	pass. rem.: *crebbi, crescesti, crebbe, crescemmo, cresceste, crebbero*	
crocifiggere	kreuzigen	s. *affiggere*
cucire	nähen	part. pass.: *cucito*
	indic. pres.: *cucio, cuci, cuce, cuciamo, cucite, cuciono*	
	cong. pres.: *cucia, cucia, cucia, cuciamo, cuciate, cuciano*	
cuocere	kochen/ backen	part. pass.: *cotto*
	indic. pres.: *cuocio, cuoci, cuoce, c(u)ociamo, c(u)ocete, cuociono*	
	imperf.: *cocevo, cocevi, coceva, cocevamo, cocevate, cocevano*	
	pass. rem.: *cossi, cocesti, cosse, cocemmo, coceste, cossero*	
	futuro: *cocerò, cocerai, cocerà, coceremo, cocerete, coceranno*	
	condiz.: *cocerei, coceresti, cocerebbe, coceremmo, cocereste, cocerebbero*	
	imperat.: *cuoci, cuocia, cociamo, cocete, cuociano*	
	cong. pres.: *cuocia, cuocia, cuocia, cociamo, cociate, cuociano*	
dare	geben	part. pass.: *dato*
	indic. pres.: *do, dai, dà, diamo, date, danno*	
	imperf.: *davo, davi, dava, davamo, davate, davano*	
	pass. rem.: *diedi/detti, desti, diede/dette, demmo, deste, diedero/ dettero*	
	futuro: *darò, darai, darà, daremo, darete, daranno*	
	condiz.: *darei, daresti, darebbe, daremmo, dareste, darebbero*	
	imperat.: *da'/dai, dia, diamo, date, diano*	
	cong. pres.: *dia, dia, dia, diamo, diate, diano*	
	cong. imperf.: *dessi, dessi, desse, dessimo, deste, dessero*	

decidere	beschließen	part. pass.: *deciso*	
	pass. rem.: *decisi, decidesti, decise, decidemmo, decideste, decisero*		
decomporre	zerlegen	s. *porre*	
decrescere	abnehmen *(essere)*	s. *crescere*	
dedurre	ableiten/ entnehmen	s. *condurre*	
deflettere	abweichen	s. *annettere*	
deludere	enttäuschen	s. *chiudere*	
deporre	ablegen/ aussagen	s. *porre*	
deprimere	bedrücken/ deprimieren	s. *esprimere*	
descrivere	beschreiben	s. *scrivere*	
desistere	ablassen	s. *assistere*	
difendere	verteidigen	s. *prendere*	
diffondere	verbreiten	s. *fondere*	
dimettersi	zurücktreten *(essere)*	s. *mettere*	
dipendere	abhängen *(essere)*	s. *prendere*	
dipingere	malen	s. *cingere*	
dire	sagen	part. pass.: *detto*	
	indic. pres.: *dico, dici, dice, diciamo, dite, dicono*		
	imperf.: *dicevo, dicevi, diceva, dicevamo, dicevate, dicevano*		
	pass. rem.: *dissi, dicesti, disse, dicemmo, diceste, dissero*		
	futuro: *dirò, dirai, dirà, diremo, direte, diranno*		
	condiz.: *direi, diresti, direbbe, diremmo, direste, direbbero*		
	imperat.: *di', dica, diciamo, dite, dicano*		
	cong. pres.: *dica, dica, dica, diciamo, diciate, dicano*		
	cong. imperf.: *dicessi, dicessi, dicesse, dicessimo, diceste, dicessero*		
	part. pres.: *dicente*	gerundio: *dicendo*	
dirigere	leiten	part. pass.: *diretto*	
	pass. rem.: *diressi, dirigesti, diresse, dirigemmo, dirigeste, diressero*		
discendere	herabsteigen/ abstammen	s. *prendere*	
discutere	diskutieren	part. pass.: *discusso*	
	pass. rem.: *discussi, discutesti, discusse, discutemmo, discuteste discussero*		
disdire	widerrufen/ absagen	s. *dire*	
	Anm.: imperat. 2. Pers.: *disdici*		
disfare	auseinandernehmen	s. *fare*	
	Anm.: Im pres. auch: *disfo/disfò, disfi, disfa, disfano*		
dispiacere	mißfallen *(essere)*	s. *piacere*	
disporre	anordnen/ verfügen	s. *porre*	
dissolvere	zerteilen/ zerstreuen	s. *assolvere*	
dissuadere	abraten	s. *radere*	
distendere	ausbreiten	s. *prendere*	
distinguere	unterscheiden	part. pass.: *distinto*	
	pass. rem.: *distinsi, distinguesti, distinse, distinguemmo, distingueste, distinsero*		
distrarre	ablenken/ zerstreuen	s. *trarre*	
distruggere	zerstören	s. *struggere*	
divenire	werden *(essere)*	s. *venire*	

dividere	teilen	s. *decidere*
dolersi	beklagen *(essere)*	part. pass.: *doluto*
	indic. pres.: *mi dolgo, ti duoli, si duole, ci do(g)liamo, vi dolete, si dolgono*	
	pass. rem.: *mi dolsi, ti dolesti, si dolse, ci dolemmo, vi doleste, si dolsero*	
	futuro: *mi dorrò, ti dorrai, si dorrà, ci dorremo, vi dorrete, si dorranno*	
	condiz.: *mi dorrei, ti dorresti, si dorrebbe, ci dorremmo, vi dorreste, si dorrebbero*	
	imperat.: *duoliti, si dolga, dogliamoci, doletevi, si dolgano*	
	cong. pres.: *mi dolga, ti dolga, si dolga, ci dogliamo, vi dogliate, si dolgano*	
dovere	müssen/ sollen	part. pass.: *dovuto*
	indic. pres.: *devo/debbo, devi, deve, dobbiamo, dovete, devono/ debbono*	
	futuro: *dovrò, dovrai, dovrà, dovremo, dovrete, dovranno*	
	condiz.: *dovrei, dovresti, dovrebbe, dovremmo, dovreste, dovrebbero*	
	cong. pres.: *debba/deva, debba/deva, debba/deva, dobbiamo, dobbiate, debbano/devano*	
eleggere	wählen (zu)	s. *leggere*
emergere	auftauchen *(essere)*	part. pass.: *emerso*
	pass. rem.: *emersi, emergesti, emerse, emergemmo, emergeste, emersero*	
erigere	errichten	s. *dirigere*
escludere	ausschließen	s. *chiudere*
esigere	verlangen	part. pass.: *esatto*
esistere	existieren *(essere)*	s. *assistere*
espellere	ausstoßen, ausschließen	part. pass.: *espulso*
	pass. rem.: *espulsi, espellesti, espulse, espellemmo, espelleste, espulsero*	
esplodere	explodieren (§ 193)	s. *rodere*
esporre	darlegen	s. *porre*
esprimere	ausdrücken	part. pass.: *espresso*
	pass. rem.: *espressi, esprimesti, espresse, esprimemmo, esprimeste espressero*	
essere	(§ 188)	
estendere	ausdehnen	s. *prendere*
estinguere	(aus)löschen	s. *distinguere*
evadere	entfliehen *(essere)*	s. *radere*
fare	machen/ tun	part. pass.: *fatto*
	indic. pres.: *faccio (fo), fai, fa, facciamo, fate, fanno*	
	imperf.: *facevo, facevi, faceva, facevamo, facevate, facevano*	
	pass. rem.: *feci, facesti, fece, facemmo, faceste, fecero*	
	futuro: *farò, farai, farà, faremo, farete, faranno*	
	condiz.: *farei, faresti, farebbe, faremmo, fareste, farebbero*	
	imperat.: *fa'/fai, faccia, facciamo, fate, facciano*	
	cong. pres.: *faccia, faccia, faccia, facciamo, facciate, facciano*	
	cong. imperf.: *facessi, facessi, facesse, facessimo, faceste, facessero*	
	part. pres.: *facente* gerundio.: *facendo*	

fingere	vortäuschen	s. *cingere*
fondere	schmelzen	part. pass.: *fuso*
	pass. rem.: *fusi, fondesti, fuse, fondemmo, fondeste, fusero*	
friggere	braten/ backen	s. *affliggere*
fungere	(Amt) ausüben	s. *giungere*
giacere	liegen (*essere*)	s. *piacere*
giungere	ankommen (*essere*)	part. pass.: *giunto*
	pass. rem.: *giunsi, giungesti, giunse, giungemmo, giungeste, giunsero*	
godere	genießen/ sich erfreuen	part. pass.: *goduto*
	futuro: *godrò, godrai, godrà, godremo, godrete, godranno*	
	condiz..: *godrei, godresti, godrebbe, godremmo, godreste, godrebbero*	
illudere	täuschen	s. *chiudere*
immergere	eintauchen	s. *emergere*
imporre	aufzwingen	s. *porre*
imprimere	aufdrücken/ einprägen	s. *esprimere*
indurre	veranlassen/ verleiten	s. *condurre*
infliggere	verhängen	s. *affliggere*
infrangere	(zer)brechen	s. *piangere*
insistere	bestehen (auf)	s. *assistere*
insorgere	sich auflehnen (*essere*)	s. *porgere*
intendere	vorhaben	s. *prendere*
interrompere	unterbrechen	s. *rompere*
intervenire	eingreifen (*essere*)	s. *venire*
intraprendere	unternehmen	s. *prendere*
introdurre	einführen	s. *condurre*
intromettersi	sich einmischen (*essere*)	s. *mettere*
invadere	eindringen	s. *radere*
iscrivere	einschreiben	s. *scrivere*
leggere	lesen	part. pass.: *letto*
	pass. rem.: *lessi, leggesti, lesse, leggemmo, leggeste, lessero*	
maledire	verfluchen	s. *dire*
	Anm.: imperat. 2. Pers.: *maledici;* imperf. auch: *maledivo;*	
	pass. rem. auch: *maledii*	
mantenere	halten/ aufrechterhalten	s. *tenere*
mettere	setzen/ stellen/ legen	part. pass.: *messo*
	pass. rem.: *misi, mettesti, mise, mettemmo, metteste, misero*	
mordere	beißen	part. pass.: *morso*
	pass. rem.: *morsi, mordesti, morse, mordemmo, mordeste, morsero*	
morire	sterben (*essere*)	part. pass.: *morto*
	indic. pres.: *muoio, muori, muore, moriamo, morite, muoiono*	
	futuro: *morrò/morirò, morrai/morirai, morrà/morirà, morremo/moriremo, morrete/morirete, morranno/moriranno*	
	condiz.: *morrei/morirei, morresti/moriresti, morrebbe/morirebbe, morremmo/moriremmo, morreste/morireste, morrebbero/morirebbero*	
	imperat.: *muori, muoia, moriamo, morite, muoiano*	
	cong. pres.: *muoia, muoia, muoia, moriamo. moriate, muoiano*	

302

mungere	melken	s. *giungere*

muovere	bewegen　　　　　　　part. pass.: *mosso*
	indic. pres.: *muovo, muovi, muove, moviamo, movete, muovono*
	pass. rem.: *mossi, movesti, mosse, movemmo, moveste, mossero*
	Anm.: Häufig sind auch die Formen mit Diphthong: *muoviamo, muovevo, muoverò* usw.

nascere	geboren werden (*essere*) part. pass.: *nato*
	pass. rem.: *nacqui, nascesti, nacque, nascemmo, nasceste, nacquero*

nascondere	verstecken　　　　　　　part. pass.: *nascosto*
	pass. rem.: *nascosi, nascondesti, nascose, nascondemmo, nascondeste, nascosero*

nuocere	schaden　　　　　　　part. pass.: *nociuto*
	indic. pres.: *noccio, nuoci, nuoce, nociamo, nocete, nocciono*
	imperf.: *nocevo, nocevi, noceva, nocevamo, nocevate, nocevano*
	pass.rem.: *nocqui, nocesti, nocque, nocemmo, noceste, nocquero*
	futuro: *nocerò, nocerai, nocerà, noceremo, nocerete, noceranno*
	condiz.: *nocerei, noceresti, nocerebbe, noceremmo, nocereste, nocerebbero*
	imperat.: *nuoci, noccia, nociamo, nocete, nocciano*
	cong. pres.: *noccia, noccia, noccia, nocciamo, nocciate, nocciano*
	cong. imperf.: *nocessi, nocessi, nocesse, nocessimo, noceste, nocessero*
	part. pres.: *nocente*　　　　gerundio: *nocendo*
	Anm.: Es finden sich auch die Formen mit Diphthong: *nuoccio, nuocevo, nuocerò* usw.

occorrere	nötig sein (*essere*)	s. *correre*
offendere	beleidigen	s. *difendere*

offrire	anbieten　　　　　　　part. pass.: *offerto*
	pass. rem.: *offrii/offersi, offristi, offrì/offerse, offrimmo, offriste, offrirono/offersero*

omettere	auslassen	s. *mettere*
opporre	entgegenstellen	s. *porre*
ottenere	erhalten/ erreichen	s. *tenere*

parere	(er)scheinen (*essere*) part. pass.: *parso*
	indic. pres.: *paio, pari, pare, paiamo, parete, paiono*
	pass. rem.: *parvi, paresti, parve, paremmo, pareste, parvero*
	futuro: *parrò, parrai, parrà, parremo, parrete, parranno*
	condiz.: *parrei, parresti, parrebbe, parremmo, parreste, parrebbero*
	cong. pres.: *paia, paia, paia, paiamo, paiate, paiano*

percorrere	zurücklegen	s. *correre*
percuotere	schlagen	s. *scuotere*

perdere	verlieren　　　　　　　part. pass.: *perduto/perso*
	pass. rem.: *persi/perdei/perdetti, perdesti, perse/perdé/perdette, perdemmo, perdeste, persero/perderono/perdettero*
	Anm.: Man sagt nur *a tempo perso* in den Mußestunden, *avvocato delle cause perse* unfähiger Anwalt, *sono perduto* ich bin verloren, *gente perduta* liederliche Leute

permettere	erlauben	s. *mettere*
persistere	beharren	s. *assistere*
persuadere	überzeugen	s. *radere*

piacere — gefallen (*essere*)   part. pass.: *piaciuto*
indic. pres.: *piaccio, piaci, piace, piac(c)iamo, piacete, piacciono*
pass. rem.: *piacqui, piacesti, piacque, piacemmo, piaceste, piacquero*
imperat.: *piaci, piaccia, piacciamo, piacete, piacciano*
cong. pres.: *piaccia, piaccia, piaccia, piacciamo, piacciate, piacciano*

piangere — weinen   part. pass.: *pianto*
pass. rem.: *piansi, piangesti, pianse, piangemmo, piangeste, piansero*

piovere — regnen (*essere/avere*)   part. pass.: *piovuto*
pass. rem.: *piovve*

porgere — reichen/ geben   part. pass.: *porto*
pass. rem.: *porsi, porgesti, porse, porgemmo, porgeste, porsero*

porre — setzen/ stellen/ legen   part. pass.: *posto*
indic. pres.: *pongo, poni, pone, poniamo, ponete, pongono*
imperf.: *ponevo, ponevi, poneva, ponevamo, ponevate, ponevano*
pass. rem.: *posi, ponesti, pose, ponemmo, poneste, posero*
futuro: *porrò, porrai, porrà, porremo, porrete, porranno*
condiz.: *porrei, porresti, porrebbe, porremmo, porreste, porrebbero*
imperat.: *poni, ponga, poniamo, ponete, pongano*
cong. pres.: *ponga, ponga, ponga, poniamo, poniate, pongano*
cong. imperf.: *ponessi, ponessi, ponesse, ponessimo, poneste, ponessero*
part. pres.: *ponente*   gerundio: *ponendo*

possedere	besitzen	s. *sedere*

potere — können   part. pass.: *potuto*
indic. pres.: *posso, puoi, può, possiamo, potete, possono*
futuro: *potrò, potrai, potrà, potremo, potrete, potranno*
condiz.: *potrei, potresti, potrebbe, potremmo, potreste, potrebbero*
cong. pres.: *possa, possa, possa, possiamo, possiate, possano*

predire — voraussagen   s. *dire*
Anm.: imperat. 2. Pers.: *predici*

prefiggere	festsetzen	s. *affiggere*

prendere — nehmen   part. pass.: *preso*
pass. rem.: *presi, prendesti, prese, prendemmo, prendeste, presero*

prescegliere	aus(er)wählen	s. *scegliere*
prescrivere	vorschreiben	s. *scrivere*
pretendere	verlangen/sich einbilden	s. *prendere*

prevedere — vorhersehen   s. *vedere*
Aber: futuro: *prevederò, prevederai, prevederà, prevederemo, prevederete, prevederanno*
condiz.: *prevederei, prevederesti, prevederebbe, prevederemmo, prevedereste, prevederebbero*

prevenire	benachrichtigen/ warnen (*avere*)	s. *venire*
produrre	herstellen/ produzieren	s. *condurre*
promettere	versprechen	s. *mettere*

proporre	vorschlagen	s.	*porre*
prorompere	hervorbrechen	s.	*rompere*
proteggere	(be)schützen	s.	*leggere*
provvedere	sorgen (für)	s.	*vedere*

provvedere — Aber: futuro: *provvederò, provvederai, provvederà, provvederemo, provvederete, provvederanno*
condiz.: *provvederei, provvederesti, provvederebbe, provvederemmo, provvedereste, provvederebbero*

pungere	stechen	s.	*giungere*
raccogliere	sammeln	s.	*cogliere*
radere	rasieren	part. pass.:	*raso*

radere — pass. rem.: *rasi, radesti, rase, rademmo, radeste, rasero*

raggiungere	erreichen	s.	*giungere*
redigere	verfassen	part. pass.:	*redatto*

redigere — pass. rem.: *redassi/redigei, redigesti, redasse/redigé, redigemmo, redigeste, redassero/redigerono*

redimere	erlösen	part. pass.:	*redento*

redimere — pass. rem.: *redensi, redimesti, redense, redimemmo, redimeste, redensero*

reggere	lenken/ leiten	s.	*leggere*
rendere	zurückgeben	s.	*prendere*
reprimere	unterdrücken	s.	*esprimere*
resistere	widerstehen/ aushalten	s.	*assistere*
respingere	zurückdrängen/ ablehnen	s.	*cingere*
restringere	beschränken	s.	*stringere*
ricondurre	zurückführen	s.	*condurre*
riconoscere	wiedererkennen/ zugeben	s.	*conoscere*
ricorrere	greifen (zu) *(essere)*	s.	*correre*
ridere	lachen	part. pass.:	*riso*

ridere — pass. rem.: *risi, ridesti, rise, ridemmo, rideste, risero*

ridurre	einschränken/ reduzieren	s.	*condurre*
riflettere	zurückwerfen/ überlegen	s.	*annettere*

riflettere — Anm.: In der Bedeutung «zurückwerfen» wird das pass. rem. *riflessi* usw. und das part. pass. *riflesso* gebraucht, in der Bedeutung «überlegen» *riflettei* und *riflettuto*.

rimanere	bleiben *(essere)*	part. pass.:	*rimasto*

rimanere — indicat. pres.: *rimango, rimani, rimane, rimaniamo, rimanete, rimangono*
pass. rem.: *rimasi, rimanesti, rimase, rimanemmo, rimaneste, rimasero*
futuro: *rimarrò, rimarrai, rimarrà, rimarremo, rimarrete, rimarranno*
condiz.: *rimarrei, rimarresti, rimarrebbe, rimarremmo, rimarreste, rimarrebbero*
imperat.: *rimani, rimanga, rimaniamo, rimanete, rimangano*
cong. pres.: *rimanga, rimanga, rimanga, rimaniamo, rimaniate, rimangano*

rimpiangere	nachtrauern	s.	*piangere*

305

ripercuotersi	sich auswirken *(essere)*	s. *scuotere*
riprodurre	nachbilden/reproduzieren	s. *condurre*
riscuotere	abheben/ einlösen	s. *scuotere*
risolvere	(Problem) lösen	s. *assolvere*
rispondere	(be)antworten	pat. pass.: *risposto*

pass. rem.: *risposi, rispondesti, rispose, rispondemmo, rispondeste, risposero*

ritenere	zurückhalten/ meinen	s. *tenere*
riuscire	gelingen *(essere)*	s. *uscire*
rivolgere	(Frage/Bitte) richten	part. pass.: *rivolto*

pass. rem.: *rivolsi, rivolgesti, rivolse, rivolgemmo, rivolgeste, rivolsero*

rodere	(ab)nagen	part. pass.: *roso*

pass. rem.: *rosi, rodesti, rose, rodemmo, rodeste, rosero*

rompere	zerbrechen	part. pass.: *rotto*

pass. rem.: *ruppi, rompesti, ruppe, rompemmo, rompeste, ruppero*

salire	hinaufgehen, einsteigen	part. pass.: *salito* (§ 193)

indic. pres.: *salgo, sali, sale, saliamo, salite, salgono*
imperat.: *sali, salga, saliamo, salite, salgano*
cong. pres.: *salga, salga, salga, saliamo, saliate, salgano*

sapere	wissen/ können	part. pass.: *saputo*

indic. pres.: *so, sai, sa, sappiamo, sapete, sanno*
pass. rem.: *seppi, sapesti, seppe, sapemmo, sapeste, seppero*
futuro: *saprò, saprai, saprà, sapremo, saprete, sapranno*
condiz.: *saprei, sapresti, saprebbe, sapremmo, sapreste, saprebbero*
imperat.: *sappi, sappia, sappiamo, sappiate, sappiano*
cong. pres.: *sappia, sappia, sappia, sappiamo, sappiate, sappiano*
part. pres.: *sapiente*

scegliere	(aus)wählen	part. pass.: *scelto*

indic. pres.: *scelgo, scegli, sceglie, scegliamo, scegliete, scelgono*
pass. rem.: *scelsi, scegliesti, scelse, scegliemmo, sceglieste, scelsero*
imperat.: *scegli, scelga, scegliamo, scegliete, scelgano*
cong. pres.: *scelga, scelga, scelga, scegliamo, scegliate, scelgano*

scendere	hinuntergehen/aussteigen (§ 193)	s. *prendere*
scindere	spalten	part. pass.: *scisso*

pass. rem.: *scissi, scindesti, scisse, scindemmo, scindeste, scissero*

sciogliere	(auf)lösen	s. *cogliere*
scommetere	wetten	s. *mettere*
scomparire	verschwinden *(essere)*	s. *apparire*
sconfiggere	besiegen	s. *affliggere*
sconvolgere	erschüttern	s. *volgere*
scoprire	entdecken	s. *aprire*
scorgere	erblicken	s. *porgere*
scorrere	fließen	s. *correre*
scrivere	schreiben	part. pass.: *scritto*

pass. rem.: *scrissi, scrivesti, scrisse, scrivemmo, scriveste, scrissero*

scuotere	schütteln	part. pass.: *scosso*

pass. rem.: *scossi, scotesti, scosse, scotemmo, scoteste, scossero*

sedere	sitzen/ sich setzen	part. pass.: *seduto*

sedere sitzen/ sich setzen   part. pass.: *seduto*
indic. pres.: *siedo/seggo, siedi, siede, sediamo, sedete, siedono/ seggono*
imperat.: *siedi, sieda/segga, sediamo, sedete, siedano/seggano*
cong. pres.: *sieda/segga, sieda/segga, sieda/segga, sediamo, sediate, siedano/seggano*
Anm.: Im futuro und condiz. kommen neben *sederò* bzw. *sederei* auch *siederò* bzw. *siederei* vor. *Sedere* wird in den zusammengesetzten Zeiten nur in reflexiver Form gebraucht: *mi sono seduto* ich habe mich gesetzt. *Sono seduto* heißt: ich sitze.

---

sedurre verführen   s. *condurre*

---

seppellire begraben   part. pass.: *seppellito/sepolto*

---

smettere aufhören   s. *mettere*

---

socchiudere anlehnen (Tür)   s. *chiudere*

---

soccorrere helfen   s. *correre*

---

soddisfare befriedigen   s. *fare*
Anm.: indic. pres. auch: *soddisfo, soddisfi, soddisfa, soddisfiamo, soddisfano*; futuro auch: *soddisferò*; condiz. auch: *soddisferei*; cong. pres. auch: *soddisfi*

---

soffriggere anbraten/ anrösten   s. *affliggere*

---

soffrire leiden   s. *offrire*

---

sopprimere abschaffen   s. *esprimere*

---

sopraffare überwältigen   s. *fare*

---

sopraggiungere plötzlich erscheinen (*essere*) s. *giungere*

---

sopravvenire plötzlich erscheinen (*essere*) s. *venire*

---

sopravvivere überleben (*essere*)   s. *vivere*

---

sorgere sich erheben (*essere*)   s. *porgere*

---

sorprendere überraschen   s. *prendere*

---

sorridere lächeln   s. *ridere*

---

sospendere aufhängen/ unterbrechen s. *prendere*

---

sostenere unterstützen/ behaupten s. *tenere*

---

sottoscrivere unterschreiben   s. *scrivere*

---

sottrarre abziehen   s. *trarre*

---

spargere ausstreuen   part. pass.: *sparso*
pass. rem.: *sparsi, spargesti, sparse, spargemmo, spargeste, sparsero*

---

spegnere (aus)löschen   part. pass.: *spento*
pass. rem.: *spensi, spegnesti, spense, spegnemmo, spegneste, spensero*

---

spendere ausgeben   s. *prendere*

---

spingere schieben   s. *cingere*

---

sporgere vorstrecken   s. *porgere*

---

stare sein/ bleiben (*essere*)   part. pass.: *stato*
indic. pres.: *sto, stai, sta, stiamo, state, stanno*
pass. rem.: *stetti, stesti, stette, stemmo, steste, stettero*
imperat.: *sta'/stai, stia, stiamo, stiate, stiano*
cong. pres.: *stia, stia, stia, stiamo, stiate, stiano*
cong. imperf.: *stessi, stessi, stesse, stessimo, steste, stessero*

stendere	ausbreiten	s. *prendere*
stringere	(zusammen)drücken	part. pass.: *stretto*
	pass. rem.: *strinsi, stringesti, strinse, stringemmo, stringeste, strinsero*	
struggere	schmelzen/zerlassen	part. pass.: *strutto*
	pass. rem.: *strussi, struggesti, strusse, struggemmo, struggeste, strussero*	
succedere	geschehen *(essere)*	part. pass. *successo*
	pass. rem.: *successe*	
	Anm.: In der Bedeutung «nachfolgen/folgen auf» ist *succedere* regelmäßig *(succeduto).*	
supporre	vermuten	s. *porre*
sussistere	vorliegen/vorhanden sein *(essere)* s. *assistere*	
svenire	ohnmächtig werden *(essere)* s. *venire*	
	Aber: futuro: *svenirò, svenirai, svenirà, sveniremo, svenirete, sveniranno*	
	condiz.: *svenirei, sveniresti, svenirebbe, sveniremmo, svenireste svenirebbero*	
svolgere	abwickeln/durchführen	s. *volgere*
tacere	schweigen	s. *piacere*
tendere	spannen/strecken	s. *prendere*
tenere	(be)halten	part. pass.: *tenuto*
	indic. pres.: *tengo, tieni, tiene, teniamo, tenete, tengono*	
	pass. rem.: *tenni, tenesti, tenne, tenemmo, teneste, tennero*	
	futuro: *terrò, terrai, terrà, terremo, terrete, terranno*	
	condiz.: *terrei, terresti, terrebbe, terremmo, terreste, terrebbero*	
	imperat.: *tieni, tenga, teniamo, tenete, tengano*	
	cong. pres.: *tenga, tenga, tenga, teniamo, teniate, tengano*	
tergere	(ab)wischen	s. *emergere*
tingere	färben	s. *cingere*
togliere	wegnehmen/entfernen	s. *cogliere*
torcere	winden/drehen	part. pass.: *torto*
	pass. rem.: *torsi, torcesti, torse, torcemmo, torceste, torsero*	
tradurre	übersetzen	s. *condurre*
trafiggere	durchbohren	s. *affliggere*
trarre	ziehen	part. pass.: *tratto*
	indic. pres.: *traggo, trai, trae, traiamo, traete, traggono*	
	imperf.: *traevo, traevi, traeva, traevamo, traevate, traevano*	
	pass. rem.: *trassi, traesti, trasse, traemmo, traeste, trassero*	
	futuro: *trarrò, trarrai, trarrà, trarremo, trarrete, trarranno*	
	condiz.: *trarrei, trarresti, trarrebbe, trarremmo, trarreste, trarrebbero*	
	imperat.: *trai, tragga, traiamo, traete, traggano*	
	cong. pres.: *tragga, tragga, tragga, traiamo, traiate, traggano*	
	cong. imperf.: *traessi, traessi, traesse, traessimo, traeste, traessero*	
trascorrere	verbringen	s. *correre*
trascrivere	abschreiben	s. *scrivere*
trasmettere	übertragen	s. *mettere*

trattenere	zurückhalten/ aufhalten	s. *tenere*
uccidere	töten	s. *decidere*

udire   hören   part. pass.: *udito*
indic. pres.: *odo, odi, ode, udiamo, udite, odono*
futuro: *udrò/udirò, udrai/udirai, udrà/udirà, udremo/udiremo, udrete/udirete, udranno/udiranno*
condiz.: *udrei/udirei, udresti/udiresti, udrebbe/udirebbe, udremmo/udiremmo, udreste/udireste, udrebbero/udirebbero*

ungere	schmieren	s. *giungere*

uscire   (hin)ausgehen *(essere)*   part. pass.: *uscito*
indic. pres.: *esco, esci, esce, usciamo, uscite, escono*
imperat.: *esci, esca, usciamo, uscite, escano*
cong. pres.: *esca, esca, esca, usciamo, usciate, escano*

valere   gelten *(essere)*   part. pass.: *valso*
indic. pres.: *valgo, vali, vale, valiamo, valete, valgono*
pass. rem.: *valsi, valesti, valse, valemmo, valeste, valsero*
futuro: *varrò, varrai, varrà, varremo, varrete, varranno*
condiz.: *varrei, varresti, varrebbe, varremmo, varreste, varrebbero*
imperat.: *vali, valga, valiamo, valete, valgano*
cong. pres.: *valga, valga, valga, valiamo, valiate, valgano*

vedere   sehen   part. pass.: *visto/veduto*
pass. rem.: *vidi, vedesti, vide, vedemmo, vedeste, videro*
futuro: *vedrò, vedrai, vedrà, vedremo, vedrete, vedranno*
condiz.: *vedrei, vedresti, vedrebbe, vedremmo, vedreste, vedrebbero*
Anm.: Nur: *a ragion veduta* nach reiflicher Überlegung

venire   kommen *(essere)*   part. pass.: *venuto*
indic. pres.: *vengo, vieni, viene, veniamo, venite, vengono*
pass. rem.: *venni, venisti, venne, venimmo, veniste, vennero*
futuro: *verrò, verrai, verrà, verremo, verrete, verranno*
condiz.: *verrei, verresti, verrebbe, verremmo, verreste, verrebbero*
imperat.: *vieni, venga, veniamo, venite, vengano*
cong. pres.: *venga, venga, venga, veniamo, veniate, vengano*

vincere   (be)siegen/ gewinnen   part. pass.: *vinto*
pass. rem.: *vinsi, vincesti, vinse, vincemmo, vinceste, vinsero*

vivere   leben   part. pass.: *vissuto* (§ 193)
pass. rem.: *vissi, vivesti, visse, vivemmo, viveste, vissero*

volere   wollen   part. pass.: *voluto*
indic. pres.: *voglio, vuoi, vuole, vogliamo, volete, vogliono*
pass. rem.: *volli, volesti, volle, volemmo, voleste, vollero*
futuro: *vorrò, vorrai, vorrà, vorremo, vorrete, vorranno*
condiz.: *vorrei, vorresti, vorrebbe, vorremmo, vorreste, vorrebbero*
cong. pres.: *voglia, voglia, voglia, vogliamo, vogliate, vogliano*

volgere   wenden/ richten   part. pass.: *volto*
pass. rem.: *volsi, volgesti, volse, volgemmo, volgeste, volsero*

Wort- und Sachregister

Die Zahlenangaben verweisen auf die Paragraphen am Seitenrand.
Das Register ist zusammen mit dem Inhaltsverzeichnis zu benutzen.

A

a: Adjektive + ~-Ergänzung 174.1,
  Verben + ~-Objekt 221-224,
  Verben + ~ + Inf. 249-259, Präp. 323
abbonarsi a qc 201
abbondare di qc 225
abholen: jdn/etw. ~ 250 Anm.2
abile: *essere* ~ *a qc* 174.1, *essere* ~
  a + Inf. 257
abituarsi a qc 224, ~ *a* + Inf. 255
abituato: *essere* ~ *a* + Inf. 257
absolutes Part. Perf. 210.3
abusare di qc 225
accade che 276 Anm.2
accanto a 322
accendere/accendersi 204
accento: ~ acuto/grave/circonflesso 7
accertare che 278
accingersi a + Inf. 255
acciocché 317
acclimatarsi a qc 224
accomodarsi 201, ~ *su qc* 229
acconciarsi a + Inf. 255
(ac)consentire a + Inf. 253
(ac)contentarsi di qc 226
  ~ *di* + Inf. 245
accorgersi di qc 201, ~ *di* + Inf. 245,
  ~ *che* 278
accusare qd di qc 233, ~ *di* + Inf. 242
adattarsi a qc 224
adatto: *essere* ~ *a* + Inf. 257
addormentare/addormentarsi 204
adeguarsi a qc 224
Adjektiv 157-174
Adverb 295-302
affatto 304 Anm.3, *non... affatto* 304.
affermare di + Inf. 240, ~ *che* 278
affidare qc a qd 232
affinché 280, 317
afflitto: *essere* ~ *che* 275.2
affrettarsi a + Inf. 255

affrontare qd/qc 219
aggiungere qc a qc 232
aiutare qd 219, ~ *qd a* + Inf. 254
Akzente 7
alcuno troncamento 10.2, 75.1, 85
allenarsi 201
allmählich 302.4
allontanarsi da qd/qc 227
allora Konjunktion 312
allorché 315
als: Vergleichspart. 167, präd. Erg. 236,
  Konj. 315, ~ daß 317 Anm., ~ ob
  167.3 Anm.
ampio 170 Anm.1
Alphabet 1
alquanto 75.1, 83
altamente 301.3 Anm.
Altersangaben: Artikel bei ~ 49.4, 105.1
alto: *volare* ~ 301.3
altrettanto 75.1, 81
altro 75.1, 84, *l'un l'* ~ /*gli uni gli altri*
  200
altri 75.7
alzare/alzarsi 204, *alzarsi a* + Inf. 250
ambedue 103.4 Anm.
ambo 103.4 Anm.
ammalarsi di qc 201
ammazzare/ammazzarsi 204
ammesso che 280, 320
ammettere di + Inf. 240, ~ *che* 274.2
  u. Anm.1
ammontare a qc 202, 223
ammorbidire/ammorbidirsi 203
anche Elision 9.5,
  ~ *se* 319 Anm.,
  Stellung 300.4
ancora Stellung 300.3,
  non ... ancora 304.1
ancorché 319
andare perduto/smarrito 293,

Verben mit ~-Objekt 230, Präp. 324,

concedere a qd di + Inf. 243, ~ *che*
274.2

condannare qd a qc 232,
~ *qd a* + Inf. 254

condizione: *a* ~ *che* 280, 320, *a* ~ *di* +
Inf. 262.2, *essere in* ~ *di* + Inf. 247

confessare a qd di + Inf. 243, ~ *che* 278,
confessarsi 201

confidare qc a qd 232,
confidarsi con qd 230

confondere qd/qc con qd/qc 234

confrontare qc con qc 234

congiurare contro qd 202

congratularsi con qd di/per qc 201, 234

consacrarsi a qc 224

consentire a qc 221, ~ *che* 274.2

considerare mit präd. Erg. 236.2

consigliare qc 219, ~ *qc a qd* 232,
~ *a qd di* + Inf. 243,
consigliarsi con qd 235.3

consistere (Hilfsverb) 192.2, ~ *in qc* 228

contare su qd/qc 229

contento: *essere* ~ *di* + Inf. 248,
essere ~ *che* 275.2

continuare a + Inf. 249, 302.4,
(Hilfsverb) 193

contraddire qd/qc 219

contribuire a qc 223, ~ *a* + Inf. 253

contro 129.3 Anm.1, 322

convenire (Hilfsverb) 193, ~ *a qd* 223,
~ *di* + Inf. 240, *conviene* + Inf. 239.2,
conviene che 274.1

convincere qd di qc 233,
~ *qd a* + Inf. 254
essere convinto di + Inf. 248, *essere*
~ *che* 277

copiare da qd/qc 227

coprire qd/qc di qc 233

coraggio: *avere il* ~ *di* + Inf. 247

corni/corna 35

correre (Hilfsverb) 193, ~ *a* + Inf. 250

co(sì) ... *che* 318, *(~)* ... *come* 168

cosicché 318

costà: Verst. von *codesto* 56 Anm.4

costare (Hilfsverb) 192.2

costì: Verst. von *codesto* 56 Anm.4

costo: *a* ~ *di* + Inf. 262.2

costretto: *essere* ~ *a* + Inf. 257

costringere qd a + Inf. 254

costui 61

creare mit präd. Erg. 236.2

credere a qd/qc 221, ~ *a qc* 223,
~ *in qd/qc* 228; 235.4, ~ *di* + Inf. 240,
~ *che* 277 u. Anm.2-3, ~ mit präd.
Erg. 236.2

crescere (Hilfsverb) 193

cui 145, 149

cuoi/cuoia 35

cupo: mit ~ geb. Farbadj. 159.5

curare che 274.2,
curarsi di qd/qc 226

curioso: *essere* ~ *di* + Inf. 248

D

da: Adj. + ~ Erg. 174.3, ~ + Inf. 260-
261, Präp. 325

dare qc a qd 232,
darsi a qc 224, *può* ~ *che* 276

dato che 316

davanti a 322

Datumsangabe 105.2

decidere di + Inf. 240, ~ *qd a* + Inf. 254,
decidersi a + Inf. 255

decisione: *prendere la* ~ *di* + Inf. 247

deciso: *essere* ~ *a* + Inf. 257

dedicarsi a qc 224

degnarsi di + Inf. 244

degno: *essere* ~ *di* + Inf. 248

Demonstrativa 55-64

dentro (a) 322

deragliare (Hilfsverb) 191.3

derivare da qc 227

derjenige, der 61.2

desiderare + Inf. 239.7, ~ *che* 274.2

desiderio: *è mio* ~ + Inf. 239.3, *avere
il* ~ *di* + Inf. 247

desolato: *essere* ~ *che* 275.2

dessen/deren 152

destinare di + Inf. 240

destra: *a* ~ *di* 322

di: Adjektive + ~ Ergänzung 174.4
Verben + ~-Objekt 225, 226, 233,
Verben + ~ + Inf. 240-248

dichiarare mit präd. Erg. 236.2,

M

ma 311 u. Anm.1-3
Mahlzeiten: Artikel bei ~ 50.4
mai 304.1 u. Anm.1, 304.2
male: *che* ~ *c'è* a + Inf. 256
male: *è* ~ *che* 275.1
malgrado 322, ~ *(che)* 319
man 290-292, «man sich» 137.5 Anm.1-2
mancare Hilfsverb 193, ~ *di qc* 225,
  ~ *a qc* 235.6, *(ci) manca poco che*
  275.1
mandare qc a qd 232, ~ *a* + Inf. 250
maniera: *di (in)* ~ *che* 318,
  in ~ + Adj. 302.2
man mano che 321
marciare (Hilfsverb) 191.3
Maße und Gewichte 113
medesimo 63, Gebrauch 64
mediante 322
meglio 299.4, *è* ~ + Inf. 239.1, *è* ~ *che*
  274
mehr: nicht ~ 304.1, nicht einmal ~ ,
  nichts ~ , niemand ~ 304.2, ~ als
  (Zahl) 167.1 Merke, je ~ ... desto ~ 299.5
membri/membra 35
meno: ~ *di* (Zahl) 167.1 Merke, *a* ~ *di*
  + Inf. 262.2, *a* ~ *che (non)* 280, 320
mentire a qd 222
meravigliarsi di qd/qc 226, ~ *di* + Inf.
  245, ~ *che* 275.2
mercanteggiare in qc 228
meritare di + Inf. 240
metterci (un mese) a/per 256
mettersi qc 198, ~ *a* + Inf. 255,
mezzo: Gebrauch des Artikels bei ~ 52.3
  109, *in* ~ *a* 322, *per* ~ *di* 322
mica 304.1 u. 3
migliorare 202
minacciare qd 219, ~ *qc a qd/qd di qc* 232
mirare a qc 223, ~ *a* + Inf. 253
misura: *a* ~ *che* 321, *nella* ~ *in cui* 149
misurarsi con qd 230
modale Angaben: Gerundium 214.3,
  Konj. 321, Präp. *a* 323.5, *con* 324.4,
  da 325.11, *di* 326.9, *in* 329.4, *per* 330.7
Modi 273-286

modo: *di/in* ~ *che* 318, *in* ~ *da* + Inf.
  262.3, *in* ~ + Adj. 302.2
molto 75
momento: *dal* ~ *che* 315, 316, *nel* ~
  in cui 315
Monatsnamen: Artikel bei ~ 50.6
mordere qc 219
morire mit präd. Erg. 236.1
mostrare qc a qd 232,
  mostrarsi mit präd. Erg. 236.2
munirsi di qc 226
muri/mura 35
Musikinstrumente: Artikel bei ~n 49.7
mutuamente 200

N

nascere mit präd. Erg. 236.1
naturale: *è* ~ *che* 275.1
navigare (Hilfsverb) 191.3
ne Pronominaladverb 135
né 309, *né* ... *né* 314
neanche/nemmeno/neppure 304.1, 307.2
necessario: *è* ~ *che* 274.1
negare di + Inf. 240, ~ *che* 276
negoziare in qc 228
nel + Infinitiv 262.1
nessuno troncamento 10.2, Gebrauch 90
  304.2-3
nicht 303, überhaupt ~ 304.3, und ~
  309, ~ , daß 280, 316 u. Anm.2,
  ich glaube/hoffe ~ 307.2
niente 102, 304.2-3, «kein» 303.2 Merke,
  «etwas» 101
noch heute 64
Nomen 18-41
Nominalgruppe 40-41
nominare mit präd. Erg. 236.2
nonché 309
nondimeno 311
nonostante 322, ~ *(che)* 319
normale: *è* ~ *che* 275.1
nulla 102, 304.2-3, «etwas» 101
Numerusunterschiede 39
nuocere a qd 221
nuotare (Hilfsverb) 191.3
nur 308
nutrirsi di qc 226

O

Abkürzungen und Zeichen

abw.	abwertend
dial.	dialektal
fam.	familiär
iron.	ironisch
lit.	literarisch
Pl.	Plural
qc	*qualcosa* «etwas»
pop.	populär
qd	*qualcuno* «jemand»
reg.	regional
Sg.	Singular
tosk.	toskanisch
vulg.	vulgär
*	ungrammatisch

pro lingua

Band 1: Gerald Bernhard:
Die volkstümlichen Pflanzennamen im
Val d´Aran (Zentralpyrenäen).
1988, XII + 175 S., DM 28,-   ISBN 3-926972-00-9

Band 2: Silvio Gislimberti:
Coesione testuale. Un'analisi contrastiva
(tedesco-italiano) di commenti della stampa quotidiana.
1988, VI + 236 S., DM 36,-   ISBN 3-926972-03-3

Band 3: Werner Marxgut:
Der französische Sozialwortschatz im 17. Jahrhundert.
Ein Beitrag zur paradigmatischen Semantik.
1989, IV + 404 S., DM 49,-   ISBN 3-926972-04-1

Band 4 (vergriffen): Silvio Gislimberti:
Deutsch-Italienisch:
Syntaktische und semantische Untersuchungen.
1989, X + 136 S., DM 29,-   ISBN 3-926972-05-X

Band 5: Miguel Metzeltin:
Semántica, pragmática y sintaxis del español.
1990, XII + 194 S., DM 39,-   ISBN 3-926972-06-8

Band 6: Gabriele Birken-Silverman:
Phonetische, morphosyntaktische und lexikalische
Varianten in den palermitanischen Mundarten und im
Sikuloalbanischen von *Piana degli Albanesi.*
1989, XVIII + 651 S., DM 78,-   ISBN 3-926972-09-2

Band 7: Wolfgang Settekorn (Hrsg.):
Sprachnorm und Sprachnormierung.
Deskription - Praxis - Theorie.
1990, VI + 164 S., DM 39,-   ISBN 3-926972-10-6

Band 8: Johannes Kramer / Ötto Winkelmann (Hrsg.):
Das Galloromanische in Deutschland.
1990, VI + 236 S., DM 39,-   ISBN 3-926972-12-2

Band 9: Jackie Pocklington:
Charles Carpenter Fries - the Humanist, the Linguist,
the Teacher. A Comparison with Leonard Bloomfield.
1990, XII + 287 S., DM 38,-   ISBN 3-926972-15-7

Band 10: Christian Schmitt (Hrsg.):
Neue Methoden der Sprachmittlung.
1991, VI + 192 S., DM 39,-   ISBN 3-926972-17-3

Band 11: Marleen Van Peteghem:
Les phrases copulatives dans les langues romanes.
1991, VIII + 207 S., DM 36,-   ISBN 3-926972-18-1

Band 12: Martine Krämer:
L´interlocution exolingue: hispanophones et Français
en conversation informelle.
1991, VIII + 227 S., DM 36,-   ISBN 3-926972-19-X

Band 13: Thomas Stolz:
Lokalkasussysteme.
Aspekte einer strukturellen Dynamik
1992, 142 S., DM 29,-   ISBN 3-926972-23-8

Band 14: Joachim Born:
Untersuchungen zur Mehrsprachigkeit
in den ladinischen Dolomitentälern.
Ergebnisse einer soziolinguistischen Befragung.
1992, X + 292 S., DM 38,-   ISBN 3-926972-24-6

Band 15: Otto Winkelmann (Hrsg.):
Stand und Perspektiven der romanischen
Sprachgeographie.
1992, ca. 310 S., DM 39,-   ISBN 3-926972-25-4

Band 16: Livia Gaudino-Fallegger:
I dimostrativi nell'italiano parlato.
1992, ca. 270 S., DM 36,-   ISBN 3-926972-26-2

pro lingua
Band 7

Wolfgang Settekorn (Hrsg.)

Sprachnorm
und
Sprachnormierung
Deskription – Praxis – Theorie

gottfried egert verlag

Lehrwerke

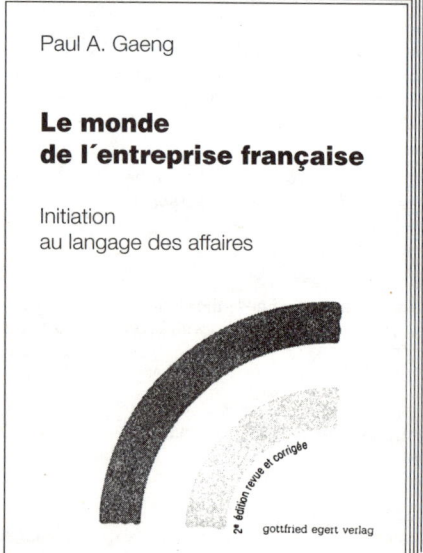